叢書・ウニベルシタス　841

思索日記 I　1950–1953

ハンナ・アーレント
ウルズラ・ルッツ／インゲボルク・ノルトマン編
青木隆嘉 訳

法政大学出版局

Hannah Arendt
DENKTAGEBUCH 1950–1973 (Volume 1 & 2)
Edited by Ursula Ludz and Ingeborg Nordmann

© 2002, Piper Verlag GmbH

Japanese translation rights arranged with
Piper Verlag GmbH, München
through The Sakai Agency, Tokyo.

目次

ノート2　一九五〇年九月―一九五一年一月

一九五〇年九月(つづき)

一九五〇年一〇月

ノート3 一九五一年二月―一九五一年四月

一九五一年四月

ノート4　一九五一年五月—一九五一年六月

一九五一年五月

一九五一年六月

ノート5 一九五一年七月―一九五一年八月

一九五一年七月

ノート6　一九五一年九月―一九五一年一一月

一九五一年九月

ノート9 一九五一年四月—一九五一年八月

一九五二年九月

ノート11　一九五二年九月―一九五二年一一月

ノート13　一九五三年一月―一九五三年三月

一九五三年一月

一九五三年三月

ノート14 一九五三年三月―一九五三年四月

一九五三年三月（つづき）

一九五三年四月

ノート15 一九五三年四月―一九五三年五月

一九五三年四月（つづき）

ノート16 一九五三年五月―一九五三年六月

一九五三年五月（つづき）

一九五三年六月

ノート17　一九五三年七月―一九五三年八月

一九五三年七月

一九五三年八月

Ⅱ巻目次

編者序文

『思索日記』は二八冊のノートからなっている。一冊のノートが一杯になると新しいノートに書き始めるという——アーレントのやや恣意的な分け方は、印刷に当たってもそのまま引き継がれている。そういうノートのほかに、ほぼノート一冊に相当する「カント・ノート」を付け加えた。アーレントは（必ずではないが）日付を書き添えているので、ノートの番号のほかに日付を添えた。ノートごとに各メモに番号をつけ、ノート番号と［ ］内のテクスト番号で、それぞれのメモを識別できるようにした。そのほかにも、年代順にメモを配列して各テクストの主題を示す目次を掲げた。

編者の仕事は個々のテクストをまとめるにとどめ、なるべく余分な手を加えないようにした。テクストはアーレントが書き下ろしたままの形で印刷されている。外国語による引用はそのまま残したが、原典と照合し、明らかなミスは訂正している。文中の強調箇所はアーレントの原文通りである。——なお、編集上の処理の詳細についてはII巻の「編者あとがき」を参照されたい。

訳者注記

書名は一応『思索日記』としたが、本書は身辺雑記でもなければ読書ノートでもない。アーレントは、出来事の網の目に編み込まれてゆく人間の行為の意味を理解しようとする。本書は、その過程で彼女が出会った物事についての証言である。彼女の「思索」は孤独裡の思惟や自己内対話とは縁遠い。本書の核心は西洋政治哲学の伝統との対決であり、至る所で独自の解釈が試みられる。ほとんどの場合、原典は原語のまま引用されているが、編者が添えているドイツ語訳はしばしばアーレントとは読み方が異なるので、アーレント自身の訳がある場合は無論それを訳出したが、それ以外でも、彼女の読み方に即した形で原典から訳出し、多くの場合、訳文の後の〔 〕内に原語が何であるかを記した。本文中の原語による引用語句には、ギリシア語は訳語に片仮名でルビを振り、他の外国語は括弧内に原語（ヘブライ語は片仮名）を添えた。

原著ではII巻に収められている原注を各メモの直後に添えたため、原著ではI巻に収められている19から23までのノートはII巻に回した。脚注のうちドイツ語表記の修正に関するものは省いたが、それ以外で必要なものは当該箇所の原注に含めた。原著ではII巻に掲載されている「主題別目次」を各巻に目次として掲げたが、ラテン語とドイツ語、ギリシア語とドイツ語との対照表は割愛した。編者による記述の中で邦訳には必要のない部分も適宜省略した。

ノート1

一九五〇年六月―一九五〇年九月

一九五〇年六月

一九五〇年六月

［1］

自分が犯した**不正**は肩にかかる重荷だが、自分で背負い込んだからには自分で担うほかはない。これはキリスト教的な罪の観念とは異なる考え方だ。キリスト教的な罪の観念では、人の犯した不正は人のうちに罪として残り、すでに汚れている内部組織をさらに穢していく。そのため、人には恵みや赦しが必要になるが、それは重荷を取り除くためではなく、**浄められる**ためである。

人が自ら背負い込んだ重荷を除きうるのは神だけである。決して信者自身ではない。**赦し**が起こるのは、根本的に異質な者の間に限られる。子供が子供であるうちは、両親は子供より絶対に優越しているから子供を赦すことができる。赦すそぶりをするだけで、平等も人間関係の基礎も根本から壊れ、本来なら、その後は平等な人間関係はありえなくなる。人間の間での赦しとは、報復を断念すること、黙ること、看過することにすぎないのだ。すなわち、──**報復**の場合には常に他者との密接な関係が保たれるのとちがって──赦しは、決定的な別れなのである。赦しや赦しと称されるものは、実際は芝居であって、片方は優越しているふりをし、他方は人間にはできそうもないことを求めるふりをする。罪なき者が現れて重荷を除いてくれそうなところが、そういう芝居のミソなのだ。

それに対して**和解**は、出来事を受け入れるところに起こる。出来事を受け入れることは、与えられたものへの基本的感謝ではない。起こってしまった出来事は運命であり、時間も経過していることだけに、まずそれと和解するほかはない。ところが、自分で作ったのでなく与えられたものである自分自身も含めて、与えられたものは、とにかく我慢するより手がない。そういう折り合いの付け方は――存在が自分にとって存在することへの――基本的感謝という形になるか、――存在が自分では作れず作りもしなかったものであることへの――根本的ルサンチマンという形になる。

起こってしまった出来事との和解が実現するには、与えられたものへの感謝がなければならない。和解では、他者の重荷を取り除くと約束したり自分に罪はないふりをしたりして、自分にやれもしないことをやると偽るわけではないから――他者との和解は芝居ではない。和解では人間のやれもしないことが起こることはない。和解する者は、他者の重荷を進んでともに担うのだ。和解によって平等が再建される。したがって和解は、**不平等**を作り出す赦しと真っ向から対立する。不正という重荷は、不正を犯した者にとっては自分が背負い込んだものだが、和解する者にとっては自分に起こった出来事なのだ。

原罪という観点から見ると、当然このすべてが一変してしまう。その場合に赦しが起こるのは、「われわれはみな罪人である」ことを承認し、誰でも罪を犯しかねないという意味での平等を打ち立てる限りにおいてである。その平等は――権利の平等でなく――自然の平等であって、パリサイ主義とはそういう人々の平等を認めようとしない傲慢不遜にほかならない。

赦しと報復は正反対だが、密接につながっている。赦す者が報復を断念するのは、自分も罪があるかもしれないからだ。報復する者が赦そうとしないのは、他人がやったのと同じことを自分もやるかもしれないからだ。これは、すべての者が生まれつき罪があるという、原罪の観念から生まれる一種の負の連帯である。

和解と対立するものは無視すること――黙ること、看過することである。和解とは、**起こるかもしれない事柄**を度外視して**現実**と和解することである。報復の場合は、現実を簡単に無視することはなく、自分

1

Juni 1950.

Das Unrecht, das man getan hat, ist die Last auf den Schultern, etwas, was man trägt, weil man es sich aufgeladen hat. Das gegen den christlichen Sündenbegriff, wonach das Unrecht aus einem hervorgegangen ist, als Sünde in einem ver-bleibt und den besten potentiell affizierten einzigen Organismus vergiftet, sodass man einer Sünden-Vergebung braucht, nicht um ent-lastet, sondern um gereinigt zu werden.

Die Last, die man sich selbst auf die Schultern geladen hat, kann einem nur Gott ab-nehmen. Menschen aber niemals. Vergebung gibt es nur unter prinzipiell qualitativ voneinander Getrennten, also: die Eltern können den Kindern vergeben, solange sie Kinder sind, wegen der absoluten Überlegenheit. Die Geste der Vergebung zerstört die Gleichheit – damit das Fundament menschlicher Beziehungen so radikal, dass eigentlich nach einem solchen Akt gar keine Beziehung mehr möglich sein sollte. Vergebung zwischen Menschen

が被害を受けたことにすぐ反‐応を起こして、現実を飛び越えてしまう。反応はまさに作用の正反対である。そのため何もかも全く主観的で反動的なやり方で行われる。赦しの場合も全く同じことだ。赦しも――赦す者も赦しを乞う者も――、起こったことを起こらなかったことにするという、途方もないことをやろうとするからだ。

言い換えれば、赦しや報復では、他者のやったことは、自分もやったかもしれない、あるいは自分もやるかもしれないことである。和解ないし看過の場合は、他者がしたことは自分に起こったことであり、それは受け入れることもできるが、あらゆる試練と同様に避けることもできる。しかし重要なことは、現実の事柄を可能な事柄に転化させないこと、そして自分も罪人になるかもしれぬという自己反省はしないことである。

政治的に言えば、和解には、新しい連帯概念が含まれている。キリスト教の世界では、――世俗世界での行為のキリスト教的断念である――赦しか、それへの反動である報復かしか選びようがない。このいずれも、みな罪人である人間、他人と同じように最悪のことをやりかねない人間の間の、キリスト教的な連帯から生まれている。そういう連帯の底には、人間の本質に対する根本的不信が潜んでいる。

(罪にもとづく連帯は赦しの基礎であるのに対して) 和解の場合の連帯は、和解の基礎ではなく、和解によって生み出される。和解の前提は、行為する人間、不正を犯すかもしれぬ人間であって、罪に汚れた人間ではない。他者のもたらす重荷として引き受けられるものは、――一つの心理学的な事実である――罪ではなく、現実に起こった不正である。共同して責任を担おうと決意するのは、罪を共有しようとすることでは決してない。

このように連帯という概念から罪を排除すると、民族にとっても和解は容易なことになる。なぜなら、犯したかもしれぬという苦痛——誤った（毒された）観念によると、人間的なことである以上は自分たちも犯したかもしれぬと認めざるをえない苦痛——を免れることができるからだ。和解には、赦しや報復からは理解できない限度がある、すなわち——決して**許されない**と言わざるをえないものへの——同情を含んだ限度がある。それは、カントが、戦争では戦後の民族間の平和を不可能にする行為をしてはならないという、戦争法規を決めたときに考えていたことだ(2)。

根元悪とは、起こってはならなかったもの、われわれが和解できないもの、定めとして受け入れられないもの、黙過できないものである。結果が予測できず、結果について適切な処罰もありえないだけに、その責任をとることもできない。どういう悪でも処罰されねばならないと言っているわけではない。和解し看過できるものは、処罰可能なものに限られるという意味である。

報復も赦しでも処罰は不可能ではないが、人間は誰でも何をやったか知れたものではないという人間の罪性から出発しているため、いずれも本当に裁くことはできない。キリスト教の法体系では、処罰に純粋な報復というユダヤ教的要素がつきまとっているのはそのためである。それに対して、和解や看過においては、裁きは前提である。——感情移入をすることなく可能性を前提とせずに、そして自己反省は抜きにして裁くことが、本当に最も重大なことなのである。

もう一度言えば、こういう裁きが可能なのは、神は全く裁かないという考え方がある場合、言い換えれば、人間的尺度によってのみ裁きを行い、神が裁こうが裁くまいが全く問題にしない場合だけである。自分の声を神の声と偽って裁いたりしない場合に初めて、神の怒りや神の恵みに従うと称する報復や赦しと無縁な生活を維持することができる(3)。

（1）「看過する」については、フリードリヒ・ニーチェ『ツァラトゥストラはこう語った』第三部「看過」の「もう愛しえないときには、――看過すべきである」という一節を見られたい（Nietzsche, *Kritische Studienausgabe*, Bd. 4, S. 225）。アーレント・ブリュッヒャー夫妻はニーチェのこの言葉を確かによく引用している。*Arendt-Blücher-Briefe*, S. 424 に見られるハンナ・アーレントに宛てたハインリヒ・ブリュッヒャーの［一九五五年一一月中旬の］手紙を参照。

（2）Immanuel Kant, *Zum ewigen Frieden*, 1. Abschnitt, 6. Präliminarartikel を見よ。

（3）この考察の底には、ハンナ・アーレントが（一九四九年一一月末から一九五〇年三月初めまでの）ほぼ三ヵ月にわたる、最初のヨーロッパ旅行中に受けたさまざまな印象がある。それについては、「編者あとがき」を見られたい。――マルティン・ハイデガーへ結局出さなかった手紙にも、アーレントはこの考察を少し書いている。ハイデガーのアーレント宛の手紙（一九五〇年五月一六日）参照。「貴女が和解と報復について述べていることは間違っていない」*Arendt-Heidegger-Briefe*, S. 109. 同じように、ハイデガーのある手紙からも、「薪の重荷を／担うように／多くのものを／持ちこたえねばならぬ」というヘルダリーンの詩（「ムネーモシュネー」）の引用も、おそらく背景にあると思われる。一九五〇年五月六日のアーレント宛のハイデガーの手紙を見られたい（*Arendt-Heidegger-Briefe*, S. 105）。――アーレントは「赦し」というテーマを後に、『人間の条件』（*The Human Condition*, 1958 ; dt. *Vita activa*, 1960）で再び取り上げている。三三章「行為の不可逆性と赦しの力」（*Vita activa*, S. 231ff.）を見よ。

［2］

人格―自我―性格

「ペルソナ」。仮面。もともとは人々の間で人々とともに演じるドラマのために、自我が選んだ役割であり、役柄を示すために被る仮面である。

人格。自然により身体や精神能力の形で与えられ、社会により社会における立場という形で与えられた、生来の役割ないし仮面でもありうる。
人格が自我による所産である限り、第一の意味での人格は実は性格である。どちらの場合も、アイデンティティの問題が生じる。性格の場合には、自我は、自我による所産である性格の専制的支配者であるか、あるいは、性格を通して表に現れるかである。第二の場合には、人格は一見深層にある別の者を隠しているが、自我は一方では心身統一の形式的原理、他方では多様な才能の集合であるにすぎない。
響き渡るもの（ペルソナーレ）としての「ペルソナ」はこれとは異なる。

［3］

この世に別れを告げぬ間に
私の人生は二度も終わりを告げた。
永遠に生きる身に
現れるだろうか三度目の

前と同じく途方もない
想像を絶する出来事が。
天国について分かっているのも
地獄に必要なのも別れなのだが。(1)

〔原文・英語〕

(1) これはエミリー・ディキンソンの詩である。アーレントの引用は Emily Dickinson, *The Poems, including variant readings critically compared with all known manuscripts*, edited by Thomas H. Johnson, Cambridge (USA): Belknap, Bd. 3 (1955), S. 1166, verbessert と同じ。なお、ノート13［28］も見られたい。

一九五〇年七月

［4］

一九五〇年七月

われわれが登場する以前に存在していた過去の永遠や、われわれがいなくなった後に存在する未来の永遠と比べると、われわれの現実の存在全体がほんの**現在**にすぎない(1)。現実に生きるとは、この現在を現実化すること——忘れ去られないための一つの手段——であり、現在を過去と未来に引き裂かないことである。永遠とは異なり、自分の過去も未来も、現在をかき消してしまいがちだからだ。言い換えると、われわれの生のいわゆる時間性には時間と無関係な可死性以外の意味があるとしても、時間性とはわれわれの生命を約束する形式にすぎない(2)。

記憶も、生命の現在的性格を強固なものにして、何事についての知識でも現在化するために存在するのかもしれない。記憶そのものには時間の指標はついていない。過去を示す指標がついているのは、忘れ去られたものだけだ。

(1) この考察と同時に、アーレントはカール・ヤスパースに宛てて一九五〇年七月一一日に（アメリカ・マサチューセッツ州の）マノメットから手紙を送っているが、そこではアーレントは休暇中に『全体主義の起源』の校正刷を読み、「緒言」を書いたことを報じて、次のように書いている。「貴著『論理学』から私があの頃申し上げたのとはちがいますが、〈過去にも未来にもとらわれず、完全に現在になりきることが重要である〉というモットーを受け取りました。この文章に心から感動しました」。*Arendt-Jaspers-Briefwechsel*, S. 189 参照。この文章は Karl Jaspers, *Von der Wahrheit* [*Philosophische Logik : Erster Band*, 1947], Neuausgabe 1991, München-Zürich : Piper (Serie Piper, 1001), S. 25 に見られる。このモットーは、『全体主義の起源』の英語版でもドイツ語版でも冒頭に掲げられている。このモットーに含まれている考え方を、アーレントは後に刊行された著作では、「過去と未来の裂け目」というテーゼの意味で展開することになる。それについては『過去と未来の間』序文と『精神の生活』第一巻「思考」二〇章（「過去と未来の裂け目」）を参照されたい。

(2) [19] を見よ。

一九五〇年七月

[5]

思考―行為[1]

行為はふつう製作だと考えられている。製作の場合は、構想ができあがると、思考は不要になるだけでなく、製作を妨げるものとなる。この意味で製作には常に思慮が欠けており、そうでなければ何一つやり遂げられない。――行為者は常に良心を欠いている[2]というゲーテの考えは、行為者をそういう製作者と同一視するために生まれたものであって、製作者は良心を欠いているわけではなく、単に思慮を欠き、軽率であるにすぎない。

もちろん製作も行為と同じように人間の本質の一部をなしている。しかし、行為が思考と同じように生命活動そのものであるのに対して、製作は部分的な活動である。この意味で行為には、行為する人間から独立した終わりというものがない。それに対して——机の製作は、家具職人がめざした机ができあがれば家具職人から独立してしまう。家具職人は部分的であって、人が家具職人**として**生きているのは、机が世界の一部だからであり、そういう机のために生きているからにすぎない。

「思考そのものが愛の炎をかき立てる」(3)という言葉が真実ならば、多くの事柄がうまくいき、——人々は安らかに死につくことができるだろう。

行為と製作との同一視が確立してしまったのは、創造という神の行為が、根本的に製作をモデルにして考えられているからである。「無から創造する (ex nihilo creare)」に含まれている「無」は、崇め奉られる一種の実体にすぎない。カントは「根源的直観 (intuitus originarius)(4)」という概念によってそれを取り除こうとしたのである。

(1) これが「思考―行為」というアーレントの生涯のテーマの最初の定式だと言っていい。このテーマは『思索日記』を貫く赤い糸のようなものである。

(2) ヨーハン・ヴォルフガング・フォン・ゲーテ「行為者は常に良心を欠いている。良心を有するのは観察者以外にない」。*Maximen und Reflexionen*, Nr. 251, in : *Goethes Werke : Hamburger Ausgabe*, Bd. 12, S. 399. なお、カント・ノート(下巻所収)に引かれているハイデガー『存在と時間』からの引用「どういう行為も事実においては必然的に〈良心を欠いている〉」も参照されたい。

(3) 「思考そのものが愛の炎をかき立てる」(Ipsa cogitatio...spirat ignem amoris) はマイスター・エックハルトのヨハネ福音書注解からの引用である。アーレントは一九五〇年六月二七日にハイデガーが彼女に宛てた手紙から引いていると思われる (*Arendt-Heidegger-Briefe*, S. 112)。この引用文の正確な箇所は Meister Eckhart, *Exposotio Sancti Evangelii Secundum Iohannem*, hrsg. undübers. von Karl Christ und Joseph Koch (=M. E., *Die deutschen und lateinischen Werke*, Bd. 3), Stuttgart-Berlin : Kohl-

hammer, 1936, S. 440 である。

（4） カントの「根源的直観（intuitus originarius）」については、Kant, *Kritik der reinen Vernunft*, B 72 を見られたい。

［6］

感謝はキリスト教的な美徳ではなく、キリスト教には登場せず、神意への服従とは別個のものであり、神へのルサンチマンの克服とは本来別個のものだ。服従とは正反対に、感謝は自由であり、神への**奉仕**と無関係である。人間が作ったのでなく与えられたものであるあらゆる実在への根深いルサンチマンは、ニーチェが見抜いた神による支配への従僕的ルサンチマンから生まれる。そのルサンチマンから、次には、他の人々によって作られた世界全体へのルサンチマンが生まれる。自然に対するキリスト教の不信も、感謝の欠如なのだ。その底には、人間に主権を許さないものに対する不信がある。キリスト教的自由は自然と敵対するものであり、自然に対する主権―自然からの独立や自然に対する支配である。

［7］

報復や赦しよりも、純粋な怒り、あるいは怒りが鎮まる純粋な悲しみのほうが上だ。

［8］

誰でも可能性を持ち出して、現実の与えるショックから逃れようとする。だが、それでは生ける屍だ。(1)われわれが現実に存在できるのは、原状回復が不可能だからであるのは明らかだ。悔い改めの不可能性。

(1)「生ける屍」(living corpses) というメタファーについては *The Origins of Totalitarianism*, p. 437 ff. の第一二章「全体的支配」(Total Dominion)、あるいは *Elemente und Ursprünge totaler Herrschaft*, S. 676 ff. の「強制収容所」(Konzentrationslager) を見られたい。

[9]

人が心を決めたら、鉋をかけると鉋屑が出るというわけで、[1] もう友人の手の出しようはない。もう何もかも捨てようと決め、すべてを犠牲にしてしまっているからだ。何もかも屑なのだ。

(1)「鉋をかけると……」という引用については、(*Elemente und Ursprünge totaler Herrschaft*, S. 722 の) 第一三章「イデオロギーとテロル――新しい国家形態」を見よ。そこでは、「やりかけたら引っ込みがつかない」という言葉とともに、この文章が「演繹的思考の自縄自縛」の例として引かれている。英語版では *The Origins of Totalitarianism*, p. 472 f. (第二版) である。ノート5 [2] およびノート6 [1] のメモも見られたい。

[10]

政治には二つの原理があるが、両者と国家形態との関係は、ごく間接的で媒介をへた形にとどまる。その一つは、クレマンソーが定式化して「ひとりの問題が万人の問題である」[1] と言い表したものだ。これは、ひとりの市民に対して公的に起こった不正は、すべての市民の問題であり、公的な不正であることを意味している。これは公的な生活においてしか真実ではないが、後で示すように、奇妙な仕方で私的生活の基礎ともなる。

第二の原理は、鉋をかければ鉋屑が出るというものだ。これは第一の原理の正反対である。ここでは政治的生活は歴史的な視点から、したがって非政治的に見られている。この原理により、政治にとって異質な犠牲という観念が政治に導入される。この原理によると、政治から、私利の原理あるいは利益という原理一般が遠ざけられ、政治は判定基準をすべて失うことになる。そしてこの原理が友情や信頼を不可能にするため、私的生活も破壊されてしまう。友情が顕著に共和制的な美徳であるのはそのためである。

（1） L'Affaire d'un seul est l'affaire de tous. アーレントの解釈によると、ジョルジュ・クレマンソーはこの言葉で「共和制の原理」を言い表しているわけだが、アーレントはドレフュス事件に関する章に、一八九八年一月一七日の新聞 L'Iniquité からこの言葉を引いて、最終章の「イデオロギーとテロル」でももう一度これに立ち返っている。そこではこの言葉は「すべての健全な国家に妥当する原理」とされている。*Elemente und Ursprünge totaler Herrschaft*, S. 187, S. 727 を見られたい。

［11］

行為と思考。ハイデガーはこれを「存在 Seyn」と思考との同一性にもとづくとしか考えられず、しかも人間の存在（Sein）としての思考は、存在の「存在 Seyn」という意味で理解されると考える。その場合には、思考は人間のうちにあって行為へ開かれた「存在 Seyn」ということになるだろう。思考は思弁でも観想でも「思惟（cogitare）」でもない。むしろ完成された集中、あるいは、それによってそこに他のすべての「能力」が集中する絶対的覚醒である。

「覚めれば二度と眠れないのに、なぜ目覚めたのか[1]」。

（1） Why did I wake since waking I never shall sleep again. ——これはウィリアム・フォークナーの言葉である。アーレントは名前は挙げているが、『思索日記』を書き始めた四〇年代初期と思われるノートには出典を示していない（「編者あとがき」を見よ）。出典は不明。

［12］

ヤスパース『真理について』(1)。西洋哲学全体が修養に必要であるかのようだ。哲学を使用し、使い果たすというわけである。唯一の真の教育者たるハイデガーこそいい先生なのだ。——彼は彼以外ドイツにいたことのないようなゲーテの後継者だが、まさにそれだからこそ、そして修養をめざすため、信じられぬほど「ドイツ的」である。結局その根本的満足は「さらに深まると(2)」、完全な感謝に到りつく。

（1） Karl Jaspers, *Von der Wahrheit* [*Philosophische Logik : Erster Band*, 1947], Neuausgabe 1991. Müunchen-Züirich : Piper (Serie Piper, 1001).

（2） 同書。特に S. 1045 ff., S. 1048 を見よ。

［13］

ハインリヒ［ブリュッヒャー］。政治では、「全体は部分にまさる」は妥当しない。なぜなら人類は「全体」であるが、結局は人類によってしか保証されない部分のほうが、常に人類以上のものだからである。また「目的は手段を正当化する」も妥当しない。これは存在を有効な力とする解釈にもとづいている。目的と手段は行為では同一であって、それが分かれるのは行動〔＝製作と労働（訳注）〕の場合だけである。

[14]

「最も盲目なものは
神々の子たちだ。人間はわが家を知り、
動物も巣作りすべき場所を知る。
ただ神々の子たちの未熟な魂には
行くべき場所の見当もつかぬ(1)」。

(1) フリードリヒ・ヘルダリーンの詩「ライン川」の一節。Hölderlin, *Werke*, Stuttgarter Hölderlin-Ausgabe im Auftrag des Würtembergischen Kultusministriums, hrsg. von Friedrich Beissner, Stuttgart : Kohlhammer, Bd. 2 (1951), S. 142-148, S. 143.

[15]

「遊びが何であるかはもう分かった。次は何をしよう(1)」というのは、**実際には**、またもや巣から追い出されているということなのだ。

(1) この引用の出典は見いだせなかった。解釈する際に使われている「巣」というメタファーから考えると、ハイデガーについての物語で使われた言葉がここでも使われているのだろう。「巣」というメタファーについては、特にノート17［7］の「狐の巣」を見られたい。

[16]

「不幸は耐え難いが
幸福はもっと耐え難い(1)」。

幸福は突発的に訪れるから、幸福によって打ちのめされる恐れがある。不幸は動きがのろいので、いつでもそれに合わせて対応する余裕がある。

(1) ヘルダリーン「ライン川」S. 148([14]を見よ)。

[17]

ひとりぼっちでいることは
いついつまでも仲間がいないこと(1)

(1) One is One and all alone And evermore shall be so.
アーレントは『全体主義の起源』最終章で出典を挙げずに、この「中世の数え歌」を引いている(*Elemente und Ursprünge totaler Herrschaft*(S. 725))。ただし英語版 *Origins of Totalitarianism* にはこの引用はない(p. 474 ff. を見よ)。

[18]

人間は一つの潜在的可能性であり、すべての人間には本質的に同じ可能性がある――そしてすべての道徳的判断はそのことにもとづいている――と信じている限り、愛が何であるかは決して分からない。**愛**において人に現れるものは「潜在能力（potentia）」ではなくて、われわれが恐れや希望を抱かずに受け入れるほかない現実である。

[19]

ニーチェ。「生が約束したことを、われわれが生に対して果たすのだ」[1]。ハインリヒ［ブリュッヒャー］も同じ考えだ。

（1）Friedrich Nietzsche, *Also sprach Zarathustra*, in : Nietzsche, ***Kritische Studienausgabe***, Bd. S. 250 : »Was das Leben uns verspricht, das wollen wir – dem Leben halten«〔訳注・アーレントの文章はWas das Leben uns versprochen hat,…となっている〕。［4］も参照されたい。

[20]

ひとりの人のうちにある普遍的なものを愛し、ひとりの人を「容器」[1]にするという間違ったやり方をしがちだ。感覚的なものを「超感覚的なもの」のように誤って**解釈**するからである。――それが潜在的殺人に近いのは、人身御供の場合と同じだ。

（1）「容器」についてはノート8の［19］を見よ。

一九五〇年八月

［21］①

政治とは何か。

一九五〇年八月

1．政治は人間が複数で生きている事実（＝複数性（訳注））にもとづく。神は**単数の**人間を創造した。**複数の**人間は人間的、地上的な所産であり、人間的自然の所産である。哲学や神学は常に**単数の**人間を取り扱い、哲学や神学のあらゆる命題は、人間がひとりであろうとふたりであろうと、あるいは同じ人間しかいなくても、間違いのないものだろうから、哲学も神学も「政治とは何か」という問いに対して哲学的に妥当な解答を見いだしたことがない。さらに悪いことには、哲学や神学と同じように、生物学でも心理学でも――すべての学問的思考にとっては、**単数の**人間しか存在しないのは、動物学にとって**単数の**ライオンしか存在しないのと同じような事情なのだ。複数のライオンは、複数のライオンにしか関わりのない問題なのである。

注意を引くのは――プラトン以来――どの大思想家の場合も、政治哲学が他の著作とはランクがちがうことである。政治学は他の著作と同列に並んでいない。そこに思慮深さが欠けているのは、政治が根をおろしている深みに対する感覚の欠如のせいだ。

2．政治が取り扱うのは**異なる者たち**の共同存在ないし交流の在り方である。人々が政治的に組織されるのは、絶対的混沌の中にある、あるいは差異の絶対的混沌から取り出された、特定の本質的共通点によってである。家族を基礎にして築かれたり、家族のイメージで理解されたりしている限り、政治体は血縁的類似の度合いに応じて、一方ではいかに異なる者をも結びつけうる**と同時に**、他方では、個人に類する組織がそのため再び分裂し、対立するものとしても働く。

こうした組織形態では、**単数の**人間が重視されている限り、万人の本質的な対等性が破壊されるとともに、根源的な差異も効果的にかき消されている。この両側面から政治の破滅が生じるのは、政治体を家族の発展だとするからである。そこには、聖家族のイメージで象徴されるように、神は人間を創ったというより［むしろ］家族を創ったという考えがすでに示されている。

3．家族を複数性への積極的参加以上のものと考えている限り、神を演じ始めることになる、すなわち差異の原理から自然に抜け出せるかのように振る舞い始める。人間を生むのではなく、自分の似姿である**単数の**人間を作り出そうとするのだ。

しかし実践的・政治的に言えば、家族に具体的な意味が生まれるのは、最も異なった者である個人を容れる宿が存在しない形で、世界が組織されているからである。荒涼たる異質な世界の中に親近な関係を持ち込むために、宿るべき場ないし堅固な居城として家族が設立されるのだ。しかし政治的なものはそうした願いのために、根本的倒錯に陥る。なぜなら、その願いによって親近性という概念が導入されると、複数性の基本特性は壊されるというより、失われてしまうからである。

4．哲学や神学で言われる**単数の**人間は、政治においては、最も異なる人々が相互に保証し合う対等の権利においてのみ存在する――あるいは現実化する。複数性は人間が複数であるという在り方にもとづくにもかかわらず、法的な平等を求める自由意志にもとづく保障や是認においては、人間の複数性が**単数の**人間の創造によって保たれているのだ。

5．政治が発生する場所さえ哲学が見いだせないのには、立派な理由が二つある。

(1) 政治的動物[ゾーン・ポリティコン](2)。これでは人間**の中に**人間の本質の一部として、政治的なものが存在しているかのようだ。あいにくこれは正しくない。**単数の**人間は非政治的なものだからだ。政治は人々の〈間の領域〉に、つまり**人間の外部に**生じる。それゆえ真に政治的な実体というようなものは存在しないのだ。政治は〈間の領域〉に生じ、関係として確立する。このことをホッブズは心得ていた。

(2) 人間がその似姿として創られたと言われる［神という］——一神教的な神観念。そういう観念のために当然、**単数の**人間しかありえず、**複数の**人間は多少の差はあっても同じものの反復になってしまう。孤独な神の似姿として創られた人間が、ホッブズの「万人の万人に対する戦いである自然状態（state of nature as a war of all against all）」の根底にある。その状態は、憎しみの対象であるすべての他者に対する万人の反抗としての戦いであるが、他者が憎まれるのは、他者が意味もなく——孤独な神の似姿として創られた人間にとっては意味もなく——存在しているからである。

西洋の創造の神話の内部でのこういう政治の不可能性からの西洋的な逃げ道は、政治を歴史に変換し、歴史に置き換えてしまうことである。世界史という概念によって人々の多数性は人類と称される**一つの**個体のうちに溶かし込まれる。歴史の怪物性や非人間性が生まれるのはこのためであり、それが歴史の終わりに、徹底的に容赦なく政治そのものにおいて貫徹されるのだ。

6．われわれが一つの領域で現実に自由である、すなわち、自分自身に駆り立てられるのでもなければ、与えられた素材に依存することもないというのは、実に理解［想像］しにくいことである。しかし自由は、政治独特の〈間の領域〉にしか存在しないのだ。そういう自由から逃げ出して歴史の「必然性」に身をゆだねるのは、忌まわしい馬鹿げた所業である。

7．神による創造と同じくらい明らかに真実とみなされる世界を作り出すことが、政治の課題であるのかもしれない。これはユダヤ・キリスト教的な神話の意味では、神の似姿として創られた**単数の**人間が、**複数の**人間を神の創造の似姿において組織する生産力を獲得したことを意味する。これはいかにも馬鹿げたことだ。しかし、それが自然法思想の唯一可能な証明であり、正当化なのである。

人々の間には、民族や国民や人種の相対的な差異より大きな絶対的差異がある。その複数性には、神による**単数の**人間の創造が含まれている。しかし政治はそれとは必ずしも関わりはない。**相対的**に異なるのでなく絶対的に異なる人々を、最初から**相対的な**同等性を考慮して組織するのが政治なのだ。

（1）このテクストは H. A., *Was ist Politik?*, S. 9-12 に公表されている。
（2）政治的動物（ゾーン・ポリティコン）については *Vita activa*, S. 27-31 を見られたい。

[22]

根元悪。

これはどこから現れるのか。その起源はどこにあるだろうか。その根拠なり基礎は何か。

それは――マクベスのような――心理学的なものとも、――悪人となろうと決意したリチャード三世のような――性格学的なものとも関係がない[1]。

重要なことは、1．超感覚的なもの[2]とその**絶対的な**論理と帰結であって、2．いつでも一部が排除されかねない人類を存続させるために、**単数の**人間を不要視することである。

（1）ここには、アーレントが『全体主義の起源』の初版では「根元悪」という言い方をしていなかったことが示唆されている。（おそらく一九五〇年の春か夏に書かれた）その「結語」では、アーレントは「絶対的悪」と言っている。ドイツ語版のために書き直し、「結語」を「イデオロギーとテロル」という論文に入れ替えた後は、「根元悪」（radical evil ないし radikal Böse）という概念を使っている。後には――『エルサレムのアイヒマン』で――周知のように「悪の陳腐さ」という言い方をした。この三通りの言い方の底には、このテクストで言われているような、心理学的な現象や性格学的な現象が問題なのではないというテーゼと同じような考えや思いがある。『エルサレムのアイヒマン』の出版の際に、ゲルショム・ショーレムとアーレントとの間で交わされた（*Neue Züricher Zeitung*, 19. Oktober 1963, S. 20 f. に公表された）書簡で、アーレントが「考えが変わったので今後は〈根元悪〉という言い方はしない」と言った後で、悪に関するアーレントの考え方の適切な解釈をめぐる議論が広範に展開され、今なお続いているが、『思索日記』には（上記九頁のような）多くのメモがあって、その点の解明に役立つと思われる。

（2） 経験を超えたものとしての「超感覚的なもの（Suprasinn）」については、H. A., *Elemente und Ursprünge totaler Herrschaft*, S. 699 f. を見よ。

［23］

ヤスパースとハイデガーの**どちらも**。ヤスパースは「どうしてこれほど哲学者に知恵がないのか」と言えるだろう。ハイデガーは「どうして思想家は相変わらず知恵があると偽るのか。そう言う資格がどこにあるか」と言うかもしれない。――どちらも正しい。

一九五〇年九月

[24]

プラトン『政治家』

二六三（ベッカー版二五八）[1]——種(メロス)と類(ゲノス)（エイドス）の区別。政治が関わるのはゲノスではなくてメロスである。女性を女性として組織するばかばかしさ。種概念であるメロスをゲノスと称するのは大きな罪だ。しかしメロスをゲノスにせず一貫してメロスとして扱えるのは何にもとづくか。これが政治とは何かというテーマについての重要問題の一つである。

（1） 今後ともノート1のプラトンの行数はステパノス版（括弧内はベッカー版）による。引用箇所の正確な文章はステパノス版によって（注）に示すことにする。

[25]

法律は完全な統治術の代用にすぎない、というプラトンの確信。動物の群れを養う牧者と見れば、政治家は各人各様のものを分け与え(ネメイン)ねばならないのだ。だが立法者には常にそれは不可能である。なぜなら立法者は、決して個々のもの——つまり現にあるがままの現実——を考慮するわけにいかない（医者に喩えれば、患者を抜きにして患者に一般的な指示を与える医者のようなものだ）からである。人間の群れの牧人は群れと同類(ゲノス)であること——つまり本質的に牧者では**ない**こと、すなわち神のみが人間の牧者でありうるような牧者ではないことが見落とされている。したがって、法律は**絶対的な**正義という基準によって評価されるが、誰にも人の心は見抜けず――言い換えれば、誰にも行為や出来事の現実の**全体**は見渡せない以上、この世にそういう正義が存在するはずはない。正義とは、法律（ノモス）の有無にかかわらず各人各様のものを分け与えられることだとすると、正義は存在しないか、存在するとしても死後にしかありえず、政治とは全く無関係だ。すなわち、政治は個人や個々の事柄に完全に個別化され、あるいは完全に個別化されることが要求されるため、まさに共通のもの（タ・コイナ）から抜け落ちてしまうのだ。プラトンは政治について述べていると思っているが、そのとき彼が語っているのは世界秩序のことである。

[26]

プラトン「第七書簡」。

行為と助言との違い。行為には友が要る。ひとりでは行為することはできない（注意・製作ならひとりでもできる）。忠告はひとりでできる。それゆえ忠告のほうがはるかに危険だ。

したがって支配に必要なのは、1. 自己支配と、2. 共同の支配者たる（コイノーノイ・テース・アルケース）友人の獲得である。(1)

貧困とは、自己を支配しえぬ（アウトン・メー・クラトーン）こと。(2)

(1) これはプラトンの第七書簡の一節（331d7–332a4）の要約である。

(2) この言葉はプラトンの第七書簡には言葉通りには見いだされない。「できる限り自分自身を支配していること〔原文・ギリシア語〕」（第七書簡 331d9）ならびに『パイドロス』231d4と233c2を参照。――この意味で「貧困」が使われているかどうか、確証できない。

[27]

「プラトン」「第十一書簡」。「立法(テシス・ノモーン)は支配者の配慮(エピメレイア・キュリウー)のもとでしかありえない(1)」。

(1) プラトンの第十一書簡にこれに当たる文章がある。「すなわち、奴隷や自由民の生き方が節度ある逞しいものであるように、国家のうちにあって日々の生き方に**配慮する支配者**がいなくても、何か**法律を制定**すれば、それだけで国家体制がうまく整えられると考えておれば、それは間違った考え方だ〔原文・ギリシア語〕」(359a2–7)。アーレントは太字の部分をギリシア語で引いているが、「配慮する支配者(キュリオン・エピメルウメノン)」という動詞的表現を名詞化して「支配者の配慮(エピメレイア・キュリウー)」と言い換えている。

[28]

正義について。シェイクスピア『トロイラスとクレシダ』

「むしろ正も不正も——
両者の果てしない葛藤を裁くべき正義と同様——
その名を失ってしまうのです(1)」。〔原文・英語〕

(1) *Shakespeare, Troilus and Cressida*, Act I, Scene III. ユリシーズの台詞。「粗暴な息子が父親を打ち殺します。／力が正義になるわけです。／いや、むしろ正も不正も／両者の果てしない争いを裁くべき正義と同様／その名を失ってしまうのです」。

[29]

政治への二つの全く異なる道が伝えられている。一つは人間の政治的動物(ゾーン・ポリティコン)という本性から出発する道である。(1) もう一つはマキアヴェリのように権力の本性から出発する道である。前者は本質的に実体論的である。ホッブズが(2)「権力を欲する動物としての人間(man as a powerthirsty animal)」と言ったのは後者を実体化したのである。

(1) アリストテレス『政治学』1253a3による。[21]と[24]を参照されたい。

(2) 「権力を欲する動物」という言い方はホッブズには見あたらず、powerthirstyという単語は『オックスフォード英語辞典』にはないが、ホッブズ『リバイアサン』第一部第十一章(身構え(マナー)の違いについて)の「……第一に、死ぬまで収まらない権力への永続的な不断の欲求こそあらゆる人間の一般的傾向だと思う」〔原文・英語〕という一節を参照されたい。

[30]

ノモス。ソクラテス以前の哲学者における対立。人為によって(ノモー)——自然によって(ピュセイ)(Antiphon B44「ノモスから生じる権利(ト・エク・ノムー・ディカイオン)」)(1)。Hippokrates 12 C1「法律は人間が作り……万物の自然は神々が秩序づけた」(2)〔原文・ギリシア語〕。

(1) Antiphon, VS 87 B 44 A, Col. 6-7.

(2) Hippokrates, *De victu*, in: C 1, 11. 31 f.

[31]

プラトン『政治家』〔以下「　」内の原文・ギリシア語〕

二六八（ベッカー版二七一）。牛飼いによる規定は全く役に立たない――、それでは何とでも言えるからだ。したがって「改めて始めから（エクス・アレース・アルケース）――別の道（ヘテラ・ホドス）」を辿らねばならない。人間が人間同士の交わりから（エクス・アレーローン）生まれ**なかった**時期があったと宇宙論的なことが言われるのはそのためだ。これと関連し――起源が同じなのが、宇宙の異変（メタボレー）である――、神自ら運行を司る時期があるが、神が放置するため、神の助けがなくても転回する時期もある（それが人間が人間同士の交わりから生まれた時期なのか。つまり、神が放置して助けなくなった時期なのか）。

二七〇(2)。宇宙運動の四つの可能性。

円環運動（アナンキュクレーシス）＝固有の運動（テース・アウトゥー・キネーセオース）からの最小限の逸脱(1)。

1．「自分自身で自分を動かしている」

2．「唯一の神によって常に動かされている」。

3．「相反する二つの神が宇宙を交互に逆に動かそうとしている」。

4．「ある時期には外部の神の力に導かれ……別の時期には神に放置され、自分の力で動く」。――この四番目だけが妥当なもので、二元論に陥らずに、神の働きと神抜きの宇宙運動とを説明できる。神抜きで動いているのが大地の現状（パトス）なのである。

二七二（ベッカー版二七八）。神が直接に人間の面倒を見て各人に不可欠なものを分け与えている限り、国家（ポリテイアイ）も記憶も存在しなかった(3)。

二七二（ベッカー版二八〇）。神が放置したとき、――「宿命と自然の性癖が」――宇宙を逆に回転させた。二七三。宇宙のすべてが放置されると――宇宙は「自分の内部の事物や自分自身に対して配慮し、力を振るようになった」――、そのとき神の教えを思い出すためには記憶が必要であった(4)。

二七四（二八二）「人間同士の交わりから生まれた」。なぜなら、宇宙は自分で自分を支配するからである。それゆえ人間が生殖によって、人間同士の交わりから生まれるという事実は、a神が放置したという――神による放置と、b自己支配(アウトクラテイ)(5)が課題であることを物語る最も確かなしるしである。

二七五（二八四）。二六八参照。ここでの誤りは、政治家(ポリティコス)を死すべき者に代わる神(テオス・アンティ・トゥネートゥー)とする規定にある。

二七五（二八五）。「政治術」＝「**自分の力で**命令する技術(6)」（「命令する［技術］(7)」とする普通の定義とは異なる）。これは単に群れを守るというのとは本質的に異なる。命令し配慮する牛飼いは、自分自身をも一緒に対象としなければならない。彼の配慮(エピメレイア)は個別(イディア)のものに向けられるのではなく、共通(コイネー)のものに向けられている。――唯一の個別的な要素は牛飼いの自己関係のうちにある。つまり、牛飼いが（すべてに共通している）共通(コイノン)のものに関して他のものに命令しうるには、（個であり私的である）個別(イディオス)のものたる自分自身に命令できなければならない。すなわち、支配者または政治家にあっては、政治的なものが私的なものをも包括し、万人共通であるものが〈個体〉や個人(イディオーテース)の領域をも包括している。神とは反対に**人間である**牛飼いは、**自分自身**をも配慮の対象としなければならないのである。

二七六（二八七）。政治＝「人間集団全体への配慮」＝「万人に対する支配の技術(8)」。

二七九（二九三）。政治的なものの原型(パラデイグマ)は機織りである。二八〇（二九五）。王と政治家との関係は、機織り師と衣装師全体との関係のようなものだ。

（問題(プロブレーマ)。二重の意味での難点。乗り越えるべき［克服すべき］難点と障碍［障壁］。創設して維持すべきもの。模擬戦争）。

~~二八一（二九七）。全く別のやり方。機織りは結合する(シュンパセース)ものだが衣類の製造（毛梳き）は分離する(ディアリュティケー)もの~~

であり(9)、いずれも　［原文はここで途切れている］

二八四（三〇五）。『ソピステス』と——「非有」が存在するという点では——関連があるが、それに続けて「今度は前の場合以上に厄介だ」と言われている(10)。（二八五［三〇七］）。歴史家にとっての優れたモットー。「多くのものに何らかの類似があることが認められたら、さまざまな種類を生み出している差異をすべて明らかにするまで止めないこと……(11)」。

二八五（三〇八）。探求はそれ自体のためにやるものではなく、「すべてについてよりよく論じる者」となるためにやるものだ——これは単に機織り術の探求のみならず明らかに「政治家に関する探求」についても言える。個別のやり方（二八六—三一〇）。実在に囚われぬこと。訓練のために実在を活用すること。目的は実在そのものの〈イメージの作成〉。二八六（三一〇）。「現在われわれが論じていることはすべてまさにそれをめざしている(12)」。

二八五。事物を**超えて**（メタ・プラグマトーン）いないものはロゴスによらなくても容易に明らかにすることができる。したがって、ロゴスは「事物を超えている(13)」。形而上学におけるロゴスの支配。事物に関してロゴスは余分であること。事物については訓練だけで十分なのだ。このため事物の世界は無意味になり、ロゴス抜きでは疎遠なものであるほかはなく、訓練のために存在するだけである。そのため、「事物を超えているもの」に携わる者の安全のためでなければ、政治も無意味である。これが哲学者による支配の本来の根拠なのだ。何とひどくついて行けないナンセンスだろう。これではロゴスは幻（エイドーロン）の代用のようなものではないか(14)。

二八七（三一一）。「よりよく論じうる者」とは「ロゴスによる実在の解明（デーローシス）に長けた者」である。（デーローシスには別の用法がある。注意・アレーテイアを露呈と訳すべき厳密な文献学的証拠があるのと同じような事情だ(15)。これは随所に見られる）。

対話の核心部分は二八三―二八七（三〇三［一二］―三一一［九］）の基準の説明である。(16)

（注）アーレントがプラトンの対話編『ポリティコス（政治家）』のどの版を使ったか不明。〔編者がドイツ語訳だけ引いている場合も、ギリシア語原文から訳した――訳者〕

（1）対応する箇所はプラトン『政治家』269e3-4である。「それゆえ宇宙は逆の**円環運動**をするように定められるのだ。なぜならそれが宇宙にとっては**固有の運動からの最小限の逸脱**だからである」。アーレントがギリシア語で引用しているのは太字の部分。

（2）ここで言及されている四ヵ所の内容は、プラトン『政治家』269e8, 269e9, 270a1-2, 270a3-6である。

（3）対応する原文はプラトン『政治家』271e8の「神に飼われている限り、国家もなければ……」だが、その前後（271e4-272a5）を訳出しておく。「人間たちの労苦のない生活について伝えられてきたのは、以下のようなことである。神に近い動物である人間が現在、自分以下の他の種類の動物を養っているように、神自身が人間を養い人間の監督者であった。神の監督のもとでは**国家はなく**、妻や子供の所有もなかった。というのは、人間はすべて大地から蘇り、彼らには前世の**記憶はなかった**からである。そういうものは何一つ存在しなかったが、果樹からもその他の多くの樹木からも果実を得ていたが、それは農耕の成果ではなく大地から自ずから生み出されるものであった」。アーレントはメモでは、太字の部分だけ指摘している。

（4）プラトン『政治家』273a7-b1参照。「十分な時間が経過して騒ぎも混乱も収まり、激動が鎮まると。宇宙は再び秩序正しく進み、**自分の内部の事物や自分自身に対して配慮し**、**力を振るうことになった**が、父である創造者の教えにはできる限り忠実であった」。――アーレントがギリシア語で引用しているのは太字の部分である。

（5）自己支配（アウトクラテイン）**αὐτοκρατεῖν**はこのままの形ではLiddell-Scott, *A Greek-English Dictionary*には掲げられていない。プラトン『政治家』274a5の「自己支配者である（*αὐτοκράτορα εἶναι*）」を見よ。

（6）これに対応する原文は「動物には**自分に**命令する技術があり、それは動物を個別的に扱うのではなく、集団的に扱い、配慮する技術だとわれわれは言った」（プラトン『政治家』（275c9-d1）。――太字の部分（τέχνη αὐτεπιτακτική）がギリシア語で引用されているが、「自分に」の強調はアーレントによる。

（7）「命令する技術」については、プラトン『政治家』260b3, c3；261b11, c7；263e8；267a9 を見よ。

（8）プラトン『政治家』276b7–c1 には「王の力以外の力が、**人間集団全体への配慮**だとか**万人に対する支配の力**だと、王の力以上に力強く主張することはない」と言われている。——アーレントがギリシア語で引用しているのはこの太字の箇所である。

（9）これは、機織りは結びつけ／組み合わせることで、羊毛を梳くことは合体したものを分離させることだという意味だが、原文ではこの二行は線で抹消されている。

（10）これに関連するプラトンの箇所は次のようになっている（『政治家』284b7–c8）。「**エレアの人**　ソフィストを論じたとき［プラトンの対話編『ソピステス』のこと——編者］、それだけがわれわれの議論の逃げ場だったから、非有も存在することにしたが、それと同じように今の場合も、過不足について測りうるのは相互比較だけによることではなく、正しい尺度に照らすことにもよると主張することにしよう。正しい尺度がなければ、政治家でもその他の者でも行為に精通した人間が疑いなくいるということが全く不可能になるからだ。**若いソクラテス**　今の場合もできるだけそう主張すべきです。**エレアの人**　ソクラテス、——前の場合もどれほど厄介だったかよく覚えているけれども——今度は前の場合以上に厄介だが、今取りあげている問題については、次のことを前もって確定しておくのが正しいことだ」。——アーレントがギリシア語で引いているのは傍線部分である。

（11）プラトン『政治家』285a4–b6「別の場合には逆にそれぞれの部分に分けようとしないが、正しいやり方は、**多くのものに何らかの類似があることが認められたら、さまざまな種類を生み出している差異をすべて明らかにするまで止めないこと**だ」。——アーレントが引いているのは太字の部分である。

（12）これに対応する原文はプラトン『政治家』285d4–286b3 である。「**エレアの人**　今われわれが政治家に関する探求を行おうとしている場合はどうだろうか。この課題では、政治家だけを知ろうとするのか、それともすべてについてよりよく論じうる者となろうとしているのだろうか。**若いソクラテス**　この場合も、すべてについて論じうる者となろうとしているのは明らかです。**エレアの人**　それだけではなく、良識のある者なら誰ひとり、機織り術を定義する場合も、ただそれだけのために追求しようとは思わないだろう。ところが多くの人々に忘れられているように思われることがある。つまり、存在するもののうちでも感覚的に容易に捉えうるものには、ある種の類似が自ずから備わっていて、説明を求める者を悩ますことなく、ごく分かり易く言ってやればそれを明らかにするのは決して困難ではないが、大事で貴重なものには、人間にすぐ分かるように作られたイメージがなく、そのため探求者の心を満足させようとする者が示して、感覚知覚の補いとしていくらかでも満足させることができない。このため、あらゆるものについて説明し、あるいは説明を理解できるように努力しなければならないのだ。物体でないもの、しかも大事で貴重なものはロゴスでしか示されず、それ以外の何ものによっても明確に示すことができないからである。そして現在われわれが論じていることはすべてまさにそれをめざしているのだ。訓練はどういう領域でも、大きな事柄よりも小さな事柄についてやるほうがやりやすいものだが。**若いソクラテス**　素晴らしいお言葉です」。——アーレントがギリシア語で引いているのは傍線部分である。

(13)　アーレントのこの解釈は、挙げられているプラトンの箇所（『政治家』285e3）では明らかにならない。μὴ μετὰ πραγμάτων は、もはや〈面倒なやり方ではなく〉（シュライアマッハー）とか〈無造作に〉（ルーフェナー）という意味ではない。

(14)　プラトンの原文は（『政治家』287a1-4）「もっと短く言っておけば、話相手を**よりよく論じうる者**にし、**ロゴスによる実在の解明に長けた者**になしえたことを示すべきだと考えねばならない」。——太字の部分がアーレントがギリシア語で引いている箇所である。

(15)　ἀ-λήθεια を Un-verborgenheit（露呈）とする翻訳については、Martin Heidegger, »Aletheia (Heraklit Fragment 16)« (1954), in : ders., *Vorträge und Aufsätze*, Pfullingen : Neske, 1954, S. 257–282, S. 259 参照。

(16)　Olof Gigon, »Einleitung« zu Platon, *Die Spätdialoge*（文献目録参照）、S. XXXIV–XLVII を見られたい。

[32]

反復（Wiederholung）を恐れるべきで[A]はない。それは奪還（Wieder-holen）でも[1]ありうる。その場合には「退くことで先んずる」（praevenire amando）のだ。そして「正しいことは何度でも」正しいことに変わりはない。「正しいことは何度でも言っていい」(Plato, *De Legibus*, 957)。

(A) praevenire amandando というのが正しい言い方。

(1) プラトン『法律』956e7–957a1 (用いられている版についてはノート2 [1] 注を見よ。「しかしまた**正しいことは何度でも言っていい**」。——アーレントは太字の部分をギリシア語で引いている。

[33]

クロノスの時代の大地の子についてのプラトンの神話の核心をなす真理は、大地の子たる人間たちもすでに群れをなして生きていたが、子を産むために互いを必要とすることもなかったので、完全に互いに離れていたから、政治はありえなかったということである。人間特有の複数性は存在していなかった。各人は独立していて、養われる側から見れば、すべてを養う神は、いわば完全に一回限りのもの、個別的なもの、他に無関係なものを相手にしていた。牛飼いと牛の群れとの関係は今でもそういうものである。群れの牛たちは牛飼いに依存しているだけで、牛は(生物学的な生殖のように)互いに依存しているわけではない。この真理は、アリストテレスの政治的動物(ゾーン・ポリティコン)では完全に姿を消している。なぜなら、政治が再び複数の個人から捉えられ、**単数の**人間ではなく**複数の**人間が取り上げられるからである。たとえば、家は**単数の**人間が自分のために建てるが、都市を造るのは**複数の**人間なのだ。

プラトンの発想の壮大なところだが、どういう政治の捉え方についても、その捉え方の根底にはどういう人類の起源が潜んでいるかを解明しなければならない。——

アリストテレスによる複数の個人による理解と似ているのは、ホッブズが行った複数の個人からのマキアヴェリの権力概念の理解である。

人間間の相互関係から発生し、作り出されるのが「国家（res publica）」であり共同体（コイノン）であり、公的な事柄であって、これは**相互関係**に先だって存在せず、**相互関係**を離れては一瞬たりとも存在しない。

[34]

［プラトン『政治家』］三二二［ベッカー版］（二九二［ステパノス版］）。君主制―寡頭制―民主制などの区別は拒否される。政治（ポリティケー）は知識（エピステーメー）、しかも統括する知識（エピスタティケー）だからである。――（暴君が隷属者を、君主が自発的服従者を、少数者が多数者を、富める者が貧しい者を、法に従ってか法を無視して）(1)……［判読不能］を支配するのではなく――、そうではなく？

三二三。命令する知識（エピステーメー・エピタクティケー）＝「人々の支配に関する……知識(2)」。

三二四／二五（二九三）。医者の例。患者が望むかどうかとか、処置が教本に則っているかどうかとは無関係に、――「身体のためになる(3)」技術を身につけている限りで、医者なのである。

三二五。突如として、知識だけでなく「知識と正義を頼りにする(4)」と言われるのはなぜか。どうしてだろう。

三二七（二九四）。人もちがい行為も異なれば、人事がすべて絶え間なく移り変わるために、法律は正しいものでありえない。法律は永遠のもの（「あらゆる時代のもの」）ではありえず、それゆえ新しい法律にとっては邪魔になることがある。法律（ノモス）は**経験に応じて**（アテクノース）処理するのだ。

三二八（二九五）。法律（ノモス）。大多数の人々（ポロイ）にとっては規則になるが、各個人（ヘニ・ヘカストー）にとってはそうならない(5)。

三三三（二九七）。法律（ノモス）よりも技術（テクネー）がまさっている。支配者は「理性と技術にもとづく最も正しいもの」

を配分（ディアネメイン）すべきである。(6) 理性はイデアを解明するが、技術はいわば応用の技術であり、判断力こそ――「技術の力」である。(7) 法律が介入する余地はない。

三四二（三〇一）。慣習法（ノモス）や成文法（グランマタ）を抜きにして支配する限り（「知識ある者であるふりをする……場合(8)」）、僭主は真の政治家に最もよく似ている。僭主は簒奪者［強奪者］であり、いわば知識（エピステーモーン）を有する者のカリカチュアである。

三四三。明らかにプラトンは自分が知らぬ間に、医者や舵手の例がなぜ適切でないかを述べている。知識を有する者は医者や舵手のように知られることはできない。知られるためには、彼は蜜蜂の群れの中でも直ちに――**身体**も**精神**も決定的に区別され――「身体も精神もすぐ目立ち(9)」――、それゆえ別の性質を有し、いわば人間の国の神であることが必要であろう。三四六。「**神が人間と区別されるように**(10)」。

三四五（三〇二）。このため真の支配は全く第七番目のものとして区別され、その他の支配形態はやむをえず（アナンカイアイ）設置されたものとされる。

三四五（三〇二）。法律（ノモス）が優れた成分法（グランマタ・アガタ）と明確に（皮肉にも？）同一視されている。(11)

三四六。民主制への不信。その理由は民主制では、権限（アルカイ）が多くの者に細かく分割されているからである。アルカイ――権力でなくて、何かを始める力。アルケイン――創始すること、反応ではなく行為すること。他の体制と比べても最悪とされるのは、他の体制は始めるように（改良）されねばならないからか、権限を有する者（アルケーン・エコーン）が他の体制**を使って**何かを始めるからだが、これが随所に見られる曖昧な点である。

三五二（三〇五）。「というのは、本当に王にふさわしい知識は、自ら実践するのではなくて、正しい知識にはポリスにおける最も重要な企図に取りかかり開始するのに適切な時であるか否かの見極めがつく以上、実践することのできる知識をして実践させるべき（始まり）だからである。その他の知識は指示されたことを実行するだけである」[12]。〔ギリシア語原文と並記されたアーレントによるドイツ語訳――訳者〕

（注）用いられている版については［31］を見られたい。

（1）ここでアーレントが述べている箇所はプラトン『政治家』292a5–292c9。「**エレアの人**　われわれは、一者・少数者・多数者、貧富、強制・自由、成文法の有無などを基準にして、こういう国家形態のどれが正しいかを見分けるのだろうか。**若いソクラテス**　それで何かまずいことがあるでしょうか。**エレアの人**　次のような観点からもっと明確に調べてみよう。**若いソクラテス**　何を調べるのですか。**エレアの人**　最初に述べたことはそのまま守るべきか、それとももはや同意できないだろうか。**若いソクラテス**　何のことをおっしゃっているのでしょうか。**エレアの人**　王の支配はある種の知識であると言ったと思うが。**若いソクラテス**　その通りです。**エレアの人**　しかも単に任意の知識ではなく、判定するとともに命令する知識として、われわれはそれを他の知識から選び出したのだ。**若いソクラテス**　そうでした。**エレアの人**　命令する知識についても、生命を欠いた作品に関するものか動物に関するものかで区別した。そういう分類を進めてこの段階に達したわけだが、その際も常に、それが知識であることを見失うことはなかったが、それがどういう知識であるかは満足できるほど厳密に規定することはできなかった。**若いソクラテス**　おっしゃる通りです。**エレアの人**　それでもわれわれには、その問題を解決する基準は、少数者・多数者、自由・強制、貧富のどれでもなくて、先に言ったことを守ろうとすれば、その基準が知識にほかならぬことは分かっているのだ」。

（2）プラトン『政治家』292d3–4　ἐπιστήμη…περὶ ἀνθρώπων ἀρχῆ?

（3）プラトン『政治家』293a9–c3　「医者の場合もわれわれはそれと同じように考える。すなわち、医者が治療に当たってわれわれの希望に従うかどうか、切るか焼くかその他の苦痛を与えるか、教本通りにやるかどうか、そして医者が貧しいか豊かであるかとは無関係に、医者が技術を身につけていさえすれば、われわれは医者として認めるわけだ。その際、医者がわれわれの身体を浄化し、体重を加減することができるのは、それが**身体のために**

なり、身体がよくなり、医者がいつも患者の治療を続ける限りでのことだ。まさにこういうことこそ、医術その他のあらゆる支配術の唯一正しい基準だと言うべきだと思う」。――アーレントがギリシア語で引用しているのは太字の部分である。

(4) プラトン『政治家』293d8–9「彼ら［支配者］が知識と**正義**を頼りにする限りで」（強調は編者による）。

(5) プラトン『政治家』294e8–295a5「正義に関わる事柄や相互の契約について民衆に指図する立法者についても、彼らが集団全員に指示する者である限り、**各個人**に適切な指示を与えることはできないと思われる。……おおざっぱな言い方をすれば、たいていの場合や**大多数の人々**に適したものを国の**法律**とするものと考えられる」。――太字の部分をアーレントはギリシア語で引用している。

(6) プラトン『政治家』297b1

(7) プラトン『政治家』296e4–297a5「常に船と水夫のためになるように配慮する舵手が、文書に書かれたことを実行するのではなく、自分の技術を活用して、同乗者全員の安全を守ろうとするのと同じように、……統治しうる者、すなわち法よりも**技術の力**を重視する者によってこそ、正しい国家が実現するだろう」。――アーレントがギリシア語を引いているのは太字の部分である。

(8) プラトン『政治家』301b10–c1「単独の支配者が法にも慣習にも従わず、**知識ある者であるふりをする場合**」――アーレントは太字の部分をギリシア語で引用している。

(9) プラトン『政治家』301e2「［蜜蜂の巣の中と同様に］身体も精神も独自の者としてすぐ目立つ……」。

(10) プラトン『政治家』303b4「神が人間と区別されるように」。――この言葉はプラトンでは、――これを知識ある者（エピステーモーン）についての言葉と解するアーレントとは異なり――「第七番目」の国家形態である「真の支配」に関するものである。「少数者の支配については、少数が一と多の中間をなすのと同じように、それはその二つの中間をなすものだと考えることにしよう。多数者の支配はあらゆる点で無力で、他と比べても、善いことも悪いことも大したことはできない。なぜなら、そこでは権限が多くの者に細分されているからである。したがって、すべてが法律に従うものであれば、この三つの国家形態のうちでも最悪のものであるが、その三つの国家形態がすべて法律を欠いたものであれば、それが最も優れたものである。すべての国家に拘束が欠けている場合には、最も善い生き方ができるのは民主制である。それに反して、秩序正しい在り方のものであれば、民主制に生きることは最も勧められず、第七番目のものを除けば、最初の国家形態において最も素晴らしい善い生き方ができる。というのは、神が人間と区別されるように、第七番目のものは他の体制と区別しなければならないからである」(303a1–b5)参照。

(11) ギリシア語原文全体は次の通りである(プラトン『政治家』302e10–12)。「法律とよばれている優れた成文法によって結合されていれば、君主制は六つの国家形態のうちで最善のものである。しかし法律がなければ、そこに生きることは辛く耐え難い」。

(12) プラトン『政治家』305d1–4

ノート2

一九五〇年九月—一九五一年一月

一九五〇年九月

一九五〇年九月

［1］

プラトン『法律』第一巻[A]

一八二（六二六）。「実際には**本来**、すべての国がすべての国と、宣戦布告しなくても、いつも戦闘状態にある」[1]――**ホッブズ**。

クレテ人が、これは国家についてのみならず、村や家や個人についても言えることだと言うと、アテナイ人はこう尋ねる。「自分自身との関係も敵対関係のように考えるべきでしょうか」[2]。――これが事実上、本来の結論であって、誰とも一緒に生きることができなければ、自分自身とも一緒に生きることができないのは確かだというわけだ。万人の万人に対する戦いは共通のもの（コイノン）という概念をぶち壊すばかりか、個別的なものという概念も壊してしまう。だから確かに「**自分自身に打ち勝つこと**（ト・ニカーン・アウトン・ハウトン）[3]こそすべての勝利のうちでも基本的なものであり最も素晴らしいものであって……」ということになる。

『**政治家**』の「自分自身への命令」と『第七書簡』三三一Dの「自分自身を支配する者」[4]を参照。

この発想は以下においても疑われることはないが、和解（ディアラゲー）のほうが勝敗以上に推奨される。

常に前提とされているのは個人からの出発である。特に特徴をよく示しているのは、二一八（六四四）の「われわれはそれぞれ一個人だとみなすべきなのでしょうね」[5]という言葉である（この個人が快苦や心配や期待で動かされるのだ）。「このすべての上にあるのが、いずれが善くいずれが悪いかに関する判定能力であって、**これが国家の共通意見になると法律とよばれる**のです」[6]。二一九（六四五）「国家の共通の法律」＝「理性的思考による重要かつ神聖な導き(7)」。

操り人形の比喩。理性が紐を操る。（**半ば**アイロニー）

(注) プラトンの対話篇『法律』のどの版をアーレントが使ったかは不明。

(A) ノート2のこれ以降のメモでは、プラトンの引用箇所を表す数字はベッカー版により、括弧内にステパノス版を記した。ステパノス版の正確な引用箇所は注に示す。

(1) プラトン『法律』626a4-5 この前後を訳出しておく。クレテの立法者は「多くの人々が平和とよんでいるものは、空しい名目にすぎず、**実際には本来、すべての国がすべての国と、宣戦布告しなくても、いつも戦闘状態にある**ことにほかならない」のを見抜いていた。――アーレントがギリシア語で引用しているのは太字の部分。

(2) プラトン『法律』626d1-2 「自分自身との関係も敵対関係のように考えるべきでしょうか」。

(3) プラトン『法律』626e2-3 「**自分自身に打ち勝つこと**こそすべての勝利のうちでも基本的なものであり最も素晴らしいものであって……」。

(4) プラトン『第七書簡』331d9 「自分自身を支配する者」。

(5) プラトン『法律』644c4 「われわれはそれぞれ一個人だとみなすべきなのでしょうね」。

(6) プラトン『法律』644d1-3 この前後を引いておく。「その二つのほかに将来についての思いがあり、それは一般には期待とよばれますが、分けて言うと、苦痛が予測されるときには心配とよばれ、その反対が考えられるときには確信とよばれます。**このすべての上にあるのが、いずれが善くいずれが悪いかに関する理性的思考**(ロギスモス)**であって、これが国家の共通意見になると法律とよばれるのです**」。太字の部分がアーレントがギリシア語で引用している箇所。

(7) プラトン『法律』645a2と645a1 「国家の共通の法律」＝「判定能力による黄金でできた力強い導き」。

［2］

認識の専制支配。これが専制君主が好まれる第二の理由である。これは哲学の支配ではなく、――正当性を主張する――認識の支配である。

［3］

プラトン『法律』第三巻

「国家の起源」と「変動の原因」

大洪水の後の世代には立法者も法律も不必要だが、「ある種の国家体制」は存在する。[1] キュクロプスたちについてのホメロスの「互いを気にすることもなく[2]」という言葉が引かれている。法律のない状態の彼らには、世代から世代へ受け継がれる慣習――「より大きな共同体へも携えて行く固有の掟[3]」――があった。――そしてその「固有の掟」――つまり「共通点」が全くない掟――のほうが彼らには必然的に隣の部族のものより気に入っていた、――それが「立法の起源」なのだ。それぞれに**独自のものとして**集まりながらも、**共通点**では彼らは合意に達するわけである。

二九一（六八三）。優れた法律と劣った法律。「保存されているものは保存し、滅びゆくものは滅ぼす[4]」。三三七（七〇七）の〈転換（ターン）〉を**参照すること**。

三〇五（六八九）。決定的なことはことのついでに述べられている確信である。「**国家には必ず支配者と被支配者がいなければならない**[5]」。最初の支配（？）関係は両親と子供の関係である。（本来、支配するとは被支配者の自発性が**あること**を意味する［アルケイン――始める、開始する、支配する[6]］）。その後は、貴族が庶民に対して、年長者が若者に対して、自由民が奴隷に対して。常に行為能力剥奪を宣告する――すなわち、**他者の**自発性を剥奪するのだ。

（注）用いられているプラトンの版については［1］を見られたい。

（1）プラトン『法律』680a9　全文（680a3–9）は「**アテナイの人**　彼らは立法者を必要とせず、その時代にはその種のものは生まれていなかったのではないでしょうか。というのは、時の周期でもその時代に生まれた人々はまだ文字をもたず、慣習やいわゆる先祖伝来の掟に従って生活していたからです。――**クレイニアス**　おそらくそうでしょう。――**アテナイの人**　しかし、以下のことは確かにもうある種の国家体制になっています」。――傍線部分がアーレントがギリシア語で引用している箇所。

（2）言われているのは、ホメロス『オデュッセイア』第九巻、一一二―一一五のことである。

　彼らには人民集会もなければ法律もなく、
はるか高い山頂に洞窟を作って、
それぞれ妻子を支配し、
互いを気にすることもなく過ごしている。

　プラトン『法律』680b7–c1を見よ。

（3）プラトン『法律』681b7　彼らは「より大きな共同体へも自分たちの掟」を携えて行く。

（4）プラトン『法律』683b2–3　法律が「保存されているものを保存し、滅びゆくものを滅ぼす」。

（5）プラトン『法律』689e4–5　「国家には必ず支配者と被支配者がいなければならない」。

（6）アーレントが挙げているこの「始める、開始する、支配する」という訳語は――アーレントの指摘とちがって――能動態のἄρχειν（「支配する」）と中間態のἄρχεσθαι（「始める」）に当たる。名詞のアルケーには始めと支配という二通りの意味がある。アーレントの政治哲学の中心にある〈始める――支配する（支配される）――行為する〉をめぐる考え方については、『思索日記』のこのほかの記述も参照されたい。

［4］

プラトン『法律』第四巻

三三七（七〇七）。「人間にとって最も価値があることは、多くの人々が考えているように生きながらえることではなく、生きている限りできるだけ善き者となり、善き者であり続けることだと思う(1)」。二九一（六八三）参照。

アルケインの二重の意味と支配と創始の関係について、僭主が賞賛される（三四二以下）理由は、僭主だけが――善かれ悪しかれ――始める必要があり、すべての人々は僭主に従うからである。「ある方向へまず自分自身で歩きさえすればいい(2)」――どういう方向へ進もうと思っても、最初に進めるのが彼の特権なのである。

「最も優れた国家」は、「最大の権力がひとりの人間の中で思慮や節度と一つになっている場合」である（三四六［七一二］）。

僭主政治が賞賛されるのは、国家体制(ポリテイア)の維持や管理のためではなく、国家体制を採用するため――つまり国家創設のためである（マキアヴェリ参照）。

三四九（七一三）以下。クロノスの支配――『政治家』参照。

1.（『政治家』では「人間同士の交わりから生まれなかったこと」が理由に挙げられているのに対して）「人間は**自分の力だけでは**(アウトクラトール)、人事のすべてを取り仕切ることができない(3)」。

2. したがって、人間も牛を牛に「支配(アルケイン)」させないように、神のような優れた種族を牧者にする。

3. 神のような牧者がいなければ不幸と窮乏を免れず――、そのため

4.「模倣して、私たちに備わる**不死のもの**に従って、「私たちの理性による**規定**(ディアノメー)」を法律にする(4)。

三五四（七一五）。「法律」＝「支配者の主人」、支配者は「法律の従僕(5)」——

三五五（七一六）。「では、どういう行為が神に愛され、神に従うものなのだろうか。……節度があれば**似た者は似た者**と友となるが、節度がなければ、似た者とだけでなく節度ある者とも友となれない(6)」。

ここには同質性（ホモイオテース）という観念がまたも採用されているが——
1．共通のもの（コイノン）である——法律が、異質なものにとっても同質であることの問題が回避されている。
2．異質なものの問題が重要なのだ。同質性（ホモイオテース）にもとづくどういう体制も、その質の程度は、異質なものに関する立法を調べれば明らかである。

三六四（七二一）。「どういう国家でも、その成立の起源は**結婚**という結合であり**共同**である……(7)」。

結婚という共同（コイノーニア）から導き出される。その根拠たるや——

三六五（七二一）。人間という種族が不死であるということなのだ。「したがって人間という種族は時間全体と深く結びついていて、時間全体に同行し、同行していくが、それは、以下のような仕方で人間という種族が不死のものだからである……(8)」。

（注）用いられているプラトンの版については［1］を見られたい。
（1）プラトン『法律』707d2-5　全文（707d1-5）「われわれは現在、国家の備える美徳をめざしており、そのため国土の性質や法律の出来具合を調べているわけですが、それは、**人間にとって最も価値があることは、多くの人々が考えているように生きながらえることではなく、生きている限りできるだけ善き者となり、善き者であり続けることだと思う**からです」。——アーレントがギリシア語で引用しているのは太字の部分。
（2）プラトン『法律』711b5-6　全文（711b4-8）「僭主にとっては、国家の方針（エートス）を変えようと思えば、それほど苦労はなく、時間もかかりません。美徳を発揮する方向であれ、その逆であれ、市民が進んでほしいと思う**方向へまず自分で歩きさえすればいい**のです」。——太字の部分をアーレントはギリシア語で引用している。

（3）プラトン『法律』713c6–7　次の注参照。——プラトン『政治家』の対比されるべき箇所についてはノート1の［31］参照。

（4）プラトン『法律』713e8；714a1–2．この前後は次の通りである（713c3–714a2）「当時の人々の幸せな生活については、あらゆるものが豊かで自然に与えられていたことについての言い伝えがあります。その原因として次のようなことが言われています。すなわちクロノスには、人間は**自分の力だけで**は、傲慢にならず不当な思いも抱かずに、人事のすべてを取り仕切れないことは分かっていました。そこで彼はその点をよく考えて、人間ではなく神のような優れた種族であるダイモーンを、私たちのポリスの王ないし支配者にしました。……この物語は今日もなお真実に即してこう語っています。神ではなく死すべき者が支配するポリスは、不幸や窮乏を免れることはできないというのです。この物語が意味しているのは、私たちはクロノスの時代の伝説的な生活をあらゆる手段で模倣すべきであり、私たちに備わる**不死のもの**に従って、公的にも私的にも家とポリスを治めて、**私たちの理性による規定を法律とよぶ**ことにしなければならないということです」。——アーレントがギリシア語で引いているのは太字の部分。

（5）プラトン『法律』715d4–5

（6）プラトン『法律』716c1–4「では、どういう行為が神に愛され神に従うことなのだろうか。一つの行為しかない……節度があれば似た者は似た者と友となるが、節度がなければ、似た者とだけでなく節度ある者とも友となれない」。

（7）プラトン『法律』721a3–4

（8）プラトン『法律』721c3–5

［5］

［プラトン『法律』第五巻］

三七八（七三〇）。**告発者への賛辞**——論理的には申し分ないが不快だ。政治における首尾一貫した議論はすべて非人間的なものにゆきつくのと同じだ。外部からの強制がいわゆる議論の強制よりも先行していて、その強制に従ってしまうことになる。これは理性的思考（ロギスモス）の独裁である。

同質性（ホモイオテース）。[1] 三九三（七三八）。「ポリスにとっては、人々が互いに知り合いであることにまさる善はありません」（すなわち、市民は互いに知り合いでなければならない）。

三九五（七三九）。最善の体制と最善の法律は、「友のものは確かに共通のもの」[2]という古来の諺がまかりとおり、「個人のものは生活全般にわたって極力拭い去られている」ところにある！　個人のもの（イディオン）がもはや存在しないところでは、確かに法律だけが完全に専制的に支配することができる。そこには予見されていなかったものはもはや何一つ存在しないからだ。

参考までに、『政治家』では、すべてを一括して処理する法律、つまり個人的なものを考慮しない法律の正しさを、プラトンは疑っていた。[3] ところがここでは、「個人のものは生活全般にわたって極力拭い去られて、目や耳や手のような本来個人のものであるものさえも、どうにか共通のものにされ、共同で見聞きし行うように思われる」。……——神々や神々の子たちのもとで完全に一つになって存在する場合（その場合こそ！）——すなわち多くのものが統一され、政治的なものの本来の問題が投げ出されてしまうとき——こういう国家体制（ポリテイア）が国家体制のモデル（パラデイグマ）なのである。[4]

四〇〇（七四二）と四〇五（七四五）。財産の「外貨」や限度を決めるとき、プラトンは一貫して市民からの**告発**を頼りにしている。市民は（財産の限度の場合には）賞金が与えられ、別の場合には処罰される。告発しない者は処罰されるのだ！

（注）用いられいるプラトンの版については［1］を見られたい。

（1）プラトン『法律』738e1–2

（2）プラトン『法律』739c2–3, c5–6　注4参照。

（3）ノートⅠの［34］を参照されたい。

（4）プラトン『法律』739c7–d3　全文は以下の通り（739c2～739e1）。「つまり最高のポリスや最善の体制や法律は、〈**友のものは確かに共通のもの**〉という古来の諺がポリス全体で認められているところに存在するものです。もしこれが――すなわち、妻たちが共通のものであり、子供たちが共通のものであり、財産もすべて共通であるということが――どこかで実現しているか、実現するとすれば、そして**個人のものは生活全般にわって極力拭い去られて、目や耳や手のような本来個人のものであるものさえも、どうにか共通のものにされ、共同で見聞きし行うように思われる**ことになり、同じものに喜びもし悲しむだけに毀誉褒貶もできるだけ一致することになって、すべての法律が、力の限りポリスを統一あるものに作り上げるならば、そういう法律を凌駕して、より以上に正しく優れた規定を設けることはできないでしょう。そういうポリスに**完全に一つになって**住むのが神々であろうと神々の子たちであろうと、住む者は一生楽しくそこで暮らすことでしょう。したがって、これ以外に**国家体制のモデル**を探す必要はなく、これを頼りにしておけばいい……」。――太字の部分がアーレントがギリシア語で引用している箇所。

［6］

［プラトン『法律』］第六巻。

法律にとって本質的なことは、全く新たに建設しようとする植民地のために構想されていることである。**創設**と**専制支配**との関連。

四一四（七五二）。それゆえ「勇猛果敢に」。というのも、法律を即座に受け入れようとする人々に法律が与えられるわけではないからである。若者たちがそれにふさわしく教育されるまで待っていようとすると失敗する。その間に**時**が過ぎて——慣習は必ず取り込まれてしまっているからである。**これ**は根本的な障碍だが、そこには同時に、発想が誤っていることが示されている。残された道はただ一つ「何らかの方法や工夫」(1)（つまり策略と暴力）だけだ——

政治の問題とは創設の問題なのだ。

プラトンはこの困難を逃れるのに、創設に**先立って**母国でそれに当たる人々を選び出すことを植民地に勧めている。

ポリスを創設する（？）とは「ポリスに**住みつく**こと」なのだ。

四一七（七五三）「始めれば仕事の……半分は片づいたようなものと言われるが、……立派な始まりは半分以上……である……。(2) 始めれば、ひとが自分ひとりで始める仕事の場合と同じような仕方で進み具合を決められるかのようだ。

法律や慣習の同一性はどういう国でも同質の住民や連続した歴史と深いつながりがある。ギリシアやイギリスがそうである。

（注）用いられているプラトンの版については［1］を見られたい。

（1）プラトン『法律』752c6　アーレントがある主張を込めて引用しているこの一節は、プラトンでは「もし仮に（エイペル）」という従属接続詞で始まっていて、「もし仮に何らかの方法や工夫で正しい仕方で実現するとすれば」という意味である。

（2）プラトン『法律』753e6～754a1　「諺にも〈**始めれば仕事の半分は片づいたようなもの**〉と言われていますが、私たちもみないつも立派な始まりを称賛します。それどころか私には、立派な始まりは**半分以上であるようにさ**

え思われます……」。――太字の部分をアーレントはギリシア語で引いている。

一九五〇年一〇月

[7]　**一九五〇年一〇月**

［プラトン『法律』第六巻］

四二四（七五七）。**平等**（イソテース）。二種類がある。1．すべての者に同じものを与える機械的な平等。2．多くの場合それと対立する平等。これは「真実の最善の」平等だが、これはすぐ見分けられるものではない。「**それを判定する能力はゼウスのものだ**」。そういう平等がゆきわたっているところでは、すべてが非常によく整っている。（クロノスの時代に――各人各様のものが**分け与え**（ネメイン）られていたように）「それぞれの本性に応じて適切なものを分け与えること」＝（四二五）「同等でない者に本性に応じて与えられる平等」＝「正義」。

「私たちにとって政治的なものとは、疑いもなくいつまでもこの種の正義のことである」(1)。

四五八（七七五）。「というのも、後々まで残り続ける始まりと神は、人々の間にあってすべてを救済（保管）するからである」(2)。

（注）用いられているプラトンの版については［1］を見られたい。

（1）プラトン『法律』757b1-d6「すなわち二種類の平等があって、名前は同じでも実際にはいくつかの点でほとんど正反対なのです。その一つは寸法や重量や数量による平等で、配分に当たってはくじで決めさせることで、どういうポリスも立法者も表彰の際に導入できるものです。しかし**最も真実の最善の平等**は誰でもすぐ見分けられるものではありません。**それを判定する能力はゼウスのものだ**からで、そういう能力は人間にはいつもほとんど使えません。しかしポリスや個人がそういう能力を使える場合には、その力がすべての素晴らしいものを生み出すのです。というのも、重要なものには多くを与え、重要でないものには少なく与えて、それぞれの本性に応じて適切なものを分け与え、美徳に即して大きな栄誉を与え、徳と教養ではその逆であるものにはそれなりのものを、それぞれにふさわしいものを分け与えるからです。**私たちにとって政治的なものとは、疑いもなくいつまでもこの種の正義のことであり**、……**同等でない者に本性に応じて与えられる平等**のことなのです」。——太字の部分がアーレントがギリシア語で抜き書きしている箇所。

（2）プラトン『法律』775e2-3

［8］

複数性。1．紛れもない複数性がなければ政治は存在せず、根本的な異質性がなければ法律は不要である——人々や民族の複数性と根本的**異質性という**事実と、2．二つの性があることに見られる「愛には愛が**要る**」、すなわち人間はひとりでは生きられないという事実とは、厳密に区別しなければならない。後の場合には、人は相手を求める（または必要とする）（そして、そこから三番目の人が現れる）。多数性の場合は、逆に、人はいつもすでに期待し、頼りにしているのは——相手ではなくて——**他者たち**なのである。愛の場合には人は自分にふさわしいものを求めるが、多数性の場合に人が期待しているのは「適合しないもの」、異質なもの、異なるものである。二つの性があることから生まれる、あるいは少なくともそこに示されている**必要**ということと、多数性に含まれている**相互依存**とは根本的に異なる。（西洋の伝統において）いつも家族が人間の**政治的な**共同体の原型として捉えられる場合、このような二つの事柄が同一視される。そこから――政治的関係と「愛の関係」と家族関係が**同時に**曲解されるという――途方もないことが起こる。

必要と相互依存の違いについて。家族では子供たちは両親を**必要とし**、両親は一切の見返りを期待せずにそれに応える責任がある。子供は老いた両親を世話すべきだという要求は、すでに政治的・道徳的な法則であって、家族そのものとは関係がない。政治的共同体が自分自身の特定の義務を家族に転嫁したのだ。政治的共同体ではすべてが双務的――「**相互的**（mutual）」――である。他者が私に依存し私について責任があるのと同じように、私は他者に依存し他者について責任がある。これだけが法律の「平等」であって、それは人々の間の事実上の不平等とは関係がない。法律は事実上の不平等には全く関わりがないのだ。また、各人に真実各様のものを与えることも問題ではない。各人各様というのは決めようのないものであって、――それが人間的正義の限界であり、その元は人の心が**絶対に**分からないということにある。法律は**双務性**の表れであり、――相互依存と相互に責任があることの表れであって、法律とはわれわれが相互に確約し合うものなのである。

［9］

誠実。»true« には真実と誠実の**両方**の意味がある。信義を守れないのは真実でなかったからというようなものだ。いわば無邪気な背信でもない限り、背信が大罪とされるのもそのためである。背信によって、真理であったものが抹殺され、〔真理として〕受け継いだものが取り消される。過去を保持できるのは誠実である場合に限られる以上、過去が完全に消し去られるのだ。つまり過去が持続するかどうかはわれわれにかかっている。同様に、世界に真理が存在するかどうかもわれわれ次第なのだ。真理の可能性も真理であったという可能性も存在しなければ、それは誠実が頑固にすぎないからだ。誠実が存在しなければ、真理に持続性はなく、真理は完全に実体のないものになってしまう。

誠実と真実との間の関係はこういうものであるからこそ、重要なことは、誠実という概念から頑固とか固執というものはすべて取り除くことだ。誠実の倒錯した形は嫉妬である。誠実の対極は——生き続け活動しているところには必ず見られる——普通の意味の背信ではなく忘却だけである。存在した真理である真理を拭い去ってしまうから、忘却こそ唯一真実の罪なのだ。背信と対極をなすような誠実というものは、活力を世界からなくそうとする倒錯である。それは石化しようとするものだ。そこから生まれるものが嫉妬である。よそで他者のもとでは生活が進展しているのが憤懣やるかたないのである。

［10］

根なし草。イメージを明確にしよう。追放された者たちは多くの場合、いわば引き抜かれるように故郷を去って、根がないという厳密な意味で根を失ってしまった。自分の根をうまく持ち出した者には根をおろす土地がなく、それ以上、根を持ち運ぶことができなかったため、彼らは無駄骨を折っただけだった。故郷に残ることのできた者たちは、自分たちが根をおろしていた生活基盤を奪われ、運がよくても自分たちの根は、むき出しになって二重に衰弱している。それは、根が立ち枯れて、土地から養分を取ることもできなくなったうえ、白日の下にさらされて、保護してくれる暗闇もなくなり、いわば秘密を暴露されたためである。

［11］

「プラトン『法律』」第七巻

二〇（七九七／九八）。法律(ノモイ)と変化(メタボレー)。最善の法律は、起源を誰も思い出せず、別の在り方になったこともない法律である。というのは、悪いものの場合は別として、変化そのものが危険なものだからである。「悪いものの場合は別として、あらゆる事柄において変化は極めて危険なものであることを見いだすことでしょう(1)」。——「（法律が）長い年月の間変わらなかったため、法律が昔は今とはちがう在り方であったという記憶もなく、それを聞いたこともない……(2)」からである。

それについてエジプト人が例に挙げられる。

三一（八〇三）。哲学者による政治学の基本的見解について。哲学者は「生の図式」を構想する。——もっとも、「人間世界の事柄はそれほど真剣に取り組むには値しませんが、われわれは真剣にならざるをえないのです。これは結構なことではありませんが、……本来は、神こそまさに極度に真剣になるにふさわしいものだ(3)」。

人間は神の玩具(パイグニオン)にすぎず、神の**遊び**(パイゼイン)は神の本性に合致している。——パイディア（遊戯）とパイデイア（教養）との語呂合わせ！　というのは、人間は「たいてい神の操り人形であって、真理に関与することはほとんどないからです(4)」（三三［八〇四］）。

たいていの人々は——あるいは人々はたいていてい——真実(アレーテイア)に関与しないのだから、人々は実際には全く**存在**していないのであって、曲芸師の手品が人々の玩具としてのみ存在するように、神々の玩具として存在しているにすぎない。**複数の**人間の事柄はそういう手品に喩えることができる。その反対に、**単数の**人間には「真理に関与する」可能性がある。

(注) 用いられているプラトンの版については［1］を見られたい。

(1) プラトン『法律』797d9–10

(2) プラトン『法律』798b1–3

(3) プラトン『法律』803b3–5と803c3–4「人間世界の事柄はそれほど真剣に取り組むには値しませんが、われわれは真剣にならざるをえないのです。これは結構なことではありませんが、……本来は、神こそ極度に真剣になるにふさわしいものだと言わねばなりません」。

(4) プラトン『法律』804b3–4

[12]

「プラトン『法律』」第八巻

八二（八三二）。民主制、寡頭制、僭主制は「国家体制(ポリテイア)というものでは**ない**」。「というのは、このいずれも本来、国家体制というものではなくて、すべてまさに党派制(スタシオーテイアイ)（党派(スタシス)の反逆！）とよぶべきものだからです。そのどれも**双方の自由意志**にもとづくものではなく、……自分の思うままに常に何らかの**力**によって支配するものであるからです」[1]。三つとも暴力による支配なのである。自由意志の要素は——決して自由の要素ではないのだが——何にもとづくのか。

その後は国家の二つの起源が述べられる。1．反乱と勝利から生まれる支配(アルカイ)。そこでは常に一つの党派が他の党派を支配し抑圧して、その他のものへ変化する(メタボレー)ことを覚悟しておかねばならない。2．あらゆる者が「自由意志で」同意する国家体制(ポリテイア)、そこでは誰も支配せず、あらゆる者が法律に従うことを常に互いに義務づける。法律のもとに誰にも束縛されず（エレウテロイ・アパレーローン）、自由意志に従うのである。

一〇五（八四二）農事関連法（ノモイ・ゲオールギコイ）。最高の法律は**境界の守護神**たるゼウスに従うものである。味方の土地と敵の土地との境界石は、誰も動かしてはならない。

自由意志―自由？

（注）用いられているプラトンの版については［1］を見られたい。

（1）プラトン『法律』832c2-5「というのは、このいずれも本来、国家体制というものではなくて、すべてまさに党派制とよぶべきものだからです。そのどれも**相互の自由意志**にもとづくものではなく、不承不承支配に従う者を、自分の思うままに常に何らかの**力**によって支配するものであるからです」。

一九五〇年一一月

［13］

ニーチェ「あらゆる国家は体制が不備で、そのため政治家以外の人々が政治のことに頭を悩まさねばならない。その多くの政治家のため、国家が破滅しても当然である」(1)。

（1）Friedrich Nietzsche, *Unzeitgemäße Betrachtungen III : Schopenhauer als Erzieher*, in : Nietzsche : *Kritische Studienausgabe*,

Bd. 1, S. 409.

[14]

パスカル「存在に関していくらか有しているため、われわれは無から生まれる第一原理の認識を奪われている。また存在に関してわずかしか有していないため、無限なものの展望を遮られている」[(1)]〔原文・フランス語〕。

（1） Blaise Pascal, *Pensées*, in : ders., *Œuvres complètes*, Paris : Gallimard (Bibliothèque de la Pléiade), 1954, p. 1084–1345, p. 1108 (nr. 84).

[15]

言語の複数性。一つの言語しか存在しなければ、われわれは事物の本質を確信をもって言えるだろう。重要なことは、1．多くの言語が存在すること、そして語彙だけでなく文法も考え方も異なっていること、2．すべての言語が習得可能であることである。

机がテーブルとも言えるように、事物を表す記号に対応するものが机ともテーブルともよべることには、われわれ自身が製作し命名したものの真の本質から何かが失われていることが示されている。世界が不安定になるのは、意味や意味に含まれている錯誤の可能性のせいでも、すべてはただの夢かもしれぬと思えてパニックになるからでもなく、言語とともに与えられ、何よりも多くの言語のせいで生まれる多義性のためなのである。同質の人間共同体の内部では、机の本質は机という単語で一義的に示されるが、その共同体を出たとたん別の単語が使われるものだ。

こういう世界の不安定な多義性も世界内部に生きる人間の不安定性も、共通かつ同一の世界にわれわれの世界とは異なる「対応する表現」があることを示す外国語の習得可能性がなければ、あるいは一つの言語しか存在しなければ、もちろん存在しないだろう。したがって、国際語はナンセンスだ——多義的なものを人為的に強制的に一義的なものにするものであり、「人間の条件（コンディシオン・ユメーヌ）」に反する。

[16]

単数の人間が哲学のテーマであり、**複数の**人間が政治のテーマだとすると、全体主義とは政治に対する「哲学」の勝利のしるしである——「哲学」に対する政治の勝利ではない。哲学の究極的勝利は、哲学者たちの最終的な絶滅にほかならないようである。おそらく哲学者たちは「余分なもの」になってしまうことだろう。〔原文・英語〕

[17]

「接触がなくなった」（ハイデガー）。彼は確かにもう時代の代表者とか代弁者ではない。[1] **時代**は彼の口を通じて語ることはなくなっている。それこそ彼にとっては絶好のチャンスである。単なる伝達可能というものとは異なる新しいコミュニケーションの可能性がそこから生まれるのだ。

（1）「時代の代弁者」はアーレントがKarl Wolfskehl, *Zehn Jahre Exil : Briefe aus Neuseeland, 1938–1948*, hrsg. und eingel. von Margot Ruben, mit einem Nachwort von Fritz Usinger, Heidelberg-Darmstadt : Lambert Schneider（Veröffentlichungen der Deutschen Akademie für Sprache und Dichtung Darmstadt, 13), 1959, S. 320-323, S. 322 のエミール・プレートリウス宛のヴォルフスケールの書簡から借用したと思われるニーチェを思い出させる言葉である。なおアーレントの *Men in Dark Times* (dt. Ausg., *Menschen in finsteren Zeiten*, 2001, S. 7) も参照されたい。

[18]

人生行路

人生の砂漠や荒野を越えて行くいくつかの道が社会によって作られている。数は多くなく快適な道でもないが、人間ジャングルのいかに悪質な不正行為に対しても、特に静かな時代には、それが守ってくれるのだ。そういう道を……しない者は［ここで文章は途切れている］

一九五〇年一二月

[19]

真理概念と世界の安全

1.「物と知性の一致（adaequatio rei et intellectus）」には、「知性」の「物」への「一致」を可能にする構造の基本的な同質性が説明されないまま前提とされている。世界に組み込まれた人間と、「物」と一致するようにいわば自動調節される認識が、人間と世界が緊密に結びついている最高の証拠である。

2．**ヘーゲル**。精神の運動形式と人類の歴史や運命とは同質である。人間はもはや世界の中に嵌め込まれているのではなく、歴史の流れの中に漂っている。人類の浮沈はいわばアプリオリに世界史の流れの動きに対応していて、それは「知性」という能力がアプリオリに「物」の性質に対応していたのと同じことである。

3．**マルクス**。ヘーゲルに従って彼も流れを泳ぐことができ、その泳ぎは明らかに世界史の流れの単なる浮き沈みに対する一つの活動であるから、泳者は流れより優越しているにちがいなく、流れの法則さえ理解すれば、無論、泳ぎの法則でもある流れの法則の**内部において**だが、泳者は一定の方向へ流れを変えることができるという当然の考えに至った。マルクスの試みは無益だ。泳者は自分が流れに流される——最後には自分自身の水没に至る——在り方を促進しているにすぎない。

流れで泳ぐことをいかにして回避できるかということこそ問題なのだ。

［20］

プラトン以来の哲学者と僭主の類似

（『クリティック』誌でコジェーヴがやっているように(1)）この類似を哲学者の時間不足で説明するとは、何というナイーブさだろう。思考とか理性として通用している西洋的論理は「本質的に（by definition）」専制的である。不変の論理の法則に違反する自由は存在しないのだ。政治が**単数の**人間や理性的な国家体制の事柄であれば、僭主政治しか立派な政治を生み出すことはできない。——問題は、**専制的でないような思考が存在するか**ということなのだ。これは、自分では完全に分かってはいなかったが、ヤスパースが解明しようとした問題である。というのは、コミュニケーションは——「弁護士的」思考の——討議とは異なり、議論の優秀さで自分が本当であることを確認しようとはしないからである。

（1） Alexandre Kojève, »L'Action politique des philosophes« （=Rezension von Leo Strauss, *On Tyranny*, 1948）, in : *Revue générale des publications françaises et étrangères*, 6. Jg., Heft 41 （Oktober 1950）, S. 46–55, Heft 42 （November 1950）, S. 138–155, 特に S. 146 を見よ。

［21］

苦労しながら登り来て
日々歩む道の険しさに
気も萎えて足は進まず
踏み出す一歩も
企て決意するその度に
申し分ないと励ました夢よりも
旧態依然のように思えたら
帰るべき故郷は消え失せたのだ（1）　〔原文・英語〕

［22］

（1） この小詩はアーレントの作ではなさそうだが作者不詳。

メタファーと世界
われわれは言葉においてのみ真理を有し、真理を語ることもできるが、また言葉で真理を効果的に始末することもでき、言葉は洗練されると必ず、真理を見いだす妨げになる。——こうした言葉独特の多義性が明らかになるのは、メタファーにまさるものはない。たとえば、そこに含まれている身体感覚を経験もしないで、「心を開く」というメタファーを長い間使っていたのもそのためである。その身体感覚を味わってからは、若い男たちが少女たちに「君が好きだよ」と言うとき知らぬ間に嘘をつくのと同じくらい、自分がいかにしばしば嘘をついていたかよく分かった。——しかし、言葉がメタファーによって事柄の意味にあらかじめ気づかせてくれていなかったら、私はどうして身体感覚の**真理**を経験できただろうか。

[23]

政治における目的・手段のカテゴリー(1)

人間によって作り上げられた世界の全体は確かに効用の世界である。あらゆる事物は確かに**手段**であって、人間が事物にとっての最終目的である。釘やハンマーは家を建てる手段であり、家は人間が住むために存在する。テーブルは一時物を置く手段として人間に必要なものである。事物の世界は手段の世界であり、その目的は人間であり、世界のどの部分も、あらゆる製作を支配する目的・手段のカテゴリーによって支配されている。ダーウィンの進化論では、自然全体が人間をめざして動いているように見えるが、それはこうした物のカテゴリーを自然へ適用した一例である。

重要なことは、事物の世界の目的である人間に達すると、このカテゴリー全体が完全に意味を失うことである。カントの目的自体の定義は、1．このカテゴリーが不十分であるしるしであり、2．このカテゴリー抜きで考えるべきときの西洋思想の無力さのしるしである。家は人間が住むための手段であり、テーブルは物を置くために必要な手段であり、あらゆる事物は、生きるための手段であり、住むための手段であり、自由に動くための手段であるが、生きることに目的はない、このことこそ決定的なことだ。

事物の世界では目的も決して一義的ではない。絵を架けるために釘を壁に打ち込むと、打ち込んだ釘で誰か首を吊るかもしれない。私がさまざまな目的を絶対的に支配しているわけではない。目的が変わっても、打ち込むことも釘そのものも手段であることに変わりはない。われわれが働きかける世界は、（道徳的な）企図と本質的に異質な世界であると述べたとき、カントが考えていたのがこのことである。

しかし行為は、事物からなる効用の世界における製作とは本質的に異なる。たとえば、いわゆる正義のために誰かを裏切る場合、問題は正義が一転して悪事となるということではなく、人間的行為の世界に裏切り行為をもたらしたという事実が問題なのだ。そこでは、たまたま「手段」が「目的」より重要になるだけでなく、いわゆる手段だけが**常に**重要なものになって、目的は**常に**幻想的な企てになってしまう。しかも、具体的な行為が**直ちに**起こるだけに、目的が達成される以前に、世界は根本的に変わって、目的が全く無意味なものになることもある。したがって、事物の世界でこそ計画を立てることができるのだ。家を建てようと計画することもできれば、その準備のために、家を建てようとする世界が決定的に変わって、家を建てて住めなくなるようなことはないと思うこともできる。しかし、行為の世界ではすべては一瞬にかかっている。今この瞬間に行っていることが決定的であり、それが一切を全く別物に変えてしまうのである。

（1）一九五〇年に書き記されたこのメモで初めて「政治における目的と手段」の問題が扱われ、それをアーレントはまず「イデオロギーとテロル」という論文で追求し、その後さらに『人間の条件』で追求していった。彼女の捉え方の概略はこのメモと次のメモに示されている。以前のメモ（ノート1［13］）からも分かるように、この問題に着目させたのはハインリヒ・ブリュッヒャーであった。

［24］

政治における目的と手段

決定的なことは、政治が常に目的のための手段として考えられてきたことである。政治ではすべてが許されていた、あるいはマキアヴェリ以来、政治ではすべてが許されるようになった。なぜなら——善き生活という——非・政治的な目的が政治という手段を正当化したからである。政治は常に非政治的なものの可能性の前提であった。全体主義者たちは、この手段を、このすでに汚れきっていた手段を目的自体に祭り上げ、独特のやり方で目的・手段のナンセンスに終止符を打ったのだ。

［25］

メタファーと真理

空虚な決まり文句が言葉に立ち返り、現実が開示されてメタファーは真理となる。言葉による表現を欠けば、現実の与える衝撃は持ちこたえられない。現実が開示され、言葉が蘇って現実を捉え、人間が耐えうるものとするその瞬間に、真理は蘇るのだ。「物と知性の一致（adaequatio rei et intellectus）」の底にも、やはりこういう事情が考えられているのかもしれない。

［26］

恋愛と結婚(1)

恋愛は一つの出来事である。そこから歴史が生まれ、あるいは運命が生まれるかもしれない。制度を生み出した出来事が制度によって使い果たされるように、恋愛という出来事も、社会制度としての結婚によってすり潰されてしまう。出来事にもとづく制度が続くのは、**出来事**が完全に使い果たされてしまわないうちだけである。そのように使い果たされないのは、**法律**にもとづく制度に限られている。結婚は出来事と制度の点では常に二義的であるが、結婚が解消できないとされていた限り、結婚は本質的に愛の出来事でなく法律にもとづくものとされ、まさに一つの制度とみなされていたのである。

その後、愛の制度となったが、結婚は当時の大半の制度より少し脆いところがあった。愛が制度化されると、愛は完全に故郷も保護も失ってしまったからだ。

男も女もそれぞれのやり方でそれに抗議している。男も女も愛が束の間のものとなり、空しいものとなるのを防ごうとしている。女は出来事である愛を一つの感情にしてしまって、神的なものを人間的なものにし、愛に限らずあらゆる感情を貶めることになる。なぜなら、どういう感情も愛の炎とは比べものにならないのは明らかだからだ。間違いは、愛は人間の心に住みつくという考えから生まれている。人間の心は愛の住まいであって、愛の故郷では**ない**のだ！ 愛が心から**生まれる**という思い込みは誤解だが、さらには、心によって一つの感情として生み出されるというもう一つの誤解がある。（これはあの一節の正反対だ。「不死の神も決して愛を免れず、愛に襲われるや、はかなき人間も我を忘れる」(2)）。女性が——正当なことだが、結婚による愛の制度化を恐れる優れた女性が——そういう感情にひたると、愛は感情となり感情によって食い物にされ、相手の男はそれこそ命に関わることなので、なるべく速く逃げ出さずにおれない。感情を妨げる男が逃げ出しても、女のほうは幻滅もせず、「愛」を支えに生きてゆく。しかし愛が人生の意味になるのは、愛によって少なくとも数人の子供が生まれ、家事にいそしむときだけだ。しかしその場合には、真面目な仕事のばかばかしさが始末に負えなくなる。愛を人生の意味だと考える女は、たいてい白昼夢のため、時には退屈のあまり参ってしまうものだ。

男が抗議する場合には、愛を友情として考え直そうとする。カントの結婚の定義は、本質的にその種の考え方の一つである。そこでは、友情の契約が結婚の相互関係の保証になると考えられている。(3) しかし、その契約には、友情では純粋に肉体的に果たしえないものが含まれている。結婚の最大部分は会話に当てられるというニーチェの見解(4)も同じように、友情の基準を結婚の基準にするように勧めるものである。しかし、結婚が求めるものは、友情のうちには存在しない。制度としての結婚がふたりの人間の自由な決断によって壊れても、愛はそれに耐えることができる。そこには、何の保証がなくても、出来事や運命を忠実に記憶しておれば、ふたりの共同生活から、出来事の歴史や運命が自由に展開されることが示されている。さらには、友情は尊重されるとは限らないことも示されている。友情では友への誠実が最高とされ、友情は愛の自由とまさに対立するものだからである。結婚や愛の日々の共同生活が友情に求められると、友情そのものが破綻してしまう。——法律によって確立された純粋の制度としての結婚では、共同生活を維持するのは楽だが、それは子供だけのおかげではなく、そこでは負担とか我慢は全く問題にならないからである。結婚では夫婦の間には常に絶対的な距離が保たれているが、その距離は愛では取り払われ、友情においては絶えず架橋される。

愛を友情に変形し、そのように変形させて愛を結婚の永続的な基礎にしようとするよく似た試みを、最後にヤスパースがコミュニケーション論で企てている。

違いを明らかにしよう。感情は私が抱くものだが、愛は私を虜にする。友情は本質的に継続とは無関係である——二週間もすれば前の友情は跡形もない。愛はいつも「一目惚れ（coup de foudre）」である。

（1）「恋愛と結婚」というテーマに関するアーレントの考えについては、書かれた時期から見て、伝記との関係を考慮すべきである。アーレントは一九五〇年二月にハイデガーと再会して、自分の学生時代の始め（一九二四年～二五年）の恋愛体験を思い出したが、そのとき知り合った恋人は既婚男性だった。この点については *Arendt-Heidegger-Briefe* 特に「再会」という章（S. 71 ff.）を見られたい。そのうえ、ハインリヒ・ブリュッヒャーが一九四八、九年に（今日では原稿審査係で作家のローズ・ファイテルソンだったことが分かっている）ひとりの「活発で肉感的な若いロシア系ユダヤ人女性」に愛情を寄せていたことを知った後、アーレントは自分の結婚生活でも危機を乗り越えねばならなかった。このことについては Young-Bruehl, *Hannah Arendt*, S. 338 f. 参照。当時のアーレントの手紙——特にハインリヒ・ブリュッヒャーへの手紙（*Arendt-Blücher-Briefwechsel*）やヒルデ・フレンケルへの手紙（未公開、「あとがき」を見よ）——から、当時アーレントのまわりでは、若い頃からの友人で結婚後ヴェイユ姓になったアンネ・メンデルスゾーンの結婚、ヘルマン・ブロッホのアンネマリー・マイヤー＝グレーフェとの結婚、ヘルデ・フレンケルとパウル・ティーリヒとの関係その他、愛情や夫婦をめぐる問題があったことが分かる。

（2）ソポクレス『アンティゴネ』エロスの詠唱、七八八—七九〇。〔原文・ギリシア語〕

（3）この（「友情の契約が結婚の相互関係を保証するという結婚の定義」という）アーレントの主張を正当化する箇所は、カントには見いだすことができない。おそらくアーレントが言っているのは、カントの『人倫の形而上学』（二四節）の婚姻権論についての自分の意見であろう（Kant, *Werke*（*Weischedel*）, Bd. 7, S. 389 ff. 参照）。

（4）結婚に関するニーチェの多くの発言に、「結婚の最大部分は会話に当てられるという意見」は確認できない。

［27］

老成

神々が自分の愛する者を若死にさせ、若死にの報いに老成という恩恵を拒み、「年取り人生に倦んで」死ぬことを許さないというのは今も真実である。ゲーテのマリーエンバートの悲歌には「神々は私を打ち捨てて、破滅させる」(1) とあるが、——神々は彼を必ずしも打ち捨てて、破滅させたわけではない。死はさらに破滅させるものを常に見つけだし、死は決して成就せず、望みを果たすことがないというのが、愛する者へ与えた神々の贈り物である。死は昔と同じように、決定的な別離である。神々の愛する者は、ユダヤの族長たちと同じく、無花果の実が熟して落ちるように死が訪れるのを待つ。彼らだけは、生きる限り生き生きと生き、死が打ち捨てるまで生きる重荷に潰えない。(2)

(1) Goethes Gedicht *»Marienbadaer Elegie«* の最終行、in : *Goethes Werke : Hamburger Ausgabe*, Bd. 1, S. 381–385, S. 385

(2) このメモをアーレントは少し手直ししてヤスパース宛の手紙（一九五一年九月二八日）に書き写している（*Arendt-Jaspers-Briefwechsel*, S. 209)。

一九五一年一月

一九五一年一月

[28]

「最高のものは、事実はすべてすでに理論であることの理解である」(1)（ゲーテ）。こういう「理解」であれば、そこから「個体の法則」が生まれることだろう。

（1） Johann Wolfgang von Goethe, *Maximen und Reflexionen*, Nr. 488, in : *Goethes Werke : Hamburger Ausgabe*, Bd. 12, S. 432.

〔29〕

目的—手段

これはもともとは道具—仕事が変質して派生したものであろう。目的は結局、普遍的なものの霧の中に姿を消してしまって、後には手段に変質した——どういう仕事のための道具か分からないが身体は魂の手段であり、それゆえ世界の中に目的を有する精神の手段である身体の——世界が残る。そこではカントの人間の尊厳の定義、すなわち、他の目的を立てる自己を手段として使ってはならないという禁止ももはや何も伝えることができない。それは納得はできるが、もはや理解できない。

〔30〕

単数の人間—**複数の**人間

全体主義体制では**単数の**人間の絶大な権力が、**複数の**人間の無用さと対応していることは明らかである。(1) すべては可能であるという考えから直接に、人々を人間としてある場合には殺害し一般的には粛清することによって、人々を無用なものにしようとする実践が生まれるのはこのためである。**単数の**人間が絶大な権力を有している場合には、その絶大な権力を行使するためである場合、つまり純然たる客観的な協力者である場合を除けば、多くの人間が存在する理由は実際、理解を絶することになる。どういう別の人間もすでに**単数の**人間の絶大な権力に対する反証なのだ。つまりすべてが可能なわけではないことの生きた証明なのである。人々の力とひとりの人間の力を分けるものはまず複数性である。絶大な権力とすべては可能であるという考えは必然的に**唯一性**に到りつく。神のすべての伝統的な述語から、多神論を排除するものは、神の全能と「神においては不可能なものはない」である。

ヨーロッパ政治理論はこのため純粋な権力理論において終わりを告げることが考えられるだろう。なぜなら、ヨーロッパ哲学は**単数の**人間と唯一の神から出発していたからである。(2)

(1) これと以下については、ほぼ同じ時期に書かれた一九五一年三月四日のヤスパース宛のアーレントの手紙を参照されたい。*Arendt-Jaspers-Briefwechsel*, S. 202.

(2) ここでアーレントが鋭く対立させているところによると、「単数の人間」が「哲学」に対応し、「複数の人間」は「政治」に対応している。言い換えれば、このテキストには——ノート1 [21] やノート2 [16] ほど明確ではないが——「哲学と政治」というテーマに関するアーレントの考え方の核心が含まれている。この後、彼女はこのテーマに数年にわたって優先的に取り組んでいる。刊行された著作ではこのテーマは、一九五三年のヤスパース祝賀論集に寄せた「イデオロギーとテロル」という論文からも、(*Zwischen Vergangenheit und Zukunft* として再版され、改訂された英語版が *Between Past and Future* である) *Fragwürdige Traditionsbestände im politischen Denken der Gegenwart* という論文集にも見ることができる。それにとどまらず「哲学と政治」は、アーレントが一九五四年三月ノートル・ダム大学で英語で行った三部からなる講義でも明確なテーマである(詳しい説明はノート19 [21] 注(1)とノート8 [22] 注(1)参照)。このテーマは最終的には計画されていた »Einführung in die Politik« の遺稿(没後出版された *Was ist Politik?* を見よ)で取り上げられるが、アーレントはこの『思索日記』から明らかなように、『人間の条件』との関連で再びこのテーマを扱っている(ノート25 [36] を見よ)。

48

<u>Der</u> Mensch – <u>die</u> Menschen:

In den totalitären Regimen ~~~~ erscheint deutlich, dass <u>die</u> Allmacht <u>des</u> Menschen der Überflüssigkeit <u>der</u> Menschen entspricht. Darum entspringt aus dem Glauben, dass alles möglich sei, unmittelbar die Praxis, die Menschen überflüssig zu machen, teils durch Dezimierung u. generell durch die Einschmelzung der Menschen zum Menschen. Wenn <u>der</u> Mensch allmächtig ist, dann ist in der Tat nicht einzusehen, warum es so viele Exemplare gibt, es sei denn um diese Allmacht ins Werk zu setzen, also als seine objekthafte Helfer. Jeder grosse Mensch ist bereits ein Gegenbeweis gegen die Allmacht <u>des</u> Menschen, eine lebendige Demonstration dass nicht alles möglich ist. Es ist primär die Pluralität, welche die Macht der Menschen – <u>des</u> Menschen einschränkt. Die Vorstellung der All-

〔31〕

道徳

実を言うと、道徳はすべて約束すること、そして約束を守ることに還元できる。このことは正・不正の具体的問題とも「十戒」とも関係がない。

傾向性が活動を停止するところで、道徳が始まる。義務と傾向性を対立させるのは全く無意味だ。なぜなら、傾向性が義務化されない限り、義務は現れないからである。傾向性が働いている限り、義務化された状態は義務でなく傾向性の延長のように傾向性には感じられるだろう。傾向性が活動を停止して初めて、義務が発生する。道徳も道徳的思考も、生気を欠き亡霊じみているのはこのためだ。活動が停止して初めて道徳が登場する。しかし、心情が荒廃しステップ化する危機にあっては、義務と道徳以外に逃げ道はない。荒廃が支配している限り、道徳には正当性があり、荒廃の支配が消えても、残念ながら、道徳には正当性がある。支配者がいない砂漠は、支配者がいる砂漠以上に恐ろしいものだからである。

ノート3

一九五一年二月―一九五一年四月

一九五一年二月

［1］　**一九五一年二月**

目的—手段

目的・手段の連鎖から逃れるために人間が自己目的とされたまさにそのとき、人間以外のすべての事物、自然全体は手段へと貶められてしまった。その後、世界の冒瀆、世界の俗化は償いようがなかった。

［2］

マルクス

『木材窃盗取締法に関する討論』(1842), I, 1, 266 ff.[1]

1. 人間の非人間化。木材所有者と木材窃盗犯が対立させられているが、木材を必要とする人間の多種多様な要求は度外視されている。

2. 木材の変質。木材はもはや全く問題ではない。プラスチックでもいっこう構わない。

要するに、人間の非人間化と自然の変質の**両者**を、マルクスは社会の抽象化とよんでいる。マルクスでは、その具体的表現が**法律**であり、法のもとでは人間も**事物も**みな平等である。

（1）引用箇所は古い（未完の）*Marx-Engels-Gesamtausgabe*, 1. Abteilg., Bd. 1, 1, S. 266 f.: »Verhandlungen des 6. Rheinischen Landtags. Dritter Artikel. Debatten über das Holzdiebstahlsgesetz« である。マルクスの『ライン新聞』

の論文についてここでは箇条書き風に要約している考えを、アーレントはヤスパース宛のある手紙の中でやや詳しく述べている。その一節はこう結ばれている。「私は彼［マルクス］を学者や〈哲学者〉としてではなくて（優れた学者であったにもかかわらず、彼は学問をイデオロギーにしてしまいました）、反逆者や革命家として救おうと思っています」（一九五一年三月四日ヤスパース宛、*Arendt-Jaspers-Briefwechsel*, S. 203 f.）。

［3］

われわれを渦に巻き込む世界の出来事についての（部分的なため常に偶然的な）観点に現れる眺めは、目が回るような速度に目がくらんだ者に混乱したまま雑然と提示されるものだ（マルクス）。

それに対して、全体を手中に収めているなどとは思わずに判断する可能性、さらには背後にあるもの、隠されているものも厳しく批判せずに判断する可能性。評価や批判抜きで判断すること。**判断力**を手放せば、実際にすべてがめまいを起こしてしまう。——だが判断力とは何か。（歴史や歴史のカテゴリーでは**評価**（be-urteilen）され、政治においては——すなわちドイツ人がそれが政治だと考えている——厳しい**批判**（ver-ueteilen）がなされる。生活においては、すなわち現実の政治においては、判断（urteilen）しないでは次の曲がり角まで行き着くこともできない。

［4］

「何事も時間がかかる」に関するマティアス・クラウディウスの言葉。

「車に乗ってケーニヒスベルクへ行こうとしているようなものだ。一挙に目的地に着くわけもなく、行き着くまで遠回りもしなければならず、遠回りすればそれなりに時間もかかり、最初の道が終わらない限り、次の道は現れもしない。しかも道に迷うこともしばしばで、車上の者もそれに気づいて、ひたすら耐え忍び、**我慢する**ほかはない。そのほかに打つ手はないのだから[(1)]」。

（1） Mathias Claudius, »Über einige Sprüche des Predigers Salomo« (zum zweiten Spruch : Alles hat seine Zeit), in : ders., *Werke*, hrsg. von Urban Roedel, Stuttgart : Cotta, 1965, S. 294–302, S. 298 f. ある失われた手紙で、アーレントがクラウディウスを引用してハイデガーに送ったことは分かっている。一九五一年四月一日のハイデガーの返信を参照（*Arendt-Heidegger-Briefe*, S. 125）。

［5］

政治問題としての地球の**人口過剰**

歴史科学が純粋に理論的・観想的であるのは外観だけである。自然科学が自然を手中に収めて、法則を決定しなくても動き方を指定できる技術のうちで終わるように、歴史科学は歴史の主人となろうという（マルクス的な）試みのうちで終わりを告げる。そこに生まれるのは、自然における与えられたものからの解放であり、歴史において贈られただけのものからの解放である。

こういう関連で初めて、人口過剰が問題になりうる。人間が自然の援助手段や救済手段――幼児死亡、洪水、旱魃、疫病、要するに大量死亡――をもはや認めようとせず、大地が供給できるより多くの食料を求めることは、彼らが自然に反するものとなったこと、大地はもはや彼らの故郷ではなくなったことを物語っている。これは現代世界における根本的な故郷喪失である。

［6］

情熱が感情に変質するのは、われわれは情熱の虜であること（パトス）に耐えられないからか、情熱を避けて（内面化を口実にして）感情に逃げ込むからである。あるいは、情熱の結末に絶望して、いや、情熱を信頼していないためいつも結末に絶望し、理解したがっている情熱の休止に絶望して、われわれが自分の中に感情を生み出して、その偽物の活気の中で待つことを回避しようと思うからである。感情による熱狂、感情への慣れが人間の実質を大きく変えるため、情熱の火はもはや人間を捉えることができない。

したがって、情熱によって捉えられうる唯一の人間の実質は信頼である。愛が一つの感情である限り、愛ではなく信頼だけが、特定の人間への信頼ではなく絶対的な信頼だけが、情熱によって破滅せず、抑えられて感情になることもなく、情熱を乗り越えて生き残ることができる。

［7］

われわれが何者で、どう思われようと
誰に関わりがあろう
われわれが何をなし、どう考えようと
誰が反感を抱こう

燃え上がる炎に包まれ
焼けただれた空の下で
われわれの世界が

一九五一年三月

三月

[8]

複数性について

最高の生命には、二つの生命が一体となる時機が分かっている。生命は衰えると群れに戻るが、その群れの中で、群れが再び分裂して、単数の意味での人間が再び生まれてくるのが明らかに認められる。群れとなった状態は純粋な活動状態であって、そこには単数も複数もない。したがって、二つの生命が一体化することが第三の生命の起源となるわけであって、そこに初めて複数性が始まる。「個体化の原理（principium individuationis）」の意味での現実存在はそこに生まれる、すなわち、最高の生命から生まれると同時に、最高の生命の衰退**自体**から生まれるのである。

一体化した二つの存在は、第三の存在が生まれるとともに初めて始まる複数性となるが、その複数性の中にも、二つの生命の一体化による純粋活動という生命の根源が人類の存続のために必ず維持されることによって、人類というものが発生するのかもしれない。

[9]

政治における目的—手段

製作。目的—手段を完全に正当化する。製作されたものは**壊してしまう**ことができる。製作活動には逆転不可能という性質はない。

行為。人々の間でしか起こらない。この間は独自の客観的なリアリティだが手で摑むことのできるものではない。そこで重要なことは、何事も起こらなかったことにはできないということだ。すべてが一度限りであり、起これば永遠に取り返しはつかず、「人類の不朽の歴史（man's enduring chronicle）[1]」において行為し、歴史に残る。これこそ、目的・手段のカテゴリーが非常に重大な結果をもたらす理由だ。目的が手段を正当化するのであれば、目的は本来なら、手段として「目的にかなう」だけの行為は撤回すべきである。無論、時すでに遅しだ。行われたすべての行為の永遠性のほうが、常に行為にすでに先行している。

製作における破壊の要素。樹木は伐採されて木材となる。物質であるのは樹木でなく木材だけだ。つまり物質はすでに人間の生産物であり、物質は破壊された自然なのである。「人間の所産[2]」が出来上がるのは、人間に物質として与えられているかのように、人間が生きた自然を取り扱い、つまり人間がそれを自然としては破壊することによる。木材は樹木の終わりだ。

神が創造したのは**単数の**人間であって、複数の人間でも民族でもなかったが、神が創造したのは自然であって物質ではなかった。

神が無から創造するとすれば、人間は被造物を破壊することによって創造する。その破壊によって、被造物は与えられたものへ変化し、創造された自然は与えられた物質になる。神は樹木を創造したが、人間は樹木を破壊して、木材を手に入れる。木材にはすでにテーブルといった目的が予示されている。樹木にはそういう目的を示すものは一つもない。

（1）「人類の不朽の歴史」はアーレントがウィリアム・フォークナーのある作品から借用し、（出典を示さずに）何度か使っている言葉である。後の版では抹消された『全体主義の起源』初版巻尾の「結語」で、アーレントはやや詳しく引用している。――「こういう感謝を抱いて期待しているのは――フォークナーの言葉を借りれば――〈歴史に時を与えられた感謝の念をもって期待しているのは……人類の不朽の歴史において達成するだけでなく、人類の歴史に寄与すべく、無名の者も情熱をもって勇敢かつ真剣に、何事かを達成できるチャンス〉以外の何ものでもない」（1. Aufl., 1951, S. 438）。

（2）「人間の所産（human artifice）」というアーレントがよく使う概念は、いつ頃から使われたのかは明らかにすることができない。アーレントの刊行された著作では、五〇年代後半にはすでに登場している。それは「人権のアポリア」の章（*Elemente und Ursprünge totaler Herrschaft*, S. 452–470, S. 467 f.）では、「人間によって設立された世界」「人間の技術によって構想された人工的建造物」「人間によって建てられ人間の技術によって案出された世界」などとアーレントは独訳している。*Vita activa*,S. 8 の »the human article of the world« のドイツ語訳「人間の手になる建造物としての世界」も参照されたい。ノート6［7］も参照。なお、（»artifices« と »operarii« に認められる）カントとの関連についてはノート7［10］も参照されたい。

［10］

ヘーゲル『法の哲学』。思考―行為。四節の追記。

思考は対象において始まり、対象を思想とし、対象固有のものを奪って自分のものとする。――行為は自我（＝思考）において始まり、意志が自分の目的を提示し、その目的を自分のものとして外界に送り出す。思考と行為は同一のものとなる。なぜなら、表象という見地で考えれば、思考された対象とは表象された対象であり、意志された目的とは表象された目的にほかならないからである。

ハイデガー『森の道』。再臨（パルーシア）を望む絶対者の**意志**が導入されているのだ。実を言うと、これを抜きにして**ヘーゲルの**精神哲学を理解することはできない。このことによっても、ヘーゲルの哲学が神学として以外には理解できないのは明らかである。「その暴力は……絶対者の意志なのであるが、絶対者はその絶対性において即且対自的にわれわれのもとに、つまり存在者の中に絶えず自然的意識という形で存在しているわれわれのもとに存在することを望む(1)」。

(1) Martin Heidegger, »Hegels Begriff der Erfahrung« in : ders., *Holzwege*, Frankfurt am Main : Klostermann, 1950, S. 147 f. (=Heidegger, *Gesamtausgabe*, Bd. 5, S. 161).

[11]

権力—全能

権力をめぐる西洋思想が危険なものとなったのは、西洋思想が**単数の**人間の哲学と結びついたからにほかならない。そのため、キリスト教伝統で適切とされた以上の力が人間にはあるというすべての考え方に、全能だと考える危険が含まれることになった。本来は人間的である現象は、**第一に**、**複数の**人々だけが力を有し、個人である具体的な人間はいつも無力であること、**第二に**、権力は人々の間に生じ、——自然本性によってでは**なく**——人々によって制限されることである。その制限が人間的理性にも限界を与えるのである。理性は（意志以上に）自ずから全能をめざす。意志が欲するものは……より以上の力にすぎず、その限りで意志は常にすでに他の人々を当てにしている。意志のめざす比較級が最上級に達することはなく、ニーチェの場合もそうである。

13

<u>Hegel</u>, Rechtsphilosophie:

Denken – Handeln. Zusatz zu § 4: Denken fängt beim Gegenstand an, macht ihn zum Gedanken, nimmt ihm das Eigene, macht ihn zum Meinigen. – Handeln fängt beim Ich (= Denken) an, der Wille stellt <u>seine</u> Zwecke vor, entäussert sie als die seinigen in die Aussenwelt. Denken u. Handeln werden identisch weil gesehen von der Vorstellung: der gedachte = vorgestellte Gegenstand, der gewollte = vorgestellte Zweck.

<u>Heidegger</u>, Holzwege: Führt ein den <u>Willen</u> des Absoluten zur Parousie. Ohne dies ist in der Tat die <u>Hegelsche</u> Geist-Philosophie unverständlich. Daran gerade wird deutlich, dass Hegels Philos. entweder Theologie ist oder unverständlich: 147/8: "die Gewalt ist . . . der Wille des Absoluten, das in seiner Absolutheit an-u.-für sich bei uns sein will

[12]

キリスト教的——根本的にはプラトン以後の（すでにプラトン的な?）哲学の政治に対する態度。「公的な事柄ほどわれわれに無縁のものはない」。「われわれがすべての人々の国として認めるものは世界である」（テルトゥリアヌス『護教論』三八[1]）。世界と国家との対立。

資本主義的世界の（内部矛盾による）必然的没落というマルクスの説でも、「その内部の欠陥によって滅亡する運命にあった」（コクレイン一七七[2]）ローマ帝国へのキリスト教徒の態度は明らかである。

（1） Tertullian, *Apologeticum*, 38.〔原文・ラテン語〕H. A., »Religion and Politics« (1953), deutsch (übers. von U. Ludz) in : *Zwischen Vergangenheit und Zukunft*, S. 305–324, S. 319 も参照されたい。

（2） Charles Norris Cochrane, *Christianity and Classical Culture : A Study of Thought and Action from Augustus to Augutine*, London etc. : Oxford University Press, 1944, S. 177.

一九五一年四月

[13]

ハイデガー——Gang durch Sein und Zeit, p. 16[1]

「同一」とは平等なものの単調さではなく、異なるものにおける独自さであり、**異質なものに秘められた**

近さである」。ここから新しい平等概念を展開できるだろう。それが人類への恐怖や根源的不安を維持するとともに、人類の必要性をも維持することができるかもしれない。

われわれが近いもの（共通のもの）を受け入れることができるのは、近いものは異質なもののうちに隠れ、異質なものとして現れるからこそである。われわれが異質なものを受け入れることができるのは、異質なものが近いものを秘めており、共通のものを告知しているからである。

（1）アーレントがここで引き合いに出しているのは、彼女がハイデガーから受け取った »Der Weg : Der Gang durch Sein und Zeit«（1946/47）という（未刊の）タイプライター原稿である（マールバッハ・ドイツ文学文書館にアーレント遺品 Nr. 76. 1044 として保存されている）。ヘルマン・ハイデガーの情報によると *Heidegger-Gesamtausgabe*, Band 82（Zu eigenen Veröffentlichungen）にこのテクストが出版される予定ということである。

［14］

世界創造者としての神。われわれが原因を問うことを強く要求する限りにすぎぬが、われわれがそういう要求をするのは、われわれ自身が常に原因であるからだ。

［15］

歴史と出来事。歴史が存在するのは、われわれの行為が他の人々にとっては出来事となるからである。しかしわれわれが徹底的な自発的存在である限り、われわれ自身の行為もわれわれにとっては出来事となる。

ヘロドトスの「行為と出来事」。行為は出来事となる(1)――しかし、出来事のほうが行為より根源的なものであって、行為は出来事の網の目の中に編み込まれるのだ。

(1) これについては、Herodots Persergeschichten, Vorwort zum 1. Buch.「……人間の事業が後世も忘れられないように、また偉大な素晴らしい行為が……思い出もなくなってしまわないように」(Herodot, *Historien : Griechisch-deutsch*, hrsg. von Josef Feix, München-Zürich : Artemis, Bd. 1 ([4]1988), S. 7 を見られたい。

[16]

複数性

アウグスティヌス『神の国』第一二篇二二章。**人間**。「……最初の人間として創造したひとりの人間から始め、多くの人間から始めるのでなく、彼から人類を増やしたのははるかに善いことだったのを理解するのは難しくない(1)」。**動物**。「まず一つ創ってから子孫を生ませるのではなく同時に多くの動物を創った。しかし神は人間をひとりだけ創ったが、無論、独りにして人間的な交流のないままにはしなかった。交流や和合の結びつきを強く求めるように、神は単に本性の類似だけでなく同族のよしみで人間たちが結びつくようにした」。(したがって、女も別個に創られるのでなくアダムから創られて)「人類がひとりの人間から広まることになった(2)」。

(注) アーレントが用いたアウグスティヌス『神の国』は明らかに *Patrologiae cursus completus. Series latina* (Migne) 版である。〔この版の章割りはトイブナー版とは少し異なる――訳者〕

(1) Augustinus, *De civitate Dei*, XII, 21.〔章割りはトイブナー版による——訳者〕

(2) 「というのは、神は一方では、鷲や鳶や獅子や狼のような、単独で行動し独居を好み群れない動物を創造し、他方では、鳩や椋鳥や鹿やノロのような群れて生きるのを好む群居する動物を創造したが、そのとき神はその二種類のいずれも、**まず一つ創ってから子孫を生ませるのではなく同時に多くの動物を創った**からである。**しかし神は人間をひとりだけ創ったが、無論、独りにして人間的な交流のないままにはしなかった。交流や和合の結びつきをいっそう強く求めるように、神は単に本性の類似だけでなく同族のよしみで人間たちが結びつくようにした。**そのため神は、男と結びつくべき女は男と同じやり方では創らず、男から創って、**人類はひとりの人間から広まることになった**」。——太字の部分がアーレントがラテン語で引用している箇所である。

[17]

自発性。アウグスティヌス『神の国』第一二篇二〇章。(1) »(Initium) ergo ut esset, creatus est homo, ante quem nullus fuit«. 始まりをもたらすために、人間は創られたのだ。人間とともに始まりが生まれた。ここにこそ人間的自発性の厳粛さがある。人間の自発性を否定すれば、人間は人間であることを完全に否定されると同時に、創造が**始まりの創始**としての創造であることが打ち消されてしまう。人間破壊の試みと自然破壊の試みとの連関は、おそらくここにあるのだろう。

(1) アウグスティヌスのこの箇所（『神の国』第一二篇二〇章〔トイブナー版では二一章——訳者〕）をアーレントはよく引用している。この箇所はアーレントの「生誕」の哲学への一つの鍵と見ることができる（「生誕」を彼女はドイツ語では Gebürtlichkeit とも Natalität とも表記している）。彼女はこの箇所を文脈から抜き出し、独自の解釈を加えて次のように訳している。「始まりをもたらすために、それ以前にはひとりも存在していなかった人間が創られたのである」。

参考までに、この箇所をその前の部分とともに引いておく。「救われて二度と悲惨な境遇に陥らない魂の数が増えうるかどうかという問題は、事物の無限性の制限について細かな議論をする人々に任せよう。その論争はいずれにしてもジレンマに陥る。その数が増えるのであれば、一度も創造したことのないものを神が創造できることを否定する理由はない。というのは、そのときには、以前には存在しなかった救われた魂の数は一挙に創造されるのでなく、絶えず創造されていくからである。逆に、悲惨な境遇に二度と戻らない救われた魂の数は一定していて増えないのであれば、その数がどういう数であっても、以前に存在したためしがないのだ。というのは、始まりがない限り、数が増加してある大きさに達することは不可能だからである。しかし、始まりは一度しかありえなかったのだ。始まりをもたらすために、それ以前にはひとりも存在していなかった人間が創られたのである」。

アーレントの公刊された著作には、「始まりをもたらすために、人間は創られた」という短縮した形の引用は、ヤスパースの七〇歳祝賀論集（一九五三年）の寄稿論文「イデオロギーとテロル」に初めて現れ、一九五五年以後は『全体主義の起源』末尾（S. 730）に見られ、その後は *The Origins of Totalitarianism*（一九五八年の改訂版以降）を含めてどの版にも見られるようになった。この重要な箇所で、この言葉には、現実との和解を試みる「救済の言葉」という役割が振り当てられている。アーレント解釈にとって基準となる最も厳密な理論的記述は、『人間の条件』の「行為と言葉における行為者の開示」という章にある。上に引用した訳文もそこからとったものである。»Verstehen und Politik«（1953）と »Freiheit und Politik«（1958）, in : *Zwischen Vergangenheit und Zukunft*, S. 125 あるいは S. 220 を参照されたい。

［18］

世界や政治からの離反こそあらゆる政治哲学の基礎。

（テルトゥリアヌス「公的な事柄ほどわれわれに無縁のものはない」(1) 参照）。

アウグスティヌス『神の国』第一五篇七章。「そしてそれこそ神や神々を崇拝する地の国の特徴である。……愛情あふれる配慮でなく支配欲に突き動かされてのことだ。善き者は神を享受するために世界を役立てるが、悪しき者は神を使って世界を楽しもうとするからである」[2]。アウグスティヌスによる「地の国」の役割の定義は――「これらへの恐れがあれば、悪しき者は柵につながれ、善き者は悪しき者の中で安心して生活できる」(*Epistula* 153, 6)[3]――古代哲学の見解と完全に合致している。しかも原罪の概念が「善き者」と「人間である限りでの悪しき者」との新しい連帯を求めているにもかかわらずである。

アウグスティヌス的―キリスト教的な「単に〈外部の〉人間(exterior homo)の……関係を規制する道具」という国家観は、古代国家の現実ではなく古代哲学の立場の徹底にすぎない(Cochrane, S. 509)[4]。

(1) [12] 注(1)参照。

(2) Augustin, *De civitate Dei*, XV, 7. 〔原文・ラテン語〕

(3) これはマケドニア人に宛てたアウグスティヌスの一通の手紙(*Epistula* CLIII)からの引用である(*Patrologiae cursus completus, Series latina*, Tom. XXXIII)。この前の部分も含めて訳すと次のようになる。「それゆえ、王の権力、裁判官の生殺与奪の権利、死刑執行人の拷問道具、兵士の武装、権力者の警察、善良な父親の厳格ささえ無駄なものではない。というのは、こういうものはすべてそれぞれのやり方、原因、理由、利点があるからだ。**これらへの恐れがあれば、悪しき者は柵につながれ、善き者は悪しき者の中で安心して生活できる**」。(Aurelius Augustinus, *Ausgewählte Briefe*, übersetzt von Theodor Kranzfelder, Zweiter Teil, Kemton : Kösel [Bibliothek der Kirchenväter, 60], 1879, S. 109). ――太字の部分がアーレントによるラテン語での引用部分に当たる。

(4) Cochrane, *Christianity and Classical Culture*, a. a. O. (Anm. zu Heft III, 12). コクレインに対するアーレントの批判については、»Natur und Geschichte«, in : *Zwischen Vergangenheit und Zukunft*, S. 390 (Anm. 4) を見られたい。

[19]

思考と行為。伝達は、考えられただけのものがリアリティを獲得する最初の決定的な形である。伝達は思考と行為との中間に位する。なぜなら、伝達がなければ思考も行為も存在しないからである。伝達は思考と行為の両方を直ちに指し示す。

フォークナー［本文はここで途切れている］

[20]

政治の限界現象である**全体主義**（根元悪）は、その原因を細かく丁寧に研究できる歴史を参照すればすむものではない。それゆえその起源（Origins）[1]は年代を辿るだけでは明らかにならない。

（1）原文では頭文字が大文字で書かれているが、これ以外に（たとえば下線で）強調されていない「起源」は、一九五三年二、三月（*Arendt-Jaspers-Briefwechsel*, S. 201参照）に出たアーレントの『全体主義の起源』に関係するものであろう。そうだとすると、これは『思索日記』でアーレントが明白に自著に言及している珍しい箇所の一つということになる。それと同時に彼女はここで、たとえば一九五三年七月一五日のフーゴー・フリードリヒに宛てた未刊の書簡（Hannah Arendt Papers, Library of Congress, Cont. 9, Folder »F miscellany«）と同様、アメリカ版のために選ばれた書名に不満を示しているのであろう。しかしこのメモは、――アーレントの見解では――全体主義にとって年代順の原因は存在しないことを、ごく一般的に指摘しているのかもしれない。

[21]

歴史。ハイデガーによると、人間は存在の出来事であるはずだ。これで人間歴史と人間生活に認められる出来事という性格を示すことができるかもしれない。しかし行為は、二通りに解釈でき、応答とも反論とも考えられる。その場合、「一連の物事を自ずから始める」[1]というカント的な意味での純粋な自発性は、すでに反逆であって、その可能性は、存在が人間において「生起」したとき、存在はいわば人間に引き渡されていたことにもとづいている。人間の根源は出来事であり、存在忘却は自分自身の根源の忘却、つまり根源的出来事の忘却と同じはずだ。純粋で自律的な自発性という意味での行為は反逆である限り、それは、人間を存在させているものに対する最高の忘恩であろう。

被造物の特徴が本質的に一つの行為であり生起である以上、このことが、被造物としての世界の特徴を揺るがすことはないだろう。したがって、「無からの (ex nihilo)」は難問にならない。なぜなら、無が存在者の無であり、そういうものとして存在である限り、結局ハイデガーは「無」を存在と同一視するからである。

(1) Immanuel Kant, *Kritik der reinen Vernunft*, B 562. そこには正確には「一連の出来事を全く自ずから始める」(Ausgabe Weischedel) と書かれている。

[22]

「不正の道——反ユダヤ主義、帝国主義、(マルクス主義的) 世界史、全体主義」[1]。恐るべきことは、それしか**道**がなかったこと、その他の道はすべて泥沼か鬱蒼たる森でしかなく、衰退のカオスでしかなかったことである。偉大な伝統から道が切り開かれなかった結果、闇の伝統が道を示すこととなったのはなぜか。それが分からない限り、おそらく打開策はない。

実に理解しがたいのは、不正が永続し、連続さえすることだ。これが——つまり取り消し**不能**の連続である不正が——罪とよばれるのだ。取り消し不能であるために、単なる不正の**行為**が罪ある**存在**としてリアリティを獲得する。それを妨げるのは相互の助力だけである。**行われた**不正が罪となるかどうかは、1．他者が直ちに進んで修正するかどうか、2．その場合、自分への執着を捨て、不正を**被った**者として行動するかどうかにかかっている。これが、赦しとは異なり、和解が常に両面に関わることの意味なのである。少なくとも、一方では「われわれが罪人を赦すように」と言い、他方では「行くがいい。再び罪を犯してはならない」と言った、イエスの言葉の意味である。彼が世界から取り去ろうとしたものは、罪ある**存在**であった。

人々の間の出来事は、指を触れただけで人間と無関係に起こる歴史の中で、すぐいわば宇宙的な出来事になるかのように、われわれが行動するのは珍しいことではない。そういう出来事が現実に存在するのは間違いないが、そういう出来事はまさに歴史を飛び越えてしまう。

不正を犯したのではなく現実に不正である者を、社会は中心から追い払うが、そうしないと、そういう者によって歴史がもはや不可能になるからである。

人間を「本性的に（natura）」倒錯した罪ある存在としてキリスト教的に捉えると、不正**行為**あるいは不正を犯した事実と、罪人となった存在とを区別することができない。不正を犯した事実はすべて、罪ある**存在**の証拠となり、罪ある**存在**を現実化するものになってしまう。ところがイエスがやったのはそれとは異なり、罪ある存在を解体して、単に不正を犯した事実にすることであった。不正が発疹チフスのように人間につきまとうのは、何らかの不正を犯す前から、自分はすでに罪ある者だったと信じ込んでいるからである。

（1）ここに引用符で囲まれている部分は（[27]も見よ）、『全体主義の起源』のドイツ語版のタイトルとして計画されたものだったかもしれない。いずれにせよ、『全体主義の起源』のテーマに刊行後もアーレントが取り組んでいたことがこれでうかがわれる。「偉大な伝統から道が切り開かれなかった結果、闇の伝統が道を示すこととなったのはなぜか」という問いは、ますます重要な問いとしてはっきり浮上し、さらに（特にマルクス主義とボルシェヴィズムに関して）分析が求められていたことについては、一九五一年三月四日のアーレントのヤスパース宛書簡も見られたい（*Arendt-Jaspers-Briefwechsel*, S. 202）。一九五一年末にアーレントはジョン・サイモン・グッゲンハイム記念財団のおかげで、そのプロジェクトのための財政的援助を申請し、それが認められて二度目のヨーロッパ旅行を実現することができた。ノート8[22]（1）を見られたい。

[23]

目的―手段。マキアヴェリ『君主論』[1]第一八章。「人々の行動、特に君主の行動においては、**訴えようがないため、**目的が手段を正当化する」。〔原文・英語〕

（1）Machiavelli, *Il principe*, XVIII: »E nelle azioni di tutti gli uomini, e massime de' principi, dove non è iudizio da reclamare, si guarda al fine.«〔そしてすべての人々の行為、特に君主の行為については、訴えるべき法廷が存在しないため、結果にもとづいて判定がなされる〕。フィリップ・リッペルのドイツ語訳では「そして人々の行為、特に君主の行為については、法廷に訴えるわけにいかないため、最終的成果に着目される」と訳されている。

[24]

不正**行為**から罪ある**存在**への転換は、どこで起こるのだろうか。不正を犯したというだけで、そういう転換が起こるのでないことは確かだ。

[25]

ユダヤ・キリスト教的な創造神話と政治的なものの概念。すべては人間特有の複数性を捉える困難にかかっている。(「神が同時に多くを創った[1](plura simul iussit existere)」)動物とは異なり、人間はひとりの人間に由来しており(ex uno homine)、神も唯一の神であるから、その起源のうちには、1. 神の似姿である保証と、2. 民族は人種的に変質することもなければその必要もないという保証がある。「ひとりの人間に由来する」こと、つまり複数性は二**次的**なものであることのうちに、「人類」の保証があるのだ。

国家あるいは公的生活は家族にもとづいている、すなわち、まさにやはり(残念ながら?)複数で生きていること(そして楽園から追放され、罪に堕ちたことを理由に複数性へ強制されたこと!)にもとづいている。そしてそれは動物であることを意味する。(複数性は動物的なことなのだ!)「地の国(civitas terrena)」としての国家は、人間の動物性をできるだけ人間的な仕方で受け入れ、人間をまさに動物であることにおいて、すなわち複数性において維持するために存在する。したがって「地の国」は、公的生活や歴史などそれに属する一切のものとともに、人間の罪の本来の領域なのである。それゆえキリスト者にとっては、複数性の領域は優れて「異質なもの(res aliena)」である。(ユダヤ人がこういう結果を回避したのは、一方で**神の**民として非政治的になり、他方では神の**民**というばかげた民族概念を発展させて、すなわち選びを助けとして複数性の苦境から再び唯一性へ抜け出すことによってであった。こうしてユダヤの民は、アダムが神の似姿であったように、アダムの似姿となる。これが、複数性に敵対するものであるため常に殺人の萌芽を含んでいるすべての選民理論に含まれている政治的意味である。――もう一方では言うまでもなく、すべての「有機体的な」民族理論や歴史理論にもこの事情が認められる)。**マルクス**の恐ろしいほど偉大でありながら全く埋もれていた功績は、公的生活や人間の存在の基礎を家族でなく**労働**に求めたことである。労働の呪いからの解放と家族の専制からの解放。政治的生活の基礎である所有からの解放は、政治的なものの家族からの解放の一つの結果にすぎない。

(1)[16]にも引用されたアウグスティヌス『神の国』の言葉。

[26]

哲学の**悪循環**は始まりの問題と本質的に同じものである。ひいては尺度や基準の問題もそうだ。政治においても同様な困難が見られる。つまり民主制は民主主義の教育を受けた民衆にあって初めて機能する。ところが民衆が民主主義のために教育されうるのは民主制においてのみである。ローマ的意味の独裁、あるいはマキアヴェリの言う独裁は、悪循環を突き破って**始まり**を創るための技術である。独裁の問題が重要であるのは、それが**創始**の問題であるからだ。レーニンの一党独裁はそのようにしか理解できず、徹底的に西洋の伝統の意味において真の問題として理解される。それに対してマルクスのプロレタリア独裁は、明らかに「世界史的思考」の領域から生まれており、それゆえはるかに危険である。

[27]

「**不正の道**」――反ユダヤ主義、帝国主義、(マルクス主義的)世界史、全体主義(1)――。不正の道しか歩めなくなり、それだけが重要で、現実の問題や困難な状況や破局に関連するものになってしまい、正義の道など存在していなかったとか、存在しないというようなことが、どのようにして起こるのか。これが根幹をなす問題なのだ。

（1）［22］を見よ。

［28］

世界史的。ヘーゲルとマルクスの間には本質的な違いは一つしかない。もっとも、その違いは極めて決定的に重要なものだが、その違いは、ヘーゲルは世界史的考察を過去についてのみ行って、その完成としての現代において終わらせているのに対して、マルクスはそれを逆に未来へ「予言的に」及ぼし、現代をスプリングボードとしてのみ理解したところにある。現代の状況へのヘーゲルの満足がいかにひどく思われようとも、純粋に観想的に把えうる事柄において自分の方法を貫き、それを政治的意志に目的を設定したり、政治的意志のために未来への改善をめざして自分の方法を使おうとはしない彼の**政治的な**直感は間違っていなかった。ヘーゲルは現代を必然的に歴史の終わりとして捉えざるをえなかった以上、マルクスがヘーゲルの世界史的考察の助けを借りて、本来決定的に反政治的である原理を政治に導入したとき、政治的にはヘーゲルの世界史的考察への信頼は捨て去られ、裏切られてしまった。

［29］

複数性。経験の根本的な逆説だが、われわれが厳密な意味で単独で、他者から何の具体的反論もなければ、われわれは必然的に自分を二つのものとして経験する。孤独裡の思考は常に自己との対話なのだ。これが、全然再帰的な動詞ではなく自我を二とみなす再帰動詞の意味なのかもしれない。(いかに美しい驚くべき自然であっても、私を語り合いに誘うことはなく、自我の二重性の中での自己との対話に導くにすぎないが、他の生物や生き物ではなく）自分と似たものに出会うと、私は自分自身と一致し、**一つのもの**となる。他者である**自分**に語りかけるとき、私が私として現実に存在するのだ。

これは以下のことに関連がある。

他者が必ず私にとってそうであるほかないように、私が自分自身にとって見当のつかない予測できないものではなくなるのは、私が約束において他者と結びつき、あるいは意志において自分自身に結びついている場合だけである。意志において私は自分の孤独な二重性にとどまっているから、実際に（二をすでに前提とする）「自分自身への命令」という本質を有する単独の意志は約束とは本質的に異なる。これはまた、意志からすぐ支配や権力意志が生じる理由でもある。それに対して、私が出会った他者と交わす約束では、私は**孤独**の二重性（すなわち**根源的な二義性**）を超えた一つのものとして行動する。それゆえ約束には確実性があるが、意志には確実性はない。私が約束を守ろうと**欲し**なければならないことはこれと対立することではない。というのは、約束の場合は、意志は全く別のものであって、エネルギーや能力と同じような手段、技術であり、自然の力ではないからである。自然的なものは、自発的に何かを約束しようとする（一見はかない）衝動のほうである。約束を守らなければ、私は他者を体験して一つになった在り方から、孤独の二重性と二義性へ立ち戻ることになる。

孤独な者の支配と権力意志は二義性から生まれる、つまり当人自身の二重性から生まれる。その結果、すべての他者が予見できないのと同じように、支配や権力意志は自分にとって予測のつかない、予見できないものになる。他者の予見不可能性——すなわち他者の**自由**——に耐えられるのは、少なくとも自分自身を信頼できる場合だけである。それが実現されるのは、約束においてであり、約束を守ることにおいてである。そういう確実性は、一体となった人間だけが他者との交わりの中で経験できるものだが、そういう確実性がなかったら、人間の世界は完全な混沌である。政治においては、ほかに自由の保証は存在しないから、まさにこの混沌を本質的にそのままにしておくことが重要である。そしてまた、他者との出会いにおいて個人が自分自身と一体化することからあらゆる秩序を生じさせ、各人が一体化することにこそ、それ抜きでは自分が失われてしまうあの最低限の確実性があると信じることが重要である。

政治における権力意志は、常に世界を確実なものにしようとする。それは、意志が確実であろうと望みながら、本質的に二義的であり続ける孤独の中では確実なものではありえないのに似ている。専制君主の望み通り確実〔原文は unverläßlich となっているが、verläßlich の誤りだと思われる。——訳注〕であるためには、権力意志は（不確実性と自由の根拠である）自発性を極力なくさねばならない。しかし安全だと確信できない場合には、安全を求める努力には際限がなくなる。

[30]

ヘーゲル『法の哲学』[1] 第五節。「**意志**は(a)**純粋な無規定性**の要素、あるいはそこではどういう制限も……解消されている自我の純粋な反省の要素を含んでいる」（それは「自己自身の純粋な思考」とよばれている）。法の哲学全体が意志にもとづいている。[2]

（1）アーレントがヘーゲルの『法の哲学』のどの版を使ったかは分からない。ここでの二つの引用は文献目録に示したズーアカンプ版（Bd. 7, S. 49）で確認されたものである。

（2） 原文にはこの一節に続いて、抹消された段落がある。そこには次の数行が読み取れた。「絶対的孤独裡の懐疑において は、現実性だけでも自分自身だけでもなく、すべての可能性を経験することができる。死の事実については、ほとんど知るよしもないが……」。

〔31〕

マルクス。重要なのは労働概念だけだ。経済（および資本主義）の運動法則を見いだすというよりも、労働の中核から歴史全体の運動法則を見いだそうとする試みである。労働そのものは、**単独の**人間が労働するという、伝統的意味で個人主義的に理解されている。これが背後に**複数の**人間が隠れている概念でないことは、以下のような演繹される事柄から明らかになる。

（1） 商品は社会によって変質させられた労働生産物だが、そこには労働の「幽霊じみた客観的実在」以外何も残っていない。（*Kapital*, I, 6）

（2） 労働生産物の価値は「凝固した労働時間」（*Kapital*, I, 7）にすぎない。つまり価値は生産物が使用されることから独立であり、他者から独立し、生産物の社会的機能から独立している。

（3） そういう社会的機能は交換価値という形で初めて生産物に伴うものとなる。その場合、自分が作ったものでない物が必要になって初めて接触することになる相互に独立した個人が仮定されている。基本的な考え方は常にロビンソンである。これがマルクスのプラトン主義である。

（4） このことは、供給と需要をできるだけ排除して、すべてを労働時間＋利潤（＝搾取）に還元しようとする価格理論において最も明らかである。

構想全体の特徴は以下のようなものである。

労働によって世界を作る製作者である**単数の**人間から、**複数の**人間（社会）によってその世界が奪われると、世界は「幽霊じみた客観的実在」に変質してしまう。これは、主体は活動の主体としてのみ「人間的」であり、人々は活動の主体としてのみ共同するものでも、本質的に活動の主体として共同するものでもない以上、その活動的在り方を歪めてしまうという意味である。しかし、活動（労働）は常に根本的に自分の欲求から生ずるものであって、——交換のため——二次的にしか、すなわち他者によって作られたものが必要である限りでしか、他者に関わることがないとすると、人々は純粋に活動的な主体としてどのようにして共同するようになるのだろうか。これが、マルクスの「共産主義社会」のユートピア的性格の本当の根拠なのだ。

ノート4

一九五一年五月―一九五一年六月

一九五一年五月

［1］

マルクスと後継者たち(1)

マルクスの重要な発見の本質が人間は**労働する**生物だという説明にあり、──それゆえ労働者階級が中心に位置し、**また**いわゆる唯物論（自然との物質代謝）が重要である以上──、彼は人間を本質的に**孤立したもの**とみなしている。古代ギリシアの製作者をモデルにして考えられ描かれている労働者は、実際原理的に生産物と一緒にいるだけで、他者が登場するのは（主人や助手といった）協力者としてにすぎない。製作に完全にふさわしい目的・手段のカテゴリーが、労働過程では人間に広がるのであって、労働過程ほど人間を手段として扱うのが当然視されるものはなく、ある意味でそれは当然のことである。これは、労働過程が近代的に組織化されて初めて完全に明らかになった、いわば労働の主要な罪である。マルクスが人間の解放と言うとき、彼が考えているのはこの生産労働者のことであり、現実に対象の生産者である「世界製作者（fabricator mundi）」のことである。活動全体が加工対象である物質に束縛されているから、そういう労働者は物質主義者である。

社会にマルクスにとっては何よりもまず、主体─客体の関係という完全な孤独のうちに生産された生産物を労働者から奪い取る怪物である。言うまでもなく、社会は各種各様に組織された複数性の領域にほかならない。そこでは人間に主権が認められないという意味で、プラトン以来（ハイデガーまで）複数性の領域は人間にとって邪魔物でしかなかった。

人間が主権者であるのは、生産者すなわち労働者である限りにおいてである。生産労働のカテゴリーが政治に適用されると、(1)複数性は本質的に単独者の集合、すなわち主体‐客体の分裂の中で孤立した生産者の集合とみなされる。あるいは(2)複数性が人類と称される怪物的個体に変質させられる。生産者が分業によって大衆的主体として組織される近代的労働過程を意識的にか無意識にモデルにすると、そういうことが起こる。——(3)自然物質でなく人間そのものが資材にされるのだが、労働生産物という意味で製作できると思われる社会形態ないし国家形態が構想される。そこから(4)生産のやり方とよく似ていて、何が許されているかという道徳的な問いが、外見では非道徳的だが実際には無道徳的な、目的に役立つものはすべて許されているという解答で答えるほかないような行為の観念が生まれる。(5)生産とその元来紛れもない孤立がモデルであって、すべてをそれで解釈し、複数性から理解することはできないから、これは必ず専制支配にいきつく。政治家が理想的な社会形態を製作し、他者はすべて協力者としてのみ必要とされ悪用もされるのだ。その意味で、マルクス主義は一種の啓蒙された独裁に終わるだけであって、そこでは独裁者が労働者階級を手段として、人類という一つの巨大集団を創り出すのである。レーニンの言う通りだったら、歴史も終わっていただろうが、最初に脱落するのはスターリンだ。

専制支配の告知者であるプラトンに始まった西洋の政治哲学は終結する。プラトンによると、政治家とは知恵があり（助言者や行為者である友人は必要がない）、権力を有する（それゆえ個人としては無力なため必要である友人を必要としない）者のことである。プラトンにとっては、知恵のある政治家がいかにして権力を得て行為することができるようになるかという問題には解決できない困難が残っていた。その苦境からすべての儀式めいた法律（ノモイ）の制度が現れたのだが、その制度は本来は、個人の生活を絶対不変の形で安定させる制度を確立して、行為一般を放棄しようとする試みなのである。行為と製作が確かに同一視されたが、そのことに激変をもたらすほどの意味はなかった。なぜなら、人間が本質的に製作者とか労働者だとは考えられていなかったからである。そういう捉え方を導入したのはキリスト教であって、キリスト教にとって人間は「世界製作者（fabricator mundi）」として「世界の創造主（creator universi）」に対応していた。（さらに、最高の国家形態への問いが初めて真剣に問題になったのはキリスト教によってではなかったか？）。いずれにせよ、初めて知と権力とのプラトン的ジレンマを脱する道を見いだしたのは**ホッブズ**であった。ホッブズの考え方はマキアヴェリ抜きにはありえなかったが、その重要性は、権力は本質的に政治的であること、すなわち**単数の**人間の権力にとって、自然ではなく**複数の**人間は邪魔になる、すなわち物質でなく他者の予測不可能な自発性は邪魔になることを、ホッブズが認識したところにある。そういう否定的な意味で、複数性が重要な問題であることを認識したのは、ホッブズだけである。その問題はひとりの人間のためにすべての人々を無力化することによって解決される。ホッブズにおいて初めて、専制支配が一種の去勢術となるのだ。

（労働生産物から芸術作品に至る）製作にとっては、目的が手段を決定し、全体が部分にまさるということが正しいと認められている。いかに優れた手段も、目的に対して正しい関係になければ無駄である。部分は全体にまさることはなく、全体はすべての部分の総体をも超えている。

行為にとってはこの逆が正しい。悪しき目的のためのものでも善き行為は世界に善きものをもたらすのであり、善き目的のための悪しき行いは世界に悪事をもたらす。(2) しかもいずれも決定的なことなのだ。それが分かっていたのはカントだけであった。そしてそのためにこそ、一切の妥協を絶対的に排する定言命令が正当化されたのである。

それ以上にはるかに重要なことだが、カントは人間が――製作ではなく――行為の領域において自由であるが**主権的**ではないことを理解していた。私だけが作者であり、私だけが決定しうるようなものは存在しない。私の行為から生じるもの、行為において現れるものは、私があらゆる他の人間を決定的に支配しているのでない限り、原理的に私には見通しがつかず、全面的に決定できるものではない。製作の自由は、他者も製作できるということで損なわれることはない。行為の自由は絶対的に何よりもすべての他の人々と結びつき、他の人々によって制限されている。行為と製作を同一視すれば必ず自由を否定することになってしまうのはこのためである。

その同一視によって起こる第二のほとんどそれ以上に決定的に重大な結果は、労働生産の予見可能で算定可能なものを行為の領域に投影し、すべては予測可能であることを擁護するような「行為」しか評価しないことである。問題のこういう側面によって、独裁から全体主義への移行が起こる。レーニンとスターリンの違いはそこにある。

カントはわれわれは行為の結果について決して確信はもてないと主張したが、そのとき彼の予見は正しかったわけである。しかもそれは、われわれが自分の動機しか知らず（それも完全には知らずに）、行為によって常に自分の主観的な自発性と原理的に異質な自然法則の世界へ入るからではない。もしそうだとすれば、すべてはまさに予測可能だからである。問題はわれわれの行為を客観的な自然界に適合させ、いわば善き意志に世界の中で場を与えることなのである。行為が見通しできないのは、私の行為の結果を変える（意図したものからそらす）だけでなく、それ抜きではそもそも行為できない他の行為者が共存しているからである。バークが言うように、「**行為するとは〈協力して行為すること〉**[3]（To act means〈to act in concert〉）」なのである。

さらに複数性の領域では、すべてのいわゆる「部分」は「全体」より多くなることがある、ということが成り立つ。言い換えれば、個人—民族—人類は決して部分と全体という関係ではない。

（1）この頃アーレントはマルクス主義における全体主義的要素に関する研究を計画していた。ノート3［22］およびノート8を見られたい。

（2）この点については「善い目的のための悪い行為は悪を生み、悪い目的のための善い行為は善いことを生み出す」（*Elemente und Ursprünge totaler Herrschaft*, S. 713）というアーレントの言葉を参照されたい。H. A., *Menschen in finsteren Zeiten*, S. 168（»Hemann Broch«）も見よ。ノート5［9］も参照されたい。

（3）『現代の不満の原因についての省察』（一七七〇年）の中のバークの言葉。「彼ら［アン女王治下のウィッグ党——編者］は、協力して行為しない者は誰ひとり有効な行為ができず、確信をもって行為しない者は誰ひとり協力して行為することができず、共通意見や共通の感情や共通の関心によって結合していない者は誰ひとり確信をもって行為することができないと考えていた」。Edmund Burke, *On Government, Politics and Society*, ausgewählt und hrsg. von B. W. Hill, New York : International Library, 1976, S. 75–119, S. 113 の抜粋から引用。

［2］

愛。感情への愛の変化によって起こる愛の力からの逃亡。その変化において、愛は本質的にその「対象」を失う。言い換えれば、情緒的意識というプロクルステスのベッドに乗せて、力を主観的なものの志向性に切り詰めようとすると、たちまち「対象」を超える「感情」に達してしまう。もっとも、そこでは「というのはわれわれの心情にあの……のように常にわれわれを超えて高まるからである」(1)ということが当てはまる。そうなると、実際には見捨てられたものしか「愛する」ことができない。それとともにいわば「対象」に不満足な不遜な感情が生み出されて、愛によって互いに結ばれた（「決して愛を免れぬ」(2)）者たちの根源的な共同を萌芽のうちに壊してしまう。これはさらに超越についてもねじ曲げられ、実際に自分の孤独（主権性）を放棄しようとしなくなってしまう。

（1）ライナー・マリア・リルケの「ドゥイノの悲歌」第二の悲歌の末尾。*Sämtliche Werke*, hrsg. vom Rilke-Archiv in Verbindung mit Ruth Sieber-Rilke, besorgt durch Ernst Zinn, Frankfurt am Main : Insel, Bd. 1 (^{2}1962), S. 692.

（2）ソポクレス『アンティゴネ』七八八。〔原著に九八八とあるのは誤り――訳者〕

［3］

ヘーゲル『法の哲学』[1]、**真理**。

序論第七節「どの自己意識も、自分が普遍的なものであること〔つまり個人でありながら**人間**であること〕を知っている」。「具体的で真なるものは（もっとも、すべての真なるものは具体的だが）、特殊なものと対立する普遍性であるが、特殊なものはそれ自身に立ち返ることで普遍的なものと和解している[2]」。特殊なものでない唯一の具体的なものは**単数の**人間である、すなわち、特殊な人間が、自分は人間であることを知っている自己意識である。「**すべての真なるものは具体的であるが……すべての真なるものは、概念的に把握されるものである限り、思弁的にしか考えられない**[3]」、すなわち、真なるものは具体的であって、そうでなければ普遍性の悟性概念によって考えられるからである。思弁的とはここでは、自己意識内部の過程として、自己意識の一つの段階としてという意味である。真なるものが自己意識の一段階として捉えられることによって、それは具体的なまま――その現実的性格を失って――思弁的となる、すなわち主観化される。ここにその歴史理解の核心がある。真なるものの歴史としての歴史がその現実性を失って、自己意識の歴史となる。すなわち、歴史の本質的なものにとって必要なのは再び**単数の**人間だけなのだ。歴史を具体的な真なるものの自己展開として捉えて初めて、出来事の意味が本当に明らかになる限り、複数性は排除されている。**複数の**人間は出来事が起こるのに必要だっただけで、真なるものが必要としたのは単数の人間――すなわち自己が（個人ではなく）**単数の**人間であることを自覚する自己意識だけだったのである。

第二二節「即自かつ対自的にある意志は、その対象は自分自身……であるから、真に無限なものである。さらに意志は単なる可能性や素質や能力（potentia）ではなく、現実に無限なもの（infinitum actu）である。……自由意志において真に無限なものが現実と現在性を獲得する……」[4]。

単数の人間の哲学は意志の哲学において終結に達する。なぜなら、意志だけが自己自身を現実に意欲することができ、あるいは「自己自身以外の何ものにも関わらない」（第二三節）[5]からである。意志において複数性から完全に独立した主権が実現する、すなわち「思考する理性」を介して初めて「有限なものになろう」と決意する「現実に無限なもの（infinitum actu）」が実現するのである（第一三節）[6]。しかしこれは、主権は理性でなく何よりも意志に依存するという意味ではない。意志がそれになろうと「決意する」とき意志は決して認めない有限性を、理性が媒介する（有限性を洞察する）のだ。有限性は政治的に言えば、死の事実にも――私は意志として、すなわち私がそれによって死も自分の被造性も「克服」できる「現実に無限なもの（infinitum actu）」として創られているという――被造物である事実のうちにも与えられてはいないのであって、事実としては絶対的支配によってしか「克服」されえない複数性のうちに与えられているのである。「（**意志**）**が……真理そのものである**」（第二三節）[7]。

第二六節。弁証法について。諸規定の「弁証法的本性」は「有限性」と同一である、すなわち弁証法がいわば世界を有限性から救済するのだ。

第三〇節「世界精神の権利のみが無制限に絶対的なものである」[8]。

(1) ここで引用されている Hegel, *Grundlinien der Philosophie des Rechts* の版については、ノート3［30］注（1）を見よ。
(2) Hegel, *Grundlinien der Philosophie des Rechts*, S. 55.
(3) 同所。
(4) A. a. O., S. 74.
(5) A. a. O., S. 74-75.
(6) A. a. O., S. 64.
(7) A. a. O., S. 75.
(8) A. a. O., S. 84.

［4］

思考と意志［ヘーゲル『法の哲学』[1]］第四節追記。思考が世界を住まいうるものとする。「対象を考えることによって、私は対象を思想にする……つまり本質的・直接的にわがものにする。……概念的把握によって対象を見抜くことができるが、そのとき対象はもはや私に対立するものではなく、対象が私に対してそれ自身だけで有していた固有のものを私が取ってしまったのだ。……世界を把握したとき……私は世界に住みつくのである」[2]。

こうして意志は、思考によって疎遠でなくなった世界に「自らの精神の痕跡」を刻みつける。思考独自の対象は表象において形づくられる以上、意志が思考より優先する。[3]

「主観性が純粋自我という単一な源泉にすべてを包括し呑み尽くそうとする無限の所有欲」(第二六節追記(4))。

「真なるものを結果という形態で見ようとする」すなわち、現実の過程に実現されたものとして見ると同時に、自己意識の過程で把握する概念において現実と一致するという、二重の意味で実現されたものとして見ようとすること(第三二節追記(5))。

(1) 引用されているヘーゲル『法の哲学』の版については、ノート3[30](1)を見よ。
(2) Hegel, *Grundlinien der Philosophie des Rechts*, S. 47.
(3) 同所。
(4) A. a. O., S. 78.
(5) A. a. O., S. 87.

[5]

関心(古代人—近代人)。古代人は政治における**欲求**(アナンカイア)の重要性を実によく知っていた。——新しいのは欲求を**関心**とする解釈である。この混乱はマキアヴェリに遡る。彼が初めて(?)二重の意味で政治における関心について述べた。つまり、権力闘争における君主の関心と国民間の権力政治の権力闘争における国民の関心である。そういう関心が、ローアン(1)においてさえ客観的要素として純粋に政治的なものとなっている。

関心を**欲求**と同一視したのはマルクスが最初である。その結果、政治はさらに「客観的」にされるどころか、その二つの概念が両方とも主観化されてしまった。すなわち、自然的条件である欲求の客観的要素が主観的関心となり、権力の枠内では客観的関心が、個人を突き動かす（欲求（アナンカイア）にもとづく不可抗力の）権力衝動―関心となったのである。決定的なものは、古代人では食物（*Nahrung*）であり、近代人では**渇望**である。食物は渇望になり、権力は関心になってしまう。〔原文・英語〕

（1）アンリ・ド・ローアン（Henri de Rohan［1579-1638］）。かつてのユグノー派の指導者。ここで考えられているのは彼の著書 *De l'Interest des Princes et Estats de la Chrestenté*（1638）のことである。

［6］

マルクス『政治経済学批判』（N・J・ストーン英訳）(1)

存在―意識

存在＝任意の発展段階における物質的な生産力＝人間が加わる関係＝生産関係、社会の経済的構造を構成しているものの総体＝**社会的存在**。この**存在**＝**生産**には生産関係**に対する**物質的生産力という基本的対立が含まれている。

マルクスでは存在は、決して「物質主義的」に考えられているわけではない。常に生産過程として、すなわち労働において**使い果たされる**物質として考えられている。

意識。意識を規定するものは、生産つまり生産の物質力そのものではなく「生産関係の総体」である。法律、政治、哲学などは、存在ではなく労働生産物の総体（人間の所産［*fabricatum hominum*］としての世界）を内容（*Inhalt*）とする意識の形態なのである。
人間＝製作者（*fabricator*）
人々＝世界製作者（*fabricatores mundi*）
存在＝世界
世界＝人間の所産（*fabricatum hominum*）

存在が意識を規定するとは、**すべての**人間による作品が、すべての人間の作品である世界にいる個人で**ある**人間の（個人としての）存在を規定するという意味である。

この関係の基礎は人間の欲求である。社会においては、その欲求が利害関心に変化するのだ。

（1） Karl Marx, *A Contribution to the Critique of Political Economy*, translated from the second German edition by N. I. Stone, with an appendix containing Marx's introduction to the critique recently published among the posthumous papers, 2., überarbeitete Ausgabe, New York : Library Publishing Company, 1904.

［7］

マルクス。相も変わらず、「人間の行為を導くものは何か」という古臭い問い。マルクスは、良心とか（あるいは）理性の声を信じている「観念論者」を嘲笑して、利益の声を導入している。人間は善か悪かというばかげた問題から抜け出して、利益の声が欲求の「客観的」システムに対応している限り、行為のための「客観的」指標が得られたと思っている。（これは、良心の声が客観的な救済の秩序に対応し、理性の声が自然法の客観的世界秩序に対応しているのと変わりはない)。

[8]

精神科学における方法。[1] 適切な応答が問題にされたことはない。なぜなら、そういう問いは「主観的」なものだとみなされているからである。たとえば、貧困そのものを人間的現象として捉えようとすれば、「**道徳的憤激**(moral indignation)」が「**貧困**(poverty)」**の本質的要素**であることをぜひとも理解しなければならない。貧困を「客体化」し非人間化する場合、すなわち貧困を人間的連帯の関係である公的生活の連関から引き離し(貧困特有の本性を剝奪して)変質させてしまう場合には、ばかげた価値中立性という要求を思い出して、人間的現象に不可欠な人間的応答を主観的なものだと考え始めるものだ。そういうやり方は判断とは全く関係がない。それどころか「道徳的憤激」がなければ、貧困は全然貧困として見えてこないのだ。

(1) 『全体主義の起源』を刊行した後、アーレントはそれに対する批判的見解に応えて、特に史学や政治学の「方法」に取り組んでいた。ノート5 [5] と [17]、ノート15 [11] 注 (2) も見られたい。

[9]

心がここで捉えるべきものを
測ろうとするも
広さ、計り知れず

落ち行く者を受け止める底を
突き止めようと測るも
深さ、極めがたし

天空に炎と燃え上がるものを
見届けんとするも
高さ、及びもつかず

一瞬の停滞にも耐えきれず
未来に望みを託すも
死、逃れようもなし

〔10〕

リルケ晩年の詩から

取り戻した心は
　優しさの最高の住処
前非を悔いて自由になり
　嬉々として働くその力

場所を選ばず
　遍在するものが広がりゆく！
投げられて、ボールは遠くへ
　おお、敢然と飛んでゆく
戻ってきても
　大きさに変わりはないが
途中で増えた分だけ
　確実に重くなる(1)

(1) アーレントが引用しているのは「一三回目の返信　エーリカ［ミッテラー］のため、賞賛の祝いに」(Ragaz, am 24. August 1926) という詩の最後の数行である。*Sämtliche Werke*, hrsg. vom Rilke-Archiv in Verbindung mit Ruth Sieber-Rilke, besorgt durch Ernst Zinn, Frankfurt am Main : Insel, Bd. 2 ([2]1963), S. 318 f. *Arendt-Heidegger-Briefe*, S. 129 und 305 も参照されたい。

[11]

ブロッホが一九五一年三月三〇日に死亡、六月二日に埋葬された。(1)

(1) アーレントとヘルマン・ブロッホは一九四六年に共通の友人で後にブロッホ夫人となったアンネマリー・マイヤー＝グレーフェの家で知り合った。ふたりの間には共通の歴史的経験と全体主義の分析への関心によって友情が芽生えたが、そこには親密な共感と何よりアーレントの側から生まれた微妙な皮肉な隔たりが目立つ。これについては *Arendt-Broch-Briefwechsel* を参照されたい。同様にアーレントの »Nicht mehr und noch nicht : Hermann Brochs *Der Tod des Vergil*« (1946) と »Hermann Broch und der moderne Roman« (1949) およびブロッホ全集(Zürich : Rhein Verlag) の彼女が編集した第六巻と第七巻の »Einleitung« も参照されたい。これらはすべて上記の往復書簡集に掲載されている。なお、このノートの [15] [16] も見られたい。

一九五一年六月

六月

[12]

われわれが絶対的なものとして知っている唯一独自のものも、何らかの [それに] 完全に適合した普遍性の範囲内で起こる。これがすべての人事の滑稽さが生まれるもとだ。

[13]

考えが芽生え
根をおろす
私は畑
考えの育つ場所

［14］

来たりて住め
異様に暗きわが胸に
大いなる波紋が
　　　部屋(1)に収まるために

来たりて落ちよ
わが眠りの底へ
われわれの世界の深淵に
　　　不安を抱く眠りの底へ

来たりて飛べ
遙かなわが憧れに
燃ゆる想いが
　　　高々と光り輝くために

立ち止まるのだ
待つがいい

眼差しを向ける先から
　必ず来るものがある

（1）アーレントは「部屋に」の代わりに「家に」という別の句を書き込んでいる。

［15］

生き残る

死者と共に生きる道を教え給え
彼らとの交わりをなだめ
接近を拒まれたいと願う仕草も同様に(1)
なだめる声はどこにあるのか(2)

彼らをわれわれから遠ざけ
虚ろな目にベールをかける嘆きを誰が知ろう
彼の不在に慣れるように手伝うのは何だろう(3)
気が変わって生き残れるように助けるのは何だろう
胸を突く想いは胸をえぐる短剣のようだ。(4)

（1）「も同様に」の代わりに「をも」と括弧に入れて書かれている。
（2）「ある」の代わりに、アーレントは「存在する」とも書いている。
（3）「手伝う」の代わりに「してくれる」とも書かれている。
（4）この詩はアーレントがブロッホの死に寄せて書いたものである。［11］参照。これと［16］をパウル・ミヒャエル・リュッツェラーは彼が編集したアーレントとブロッホの往復書簡集に収め、最後の行の「逆転した想いは胸のうちで持ち直した短剣のようだ」が、カフカの『審判』の最後に由来することに注意を促している。そこには、「しかしKの喉には一方の男が両手を当て、もうひとりが包丁を心臓に深く突き刺し、二度もえぐった」と書かれている。*Arendt-Broch-Briefwechsel*, S.165 f. を見られたい。

［16］

ブロッホ没後。(1) 死が近いことは知っていたが、突然（死亡するのでなく）死者となるとは思っていなかった彼にとって、死は思いがけないことだったが、私にとってはもっと思いもよらぬことだった。私は彼から死が近いことを聞かされていたが、（突然に死者となるのを恐れていたが）死が近いとは信じようとせず、私はささやかな友情に逆らって、彼の言葉も死の近いことも認めようとしなかった。何と言っても彼は友人だったから、彼の言うことに間違いはなかったが、彼はどうすることもできなかった。彼は――身動きもせず、石のように目を閉じて、ウィーン風の親切な顔で、打ち解ける異常な才能を示す常に動いていた顔のままだった。人がどういう人物であるかは、死者となって初めて分かるものだが(2)――彼は、自分を取り巻く複雑に入り組んだ生活の網の目にかかって絶望していたが、それは重大な過失を犯したからであった。それはまた、彼がどんなに強く縛っても見事に脱出してみせるために縛られる縁日の年老いた曲芸師のように、人生の危険な不合理を前提としていた彼本来の芸術作品を仕上げるには、もう年を取りすぎ、もうその力もなくなり、とにかく貧しくなっていた。いずれにせよ晩年には、想像の糸で現実の中に張り巡らした網の目は、彼の意に反して一種の世界となり、元来の素質もあって一つの迷宮となったが、彼はそれをアトラスのように肩に担い、その重みに潰れてしまったのだ。

(1) [11] を見よ。
(2) アーレントが「重大な過失」と言っているのは、数ヵ月で壊れたブロッホとアンネマリー・マイヤー＝グレーフェの結婚のことであろう。これについては、Hermann Broch–Annemarie Meier-Graefe, *Der Tod im Exil : Briefwechsel 1950–51*, hrsg. von Paul Michael Lützeler, Frankfurt am Main : Suhrkamp, 2001 を参照。ノート2 [26] も見られたい。

[17]
自由。「他人の評価」からの自由、すなわち仲間や他者の鏡からの自由によって、現在の自分に縛られずに、本質的に出来事から生じて約束の形にもなる**現実の個人的な**義務に従って行動するとしても、そういう自由は心理的には消極的な自由である。

自由。心理的に積極的な自由は「能力の享受」であり——解放されている**とともに**独立していること、すなわち、本質的に能力以上のもので**ある**状態のことである。能力が重荷や義務でなくなるのは、自分のうちに（?）能力を超えた、能力以上のものがある場合だけなのだ。

[18]
自由と出来事。一つの系列を自ずから始めることができる(1)——自発性として現れる自由の源泉は出来事

である。出来事が自由にいわば、それによってのみ自発性が生ずる素材を与えるのだ。出来事そのものにおいてのみ、しかもすべての予測する考慮から独立に、わずかな基本的な決断がくだされる。その決断は**撤回できない**からこそ、それが**自由な**決断だったことが分かる。生活の中のすべてが撤回できないというのは真実ではない。たいていのことは撤回することも償うこともできるが、それはまさにわれわれが自由ではなく、内外の事情によって強制されて決断するからだ。事情によっては決断を止めることがあるのも——当然のことである。自由を認められるのは、くだした決断が撤回できないからだ。

(1) 「一つの系列を自ずから始めることができる」はカントの引用を拠り所にしている。ノート3［21］参照。アーレントの自由概念にとって「カント的自発性」との哲学史的な関連は、「アウグスティヌスの始まり」との関連に劣らず重要である。出版されたものとしては »Freiheit und Politik« (1958), in: H. A., *Zwischen Vergangenheit und Zukunft*, S. 201–226, S. 220 を参照されたい。

［19］

唯物論者たらんとするマルクスの必死の試みは、(最高の形態であるヘーゲル的形態での)論理の支配から逃れようとする実に立派な試みである。**論理から歴史への逃亡**。マルクスがヘーゲルと同じように見逃したものは「現実」である。

［20］

始まりについて

ハイデガー――人間の存在によって「存在者への開示的侵入」が**起こる**（そして、形而上学は「存在者への侵入における根本的出来事である」）――*Kant und das Problem der Metaphysik*, pp. 206 resp. 218.(1)

ヘーゲル――「……この究極のものは、単一な自己においてすべての特殊性を止揚し、理由と反対理由との間を揺れ動く熟慮を打ち切って、〈われ欲す〉によって**けりをつけ**、すべての行為や現実を開始するものにほかならない」。「派生的なものではなく**端的に自分から始めるもの**であること」は君主の概念である。『法の哲学』第二七九節。(2) さらにその追記（二七〇）――「この〈われ欲す〉が古代世界と近代世界の大きな違いであって、それは必ず国家という大きな建物にその独特の姿を現すものである」。(3)

アウグスティヌス――神は「**始まりをもたらすために**(4)（ut initium esset）」人間を創ったのだ。

（1） Martin Heidegger, *Kant und das Problem der Metaphysik*（1929）, 4. Auflage, Frankfurt am Main : Klostermann, 1973, S. 222 und S. 235. マールバッハ文学文書館には、手書きでアーレントへの献辞が添えられているこの版がある。

（2） G. W. F. Hegel, *Grundlinien der Philosophie des Rechts*, S. 445 und 446. 引用の仕方についてはノート3［30］参照。〔引用文中の「反対理由」は、この引用ではGegenständeとなっているものをヘーゲルの原文によってGegengründeに訂正した訳語である。なお、引用文中の強調もヘーゲル原文による――訳者〕

（3） Hegel, a. a. O., S. 449.

（4） Augustinus, *De civitate Dei* XII, 20. 引用の仕方と、アーレントの著作に対するこの引用文の意味については、ノート3［17］注（1）を見られたい。

［21］

行為―意志―目的―手段

ヘーゲル『法の哲学』。意志――すなわち「意志の最終的な根拠なき自己」（二八一節）[1]――が、意志の意欲を対象化＝現実化するために目的を想像する。その想像された目的を実現するためには、意志と異質な領域である現実と結びついている手段が必要である。意志によって作り出された観念から、その客観性は非‐主観的なものにもとづくが、その存在は主観にもとづく対象が発生する。目的が手段を正当化するのは、非‐主観的なものがすべて主観（始める意志）に捧げられるからだ。

マルクスがこういうヘーゲル的な行為概念に疑いを抱かなかったのは、マルクスの悲劇であった。「目的のない行為は無目的、無意味な**行為**であるように、**特定の**目的でない目的は目的ではない」（『ヘーゲル法哲学批判』［*Werke*, I, 1, p. 440］[2]）。

（1） G. W. Hegel, *Grundlinien der Philosophie des Rechts*, S. 451.

（2） Karl Marx, »Zur Kritik der Hegelschen Rechtsphilosophie : Kritik des Hegelschen Staatsrechts«, in : *Marx-Engels-Werke*, Bd. 1,S. 236. アーレントは（旧版の）*Marx-Engels-Gesamtausgabe* から引用している。

［22］

ヘーゲルの君主制擁護（『法の哲学』二八一節以降）を(a)プラトンの僭主論、(b)ホッブズの専制君主論と比較すること。プラトン――ひとりしか賢明でありえないように、法律も本来、ひとりによってしか支えられない。ヘーゲル――決定は「自然と同様に根拠なき存在」に対応する「意志の最終的な根拠なき自己」（マルクス――「意志の偶然、恣意、自然の偶然、出生、つまり偶然の威厳」（*Werke*, I, 1, 441）[1]によってのみくだされる。[2]なぜなら、その他はすべて見通しがつかないからである。それゆえどの場合も、**複数**

性の問題である政治を隠してしまおうという試みなのだ。
ヘーゲルは非常に首尾一貫している。「最終決定をくだす主観性である君主独特の威厳は、統治行為に対する一切の責任を超えている」（二八四節）[3]。「最終決定をくだす主観性」は、複数性を無視して行為がなされる場合、行為の「真の」源泉である。すなわちヘーゲルの言うその他の「**客観的なもの**」はすべて、予測され既知であるはずの**事情**にすぎない。ヘーゲルにとって責任は、そうした知識や予測の領域にしか存在しない。専制君主である主体の「根拠なき意志」、「決定をくだす主観性」の主権性は、そういう領域を超えている、すなわち（当然政治的決定にあずかることのない）専門家の官僚制を超えている。

（1） Karl Marx, »Zur Kritik der Hegelschen Rechtsphilosophie : Kritik des Hegelschen Staatsrechts«, in : *Marx–Engels–Werke*, Bd. 1, S. 237. アーレントは（旧版の）*Marx–Engels–Gesamtausgabe* から引用している。
（2） G. W. Hegel, *Grundlinien der Philosophie des Rechts*, S. 451.
（3） Hegel, a. a. O., S. 455.

［23］
精神科学における方法。因果性はすべて忘れること。その代わりに、出来事の諸要素を分析すること。重要なのは、諸要素が急に結晶した出来事である。私の著書の表題は根本的に誤っている。『全体主義の**諸要素**[1]（The Elements of Totalitarianism)』とすべきだった。

（1） 全体主義に関する著書にどういうタイトルをつけようかと、アーレントは随分考えている。Young-Bruehl, *Han-*

nah Arendt, S. 285 ff. 参照。*The Origins of Totalitarianism* と *The Burden of Our Time*（一九五一年の二／三月に出たアメリカ版とイギリス版の初版の表題）は彼女には妥協の産物のように思われた。後の最初のドイツ語版（一九五五年）には *Elemente und Ursprünge totaler Herrschaft* という表題が選ばれている。

［24］

ヘーゲル―マルクス。両者に**共通する**本来の政治的領域の排除が、『法の哲学』[1]二八九節とマルクスのコメンタール（*Werke*, I, 1, 450）[2]ほど明らかに示されている箇所はない。ヘーゲルは利権政治（「団体問題の管理」）の領域を「けちな情熱」の「遊び場」として排除し、マルクスは、そこでのみ市民が公的に、政治的に活動しうることが分かっていながら、それに抗議しない。

（1）G. W. F. Hegel, *Grundlinien der Philosophie des Rechts*, S. 459.

（2）Karl Marx, »Zur Kritik der Hegelschen Rechtsphilosophie : Kritik des Hegelschen Staatsrechts«, in : *Marx-Engels-Werke*, Bd. 1, S. 243 f. アーレントは（旧版の）*Marx-Engels-Gesamtausgabe* から引用している。

ノート5

一九五一年七月―一九五一年八月

一九五一年七月

［1］

ヘーゲル。目的—手段（意志、複数性）

『法の哲学』[1]一八九節。欲するもの（目的）を意志が受け取るのは欲求による。欲求を満たすため求められるのが**手段**である。**手段**はまず世界の中に求められる。それは、手段が他者の所有か生産物である「外的事物」だからである。「他者の欲求や自由な恣意との関係では**普遍性**［すなわち複数性——アーレント注］が目立ってくる」。つまり、意志は目的を孤独な欲求から受け取り、個人は複数性（普遍性）の世界に踏み込むことになるが、それはその孤独な欲求を満たすために**手段**を求めるからにほかならない。したがって複数性はあらかじめ手段の領域として存在し、個人は目的の領域として定義されているのだ。

さらに、意志がその特殊性を見いだすのは欲求によってのみであるから、主権的な決定（つまり本来は自由の領域であるもの）にとって残されているのは、**根拠なき**意志あるいは恣意だけである。

さらに一八九節追記では、前提とされている「恣意の奔放な働き（すなわち個人の欲求の無秩序状態）」を支えているのは「一つの必然性」であって、これがその状態を「常に肉眼には不規則な運動しか見られないが、そこには　経済学の——法則が認められうる」「惑星系」に似たものにする。——その結果、政治は、一方では唯一の欲求を欠くがゆえに主権的である個人にほかならぬ君主の無根拠な決断に、もう一方では、科学的に認識はできてもまだ支配できない「欲求の体系」に分裂する。

ヘーゲル。**複数性**。『法の哲学』一三節。「意志が特定個人の意志として確定され、他者と区別されるべきものとして確定されるのは決定による」。人間が他者を発見するのは**意志**としてのみだが、意志としてである理由は人間が欲求を有するからである。すなわち複数性が発生するのは人間が欲求を有するからである、あるいは——正確に言うと——欲求を有することだけが複数性の根拠なのであり、複数性——多くの人間が存在すること——は**単数の**人間の有限性なのである。その結果、有限でなく欲求もないものはすべて**一者**——一神教の意味での神、地上における神の似姿である「君主」——でなければならないことになる。他の人々はその一者からすべての欲求を取り去って、神の代理者として神の仕事を地上で遂行できるようにする。人間の欲求は、すべての他者の意志に自分の望むもの（自分の目的）を差し出して他者の意志を制限するものだが、そういう人間の欲求から解放されている一者だけが、真に自由である。「真に無限であるもの［神——アーレント注］が現実性と現在性を有するのは、自由な意志においてである……」（二二節）。

他の人々の世界、複数性の世界は、個人の領域が主体**にとっては**（欲求から独立した）自由な**意志**や**目的**の領域であるのと全く同様に、**手段**や**欲求**の世界である。欲求と意志との関係は手段と目的の関係と同じである。欲求や手段は、他者と共有する世界において意志や目的を実現する。「欲求と手段は、具体的に存在する場合に**他の人々にとって**存在するものとなるが、欲求も手段も満たされるためには他の人々の欲求や労働に依存し、そこには相互制約の関係があるからである」（一九二節）。

（1）どの版のヘーゲルの『法の哲学』が使われているのか不明だが、引用文は文献目録に掲げたズーアカンプ版（第七巻）と照合した。

［2］

マルクスにおける全体主義的要素（鉋をかけると鉋屑が出る式の、歴史による政治の代用）は、(a)労働する生物としての人間の定義、一方では労働と製作との同一視、他方では労働と行為との同一視と、(b)孤立して目的設定を行う存在で、必然性によってしか目的を達成できず、**他のもの**の世界すなわち**手段**の世界へと強制されるという、ヘーゲルの人間像の無批判な継承のうちに本質的に含まれている。

［3］

神―**神々**。一神教に対しては、神は自己を啓示し**ない**どころか未知のものとして、決して自己を啓示しないものとして定義されるが、神々は確かに啓示すると言うほかはない。――言い換えれば、われわれが知っているすべての多様性はその根拠である底知れぬ一者にもとづいていることは確かなように思われるが、その一者が底知れぬままで、われわれに開示されるものはすべて複数性を前提し、複数で開示されることも同様に確かなのである。

［4］

存在者全体には独特の**階層構造**がある。どういう存在者もわれわれから消え去り、浮き沈みがあって、現れては消え失せる。存在者が現れては消え失せる場も浮き沈みするが、いくらか安定していて、安定性が劣り短命なものにとっては「世界」である。そのように生命ある自然は人間よりも長生きし、――樹木や石は人間よりも命が長いからこそ、木材や石でできた家が人間に宿舎を提供し、すなわち人間自身よりも長く存在することができるのだ――、そのように石は樹木より長命で、山は石より長命で、太陽はおそらく地球や太陽系より長命である。

どの浮き沈みもいわば**より長く**永続するものを場として起こるという事実は、存在が本来は存続を意味するだけでなく、存続に比して常に不完全でしかない消滅するものと常に関わっていることを意味しているように思われる。

無機物や有機体といった他のあらゆる種類の存在者に対する人類独特の特徴は、人間という種族はすべての人間の素質としての**記憶**のうちに、少なくともひとりの人間の生成・消滅のうちで、つまりひとりの人間の一生のうちで浮き沈みするものに持続を確保できることにあるように思われる。

しかしこの記憶ないし持続は、消え失せたものへの記憶を実現できる**言葉**がなければ全く架空のものにすぎない。言葉によって突如として、全人類が、存在する限り、知られるもののうちで最も持続するもの、いわば他のすべての存在者が救われる存在の中心となるのだ。

「記憶（メモリア）」[1]については正しいことも、意識にとっては決して正しいとは言えない。「意識すること（conscire）」は本質的に飛躍の多いもので連続性を欠いている。記憶を意識に変えたり偽ったりすることは、「世界」との人間の交流、コミュニケーションを断ち切るものであり、それゆえ個人の孤立のしるしである、あるいはもっといい言い方をすれば、個人の自閉のしるしである。しかし、個人が完全に仲間抜きで生きることを強いられる場合は、孤立した個人も意識をもちえないだろう。記憶と言葉は「宇宙における人間の位置」が多くの人々の位置であるしるしであり、複数性を示しているのであって、生成消滅するものの段階構造の中に人類が存在していることを示している。そこには、すべての存在者の出会いの場である複数性が、まず血統の複数性のうちに意味があり、すなわち少なくとも人類の存続にとって地上に**永続することを**可能にするという意味があることが含まれているように思われる。

（1） con-scire（文字通りには「共同の知」）ないし conscientia は意識概念および良心概念の歴史の初期に現れている。*Historisches Wörterbuch der Philosophie*, Artikel »Bewustsein«, Bd. 1 (1971), Sp. 888–890 と »Gewissen«, Bd. 3 (1974), Sp. 574–592, Sp. 574–577 を見よ。

［5］

精神科学の**方法**への問い(1)。出来事論や要素論が、（貧困—暴動といった）適切な応答を無視すれば歴史的現象は変質してしまうことの発見と結びついて初めて、方法について何かが分かるだろう。

（1） ノート4［8］その注を見られたい。

［6］

アメリカ。「世界を住みやすくしよう（to make the world a better place to live in）(1)」とする情熱は最初は世界を現実によくしたが、結果的には世界改造の過程ですべての人が「住む（to live）」とは何事であるかを忘れてしまった。そのためアメリカ人は今日では現に、「すべての可能な世界のうちで最善の世界(2)」の中で**生活**そのものを失っている。これは一つの地獄**である**。

（1） これは周知の慣用句だが、引用かどうかは確認できなかった。［10］も参照されたい。

（2） 哲学史ではライプニッツの名前に結びつけられ、ヴォルテールが『カンディード』で「現実の不確実さを見て思い切り軽蔑をぶちまけることになる」（W. Weischedel）と言った、オプティミスティックな世界観にかけた言い方。

［7］

西洋的伝統における**労働と製作**との本質的アンティノミー。労働は組織的な製作にほかならないのに、常に（ユダヤ・キリスト教的に）呪いまたは（ギリシア・貴族的に）恥辱とみなされてきた。製作は常に創造性のしるしとか、（ユダヤ・キリスト教的―創造神（デウス・クレアトール）の似姿としての工作人（ホモ・ファーベル）として）神の似姿であることのしるし、あるいは人間最高の活動＝芸術（ギリシア語ではテクネー）とみなされてきた。（実質的な差異は常に農作業であるか［都市における］手仕事であるかの違いのように思われる。）労働を（手仕事的な）製作に匹敵するものとしたのは**マルクス**が最初である。そのことが社会主義の伝統や、生産性―寄生階級という社会主義の基本的カテゴリーの根底にある。しかし労働のこの新しい評価は、工作人が労働者に変貌した新しい人間像から生まれたものでも、本質的活動の発見から生まれたのでもなくて、「単に」社会的境遇の**不正**に対する憤激から生まれている。ほかならぬマルクスが、労働を呪いとか恥辱とみなし、製作を人間最高の特徴とみなす伝統をいかに受け継いでいるかは、誰でもいつでも好きなことがやれる階級なき社会という、グロテスクなユートピア的な未来像から明らかである。マルクスは、**分業**を廃止すればすべての人間が（再び）**製作者**になると考えていたのだ！[1]

製作と反対に労働を中傷するものは、人間の**窮乏**である。このためマルクスには、労働廃止の前提として社会的な過剰が必要となる。これが真のユートピア的要素であって、悲惨な状態をなくそうとするからユートピア的であるわけではない。

(1) ここでアーレントが引き合いに出しているのは、『ドイツ・イデオロギー』(一八四五/四六年)の有名な箇所である。「すなわち労働が分割され始めるとすぐに、どういう者にも特定の専門的活動範囲が生まれ、それを押しつけられて、抜け出せなくなってしまう。猟師、漁夫、牧夫、批判的批評家のどれかであるが、生活手段を失うまいとする限り、そのいずれかであるほかはない。——それに対して、誰も特定の専門的活動範囲がなく、どういう好きな分野でも修業をつむことができる共産主義社会では、社会が生産の全般を規制するので、各人は猟師、漁夫、牧夫、批評家にならなくても自分の好きなように、今日はこれをやり明日はあれをやり、昼前は狩りをし、昼からは魚をとり、夕方には家畜の世話をし、食後には批評することができる」(*Marx-Engels-Werke*, Bd. 3, S. 33)。

[8]

ヘーゲル。**労働**。欲求が人間を他者や世界へ差し向け、人間の依存性や有限性を示しているように、労働は「普遍性」を表し、個人をすべての人間の「普遍性」に参加させる。「分業」は「社会的関係の無条件の依存性への」指示を強める(『エンチクロペディー』五二六節)[1]。

つまり展開すれば次のようになる。**単数の**人間の主権的意志が目的を自由に設定する。しかしその内容は欲求から受け取る(決定される)。欲求は世界を指し示していて、意志の目的を実現する手段は世界から得られる。その手段は、獲得されるか作り上げられる。獲得も労働と同じように他者に依存し、労働によって目的を設定する意志に社会的関係が媒介され、その社会関係の中で意志は目的のための手段を見いだす。社会関係では必然的である分業では、意志の目的の絶対的主権を損なわれることなく、無条件に依存している——すなわち、手段の世界に依存している。言い換えれば、無条件に依存的な人間は、無条件に独立した目的を実現するという課題——解決不能な問題——に直面している。

（1） G. W. F. Hegel, *Enzyklopädie der philosophischen Wissenschaften im Grundrisse*, in : *ders., Werke* (Suhrkamp), Bd. 10., S. 322.

［9］

ニーチェ『力への意志』五五（p. 45, Kröner 1930）[1]。「というのも、自然に対する無力ではなく**人間に対する無力**が、生存への極端な憤懣を生み出すからだ」。

さらに**随所に**。「最強の者」は「**偶然**や無意味の相当な部分を容認するだけでなく、それを愛する」者だと至るところで定義されている（同書　p. 48）。

罪によって、つまり人の行うことによって人間の存在を汚すことに対して、「社会的本能にもとづいて規則を作り、ある種の行為を禁止する場合、禁止されるのは……〈存在〉の仕方ではない、……われわれは決して以前より善くなろうとは思っていない。自分に非常に満足している。望んでいるのは傷つけ合わないことだけだ。……あの種の行為に関してその源泉や〈心情〉や〈信念〉を愚かにも断罪するなら、それは生存とともに——最高の敬意を抱いている信念や心情や情熱といった——生存の至高の前提を断罪することになる」（『力への意志』二八一、p. 199/200）。

行為。「起源は分からず、結果も分からない。——したがって、だいたい行為に価値があるのだろうか」。起源（動機など）は究明できず、結果は**常に**見通しがきかない（同書　二九一、p. 206）。

道徳に対するニーチェの主要な非難。「行為によって道徳を作るためには極めて非道徳的でなければならない。……モラリストの手段は最も恐るべき手段である……、行為の非道徳性を認める勇気がない者は……モラリストには向かない」（三九七、p. 270）。善い**目的**のための**手段**が必然的に非道徳的であるという主張は一貫している。

つまり、善い目的は悪い手段によってのみ実現されうる。主観のうちにある（善い？）目的は現実の中で実現されねばならない。手段は世界に属し、現実に属している。その「悪」は客観的であり、現実的であるが、目的は主観的であり幻影であり幻想である。手段の性質を確保し**肯定する**ことが重要だ。なぜなら手段は**現実**にのみ属すものだからである。

目的は主観的で手段は客観的である——完全なヘーゲル主義。ただし結論としては、目的の実現（手段）は原理的に道徳なき世界において起こる以上、すべての道徳（目的）は幻想である。

それに対して——この目的・手段の考え方全体から抜け出すには、こう言うべきだ。「悪い」目的のための善い「手段」[2]による行為は世界に善いものを加え、「善い」目的のための「悪い」手段による行為は世界に悪を加える。

（1） Friedrich Nietzsche, *Der Wille zur Macht : Versuch einer Umwertung aller Werte*, mit einem Nachwort von Alfred Baeumler, Leipzig : Kröner, 1930. クレーナー版は『力への意志』のテクストの配列ではムザリオン版（文献目録参照）と一致している。アーレントはここでもこれ以降でもクレーナー版の頁数、あるいはクレーナー版とムザリオン版の番号を挙げている。

（2） ノート4［1］注（2）を見よ。

［10］

アメリカについて。「世界を住みやすくするため[1]（to make the world a better place to live in）」成果を上げた努力によって、世界における人間的な出来事が変形されてしまって、偶発事はもはや出来事に入り込めなくなっていることが明らである。（なぜ？　なぜか？）「何事も偶発的に起こることがない（Nothing ever happens）」のだ。しかし出来事の**意味**は出来事の諸要素が合流して偶発事が起こって初めて現れるものである。アメリカ人の生活の意味喪失はこのためだ。

さらに、偶発事以外には、出来事を「組織」し、出来事に形態を与え――人間に明確な態度をとらせるものはない。アメリカ社会の形態喪失と人間の特徴喪失はこのためである。一般にアメリカ人の私生活の無秩序ぶりもこれに起因する。

（1）［6］を見よ。

［11］

カント。**自己目的**。**複数性**独特の〈**間の領域**〉が見逃されて、何という結果が生まれることだろう。絶対的に孤立した独裁的主体は世界の中で別の主体に出会うと、すぐさま相手を手段として使おうと思い立つ。というのも、出会う相手は明らかに世界のものである以上、それ以外の役に立つはずはないからだ。自己目的である二者の出会いにおいて、世界**にほかならぬ**手段の総体によって、世界は自己目的であるものを永遠に隔てる深淵として現れる。「人間の尊厳」への敬意や尊敬は深淵にかかる無力な挨拶のようなものだ。カントの誤りは、そういう無力な挨拶では絶対的な隔たりを超えられず、そして無力な挨拶によって、すなわち目的を容赦なく実現しようとする意志によって、すなわち自分自身の無力に対する反逆によって、他者を手段という深淵に引き込み、他者を世界化し、非・主体化し、意志の対象にしていることである。

［12］
ニーチェ「覚めていることを課題とするわれわれは[1]」——

（1） Friedlich Nietzsche, in der »Vorrede« zu *Jenseits von Gut und Böse*, in : Nietzsche, *Kritische Studienausgabe*, Bd. 5, S. 12.

［13］
（正しいことだが）愛だけが赦すことができると言う場合に、たいてい忘れられていることがある。愛される者だけが赦され、愛する者しか赦すことはできない（赦してはならない）のだ。私が行った不正は赦されえ**ない**のであって、赦されるのは愛される**私**だけである。——こういうことがすべて多くの場合忘れられているが、それは、愛がすでに「感情」とされている場合には、愛は相互的な感情としてしか存在しないことが忘れられているからだ。——「彼女は多くを赦されるだろう、多くを愛したのだから[1]」という福音書の言葉が意味をもつのは、「それゆえ彼女は**多くの人々**によって赦されることだろう」と解釈される場合だけである。彼女はよく知られた「感情」のために赦されるのでは決してない。

（1）『ルカによる福音書』七章・四七節（イエスが罪ある女に香油を塗ってもらう）。

[14]

マルクス「恥はすでに革命である。……恥は自分に向けられた一種の怒りである。国民全体が現実に恥じるとき、国民は、飛躍するために身を縮めたライオンなのだ」（一八四三年のルーゲ宛のマルクスの手紙、*Werke*, I, 1, p. 557）(1)。

（1） Karl Marx an Arnold Ruge, März 1843, in : *Marx-Engels-Werke*, Bd.1, S. 337. ——アーレントは（旧版の）*Marx-Engels-Gesamtausgabe*（文献目録参照）I. Abteilung, Bd. 1, 1 を引用している。

[15]

マルクス『資本論』。「人間の条件」の定義。「**労働**は……あらゆる社会形態から独立した人間の存在条件であり、人間と自然の物質代謝つまり人間生活を実現するための永遠の自然的必然（である）」（第一章）(1)。「人間の平等という概念がすでに人々の通念になりきっている(2)」場合に初めて、このことが明らかになる。アリストテレスが労働力を、布団と家という二つの異なるものの通約可能性として発見できなかったのはこのためである（第一章）(3)。**貨幣**が可能なのは、「すべての商品が人間の労働を具体化し、そのためそれ自体として通約可能であるからこそ」である（第三章）(4)。商品社会においては、「労働者」は「労働力の所有者」となる。なぜなら労働者は「貨幣や商品の所有者」とは対立するものであるからだ。

（1） Karl Marx, *Das Kapital I*, in : *Marx-Engels-Werke*, Bd. 23, S. 57.

（2） Marx, *Das Kapital I*, a. a. O., S. 74.

（3） 同所。マルクスがここで引き合いに出しているのはアリストテレスの『ニコマコス倫理学』一一三三b一六—一八である。

（4） Marx, *Das Kapital I*, a. a. O., S. 109.

［16］

価値。マルクスでは使用価値は労働生産物として定義される。このためニーチェは「最高価値」に向かうことになる。[1] しかしそれとともに、「価値」はカテゴリーとしては使えなくなる。さらに労働はすべて見いだされたものについて行われるものであるから、実を言うと、労働は「無価値な」事物に「価値」を付け加えるわけで、自然そのものから「価値を剝奪する」のである。（木材はテーブルに加工されなければ価値がない。使用され消費されるものとして人間の労働過程に投入されなければ、「自然」は結局「無価値なもの」である。）

労働において人間的活動は**具体化**される。**価値**はこの「具体的形態」の抽象であり、労働の結果として自然物に付け加えられ使用できるようにされた事物から抽象されたものにすぎない。**価値**はそれゆえ決して基準にはなれず、決して**行為**の基準ではない。というのは、**価値**は人間の生産過程の外部や彼方に存在するものではないからである。——価値はテーブルそのものでは**なくて**、そのためにテーブルが作られるものなのだ。テーブルの価値は、人がその上に何かを載せられるということである。制作の目標である**価値**は、（孤独な）製作活動を「社会的なもの」へ変える。あるいは、個人が製作活動において製品の将来における使用として考えている価値の中に、すでに複数性が姿を現している。この意味で、**価値**には自分自身を含む他の人々にとっての使用価値として、**行為**がどこまで**製作活動**にも支配を及ぼしているかがすでに示されている。純粋で「価値中立的」な製作活動、すなわち複数性（仲間の共存）に無関係な製作活動というものは、神やロビンソンにしか存在しないだろう。

マルクス。**労働＝価値創造**（『資本論』第六章）。労働における価値創造＝労働力の置換（すなわち「人体に転換された自然物」）（第七章注[2]）

マルクス。**労働**と**価値**との関係。1.「価値は……使用価値、事物の中にしか存在しない」（第六章[3]）。2.「〈価値創造〉は労働力の労働への転換である」（第七章注[4]）。3.「労働は価値の実体であり内在的基準であるが、**それ自身には価値はない**」（第一七章[5]）。「……労働の価値は単に労働力の非合理的な現れ（である）」（同所[6]）。

（用語の目立たない変更。使用価値としての価値から、特定の社会で「価値ある」ものとしての価値への変更。「真の価値」＝使用価値と単なる社会的価値＝交換価値＝商品という区別がマルクス本来のものである。商品の原罪は交換価値から生まれる――すなわち原罪というのは**複数性**のことなのだ。

重要なのは使用価値と交換価値との二者択一――無論マルクスはその際、使用価値だけが交換価値になれることに気づいている。まず交換が社会を作り出すかのようだが、本当は交換価値は特殊な使用価値にすぎないのだ。交換の根底には［テーブルが**実現されると**］、私が使用するものは他のあらゆる人々も同じように使用することができるということが潜んでいる）。

（1）　この考えをアーレントは »Tradition und die Neuzeit« (1957), in : H. A., *Zwischen Vergangenheit und Zukunft*, S. 23-

53, S. 42-45で詳しく述べている。
(2) Karl Marx, *Das Kapital I*, in : *Marx-Engels-Werke*, Bd. 23, S. 229 (Note zur 2. Ausgabe).
(3) Marx, *Das Kapital I*, a. a. O., S. 217.
(4) Marx, *Das Kapital I*, a. a. O., S. 229 (Note zur 2. Ausgabe).
(5) Marx, *Das Kapital I*, a. a. O., S. 559.
(6) Marx, *Das Kapital I*, a. a. O., S. 561.

[17]

因果的歴史叙述について。ニーチェ「カントが思っているような因果性の感覚というものは存在しない。驚いて不安になり、頼りになる既知のものを求める。……新しいもののうちに古いものが見えるとたちまち、われわれは安心する。いわゆる因果性の本能は不慣れなものへの恐怖にすぎず、不慣れなもののうちに既知のものを見いだそうとする試みであり、――原因の探求ではなくて既知のものの探求なのだ」(『力への意志』五五一[1])。

六〇八参照。「科学の発展は〈既知のもの〉をますます未知のものへと解消する。――しかし科学が望むものはまさにその**逆**であって、科学は未知のものを既知のものへ還元する本能から出発している」。

六一七「**すべては回帰する**とは、**生成の世界を存在の世界へ**極度に**近づけたもの**――**考察の極致**だ」。

六二七「……因果性という信念への心理的強制は**意図**のない**出来事が考えられないこと**にある。……原因への信念は(スピノザや彼の因果論とは逆に)目的=終末への信念と一致する」。

六三一「〈行為〉と〈行為者〉との分離、出来事と出来事を**起こす**ものとの分離、過程と過程ではなく持続するもの、**実体**、事物、身体、霊魂などとの分離……こういう古い神話が〈原因と結果〉という信念を確立したのだ……」。六三二「**誤りは主体を仮構するところにある**」。六六六「……行為は**決して目的によって引き起こされるものではない**こと、目的と手段は解釈であること、……目的のために何かをすれば常に、根本的にちがう別のことが起こることを理解しなければならない」。

(1) Friedrich Nietzsche, *Der Wille zur Macht*. [9] 注 (1) 参照。アーレントがこことこれ以降で挙げているのは (頁数ではなく) テクストの番号である。彼女の強調はニーチェによる強調とほぼ一致している。

[18]

いずれも歴史を因果的かつ目的論的に連関した説明可能な出来事の連鎖とみなすように教え込む因果的考察と目的論的考察から離れれば、つまり「自己原因 (causa sui)」でなければならない第一原因と、目的そのもののために存在しなければならない究極目的から離れれば、すなわち連鎖の発端と末端の未知で証明不可能なものから離れれば——過程全体が円環に戻ってしまうのは避けようがない。たとえばある原因の結果が別の結果の原因になるとか、達成された目的が高次のいわゆる最終目的により近い目的のための手段になる弁証法的な段階構造など抜きにして、原因と結果、手段と目的が際限のない輪の中で重なって、果てしなく交替するのを妨げることができたのは、発端の神と末端の神だけだ。

歴史の因果的考察が、「自己原因」や究極目的が暗黙裏に排除されたにもかかわらずなぜ続いてきたかという問いに、ニーチェはこう答えている。まさに出来事独特の真の性質である新しいもの、未知のものを避け、一切の未知の新しい要素を既知の原因の予測可能な結果に解消することによって古くから知られたものへ逃げ込むための手段なのだ。**シュペングラー**は、「世俗化」という人間の歴史からの神の排除の結論——すなわち、因果的考察を諦めなければ至りつく結論を出した唯一の歴史家である。それこそ彼がニーチェの永遠回帰と生成の循環を、歴史科学に持ち込んだ理由である。

本質的に始まりと終わりのある生命がすべてそこに生まれる昼夜や季節のめぐりの自然的循環を見て、この回帰という概念に大きな誘惑が生まれるのは理解できる。始まりと終わりを可能にするには、始めも終わりもなく循環する、永遠に変化しつつ同一である大気が必要であるようだ。

いずれにせよ、「始まりをもたらすために、人間は創られた（ut initium esset, homo creatus est）[1]」という、神学と結びついていた洞察は失われた。それとともに歴史の出来事としての性格への洞察も失われた。

さらに、循環への因果性の適用は完全なペテンに終わる。なぜなら、循環では原因と結果との違いは原理的にどう見ても単に**見方**の問題にすぎず、いつも恣意的に逆転可能で、歴史家の「主観性」に委ねられているからである。言い換えれば、「第一原因（causa prima）」も究極の目的（テロス）も失った因果性は全く方向が定まらず、方向を見失うほかはない。歴史家が、いつも昔から知られたものだけを説明する、しかも完全に説明できるふりをしても、いつもの知ったかぶりのためにばれてしまう。

もっと悪いのは、循環の中のどういう目的も（つまり**究極的な**正当性もなく）手段となり、どの手段も目的になりうるときに生ずる倒錯である。「原因（causa）」と「結果（effectus）」が入れ替えられると歴史は滅茶苦茶になってしまう——すなわち、ばかげた因果性のために説明が不合理なものになってしまうが、もう一方では、手段と目的が入れ替えられることによって、政治は混乱して、行為と製作との混同に含まれている非人間性が極端なものになってしまう。

（1）ノート3［17］を見よ。

［19］

哲学者と政治

ニーチェ「政治はよく整理されているので、ほどほどの知性があれば十分で、誰も彼もが毎日知っておく必要はない（1）」。政治は専門家の問題であって、市民には無関係なのだ。西洋政治思想の伝統は、マルクスも含めてこういうところに到りつくのだ！

（1）Friedrich Nietzsche, *Nachgelassene Fragmente 1880–1882*, in : Nietzsche, *Kritische Studienausgabe*, Bd. 9, S. 135.

［20］

善悪に関する存在論的な見方に反対。善悪は本来、人々の間にしか現れず、本質的には常に正・不正にほかならないという、そういう見方には反対だが、**根元悪**は正・不正とは何ら関係がなく、人々の**間には**現れず、現れる必要もなく、——あらゆる「道徳的」カテゴリーは人間学的カテゴリーなのだが——一般に人間学的なカテゴリーでは捉えられないという善悪の存在論的解釈には賛成する。

［21］

論理と孤独について。「要するに、こういう人間［すなわち孤独な人間——アーレント注］は、**いつも**

果てしなく推論を重ねて、最悪を考えるものだ」。論理は孤独から生まれる罪悪なのだ。そこから強制的な論証可能なものの専制が生まれ、孤独な者による支配が生まれる。（ルター『なぜ孤独を逃れねばならぬか』一五三四年からの引用、*Erbauliche Schriften* 6, 158）[1]。どういう共同においても、論理の不十分さは、**強制的に**統一することのできない意見の複数性の形ではっきりと示される。「果てしなく推論を重ねる」とは人々や世界を無視すること、一つの任意の意見を**前提**にしてしまうことだ。

（1） Martin Luther, »Warum die Einsamkeit zu fliehen?« (1534), in: *Luthers Werke für das christliche Haus*, hrsg. von Pfarrer D. Dr. Bauchwald et al.（Braunschweiger Ausgabe, 1889-1892), Bd. 6（1891), S. 159.

一九五一年八月

[22]

一九五一年八月

ハイデガー「ヘラクレイトス・ロゴス」[1]について

1．レゲイン―〔ある状態に〕すること（legen）。五頁「現前するものを、現前するものと共同して現前するものとして存在へ**もたらす**こと、現前するものを現に在るものとして存在**させる**こと、……自ずから現前するものを、現前するものとして**共同的に**（beisammen）存在**させる**この〈すること（Legen）〉が、最高最大の〈すること〉である。……それ〔＝〈すること〉が最大最高の〈すること〉であること〉は、存在させることを**自ずからわれわれに求める**ものを基準にして［測られるべきである］。

現前するものを現前するものとして現前させるべき場合は、われわれには存在させるということが常に必要である。この存在させるということは、他のあらゆる種類の〈すること〉より以上に本質的に重要である。……存在させるということ……にとって唯一重要なことは、現前するものが現前するままに、その現前するものを認め（gewahren）、そのまま**守る**ということ（wahren）である。現前するものをわれわれがそのまま存在**させる**そのつど、現前するものの**もとに**現前するものが存在するのである。現前するものは共同して存在するものなのである。そういう〈共同〉が出現するのは、現に在るものとすることにとってである」。

(a)存在**させる**ことができるのは、われわれが存在へ**もたらす**ことができるからだけなのだろうか。**させる**ことができるのは、**もたらす**ことができる場合だけではないか。客人やテーブルや果物が**共同できる**のは、果物を客人のテーブルに出したからではないか。

存在‐**させる**（liegen-lassen）ことが非常に「困難」になるのは、「すること（legen）」によってしかそれが達成できないからではないだろうか。

その困難が解決されるのは、「させる（lassen）」が、「認める（zulassen）」と「させる（veranlassen）」という二重の意味で十分理解される場合だろう。手術させる（手術を認め、医者に手術させる）とか、靴を修理させると言うときがそれである。現に在るものとするとは、「現前するものが現前するものとして現前すること」、つまり「共同」が起こることを「認める」**とともに**そう「させる」ことなのであろう。

(b)存在させることを「自ずからわれわれに求める」のは誰か、あるいは何か。それは**共同**（Beisammen）ではない。というのも、共同は明らかに最初に成し遂げられるものだからである。

(c) レゲインはどの場合も「被投存在」を「共同存在」にする。人間が言葉という「住まい」に住み、「言葉が存在の家」(ヒューマニズム書簡)であれば、現前するものの共同とは、——家族の一員がまず共同の家の中で一つの家族**である**のと同じ意味で——まずレゲインの中に、すなわち一緒に存在させることのうちに、個々の存在者が**存在する**ことを意味している。存在は共同している家の中で初めて**存在する**のである。

(d) 共同に対立するものは何か(あるいは、統合と分離、同化と区別に対立するものは何か)。それはおそらく論理的推論であろう。そこでは現前するものは、もはや現前するものと共同するのではなく、連関からばらばらに引き離され、果てしなくすべてを呑み込む、しかも論理学においても、組織の形においても、いつもそういうことが起こる。これは根元悪と関連のあることだ。

2. 六頁。「取り込んで貯蔵することが、順序から言えば収穫では最初のものである」。穂や房を摘む場合については、順序から言えばパンやワインのほうが最初のものだという異論があるかもしれない。しかし、ハイデガーが関心を寄せているのは、人間の活動を「結果をもたらすこと」を抜きにして、あらゆる目的論的連関の外部で純粋に活動——「成し遂げること」——として考えることなのである(『ヒューマニズムについて』)。ふつう行為は製作の(手段—目的)というモデルで考えられるが、ここではハイデガー自身は、(パンやワインの)生産を「行為」という意味で考えている。「結果をもたらすこと」というモデルが、すでに近代特有のものである。そういう捉え方では、製作がいわば一つの運動に引き込まれ、そこであらゆる特殊な目的は結果に解消され、それがまた新たに結果を生み出すことになる。これは近代的な歴史観念だ。

ハイデガーにとって重要なことは、生産物を活動の経過から除外して、人間が指示するエイドスという形でテクネーに含まれている主観主義を回避することである。

（1） ハイデガーは一九五一年七月に「ロゴスの写し」をアーレントに送っている（*Arendt-Heidegger-Briefe*, S. 129）。それを読んだ後、失われた手紙の中で、アーレントがそれに関していくつか質問したのは明らかである。それに対してハイデガーは手紙で答えるつもりだったが（a. a. O., S. 130）、分かっている限りでは、結局、手紙を出さなかったようだ。アーレントはその手紙をこの『思索日記』のメモにもとづいて書いたものと思われる。——アーレントが引用した箇所はハイデガーの »Λόγος : Das Leitwort Heraklits« （in : Martin Heidegger, *Vorträge und Aufsätze* ［Pfullingen : Neske, 1954］ および *Brief über den Humanismus* （1946, in : Heidegger, *Gesamtausgabe*, Bd. 9, S. 313–364） と照合した。

［23］

ああ、時の流れの
なんと速いことか
止まることなく
年々歳々
時の鎖に
連なって。
ああ、まもなく
髪は白くなり

なくなってしまうのだ。

しかし時が
突如として
昼と夜に
分かれて、
われわれの
心臓が止まると——
永遠は
時を弄ぶのを
止めるだろうか

〔24〕

アリストテレス『政治学』一二五三a

「このことから明らかになるのは、**ポリスが自然のものであること**、また**人間は本性的に政治的動物であること**である。〔……〕人間がすべての蜜蜂や群生する動物より高度に政治的な動物であることも明らかである。〔……〕動物のうちでも人間だけが**言葉**を有している。〔……〕それに対して言葉は有益なもの有害なもの、正しいものや正しくないものを示すのに役立ち、〔……〕この善悪その他の意識の共有によって、家やポリスが生み出されるのである。ところが実際には、ポリスは自然にもとづくものであり、家やわれわれ各個人に先立っている。全体は必ず部分に先立つからである。〔……〕つまり個人が孤立して自足的に生きることができない以上、他の例と同様、個人は全体に対して部分という関係にある。〔……〕それに対して正義はポリスに固有のものである。というのは、法がポリス的共同体の秩序であり、何が正しいかを正義が判定するからである」[1]。〔原文・ギリシア語〕

1. 人間は本性的（ピュセイ）に政治的である。なぜなら、人間は他者と共同して初めて自足に達しうるからである。孤立してひとりでは人間は切り落とされた腕のようなものだ。

2. 人間が他の動物よりも「政治的」であるのは、人間が言葉を有し、そのため有益なものと有害なもの、正しいものと正しくないものとを区別できるからである。つまり共同体（コイノーニア）は自分の利害を意識（アイステーシス）し——正・不正を区別する能力にもとづいている。このすべての基礎はロゴスであるが、これは声のように伝えるだけでなく、区別することができるのだ。

3. ポリスに特有のものは正義（ディカイオシュネー）である。法（ディケー）は共同体（コイノーニア）の秩序だが、その共同体の秩序が国家体制（ポリティケー）とよばれるものである。その本質は正しいものを析出することにある。

4. ポリスは家族（オイキア）以上のものであり、個人以上のものであって、部分に対する全体として存在するものである。

5. 共同体（コイノーニア）は生きるために存在し、ポリスは「善く」生きるために存在する。

アリストテレス以後の政治哲学全体が以上のすべてを自明のものとして引き受けたが、**一つ**だけ新しく発見したものがある。それは**権力**である。

権力が発見されないのは、支配（アルケイン）と服従（アルケスタイ）が生まれによって分けられているからである。したがって、権力の問題は平等という条件のもとで初めて重要な問題になるのだ。

46/

Aristoteles: Πολιτικων:

1253a 1: εκ τουτων ουν φανερον
ὅτι των φυσει η πολις εστι, και
ὅτι ὁ ανθρωπος φυσει πολιτικον ζωον
... διοτι δε πολιτικον ὁ ανθρωπος
ζωον πασης μελιττης και παντος
αγελαιου ζωου μαλλον, δηλον. ...
λογον δε μονον ανθρωπος εχει των
ζωων. ... ὁ δε λογος επι τῳ δηλουν
εστι το συμφερον και το βλαβερον,
ὥστε και το δικαιον και το αδικον.
... η δε τουτων κοινωνια ποιει οικιαν
και πολιν. και προτερον δε τῃ φυσει
πολις η οικια και ἑκαστος ημων εστιν.
το γαρ ὅλον προτερον αναγκαιον ειναι
του μερους ... ει γαρ μη αυταρκης
ἑκαστος χωρισθεις, ὁμοιως τοις αλλοις
μερεσιν ἑξει προς το ὅλον ...
η δε δικαιοσυνη πολιτικον· η γαρ
δικη πολιτικης κοινωνιας ταξις εστιν·
η δε δικη του δικαιου κρισις.

(1) *Aristoteles, Politica*, 1253a1-39. アーレントが省略した箇所（［ ］で括った部分）を含む全文は次のとおり。

「このことから明らかになるのは、**ポリスが自然のものであること**、また**人間は本性的に政治的動物であること**である。［偶然ではなく本性にもとづいてポリスなしに生きる者は人間より劣悪か優秀かのいずれかである。それはホメロスに〈部族も法も暖炉もない者〉と罵られた人間のようである。そういう人間は碁に言う死石のように孤立しているため、本性的にポリスがないと同時に争いを起こしがちだからだ。］

人間がすべての蜜蜂や群棲する動物より高度に政治的な動物であることも明らかである。［われわれが主張するように、自然は何一つとして無駄に作ることはないが、］動物のうちでも人間だけが**言葉**を有している。［声は快感や苦痛を表すものであり、他の動物にもある（快感や苦痛を感じてそれを伝え合うところまでは他の動物の自然も達しているからだ）。］それに対して言葉は有益なもの有害なもの、正しいものや正しくないものを示すのに役立ち、［善悪や正不正などの意識をもつのは、他の動物とは異なり人間だけである。］この善悪その他の意識の共有によって、家やポリスが生み出されるのである。

ところが実際には、ポリスは自然にもとづいて家やわれわれ各個人に先立っている。全体は必ず部分に先立つからである。［すなわち、同音異義的に石の手と言う石は死んだ石でしかないが、そういう場合を除けば、全体である身体が壊れると、手も足もなくなってしまう。実際にはすべてが働きと能力で定義されるのであって、働きも能力もなければ、名前は同じでももはや同じものとは言えない。したがって、ポリスが自然のものであり、各個人に先立つものであることは明らかである。］つまり個人が孤立して自足的に生きることができない以上、他の例と同様、個人は全体に対して部分という関係にある。［しかし共同できないとか自足していて共同の必要のない者は、ポリスの一部ではなく、野獣か神かである。

すべての人間には本性的にその種の共同体を求める傾向があって、最初にポリスを実現した者は最大の善きものの作者である。というのも、完成したときには、人間は動物のうちで最善のものであるが、法や正義から切り離されるとすべての動物のうちで最悪のものでもあるからだ。武装した不正ほど危険なものはない。人間は本性的に思慮や美徳に役立つ武器をもっているが、その武器をたいてい正反対の目的のために使いかねない。美徳が欠けると、人間があらゆるもののうちでも最も罪深くて野蛮で、愛欲や食欲に関することでは最悪なのはこのためである。」それに対して正義はポリスに固有のものである。というのは、法がポリス的共同体の秩序であり、何が正しいかを正義が判定するからである」。

［25］

ソレルの「権力―暴力」(1)について。現状を守るための「権力（force）」、新しいものを押し通すための「暴力」（violence）」。

アルケー。始まりであると**ともに**支配(2)。

「始まりをもたらすために（ut initium esset）」(3)。大地支配の始まり。

マキアヴェリにおける力。何かを築き上げるためには、独裁が必要である(4)。

「暴力――革命に賛成するソレル」。

これは古代からの伝統だ。キリスト教的なものとストア的なものとは区別すべきだ。神の全能の発露としての力と自然法。

（1） ソレルによる「権力」と「暴力」の区別については、彼の『暴力論（*Réflexion sur la violence*）』（一九〇八年）五章四節を見られたい。そこには、こう書かれている。「したがってわれわれは、権力は少数者によって支配される社会秩序の組織を押しつけることを目的とするのに対して、暴力はこの秩序の破壊をめざすものであると言うことにしよう。ブルジョアジーは近世初頭以来、権力を駆使してきたが、プロレタリアートは今や暴力によってブルジョアジーと国家に向かって反撃しているのだ」〔原文・フランス語〕。この引用文は「レーニン弁護論を収めた第七版」（Paris : Rivière, 1930, S. 257）による。

（2） ノート2［3］参照。

（3） ノート3［17］参照。

（4） マキアヴェリ『政略論（*Discorsi*）』第一巻第九章を見よ。

ノート6

一九五一年九月―一九五一年一一月

一九五一年九月

〔1〕

三つの視点——

世界史的視点——鉋をかけると鉋屑が出る。(1)

道徳的視点——他人からされたくないことは、他人にもしてはならない。

政治的視点——「ひとりの問題が万人の問題である」。(2)〔原文・フランス語〕

(1) ノート1〔9〕(1)参照。

(2) ノート1〔10〕を見よ。

〔2〕

まず手段—目的というカテゴリーで行為を考え、政治の基本状況を部分—全体(個人—社会など)のカテゴリーで考えると、人間を手段として利用し、人間を部分として全体のために犠牲にすることは、もう全く避けようがなくなってしまう。

〔3〕

神への**信仰**について大げさに言われてきたが、それは、人間的・人格的な関係はすべて信頼にもとづくことを認めるのが容易ではないからである。「魂の救済（reservatio mentalis）」の可能性は、自分自身の心さえ、人間の心が**知識では**把握できないことにもとづいている。人間に関する確実な認識が不可能である原因は自由の能力である。自由であり心は不可解なため、人間の究明は不可能だが、信頼と愛と希望が個人の中にある最高の美徳とされる。その美徳が神に結びつけられる場合、神とは人間関係の総体でしかない。神は偉大な不可知のものとされたが、人間を知っているように思ったのは大きな間違いだ。

ルターは、神の存在が必要なのは、人間が信頼できるものが存在しなければならないからだと言ったが、そのとき彼にはこのことはよく分かっていた。ただし、信頼できるものがなぜ存在しなければならないかは知るよしもなかった。人間が神の似姿ということになっているのは、人間が本質的に不可知であるためではないだろうか。

三つの美徳のうちで、信頼という美徳は、最も些細なものだが不可欠である。信頼がなければ、どういう段階の人間関係も束の間しか続かない。完全な信頼が完全な愚行であるように、全く信頼しないのは接触が完全に欠如していることにほかならない。よく見ると、信頼は個人の美徳なのではない。信頼は人間の相互依存から生まれるものである。どういう関係にも素朴な信頼が不可欠だが、それはいつでも修正できる。

愛は信頼を確かなものにし、信頼を修正のきかないものにするが、それだからこそ極めて危険なものである。愛は盲目ではなく、盲目にすることもない。実態はむしろ正反対だ。愛は心の闇に向けられるが、その闇は愛にも束の間しか明るく輝くことはない。心の闇が明るく輝くのは、まさに「青天の霹靂（coup de foudre）」のようなものだ。その輝きが見られるところ、すなわち心が真実の意味で**開かれる**ところには、常に愛が**ある**。

希望がなければ信頼も愛もありえない。希望は信頼が明日も保たれるという確信であるとともに、心が二度と閉ざされないことを不安を抱えながら望むことでもある。

政治が存在するのは、最小限の信頼を保証するためである。法律はこうすればこうなるということであり、契約はこれを果たせばこれを果たすということであって、法律にしろ契約にしろ、予見不能なもののうちに、ある範囲の予見可能なものを作り出すのである。習俗でも同じことが起こるわけだが、習俗に依存する度合いが減るにつれ、——つまり時とともに世界が拡大し、習俗と人倫が衝突していずれも相対化するにつれて——政治や制度が不可欠なものになる。

「魂の救済」は欺瞞である。政治的・公的なものにおいても、法律や契約においても、そういう欺瞞が前提とされている。その種の欺瞞に対して予測にもとづく特定の制裁規定が設けられている。欺瞞が恐ろしいのは個人の場合だけである。なぜなら、そこには制裁規定がないからである。

愛の敢為、愛の「盲目」と言われるものは、愛が欺瞞を念頭に置かず、欺瞞を念頭に置いておくこともできないことである。したがって「愛に身を委ねて、誰が命を惜しもうか[1]」と歌われたのももっともなことだ。

一貫してわれわれを欺く神というデカルトの観念も、あらゆる人間関係につきまとう不信の悪夢の典型にほかならず、「魂の救済」に対する不安の典型である。

（1） ゲーテの詩「アミュンタス」から。アーレントは Wer sich der Liebe ergibt, hält er sein Leben zu Rat? と書いているが、ゲーテの原文は Wer sich der Liebe vertraut, hält er sein Leben zu Rat? となっている。In : *Goethes Werke* : *Hamburger Ausgabe*, Bd. 1, S. 197.

[4]

連帯。あらゆる連帯概念に、自然に対するすべての人々の（つまり人間というものの）最初の根源的連帯の痕跡がはっきりと残っている。しかし人間の間では、すべての他者に対する個人の連帯は決して許されない。無条件の連帯は存在しない。「一致団結」は偽りの無条件の連帯の一例である。
部分―全体のカテゴリーを含む集団概念の起源は、自然に対する人間の連帯である。

[5]

根元悪と悪事との違い。悪事は常に自己本位であり、まさにそのために他者に結びついている。悪事が根元的でないのは、それが常にさまざまな動機から生まれ、それ独自の起源がないからである。悪事は程度や質において人間の善行に正確に対応している。善行については、「私を善いと言ってはならない。善であるものは、天にましますわれらの父である神のみである(1)」というのが正しい言い方である。人間の善行は悪事と同様、自己によって限定されているからである。

ところが、根元悪はそうではない。不安を与えるようだが、それに対応する根元善というものはない。

根元悪の特徴は、
1．動機がなく、自己本位でないこと。
2．構想力の完全な欠如。そのため同情が全く働かず、自己自身への同情さえ生まれない。
3．純粋に論理のみによる結論、一度採用した前提から最終結論をくだし、「やりかけたことは最後までやり通せ」と言って、他の人々を頑張らせる。
これは根元悪の本来の目的でも本質でもなく、単に心理学的な徴候である。

（1） アーレントがここで言っているのは「マルコによる福音書」一〇節の「金持ちの若者」の比喩のことである。

［6］

常に哲学者たちの誤りは、人間と人間の関係を存在と存在者の関係と同じように考え、支配的原理である存在が存在者を存在者とするように、人間（すなわち理想としての人間）が人々を人間にすると考えたことである。存在者の多数性を顧慮して、「存在（ens）」、「一（unum）」、「真（verum）」という根本規定に「**他**（alter）」を付け加えることで満足したように、自己に他者を付け加えて、人間の複数性を満たすことができると考えられたのである。

単数の人間と複数の人間との関係はいつも、単数のライオンと複数のライオンとの関係と同じようなものになりうる。その場合には、人間という概念は本質的に動物という類概念にとどまっている。人間という概念が必要なのは存在という**概念**が必要であるのと同じであるから、人間概念は一部だけ変化した動物の種という観念にとどまっている。それに対して、人間的なものの元となった概念である**単数の**人間は「理想」に高められた。理想には理性的なもの、言葉、意図、目的のような人間を動物から区別するものが読み込まれた。そういう「理想的なもの」が登場するのは、複数の人間という概念が動物的生命と結びつけられていないからにすぎない。

政治的には、以上のことはほぼ、「人間であること」が特定集団に独占されていることを意味する。言うまでもなく、それはアリストテレスの奴隷論[(1)]において最も明らかである。それは古代的な人間関係だけによることではない。アリストテレスが躊躇うことなく、自分の考え方から生まれる結論を包み隠さず述べているためでもある。

（1）アリストテレス『政治学』第一巻第五章。

[7]①

与えられているのは何か。自然を部分に破壊して初めて得られる原料ではない。（テーブルのための木材を獲得するには、樹木を樹木としてはまず破壊しなければならない。）物質も単に原料を抽象して得られるものではない。「唯物論者」の魅力は、「第一原因（prima causa）」としての物質が、他の労働の目的のための人間労働の生産物であるとか、「人間の所産（human artifice）」のために人間自身が作った基礎のように、人間によって作られたものであることを知っている点にあるのではないだろうか。

（1）[7]から[10]までのテクストは、ハイデガー哲学との新たな取り組みとして相互に関連している。そのきっかけは一九五〇年春のハイデガーとの再会だったかもしれない。そのうえハイデガーはアーレントに、*Erläuterungen zu Hölderlins Dichtung*（2. Aufl., 1951）と*Kant und das Problem der Metaphysik*（Ausg. v. 1951）など数点の著作を送付している。

[8]

労働における普遍化。個々の樹木から木材を作り、個々の牛から肉を作り、個々の植物から糸を作る。労働の組織化が進むにつれて、こうした普遍化が物質化として浸透していく。

[9]

われわれに**与えられている**のは以下のものだけだと思われる。宇宙において住居を建てる場所を確保するための地球（つまり空間）、滞在するための時間としての生涯（つまり時間）、ここで一時的に逗留し、住まいがよくできていて、地球や宇宙や生命や人間のようなものが存在することに驚かせるに至る「理性」。この与えられたものから、それ以外の「目的」を読み取ろうとしてはならない。

［10］

「あるがままにすること」。すなわち、普遍概念から「他（alter）」とか「……と異なるもの」という概念を抹消すること。他との関連を断つことは、孤立化させることではない。目的を除去すること、目的連関から事物を解き放つことにすぎない。それをすでに常にやっていたのが、カント的に定義された「美」である。ここに真と美との連関がある。

［11］

アメリカ・政治的に新しいもの。(1)

⑴憲法の事実、――個人、少数者、多数者などの――あらゆる支配要求に抗して守らねばならない最高法の確立。憲法の危機において初めて**創設**が確定された、しかも初めて暴力抜きで、支配（アルケイン）**も**服従（アルケスタイ）**も**抜きに確定された。

⑵主権の分割としての権力の分割。ここで重要なのは、行政、立法、司法のモンテスキュー的定式ではなく、連邦政府と各州の間での権限の分割である。

⑶憲法や憲法にもとづく諸法律だけではなく、さまざまな**協約**も国の最高の法律である。これが上院では三分の二をもって過半数とされている根拠である。ここで初めて外交政策が国内政策となったのである。

ここには実は、人類という政治組織への一つの示唆がある。

(1) アーレントのアメリカ政治組織の研究は、何よりも彼女がアメリカ市民権獲得のための受験準備をして、一九五一年一二月に市民権を獲得した事実がきっかけになったものである。ここに記されている考えをアーレントは一〇年後に(一九六三年)『革命について』で詳しく述べている。

[12]

マルクスはヘーゲルを逆転させ、ニーチェはプラトン主義を反転させる——その結果、西洋哲学の終焉が起こる。両者はそうすることによって、従来は**構想**にすぎなかったものを現実化し、単なる計画であっても構想を実現しようとする全体主義的な道をととのえた、——それとも全体主義を予感していたのだろうか。

この点から考えると、プラトンに対するニーチェの異論は[次のように理解される]。「超感覚的なもの」は存在しない、その起源は感覚であり(それゆえニーチェは、常に道徳や「価値概念」などの**起源**を重視した)、認識可能な「超感覚的なもの」は、実は感覚的なものの法則なのであって、それに対してわれわれは認識者として関わってはならない。われわれがそれを知って、超感覚的なものに——すなわち人間の権限を本質的に超えたものに——[関わるという]偏見を捨てれば、感覚的なもののうちに法則を実現することができるのだ。善、真、美は感覚的なもののうちに捉えられ、感覚的なものにおいて作り出されることができる。善、真、美の創造は認識以上のものであるにとどまらず、認識に対する解毒剤であり、ニヒリズムに対する反対運動であり、そこでは認識は終わりを告げる。感覚的なものは本来のものではなく、本来の存在者、「超感覚的なもの」、人間に捉えられないものは、人間の世界ではないと主張する認識の終わり、それがニヒリズムにほかならない。

ヘーゲルに対するマルクスの異論はこうだ。人間自身の意志にもとづくと見える行為を、世界精神は自分の目的のために利用するが、世界精神の弁証法は、人間の背後で狡猾に働くものではなく、人間の活動の在り方なのである。その活動が「無意識」である（弁証法の法則が発見されていない）限り、その活動は「絶対者」による自己開示の出来事であるかに思われていた。「絶対者」がわれわれの背後にあって、われわれを通じて自己を開示するという先入観を取り除き、**さらに**弁証法の法則を知れば、われわれが絶対者を現実化することができる。

行為という契機において、重大なことが明らかになる。

1．具体的にそれが何であるか誰にも分からない以上、「絶対者」、「超感覚的なもの」、真理、善、美は捉えようがない。誰でもそのことを理解しているが、具体的には全く別のことを考えている。西洋哲学最後の思想家たちは最終的には行為を奪い去ろうとするが、行為が人々の複数性にもとづいている以上、合意が原理的に不可能となり独裁が原理的に不可避となったのが、西洋哲学の最初の破局である。

2．行為のためなら——人種とか階級なき社会とか——何でも絶対者とみなされうる。すべてが等しく目的にかなない、「何でも結構（everything goes）」だ。山師が思いつく突拍子もない理論にも行為にも、現実はほとんど抵抗しないように見える。一切が可能なのだ。

3．正義やニーチェの場合の「理想」一般のような——絶対者を**目的**に仕立て上げれば、この上もない不正で残忍非道な行為が可能になる。なぜなら、「理想」や正義はもはや尺度としては存在せず、世界内部で達成できる作り出せる目的になってしまっているからである。

言い換えれば、哲学の実現が哲学を廃止し、「絶対者」の実現が絶対者を実際本当に片づけてしまうのである。そして結局、いわゆる**単数の**人間の実現によって**複数の**人間は簡単に追放されてしまうのだ。

[13]

ハイデガーの講義(1)により「芸術と真理との関係」から読み取られた**ニーチェ**の逆転したプラトン主義。

プラトン。神―イデア（真理）、職人―（真理に即してイデア＝真理に準拠する）存在（オン）、芸術家―影像（エイドーロン）（イデアの制作の試みだが、制作されるものは仮象にすぎない）。

ニーチェ。イデアを与える神が存在しなければ、真理も存在しない。そのとき、制作の際の導きである真理＝イデアではなく効用に即して、職人は物を作ることになる。そこに世界の機能化が起こる。（ここには、世界が徹底的に俗化して効用の世界になり始めるのは、まさにプラトン的世界像が消滅したときであることが示されている）。真理――真実の存在――を奪われた世界に、再び真理――存在――を与えるため必要なのは、多様な現象のうちに見られる統一のあるイデアの仮象を模倣（ミメーシス）において与える芸術家ではなく、仮象を存在に高めることはできなくても、イデアの仮象を自由に**創造する**芸術家である。したがって影像（エイドーラ）を創造する者こそ最高の人間となる。その際、芸術はあくまで仮象つまり影像（エイドーロン）であるが、その仮象が真理に取って代わるのである。

それに対置させるべきものはゲーテの芸術観であろう。芸術家が模倣（ミメーシス）するのは、自然の中で認識されたものではない。自然の**自己提示**、すなわち人間の領域に現れる限りでの自然そのもの、自然の出現それ自体である。言い換えれば、芸術の対象は経験の対象ではなく、経験そのものである（ハインリヒ［ブリュッヒャー］）。存在が人間に姿を現す限りで、芸術は存在の真理を与えるのである。（「自然の内部へは、いかなる人間も参入することはできない」。)[2]

（1）ハイデガーのニーチェ講義（一九三六―一九四六年）はまだ公刊されていなかった。『ニーチェ』もまだで、これが現れたのは一九六一年のことである。しかしアーレントはすでに一九四九年にヤスパースに、「実に不愉快で雑然としたニーチェ講義」を読んだと書き送っている（一九四九年九月二九日の手紙）。これは、ハイデガーの弟子たちの間に広まっていたノートのことだったようである。マールバッハのアーレントの遺品には一九三六／三七年の冬学期の講義のその種のノートが残っている。しかしこれとの関連で、六一年五月二二日と六一年五月二八日のハインリヒ・ブリュッヒャーに宛てた手紙での、ハイデガーの『ニーチェ』についてのアーレントの熱狂的論評も参照されたい（*Arend-Blucher-Briefe*, S. 543 und 546）。

（2）これは、アルブレヒト・フォン・ハラーの「人間的美徳の虚偽」という教訓詩の一節（一七三〇年・二八九行以下である）*Deutsche Nationalliteratur*, hrsg. von J. Kürschner, Berlin : Spemann, Bd. 41, 2 [1885], S. 56 f.)。これは一八世紀にはよく引用されたもので、ゲーテも「もちろん」という晩年の詩（一八二〇年）で引用している（*Goethes Werke : Hamburger Ausgabe*, Bd.1, S. 359）が、ヘーゲルも『フィヒテとシェリングの哲学体系の差異』で引用している（Hegel, *Werke*, 〈*Suhrkamp*〉, Bd. 2, S. 137）。

[14]

われわれはみな「生まれたとき口がきけなかった」。話せるようになるのは人々と交わってからである。語られないものはすべて妙に現実味がないのだ分かると、われわれは現実味のあるものを求めずにおれない。語られないところに現実は存在しないのだ。

ところが、身を隠すことと守られていることが誤って同一視されることがある。われわれが守られうるのは、自分を提示し、敢えて自己開示を行うときだけである。われわれを守りうるのは他者であり、他者の愛だけである。しかしわれわれはその他者の愛を隠し、他者の愛から逃れようとする。身を隠す形で自負が完全に主権を握っている状態では、われわれが守られるはずはない。

[15]

ニーチェの力への意志は、本質的に自己を超えようとする意志である——「自己」として他者を支配しようとする意志ではない。自己を超えてどこへ行こうとするのか？　自己超出は自己の限界を突破するが、空虚に突き当たる。それゆえ、これもまた自分自身と手を切ろうとする近代的なやり方の最たるものではないかという疑いを免れない。神不在の孤独に耐えられなければ、神不在の孤独において完全に際立っている独自の自己で出来ている社会は、孤独である点で最も耐え難いものだろうと思われる。

[16]

ニーチェ『道徳の系譜』第二論文から

「**約束できる**動物を育てること——これが——人間**に関する**本来の問題ではないか。……必然的に忘れっぽく、忘却が一つの力であり一種の**優れた**健康である動物が、——約束をするという——一つの場合のために、健忘症から脱出させる記憶という逆の能力を育て上げた。それは……二度となくすまいとする能動的な**意欲**であり、一度思い立ったことをあくまで欲し続けること、つまり本当の**意志の記憶**である。その結果、最初の「しよう」とか「するのだ」と、意志本来の表現である活動との間に、無縁な事物や事情や意志活動がどれほど新たに入っても、意志の長い連鎖は切れはしない。……そのように未来をあらかじめ意のままにするためには、人間は……**未来**としての自己を保証しうるためには、……まず自分がいかに……**予測可能で規則的で必然的なもの**にならねばならなかったことか！[1]」

価値の転倒や逆転されたプラトン主義ではなく、この点にこそ新しい「道徳」の創設がある。約束する能力から生まれる**契約**が重要な政治的現象であるように、約束は**まさに**特に重要な道徳的現象である。（ニーチェが『道徳の系譜』を肯定的現象としての約束から断固として始めた後で、気がなさそうに契約論について軽蔑的なことを言えたのは実に奇妙なことだ。）ここには、歴史と政治の間の「世界史的」でない**真実の**関係がある。約束が「意志の記憶」である限り、歴史を打ち立てるのは約束である。それは、忘れまいとする意志の形で、現在や過去を未来に保証する未来への記憶なのだ。

その際、重要なことは、――ニーチェとちがって――自分も事情も「予測可能なもの」とは考えないことだ。約束が素晴らしいのは、自分もその一部である予測不可能なものを材料として信頼できるものを打ち立てるところである。あらゆる道徳の本質的なものは、原理的に「予測不能」で「不規則」で「必然的でない」世界の中で約束だけが妥当することである。人間世界の中では、このことは、約束以外には「道徳的説教」があってはならないこと、自発的なものは約束においてのみその限界を見いだしうること、他方、その限界は**絶対的なもの**でなければならないことを意味する。次の言葉も、この意味でのみ理解されるべきである。「現実に約束**できる**解放された者、**自由な**意志の主人、主権者たる彼が、――……自分を保証することのできないすべての者より、自分がいかに優越しているかを知らないはずがない。……長期にわたって壊れることのない意志を有する〈自由な〉人間に、自らの有する意志のうちに自分の**価値尺度**も有している[2]」。

誇り（人間の名誉）は、まさに予測不能なものにおいて責任を引き受けること、「誇らしい自覚……自己と運命を支配するこの力[3]」である。

（注）アーレントが『道徳の系譜』のどの版を使ったかは不明。引用は *Kritische Studienausgabe*, Bd. 5 と照合した。〔以下の引用頁に誤りがあったので、*Kritische Gesamtausgabe* により訂正した――訳者〕
（1）Friedrich Nietzsche, *Zur Genealogie der Moral*, S. 307 f.
（2）A. a. O., S. 309 f.
（3）A. a. O., S. 310.

［17］

行為の**判定**について

（**道徳**）。責任倫理[1]で**善い**と言われるのは、一切の動機から独立して「世界」に適合し、順応して、意図していたものを遂行する行為である。責任倫理では、人間が世界に適合し、意図するものを成し遂げることができると全く無邪気に考えられている。あるいは、昔の「もっと原始的な」段階では（それにすべての「原始的道徳」は責任倫理であり、行為を問題にする（プラグマーティッシュ）ものだが）、問題は正しい世界構造だけであり、不正は、人間が組み込まれているそういう構造に対して、自発的ないし不本意に行われた客観的で判定可能な違反行為であると考えられている。どういう責任倫理もこの意味では、世界に関わるものであり、行為を問題にする（プラグマーティッシュ）ものである。

アメリカでは、プラグマティズムは責任の感情から生まれたのであって、その逆ではない。ヨーロッパの無神論とほとんど関係のないアメリカの無神論は、プラグマティズムと責任倫理の両方に密接に結びついていて、断固たる世俗性を意味しているだけである。もっとも、今では――あるいはもはや――現状や既成事実への埋没という意味ではなく、世界についての責任を引き受けるという意味においてそうである。したがって、悪は決して「邪悪（wickedness）」ではなく、そういうものはアメリカでは信じられないのであって、悪は自然のうちにも人間本性のうちにも客観的に見いだされる「悪（evil）」であって、客観的に確認できるものであり、世界から除去されねばならないものなのだ。

良心の呵責は、「罪」についてではなく自分の失敗に関する良心の呵責であって、自分の動機への疑いではなく、「罪」というより弱さの表れである。――世界に組み込まれた在り方への信念に代わって、人間の力は与えられた世界や世界の中の悪に対して準備ができているという確信が登場する。

心情の倫理は、決して行為を判定することはなく、行為をもたらす意志だけを判定する。人間は世界のものではないから、行為においては自分が本来意図しなかったことを成し遂げて、行為によって世界に、つまり異質なものに、そして罪に巻き込まれるのである。人間は世界のものではないにもかかわらず、一時的であるにせよこの世界の事物しか認識できず判定することができない。人間は自分自身の故郷を知らない。そういう確信から「人間の心の暗闇」が発見されたのである。本来は、人間は自分自身の意志も判定できず、人間はもっぱら判定を受けるべきものである。その判定は神のために保留されている。最後の審判とは、本質的には、何が正しく何が不正であるかが分かる日のことなのだ。

すべての道徳化に対する正当な不信は、善悪の基準に対する不信よりも、道徳的な**判定**に対する、つまり道徳の観点での行為の判定に対する人間の能力への不信から生じている。責任倫理やプラグマティズムの立場の倫理学者は動機には関心がない。心情倫理の倫理学者は動機を知りえない。あるいは、プラグマティストは、悪の起源は非人間的、「自然的」、「罪と無縁」なものだと確信しているから、道徳的判定を必要としない。そして心情倫理の倫理学者は、自分の基準を正しく適用することは決してできない。

近代には、このジレンマからの三つの優れた打開策があった――すなわち、カントとヘーゲルとニーチェである。

カントによる解決の長所は――行為の原則が**普遍的**法則となりうるように行為せよという――定言命令が道徳の問題を個人の(神に対する)良心の問題から引き離して、人間の複数性へ移しかえたことである。カントでも人間によって、しかも人間の意志によって始められた因果性は、すべての行為を歪めすべての成就を妨げる自然の原理的に人間とは異質な因果性に働きかけるにもかかわらず、そうである。しかしここで**単数の**人間の代わりに**複数の**人間ないし人類を置くことによって、カントは既成の世界に対する反対の世界の可能性を示している。**単数の**人間ではなく**複数の**人間はこの世界のものではなく――したがって世界の中で世界に逆らって独自の「道徳的」世界を打ち立てることができるのだ。

カントの解決で不安に感じられるのは、現世や彼岸でなく未来世界の住人である人間にとっての故郷には、過去となった起源が常に含まれているが、その故郷がいわば蹴飛ばされていることである。

ヘーゲル。ヘーゲルの打開策は判定そのものの意味を変更したが、それ以後はそれにならって、行為についての判定は「道徳的評価」へ堕落させられてしまった。

ヘーゲルの打開策はカントの解決の正反対である。ヘーゲルはカントから意欲と成就との不一致を引き受けたが、それを神である精神の自己開示である**出来事**に解消したり、その意味を無視したりするわけではない。人間の行為の意味は、行為が素材として使用され消費される、精神の織り上げる出来事の絨毯のうちにしかない以上、人間が意図し目指す行為の意味は道徳的には善悪いずれでもない。善悪は、有意義な、つまり善である絨毯の模様として使われる。こうして判定は世界から除かれる。神さえもはや判定できない。神は自己を啓示し、人間はその顕現を喜ぶが、意味は観想にとって存在するだけである。人間が目指す意味はすべて幻想なのだ。存在が実はすべて生成であれば、行為は実はすべて**出来事**にほかならない。道徳を排除したのはヘーゲルであって、ニーチェではない。

ニーチェはヘーゲルに従い、カントを軽蔑したが、それはニーチェが道徳を片づけようと思ったからである。しかし道徳を片づけられるのは、行為を除去した場合だけだ。ニーチェでは、人間はもはや精神の自己開示の真正な見世物とはみなされず、神が人間による「永遠回帰」の芝居になっている限りで、ニーチェはヘーゲルを逆転させている。「永遠回帰」は「悪循環である**神**（circulus vitiosus **deus**）」、人間の出来事が永遠に回帰する見世物であり、それに向かって「アンコール」と叫ぶのは神々しいことであって、これは神的なものにあずかっている証拠なのである。それが常に回帰するのは、「かつて存在し、現にあるがままに、永遠に再びもとうとする者、……この芝居を必要とし――また必要とさせる」者が存在するからである（『善悪の彼岸』五六）[2]。これはニーチェの神の存在証明だ！――どうして？　人間の歴史のような大げさな芝居には、見物人はなく、役者のほかに舞台の彼方の観客席に座っている者はいないではないか？「運命愛（amor fati）」を本質的特徴とする「超人」は、社会という観客席で神を演じることができる。これが「ニヒリズム」からの打開策だが、ニヒリズムの唯一根本的な定義はこうである。「虚無のために神を犠牲にする――この最後の残忍さの逆説的な秘儀が、今こそ現れようとする世代のために残されていたものだ」（同書五五）[3]。

ニーチェの新しい「価値」はすべて、神が芝居を楽しむために必要な性質であり、それによって「超人」が「育成」されるはずの性質である。同情が最大の危険であるのは、個々の事柄に執着して壮大な全体を見逃させるからである。ニーチェの絶望は、見る神が存在するかどうかについての疑いである。しかし観客がいれば、芝居の**意味**は救われ、地上の出来事の意味も救われる。永遠回帰が事実上、生成が存在に最も接近したものである限り、「アンコール」と叫ぶ観客は「存在の中に」いることになる、すなわち、自分が「アンコール」と叫ぶことによって生成を存在へと救うことになるだろう。

ここでは判定が問題にならないのは明らかである。見るとともに証言すべき観客を求める叫びは——これがニーチェが芸術を（経験の経験しか受け入れず、経験の経験からしか評価せず判定もしない観客に対して）芸術家の立場から評価する本当の理由なのだが——それまで経験されたことのない孤独から生まれている。その孤独の中で、人間の複数性に対する西洋哲学の原則的軽視は実際に破綻したのである。

神も神々も人間の「作品」（あるいは人間が語りかけるべき架空の人類とか後世など）も人間の**自己**も、人間にとって仲間という役割を果たさなくなったとき、初めて徹底した孤独が生まれる。ニーチェの哲学では自己は解消して超人への憧憬と化し、その自己喪失の中で孤独の近代的現象が初めて浮かび上がる。**歴史主義**がいわゆる価値を解消するとともに、判断力の自覚されていなかった基礎を奪った、あるいはむしろ判断力本来の力を奪ったとすれば、観客たる神を求めるニーチェの叫びは、歴史主義の最後の帰結にほかならない。

自己が解消されるとともに、近代の自己喪失にとって悪魔の悪戯が始まる。なぜなら、自己がなければ、他者との接触はもはや全く回復のしようがないからである。（そこでキリスト教のいわゆる無私無欲が役立ったのは、全く自己本位な自分の魂の救済しか念頭になかったからにすぎない）。接触がない状態は**心理学的**には、すべての他者が**不必要**になってしまった状態である。

それにもかかわらず、なぜカントだけが**判断力**を独立の能力として取り扱うことになったのかは謎である。

（1）　責任倫理と心情倫理という概念を、アーレントはマックス・ウェーバーから借用している。彼の『職業としての政治』（一九一九年）参照。

（2） Friedrich Nietzsche, *Jenseits von Gut und Böse*, in : *Kritische Studienausgabe*, Bd. 5, S. 75.
（3） A. a. O., S. 74.

［18］

将来の政治の重要な問題は、依然として立法の問題であろう。国民国家の解答は、――君主、国家、人民、「一般意志」、国民の――いずれが主権者であるか、すなわち、誰が権力を握るかは法律が定めるというものであった。そこでは――神や自然ではなく――人間が大地の主権者だと考えられている。問題は誰がその主権者を代表するかだけである。そこでは、法は意志に依存し、特定の団体ないし人々が、**他の人々に代わって欲する**権力を与えられねばならないと考えられている。**ニーチェ**の力への意志は、当時のすべての主権国家で示されていたこの権力を逆転したものにすぎない。それは一九世紀の典型的な理念であった。すなわち、欲する力をもつためには、まず欲する力を**欲する**意志が存在しなければならない、あるいは、欲しうるためには、欲することを欲しなければならない。ハイデガーが意志への意志が力への意志だと言うのはこのためである。

欲しうるためには力をもたねばならないからこそ、権力の問題が、――アメリカの政治は例外だが――主権にもとづくあらゆる政治の重要な政治的事実となるのである。

［19］

ニーチェ『悦ばしい知』一〇九節「死は生に対立しているとは言わないようにしよう。生ける者は一種の死者、それも実に珍しい死者なのだ」[1]。――これを、存在と――存在として知られている唯一のものである——生命との同一視(『力への意志』または『善悪の彼岸』)と比べてみること。矛盾は明らかである。よく見てみると、ニーチェの道徳にほとんど形而上学的な正当化が見いだされた**ほかならぬ**要点がここにあるのが分かってくる。生きている者が唯一の存在者であることは、言うまでもなく、西洋哲学から出る結論である。それは古来の「**現実**(actu)」の新しい呼び方にすぎない。それには「可能性(potentia)」——無機物——だけが対立するのであって、本来、「現実」は「可能性」である物質に包括されている(ヤスパースの言う包括者もそれを意味している)。重要なのは生きている者の**希少性**という考え方である。それによって道徳的評価における希少なものへの橋が架けられ、あらゆる平均的なものへの軽蔑への橋が架けられた。もっと重要なことは、それによって「新しい」種類の真理への橋が架けられたことである。それはもはや平均的なもの、日常的なもの、周知のもの、いつも調べられるものによって証明する必要はない。真理は「稲妻」のように「突然のもの」「不意のもの」でありうる。ここにニーチェとハイデガーとの本来の結びつきがあるのだ。生命が存在であれば、「最も生き生きとしたもの」が最高の存在者である。生きている者がごく稀な「死者」にすぎないとすれば、最も希少なものが最も生き生きとしたものであり最高の存在者である。(「突如として不意に存在が出現する。われわれは待ち受け、見守り、激しく震撼する」[2]。)そうなると、すべての平均的なものはデカダンスであり、死者の普遍性への傾向である。ニーチェ遺稿 1881, 23 永遠回帰を参照。「われわれの世界全体は無数の生きたものの灰である……」[3]。

ニーチェ「政治的妄想は……何より**世俗化**である……その目標は**はかない**個人の無事息災である……」[4]。

ニーチェの定言命令「なそうと思うすべてについて、それを無限回なそうと欲するかという問いが最大の重しだ(ibid. 28)[5]。「……もう一度生きようと思うように、しかも**この通り**永遠に生きようと思うように生きること!」(ibid. 36)[6]。

（1）Friedrich Nietzsche, *Die Fröhliche Wissenschaft*, Nr. 109　引用文は *Kritische Studienausgabe*, Bd. 5, S. 75 と照合した。

（2）マールバッハのアーレントの遺品に保存されているハイデガーの詩の一つに、次のような二行がある。「突如として不意に存在（Seyn）が出現する。／われわれは待ち受け、見守り――激しく震撼する」。これにはアーレントの手で、「一九五〇年二月」という日付がつけられている。一九五〇年二月七日に再会したとき、ハイデガーがこれをアーレントに渡したのだろう（*Arendt-Heidegger-Briefe*, S. 79 参照）。〔いずれも「出現する」と訳したが、ハイデガーの原文では blitzt となっているところを、アーレントは sich zeigt と書いている――訳者〕

（3）アーレントがどの版から引用しているかは明らかにできなかった。以下の引用文は、Friedrich Nietzsche, *Kritische Gesamtausgabe*, 5 Abt., Bd. 2 (Nachgelassene Fragmente, Frühjahr-Herbst 1881), Nr. 84, S. 370 の »Die Wiederkunft des Gleichen« で確認している。完全な断片は次の通り。
「われわれの世界全体は無数の生きものの灰である。生きものは全体と比べればごく少数だとしても、すべてはすでに一度は生かされたのであって、そのようにして続いていくのだ。永遠の持続、それゆえ物質の永遠の交替があると仮定しよう――」。

（4）Nietzsche, »Die Wiederkunft des Gleichen«, Nr. 163, a. a. O., S. 402 f. 完全な断片は次の通り。
「現代人が以前の時代の宗教的妄想を嘲笑するのと同じように、私が嘲笑する政治的妄想は、何よりも世俗化である。この世界への信仰であり、〈彼岸〉や〈背後世界〉の忘却である。その妄想の目的は、はかない個人の無事息災である。そのため社会主義がその成果となり、はかない個人は社会化によって自分たちの幸福を手に入れようとする。彼らが、永遠の魂や永遠の生成や未来の進歩などに関する人間の行く末を待つわけはない」。

（5）Nietzsche, »Die Wiederkunft des Gleichen«, Nr. 143, a. a. O., S. 394.

（6）Nietzsche, »Die Wiederkunft des Gleichen«, Nr. 161, a. a. O., S. 401. 完全な断片は次の通り。
「彼方の知るべくもない浄福や祝福や赦しなどに目を向けることなく、もう一度生きようと思うように、しかも**この通り**永遠に生きようと思うように生きること！」。

一九五一年一〇月

[20]

フォークナー「過去は死ぬどころか、過ぎ去ってもいない[(1)]」。〔原文・英語〕

一九五一年一〇月

(1) »The past is never dead ; it is not even past.« William Faulkner, *Requiem for a Nun* (Akt 1, Szene 3).

一九五一年一一月

[21]

ハイデガー『建てる―住む―考える[(1)]』について

一九五一年一一月

二頁「言葉は人間の主人でありつづける。おそらく他の何ものよりもこの支配関係の人間による転倒こそ、人間の本質を不気味なものへ追い込むものである」。なぜ支配関係なのか。「初めにロゴスありき（エン・アルケー・エーン・ホ・ロゴス）」だろうか。言葉から言語への発展が起こる中で、人間が従順になるのも不従順になるのも、神に起源がある「根源的」な言葉、神の言葉に対してなのだろうか。この「根源的」な言葉、初めのロゴス（ロゴス・エン・アルケー）が、思考の尺度、しかも人間外の「超人間的」な尺度を与えるのだろうか。

三頁「われわれ人間の地上での本来の在り方は……住むである。人間であること、つまり死すべき者として地上にいることが〈住む〉ということである」。人間であること＝大地に住むこと＝死すべき者として地上にいること。大地との人間の関係のはかなさ、人間は「この世界のもの」ではない。人間は住むという仕方で地上にいるだけである。これは人間の死すべき運命を意味している。それに対して神々の場合は、その不死がまさに神々の地上の在り方を保証している。神々は死すべき者に、死すべき者が登場し、再び退去する住まいの不死性を保証するのである。大地のための感謝から生まれた地上の不死の神々への関係と、その可死性にもとづいてのみ死すべき者に「目に見える」ものとなる大地を超えた（不死ではないが）永遠的な神との関係という、人間の二重の関係がそこから生まれる。

人間が「死を成し遂げる」（アキレウス）ことが、他のすべての人間にまさるだけでなく神々にもまさる優越性を人間に与える。非大地的なものへの連関を与えるのだ。このために神々は神ならぬものとなるが、人間は単に神を捨てたものとなるだけである。

人間が大地から神を消したとき、人間は大地から不死性を奪い、それによって自分の死すべき運命のための宿る場所を奪った。これは神の誤解から生じるかもしれない。キリスト教では人間は意識的に自分を地上に故郷なき者とした。これは無論うまく行かなかったが、大地からの神の消去が起こり、死すべき者の不死である故郷の喪失が起こった。

もはや宿る場所を提供しないこの神なき大地に、われわれは神なきに適応してきた。

三頁。住むこと＝隣人として近くにいること。

一二頁「むしろ上述の橋に寄せる思いの本質の一つに、思考が距離を超えてこの場に達するということがある」。

思いを寄せること＝距離を超えて何かに達すること、これこそ、表象と対立するとともに思い出とも対立する**真の構想力**である。

(1)　アーレントが手書きで注釈をつけたハイデガーの「建てる―住む―考える」の原稿が、マールバッハのアーレントの遺品に含まれている（Sign. 76. 1034)。問題にされているのは講演の第二稿であるが、それには、一九五一年八月五日ダルムシュタット、一九五一年八月二〇日ヴァルヘン城と書き添えられている。アーレントがここで引用しているのはその原稿である。講演はまず *Mensch und Raum*, Darmstadt (Darmstädter Gespräch, 2), 1952, S. 72–84 に発表され、その後 M. Heidegger, *Vorträge und Aufsätze*, Pfullingen, Neske, 1954, S. 145–162 に収録された。

[22]

モンテスキュー『法の精神』第一篇第二章・**ホッブズ**への反論。

人間の根源的衝動は万人に対する万人の戦いではなくて、万人に対する万人の恐怖である。したがって社会の始まりは安全のために力を断念することではなくて、**共通の**恐怖の認識である。「恐怖は人間を互いに避けさせるだろう。しかし、互いに恐怖を抱いているのが分かれば、まもなく人々は互いに近づくことになるだろう(1)」。

第三章「戦いの目的は勝利であり、勝利の目的は征服であり、征服の目的は維持である(2)」。「それが地上にあらゆる民族を支配する限り、一般に法は人間理性である(3)」。〔モンテスキューからの引用文はフランス語〕

(1)　Montesquieu, *De l'Esprit des lois*, I, 2.

（2） Montesquieu, *De l'Esprit des lois*, I, 3. これと次の引用文について、アーレントはノート7［3］で注釈を加えている。

（3） Montesquieu, *De l'Esprit des lois*, I, 3.

ノート7

一九五一年一一月—一九五二年一月

一九五一年一一月

〔1〕　　　　一九五一年一一月

どういう人間も当然なことだが、本人が行ったり考えたりすること以上のものであり、行為し思考し**うる**以上のものである。これが人間本来の誇りであり、自然的・地上的・人間的であるものの誇りであって、人間本来の在り方も人間の有する本来の偉大さも、人間とともに世界から生じ、事物のように生き残ることなく、人間同様に死に定められていて、人間が生きている限り疑いなく現実であるこの「在り方」と同様に、救いようもなく失われるものである。

天才におけるデモーニッシュな要素は、天才ではこの関係が絶えず逆転して、天才の生み出すものが（愚か者がそう思い込んでいるだけでなく）**本当に**彼自身以上のものになる危険にさらされていることである。天才の災いは、人間として絶えず自らの行為や作品と競い合い、自らの行為や作品に自分は値しないのではないかという不安に駆られていることである。（多くの「創造的な」人々が自分自身を誤解して、最新作が以前のものより「優れて」いないのではないという心配が生まれ、創造性が突然失われてしまうのではないかという、そういう心配の底にある不安が生まれるのもこのためだ）。天才においては作品と創造者との間の自然の基本的関係は決して逆転することはないが、そういう不安は正当なものである。

というのは、そういう不安が生まれるや否や、われわれの前にいるのは天才ではなくて文学者であったり知識人であったりするわけで、それは「業績」が優れていることとは無関係だからである。知識人特有の反感をもたせるものは、彼が取り上げるいかに詰まらぬ問題も彼自身よりましだというところにある。

ここにも天才が絶えず脅かされる人間的な基本的事情の逆転が、現実に示されている。知識人への広範な憎しみや、知識人とつきあうとどうしても生まれる嫌悪は、このために生まれるものなのだ。

〔2〕

法律は、人間的世界の〈**間の領域**〉である「政治的な」領域を規制する。距離と結合を同時に作り出し、われわれが共同して活動もすれば対立もする空間を構成する、この〈**間の領域**〉が、たとえば愛によって打ち壊されるような場合には、法律は妥当するものではなくなり、重要性を失ってしまう。

法律は、厳密に「政治的」な領域以外の領域に対して発令されてはならない。法律は、私を他者の不正から守り、私が加えるかもしれない不正から他者を守る。しかし法律が——悪習や賭事や飲酒癖などに対する立法のように——私を私自身から守るなどと偽ることは許されない。政治的なものへの道徳的なものの侵入は、つまり不正という概念を他者に向けて適用する道徳的説教の侵入は、常に自由に対する攻撃である。

このことは実際には、次のようなことを意味している。麻薬禁止法によって処罰されるのは、ブラックマーケットの麻薬を売る——つまり麻薬中毒を増やして他者を傷つける——者に限られるのであって、モルヒネを打つ買い手には適用されるべきではない。モルヒネ常用者が犯罪を犯さない限り、モルヒネを打つことは誰にも関係のないことだからである。

この問題についてモンテスキューはこう書いている。「法律によって他者に対してなすべきことを規制するのは容易なことだが、自分自身に対してなすべきことのすべてを法律によって把握するのは困難である」(*Esprit des lois*, VII, ch. 10)(1)。〔原文・フランス語〕

（1） Il est aisé de régler par des lois ce qu'on doit aux autres ; il est difficile d'y comprendre tout ce qu'on se doit à sois-même.
——用いられているモンテスキューの版については［3］を見よ。

一九五一年一二月

［3］

一九五一年一二月

モンテスキュー『法の精神』

第一篇第一章「……法とは……［原初的理性］と多様な存在との**間**！の関係であり、その多様な存在相互間の関係でもある」(1)。［この一節は欄外に鉛筆で線が引かれている——編者］

（法は〈間の領域〉を規制する）。

第一篇第三章「戦いの目的は勝利であり、勝利の目的は征服であり、征服の目的は維持である」(2)。（これはもう必ずしも正しくない。戦争の目的は勝利を犠牲にしても抹殺することである。勝利の目的は勝利が無意味になっても絶滅することである。つまり征服の目的は、自分が所有するものを保持できなくなっても、現実を全体主義的虚構に永続的に変形することなのである〔原文・英語〕）。

第一篇第三章「一般に法とは、人間理性が地上のすべての民族を支配する限りで、人間理性である」(3)。（〈間の領域〉を規制するのは、あらゆる人が合意できる理性である。理性はホッブズの場合のように、機械仕掛けの神である。ホッブズでは理性が、万人に対する万人の戦いから救済する。モンテスキューでは、理性が積極的に法の源泉なのである。しかし法は国家形態がちがえば異なるものであるから、理性は特定の国家形態を望むか既成のものとして受け入れる意志または出来事を前提としている）。

第二篇第二章「……共和制では有権者の区分が基本法の一つである」(4)（すなわち、「平等」の国家における「階級なき社会」を阻止するためである）。

第二篇第四章。聖職者の権力は共和制では危険であるが、独裁制では「恣意的権力を抑止する」唯一の力である。(5)

（まず恣意的な権力ができると、恣意的でないものはすべて天の恵みのようなものとなる。モンテスキューはポルトガルとスペインを例に挙げている）。

第三篇第一章「政体の本性と原理には次のような違いがある。すなわち、その本性は政体を現にあるものとしているものであり、その原理は政体を動かすものである。前者は政体固有の構造であり、後者は政体を動かす人間の情念である」(6)。［この一節は欄外に鉛筆で線が引かれている――編者］

（これについては、ダランベールの「分析」の「三つの政体の原理については、民主制の原理は共和制すなわち平等への愛である」(7)を参照。「愛」＝「愛は一種の熱望（amor appetitus quidam）」(8)、渇望（オレクシス）。「美徳」、「平等への情熱」、「名誉心」、「栄誉欲」、「恐怖」、「破壊への情熱」（？）といった――国家を形成する情念はすべて、ごく抽象的に言えば、人間に向けられるものではなくて、国家の中で共同して生きている人々に共通のものである）。

第四篇第三章。専制政治。「彼は検討したり疑ったり、理性を働かしたりする必要はない。望みさえすればいい」(9)。

（この望むということが、まさに自然または歴史の「意志」を実行すると称する全体主義的な国家形態では廃棄されるのだ！）。

第四篇第八章。**労働**――クセノポン『ソクラテスの思い出』第五章「たいていの手仕事は……それをやる人々の身体を損なう。彼らは日の当たらぬ場所や火のそばで座っていなければならず、友人や国家のためにさく時間はないからだ」。アリストテレスも引用している（『政治学』第三巻第四章）[10]。

「したがって、われわれはギリシアの共和制では大いに困惑することになる。というのは、われわれは市民が商業や農業や手仕事に従事するのを望まず、何もせずにいるべきではないと思うからである。……したがって、ギリシア人を運動選手や戦士の集まりとみなさざるをえない[11]」。

第五篇第九章「重税の負担はまず労働を生み、労働は衰弱を生み、衰弱は怠惰の精神を生み出す[12]」。

第五篇第一〇章「君主制の政体は共和制よりはるかに優れた点がある。公務が唯一の人物によってなされるため、より速やかな執行が可能である[13]。もっとも、その速さが行き過ぎることもあるので、法律によってある種の遅延をはからねばならない」。

第五篇第一三章「ルイジアナの野蛮人は、果実が欲しいときには、木を根本から切り倒して果実を取る。これが専制政体だ[14]」。第一四章「……土地からすべてを引き出して、何一つ返さない。全土が荒野で、全土が砂漠である[15]」。

第五篇第一四章「専制政体は恐怖を原理とする。……そこでは万事が二、三の観念にもとづいている。したがって新しい観念は必要がない！……

そのような国家は世界唯一のものとみなされうる場合に、……最高の状態にあるだろう。

専制政体の原理が恐怖だとすれば、その目的は静寂である。しかしそれは決して平和ではない。それはまさに敵に占領されようとする都市の沈黙である[16]」。

第五篇第一六章「専制的政体においては、権力はすべて政体を任されている者の手に移る。高官は専制君主そのものであり、役人はみな高官である。……結局、法は君主の**一時的な**意志であるから、君主のために欲する者が君主と同じように欲するのは当然である[17]」。

（全体主義の指導者の原理はこれと逆である。すなわち、下級指導者が指導者の意志を体現するのは、指導者が自然または歴史の意志を体現しているからである。――模倣される自然法則や歴史法則は運動の法則である。それゆえ運動が起こるのだ！）。

第六篇第五章「マキアヴェリ――偉大なる人物[18]」。

第七篇第四章「共和国は贅沢によって終わり、君主国は貧困によって終わる[19]」。

第七篇第九章。女性たち。「……取るに足らない者が傑出した人物を引きつける技……[20]」。

第八篇第一章「各政体の腐敗はほとんど常に原理の腐敗によって始まる[21]」。

第八篇第三章「自然状態では人間は確かに平等に生まれるが、人間はそこに止まることはできないだろう。社会は平等を失わせ、人間は法によってしか再び平等になることはない[22]」。

（ダランベール「分析」。「興味や欲望や快楽が人々を近づけた。しかしその同じ動機によって、人々は重荷を担うことなく休みなく社会の利益にあずかろうとする。その意味で著者とともに、人々は社会状態に入ってからは戦争状態にあると言うことができる[23]」。つまり、ホッブズのテーゼの逆なのだ。）

第八篇第五章「これらの国家［専制国家――アーレント注］は安全になればなるほど、あまりにも穏やかな沼のように腐りやすい[24]」。

（参照。ダランベール「分析」「唯一の政体は……人類を地表に広がった疲弊し沈滞した集団にしてしまう[25]」）。

（**運動**の原理を導入すればこれはすべてもう適切ではない。起こりそうなことは、反転した運動が最後にはすべてを粉みじんに粉砕してしまうということだけだ）。

第八篇第八章「ヨーロッパの諸民族の大半はまだ習俗によって治められている。しかし、もし長期の権力濫用や大がかりな征服によって、専制がある程度まで打ち立てられるならば、習俗も風土もそれに抗しえないであろう。そして、世界のこのうるわしい部分でも、人間性は世界の他の三部分で加えられている侮辱を、少なくとも一時的には被ることになるだろう[26]」。

（Hegel, *Vorlesungen zur Geschichte der Philosophie, Einleitung*, C. I., 233参照[27]）。

第八篇第一〇章「専制政体の原理は、その本性からして腐敗しているから、絶えず腐敗する。他の政体が滅亡するのは、偶然の事件がその原理を破るからである。ところが専制政体は、何か偶然的な原因がその現地の腐敗を妨げなければ、その内的な悪によって滅亡してしまう[28]」。

（ダランベール「分析」参照。「政体［すなわち専制政体——アーレント注］の完成はその崩壊である[29]」）。

第八篇第二〇章「小国の自然的特質が共和制の形で支配されることであり、中くらいの国家の自然的特質が君主に服従することであり、大帝国の自然的特質は専制君主に支配されることだとすれば、こう言うことができる。つまり、確立した政体の原理を保持するためには、国家をすでに有する大きさにとどめておくべきである[30]」。

第八篇第二一章「人類が頭を一つしかもたないようにというネロの願い[31]」。

序文「この柔軟な存在である人間は、社会において他者の考えや印象を受け入れるものであるから、自分の本性が示されるとそれを知ることもでき、それが隠されるとその観念さえ失うこともありうる[32]」。

第一〇篇第三章（征服権について）

「なぜなら、社会が絶滅されるべきだということから、それを構成する人間も同じように絶滅されるべきだということにはならない。**社会は人間の結合であって**人間そのものではない。市民が滅びても、人間が残るということはありうる(33)」。

第一〇篇第一六章「征服が広い範囲に及ぶときには、専制的権力が前提となる。その場合には諸州に分散している軍隊は不十分である。……帝国内である程度の権力を与えざるえなかったすべての人々を震え上がらせ……ねばならない軍隊が……必要である(34)」。

第一一篇第五章「世界には、政治的自由を国家構造の直接の目的とする国民もある(35)」。

第一一篇第六章「法は慧眼であるとともに盲目であり……

……理性の行き過ぎさえ必ずしも望ましいものではないと信じている私が……(36)」。

第一二篇第二章「哲学的自由は自分の意志の行使にある。……政治的自由は安全にある……(37)」。

第一二篇第四章「刑法が罪固有の本性からそれぞれの刑罰を引き出すならば、そのときは自由の勝利である。あらゆる恣意は止み、刑罰は立法者の気まぐれに発するのではなく、事物の本性から発する。そして人間が人間に暴力を振るうことは全くない(38)」。

第一二篇第一九章「……神々の像を隠すことがあるように、一時的に自由にベールをかけねばならない場合がある(39)」。

第一二篇第三〇章（脚注、ペルシアの専制政治）プロコープによると「カヴァードは忘却の城に入れられた。そこに閉じこめられた者のことを話したり、その名前を言うことさえ禁ずる法律がある(40)」。

第一五篇第二章「各市民の自由は公共の自由の一部である……(41)」。

犯罪者の死を合法的なことにするものは、犯罪者を処罰する法は犯罪者のために創られたということである[42]」。

第一九篇第九章「怠惰は傲慢の結果であり、労働は虚栄心の帰結である[43]」。

第一九篇第一六章「法と習俗の間には次のような違いがある。すなわち、法がより多く規制するのは市民の行為であり、習俗がより多く規制するのは人間の行為である。習俗と行動様式の間には、習俗が比較的に内面的行動に関わり、行動様式は外面的行動に関わるという違いがある[44]」。

第二三篇第一七章（ギリシアとその住民の数について）

「奴隷が生活の資を供給できるようにするために、自由人の数を一定にしておかねばならなかった[45]」。

第二四篇第一〇章「[哲学の諸学派のうちで]……ストア学派以上に、その原則が人間にふさわしく、有徳の人間を作り上げるのに適した学派は存在したことがない[46]」。

第二六篇第二〇章「自由の本質は主として、法に反することをするように強制されないことにある。そしてそういう状態にあるのは、市民法による支配に服しているからである。すなわち、市民法の下に生きているからこそ自由なのである。

したがって、君主相互の関係では決して市民法の下に生きていない君主は自由ではない。彼らは力によって支配される。彼らは絶えず強制し、強制されうる。そのため、彼らが強制によって結んだ条約も、任意に締結したものと同様な拘束力をもっている……常に強制するか強制される状態の君主は、暴力によって締結された条約に不平は言えない。それに不平を唱えることは、自分の自然な状態について不平を言うようなものである[47]」。

（注）以下のモンテスキュー『法の精神』からの引用はプレヤード版による（文献目録参照）。アーレントが抜粋した

引用文はプレヤード版と照合し、場合によってはそれにもとづいて修正した。——公刊されたアーレントの著作でモンテスキューの読解が用いられるのは一九五三年頃からだが、特に次の二つの論文以後である。「イデオロギーとテロル」（後に *Elemente und Ursprünge totaler Herrschaft* に収録、特にその七三四頁以下と左記の注（6）も参照されたい）と「理解と政治」（*Zwischen Vergangenheit und Zukunft*, besonders S. 118 ff.）。〔引用文はすべてフランス語〕

（1） Montesquieu, *De l'Esprit des lois*, I, 1 冒頭の三段落からの引用だが、完全な形は次のとおりである。「法とは、最も広い意味で、事物の本性に由来する必然的関係である。その意味では、あらゆる存在に法がある。神には神の法があり、物質的世界には物質的世界の法があり、人間より優れた知的存在にはそういう存在の法があり、動物には動物の法があり、人間には人間の法がある。——盲目の宿命が、世界に見られるすべての結果をもたらしたと言った人々は、極めて不合理なことを言ったのである。なぜなら、知的存在を生み出した盲目の宿命以上に不合理きわまるものはありえないからである。——したがって**原初的理性があり、法は原初的理性と多様な存在との間の関係であり、その多様な存在相互間の関係でもある**」。——太字の部分が、アーレントが言葉通り引用している箇所である。

（2） Montesquieu, *De l'Esprit des lois*, I, 3.

（3） Montesquieu, *De l'Esprit des lois*, I, 3.

（4） Montesquieu, *De l'Esprit des lois*, II, 2.

（5） Montesquieu, *De l'Esprit des lois*, II, 4.

（6） Montesquieu, *De l'Esprit des lois*, III, 1. これは国家形態に関するアーレントの考察にとって手がかりとなる引用である。アーレントは「国家形態の構造」と「国家に合致した行為の原理」とを区別するモンテスキューに従っている。この区別とモンテスキューの君主制、貴族制、共和制、専制政治についての認識を活用して、アーレントは「イデオロギーとテロル」で、国家形態としての全体主義支配を規定しようとしている（*Elemente und Ursprünge totaler Herrschaft*, S. 724 ff. 参照）。このメモに続く以下の抜粋についてのアーレントの注釈も参照されたい。

（7） Jean le Rond d'Alembert, »Analyse de l'esprit des lois,« in : Montesquieu, *De l'Esprit des lois*, précédé de l'analyse de cet ouvrage par d'Alembert, Paris : P. Pourrat Frères, Bd.1 (1845), S. 1-22, S. 4. アーレントの「共和制において決定的な意味をもつに至ったこういう人間生活の基礎は、人間はすべて平等であるという経験である。その平等に対応しているのが共和制の法律であり、美徳である平等への愛から共和制にかなった行為が生まれる」(*Elemente und Ursprünge totaler Herrschaft*, S. 724) という言葉を参照されたい。

(8) 「愛は一種の渇望である」という言葉でアーレントが引き合いに出しているのはアウグスティヌスである。彼女の学位請求論文である *Der Liebesbegriff bei Augustin : Versuch einer philosophischen Interpretation*, Berlin : Springer (Philosophische Forschungen, 9), 1929, S. 7. を参照されたい。

(9) Montesquieu, *De l'Esprit des lois*, IV, 3. 全文は次の通り。「絶対服従は服従する側の無知を前提としているが、命令する側でも無知が前提となる。というのは、**彼は検討したり疑ったり、理性を働かしたりする必要はない。望みさえすればいい**からである」。——太字の部分がアーレントの引用した部分。

(10) Montesquieu, *De l'Esprit des lois*, IV, 8. モンテスキューはこう続けている。「いくつかの民主制の没落期に初めて職人が市民権を得た。それをアリストテレスは伝えるとともに(『政治学』第三巻第四章)、立派な共和制は職人に市民権を与えることはないだろうと主張している」。後の部分についてはノート12 [29] 参照。——後にアーレントはこれにさらに「アリストテレス『経済学』第四巻第二章」を参照するよう、指示を書き加えている。

(11) Montesquieu, *De l'Esprit des lois*, IV, 8.

(12) Montesquieu, *De l'Esprit des lois*, V, 9.

(13) Montesquieu, *De l'Esprit des lois*, V, 10.

(14) Montesquieu, *De l'Esprit des lois*, V, 13.

(15) Montesquieu, *De l'Esprit des lois*, V, 14.

(16) Montesquieu, *De l'Esprit des lois*, V, 14.

(17) Montesquieu, *De l'Esprit des lois*, V, 16.

(18) モンテスキューがこの「偉大な人物」というマキアヴェリについての驚くべき主張を行っているのは、次のような連関においてである。「マキアヴェリはフィレンツェの自由の喪失の原因を、人民に対して行われた大逆罪をローマのように、人民全体で裁かなかったことに求めている。その目的のために八名の裁判官が任命されていたが、マキアヴェリによると、**少なければ少ないために腐敗するものだ**。私はこの偉大な人物の原則を……採用したい……」。Montesquieu, *De l'Esprit des lois*, VI, 5 を見よ。強調はモンテスキューによる。

(19) Montesquieu, *De l'Esprit des lois*, VII, 4.

(20) 専制国家における女性に関して、モンテスキューは「取るに足りない者が傑出した人々を引きつける技」と書いている (Montesquieu, *De l'Esprit des lois*, VII, 9)。

(21) Montesquieu, *De l'Esprit des lois*, VIII, 1.

(22) Montesquieu, *De l'Esprit des lois*, VIII, 3.

(23) D'Alembert, »Analyse de l'esprit des lois«, a. a. O. (Anm. 7), S. 2.

(24) Montesquieu, *De l'Esprit des lois*, VIII, 5.

(25) D'Alembert, »Analyse de l'esprit des lois«, a. a. O., S. 5.

(26) Montesquieu, *De l'Esprit des lois*, VIII, 8.
[ノートの一四頁から始まっているこの抜粋の上に、アーレントは速記文字で二行書いているが、判読できない——編者]。

(27) この箇所には速記文字で書かれた一行半が続いているが、判読できなかった。

(28) Montesquieu, *De l'Esprit des lois*, VIII, 10. [原文では「絶えず」に鉛筆で下線がつけられている——編者]

(29) D'Alembert, »Analyse de l'esprit des lois«, a. a. O., S. 6.

(30) Montesquieu, *De l'Esprit des lois*, VIII, 20.

(31) Montesquieu, *De l'Esprit des lois*, VIII, 21. [原文では欄外にインクで線が引かれている——編者]

(32) Montesquieu, *De l'Esprit des lois*, Préface.

(33) Montesquieu, *De l'Esprit des lois*, X, 3. [傍線はアーレントが後に鉛筆で引いたもの——編者]

(34) Montesquieu, *De l'Esprit des lois*, X, 16.

(35) Montesquieu, *De l'Esprit des lois*, XI, 5.

(36) Montesquieu, *De l'Esprit des lois*, XI, 6.
(37) Montesquieu, *De l'Esprit des lois*, XII, 2.
(38) Montesquieu, *De l'Esprit des lois*, XII, 4.
(39) Montesquieu, *De l'Esprit des lois*, XII, 19.
(40) Montesquieu, *De l'Esprit des lois*, XII, 30. モンテスキューはここで六世紀のビザンチンの歴史家であるプロコープからの引用を使っている。その引用は『ペルシアと東インドへの旅』の著者であるジャン・シャルダン（一六四三―一七一三年）から借用されている。
(41) Montesquieu, *De l'Esprit des lois*, XV, 2.
(42) Montesquieu, *De l'Esprit des lois*, XV, 2.
(43) Montesquieu, *De l'Esprit des lois*, XIX, 9.
(44) Montesquieu, *De l'Esprit des lois*, XIX, 16.
(45) Montesquieu, *De l'Esprit des lois*, XXIII, 17.
(46) Montesquieu, *De l'Esprit des lois*, XXIV, 10.
(47) Montesquieu, *De l'Esprit des lois*, XXVI, 20.

［4］

必然的認識の対象には、孤独な者に襲いかかって、経験によって制御できない不合理な企図に駆り立てる強制力がある。自由と必然を同一視したり、自由を必然から導き出したりするあらゆる企ての底には、そういう強制力が働いているのかもしれない。

われわれにおける理性の専制、つまり強制的な推論に含まれている強制力は、実を言うと、自然力や人間によって支配されたり抑圧されたりすることのすべてに先行し、そういう力を超えて残る「自己支配と服従(1)」なのである。

そういう強制力に対抗する本来の原理は始まりである。「始まりをもたらすために、人間は創られた(2)」。始まりのうちには常に自由の源泉がある。この始まりには理性の専制は及びもつかない。なぜなら、始まりは理性の論理で演繹できるものではなく、強制力を発揮するためには、理性は常にすでに始まりを前提としなければならないからである。

新しいものを望む限りで――すべての創設、すべての革命のパトスが生まれ、すべての創造のパトスが生まれるのは、こういう基本的な事情にもとづいている。

(1)「自己服従」の代わりに、アーレントは「自己支配」とも言う。ノート1［31］での彼女によるプラトン『政治家』二七五の解釈、およびノート10［9］でのプラトン『国家』五九〇dの解釈を参照されたい。ノート10［11］の「プラトンの定言命令」のメモも参照。

(2) アウグスティヌスの引用。ノート3［17］とその注(1)を見よ。

［5］

殺人や殺害されることから身を守るために、人間が常に他者の裁判官である状況に身を置いたことは恐るべきことである。法律の恐るべきところは、刑罰とか法的要求の厳格さではなくて、法律に判定や判決が含まれていることである。

［6］

理性は、政治哲学では常に機械仕掛けの神（Deus ex machina）である。ホッブズの場合は、自然状態の害悪から救い出すための機械仕掛けの神であり、モンテスキューの場合は、社会の害悪から救い出すための機械仕掛けの神である。

［7］

複数の人間を無視して**単数の**人間を重視する哲学的思考から守るものは、西洋の歴史では二つしかないが、そのいずれももはや存在しない。**その一つ**は、ギリシアのエロスの伝統である。それは、性の事実に示されているように、人間が他者を**必要とすること**にもとづいていた。**もう一つ**は、そういう思想と対立し、結局それを根絶しようとする個人の独自性と絶対性、つまり**あらゆる**人間の独自性と絶対性という観念である。これはキリスト教では、魂の救済という説で理解されていた観念である。この説の底には、——他の人々を必要とせず神の——恩寵や救済といった——助力だけを求める——人間の主権性、すべての人間の主権性がある。他者との関係が——「汝自身と同じように隣人を愛せよ」と言われるように——自分自身との関係によって規定され導かれている、世俗的に考えられた独立の主権的な個人が、ギリシア的意味での愛を終わらせ、結局、愛をこの世を超えたものにしてしまった。しかし、各個人への神の配慮によって、人間の複数性はみごとに保証された。殺してならないのは、神の配慮があってのことだ。——ギリシア人では、殺人の禁止には決して大きな役割はなかったが、エロスが人間を支配し確保し、人々が互いに必要としている限り、複数の人間が無視されることはありえなかった。

ギリシア人は、人間相互の結びつきを壊すことは、ヒュブリス——エロスの正反対であるヒュブリス——だと心得ていたが、そういう人間相互の結びつきは早くなくなり、キリスト教では神の意志を抜きにしては一羽の雀も屋根から落ちることはないとされたが、そういう神を信じる者もいなくなった。これが近代における二重の孤独、神を失い関係も接触も失って、途方もない雑踏の中にいる個人の孤独である。主権は一変して孤独と化し、孤独の中で人々はもはや決して必要とされるものではなくなってしまった。

こういう状況に至って初めて、**複数の**人間を無視して展開される、**単数の**人間に関する哲学者たちの理論が効果を発揮して、雑種の**単数の**人間という怪物の前で、**複数の**人間が余分なものになるという結果をもたらすことになったのである。

一九五二年一月

[8]

一九五二年一月

グロティウス『戦争と平和の法』第一巻第一章第一〇節への序説「**自然法**は不変のものであるため、神さえそれを変えることはできない。というのは、神の力は計り知れぬが、神の力が及ばぬものも挙げられるからである。……神は2×2を4でないものにすることができないように、本性的に悪であるものを悪でないものにすることはできない」〔原文・ラテン語〕。(C. J. Friedrich, *Inevitable Peace*, 1948, p. 120)「自然法は自然理性にしっかり根を張っているため、たとえわれわれが……神は存在しないと認めても、ある程度の妥当性を有している」。グロティウスはキケロ『国家について』から引用している〔同書一二四頁〕。「自然と調和し、あらゆる人間に適用され、永遠不変である真実の法——すなわち正しい理性——は確かに存在する」[1]。

(1) このメモは Carl Joachim Friedrich, *Inevitable Peace* ([1948], Nachdruck New York : Greenwood, 1969) の読みに従っている。フリードリヒによると、グロティウスは感動的な文章で神の権威を認めているが、アーレントが最初に Grotius, *De jure belli ac pacis*, I, 1, X から引用した文章では自分の主張の正しさを証明している。

フリードリヒはアーレントがメモしているのと同様のことを続けて述べている (S. 120)。「それでも自然法は自然理性のうちにしっかり根を張っているので、たとえわれわれが……神は存在しないと認めても、ある程度の妥当性を有するであろう」。そしてフリードリヒ (S.124) と共にアーレントは、グロティウスがキケロ『国家について』第三巻第二二章「自然と調和し、あらゆる人間に適用され、永遠不変である真実の法――すなわち正しい理性――は確かに存在する」を引用していることを突き止めている。

[9]

権力

政治が〈間の領域〉に生まれる根拠。人間が何事かを共同してやろうとするときは常に権力が発生する。これがいわば複数性の根本現象である。人間はひとりでは権力を**有して**いない、個人としては人間は権力を欠いて**いる**。無力さが孤独な者の根本経験であって、そこから――すなわち、複数性**の中の**孤独から――ルサンチマンが生まれる。個人の無力から、すなわち**単数の**人間の無力から、精神の無力さについての誤解が生まれる。精神も**単数の**人間も「無力」ではなく――力の問題はここではまだ浮上しない――、いかに強い人間も個人である限りそうである。強さは共同において初めて力に達するのである。「強者は孤独であるときこそ最も強い[1]」ということほどひどい誤りはない。――ここには、何よりもわれわれの政治哲学に独特のヒュブリスが示されている。

ホッブズはこの現象を知っていたが、彼には理解することができなかった。彼の機械論的思想では、すべての人間が本質的に等しい力の一定の**量**をもっていて、それが**力**の量であるため、本質的にあらゆる他の力の量に対立しているように考えられた。その「葛藤」の解決は、力を権力独占者——専制君主——に渡して、すべての者が無力のままに残されるということである。

実際には、個人には力はなく、孤独な者としては、単独の状態では決して力を経験することができない。孤独な者が自分の強さを確かめようとすると、常に自分の無力を思い知るだけである。

力が現れるのは、複数性の〈**間の領域**〉においてである。実を言うと、この〈間の領域〉から「主体」に移されると、力はたちまち雲散霧消して、誰も力をわがものにすることができない。複数性の〈間の領域〉に力は発生するが、複数性においてこそ、人間は自然を支配し、自分自身を絶滅するような世界を打ち建てるのである。人間という「始まり（initium）」が実現するのは、〈間の領域〉においてのみである。〈間の領域〉における力の根源とともに、始まりが生まれる。このためアルケーは、始まりを意味すると**ともに**支配を意味するが、支配という言葉には、すでに一つの誤解が紛れ込んでいる。アルケーは始まりと力が**一体**となったものなのだ。

孤独な**単独者**は複数性と自分を比べ、そこで自分の無力さを力の否定として経験するが、ニーチェによるルサンチマンの解釈は、そういう孤独な者にこそふさわしいものだ。たとえば自然を眺めて——**単独の**人間が陥る根源的な無力感が、正反対に徹底的に肯定的なものとなって、崇高の感情に似たものになるのである。

ニーチェはルサンチマンと反逆を同一視するが、そういう見方も孤独な者にしか当てはまらない。集団が反逆するとたちまち権力が発生するが、集団に活気を与える感情はルサンチマンではない。それはせいぜいで憎悪である。反逆集団における権力の現象をなくしてしまうには、集団を解体して、全体を個人に変えてしまわねばならない。集団の力を殺ぐだけでは不十分だ。力はすぐ新たに生み出されるからである。

命令―服従。力は命令者にも命令のうちにも存在しない。力は、命令が共同関係を打ち立てるとともに、力がそこで発生する〈間の領域〉が打ち立てられて初めて生まれる。

支配欲は孤独が生み出す悪徳の一つである。孤独な者には――専制君主と哲学者という――二種類しか存在しない。専制君主は〈間の領域〉に寄生する者にすぎず、その領域の多種多様な雑多な関係から独立している。専制君主の根本経験は単独者の無力であり、彼の依って立つ基礎は、単数の人間の所有物としては全く存在しないものである力を**所有している**と称することである。すべての人間を無力化するためには、自分と同じように彼らを孤立させねばならないから、専制君主は、そこで力が生まれて専制政治全体をいとも簡単に倒しかねない〈間の領域〉を、絶えず破壊することになる。間という力の領域に代わるものを支配欲に求める専制君主の寄生的な在り方は、まさに一つの**中毒状態**である。

哲学の問題は、人々のあらゆる答えに関わらないことを求めるものであるが、そのため哲学者は孤独である。人々の意見に不安を抱くから（これは正しいことだが）、哲学者は、いわゆる万人共通の理性という形でしか現れない**単数の**人間に関わるべきだと考える。意見のカオスを力づくで抑えたいから、哲学者は支配欲に燃えている。その目的のために哲学者は、それ自体としては自由である精神に、論理の強制的な性質をもたせて、あらゆる人間のうちに各人固有の専制君主を創って、考えていいことも考えてならぬことも逐一教えるということになる。強制力としての論理が**複数の**人間を押さえ込んだときに初めて、そういう人間においても**単数の**人間が考えているように見えるのだ。これが哲学者の勝利であるが――これは自由な自発的な活動である思考の終わりである。

（1） フリードリヒ・シラーの『ヴィルヘルム・テル』第一幕第三場からの引用。

［10］

カント（Cassirer Ausgabe, vol. VI）・「理論においては正しいかもしれぬが、実践には役立たないという俗説について」（357 ff.）。

357「両者を結びつける媒介項」は「**天賦の能力**」たる**判断力**である。しかし、これは非・道徳的な行為にとってのみ重要である。道徳的なものにおいては判断力は、その弁別能力が「人間の魂に特筆大書されている！」「**義務**」によって無用なものにされる（370）。それゆえ理論と実践との媒介は、個人にのみふさわしい「天賦の才能」か万人共通の「粗雑な」「天賦の才能」によってなされる。

「こうしてあらゆる人間が自分の理性のうちに、義務の理念を見いだして、その鉄のごとき声を聞いて**恐れおののく**」。これは――個人の天賦の才能である判断力とは異なる――「**人類の内的素質**」なのである。そしてここにおいてのみ理論理性と実践理性が結びつく以上、「理性がそれを手がかりに活動できる」アルキメデスの支点である[1]「自由という内的理念」もここにある（「哲学に最近現れている不遜な語り口について」pp. 491–2）。

義務概念の「空虚な観念性」（359）。義務を空虚から守るものは何よりも「可能なこと以上に義務を課せられることはない（ultra posse nemo obligatur）」ということ、すなわち当為には可能も含まれていることは理性が示しているということである（*Zum ewigen Frieden*, S. 456 参照）――ついでに言うと、これは極めて反キリスト教的な立場である、あるいは、「可能」を前提とするどころか否認するすべての宗教的立場に**反する**極度の「道徳的」な立場である。別の言い方をすれば、**与えられているもの**は、一方では意志の「可能的な」作用（「可能［posse］」）であり（359）、もう一方では、「道徳的感情（当為）」に対する「意志の感受性」である（366）。

道徳とキリスト教について。カントによると道徳は理性の普遍的立法にほかならないから（361参照）、「非理性的なもの」――「可能なこと以外のもの（ultra posse）」――は何一つ求められえない。

人類に直接関わるカントの政治的な区分。カントは理論と実践を、1．道徳＝各個人、2．政治＝国家、3．世界市民的考察＝人類において究明する（360）。*Zum ewigen Frieden*, 434参照。「すべての法的体制」は、1．「市民法」＝「公民（citoyen）」、2．「国際法」＝国家的、3．外的に相互に影響し合う関係にある人々や国家が一つの普遍的な人間国家［無論、世界国家では**ない**！――アーレント注］の公民とみなされうる限りでの世界市民法」＝人間。

「**道徳的究極目的**」＝「目的自体」。カントでは二つの別の思考回路がある。1．人類から出発すると、道徳的究極目的はすべての人間の幸福でしかありえない。自分の幸福は常に「目的自体」と葛藤を起こすから、目的としては役立たない。したがって義務は**すべての人**に対する「意志の制限」（362-3）であるとともに、「**各人**の自由と調和する条件への……自由の制限」である（373）。個人の限界は**ひとりの**他者（および他者の意欲や権力欲など）ではなくて、**すべての**他者、すなわちその総体を理性が義務の理念として提示している複数性なのである。

2．定言命令における究極目的を含むあらゆる目的の排除。「汝の格率が普遍法則となることを欲しうるように行為せよ（**目的はどのようなものでもよい**）」（*Zum ewigen Frieden*, 464）。これが道徳におけるコペルニクス的転回、すなわち目的―手段という問題の立て方全体の排除である。ここでは『純粋理性批判』でのコペルニクス的転回と同じように再び、中心に立っているのは**単数の**人間であって、人類でも**複数の**人間でも各個人でもない。究極目的はいわば道徳における「物自体」になる。――これと関係しているのが――

人間の**自足**。幸福に対する徳の優越性が、一つの注に嵌め込まれた次の文章の中に隠されている。「幸福は自然がわれわれに与えるすべてを含む(だがそれ以上を含むことはない)、しかし徳は、人間自身以外には誰も自分に与えることも奪うこともできないものである」(366)。ここにはすべての宗教からのすべての道徳の独立が決定的に宣言されている。これは政治に、しかも**労働**の概念を介して、直接に影響を与えるものである。

カントによれば、公民は「自分自身の主人」である者――つまり道徳的には有徳の者で、物質的には、「(あらゆる技術、手仕事、美術、学問も含む)財産を[有する]」者だけであって(378-9)、労働力の持ち主ではない。なぜなら、労働力は経済的に獲得されるものでなく、自然の贈り物だからである。労働力は道徳的なものに関して言えば、幸福に対応するものである。「作品(opus)を完成すれば、いかにも自分の所有物であるかのようにそれを他者に譲渡することができる。しかし労働力の提供(praestatio operae)は譲渡ではない。召使いや店員や日雇い労働者は、理髪師でも労働者(operarii)にすぎず、技術者(artifices)ではなく……したがって市民たる資格もない。……つまり自営業者は自分の所有物を他のもの(opus)と交換し、[日雇い労働者は]自分が承認した相手に向かって自分の労働力(opera)を提供する」(379 Anm.)。

人類全体の進歩を「その企図で部分から始めるにすぎない」人間自身の背後で「人間の期待に反して」

働く**自然の狡知**（395）。したがって「人間の目的は個別的に見るとまさに正反対に働くものだが……人類全体の目的に」役立てられる（397）。「自然は法が最後には主権を得ることを**望んで**やまない」（*Zum ewigen Frieden*, 453）。「こういうやり方で、自然は人間の傾向性そのもののメカニズムによって永遠の平和を保証している」（ibid. 454）。

政治的にはこのことは、「アプリオリに与えられた普遍的な意志だけが……人間の間で何が正しいかを規定する唯一のものである」（465）、すなわち、法の権威の唯一の源泉である。そしてこういうことがすべて可能になるのは、「道徳的悪が……自己自身に反し、自己破壊的であり、……善の原理に……場を譲るという、それ自身の本性と不可分な性質［を有する］」（466）と考えられる場合だけである。この文章の――普遍的であるため自己破壊的であるという――前半から、善がその破壊によって開いた隙間から自動的にいわば突然現れるという、後半が結論されるわけでないことは明らかである。悪の破壊的性質から結論できるのは――まず善の、そして悪の――破壊だけである。悪が場を譲ったら、何も残らない。善はすでにそれ以前に消え失せているからである。もちろんこういうことが正しいのは、人間の背後でいわば自然の狡知なり理性の狡知によって導かれる、因果的‐機械的な過程が想定される場合だけである。しかしそれが決定的に証明しているのは、進歩が速やかにしかも確実に没落に変わりうることだけではない。こういう前提のもとでは、没落のほうがはるかに起こりそうなことであるということだ。進歩論は、そういう偽装し無言化された悪の概念に耐えうるものではない。

「**ヨーロッパにおけるパワー・バランス**」について。「いわゆるヨーロッパにおけるパワー・バランスによる持続的な全面平和というのは、建築家によって完璧に力の均衡の法則に従って建てられたが、一羽の雀が止まったとたんに倒壊したというスウィフトの家のように単なる妄想にすぎないからである」（397）。

進歩について。「究極目的に向かっての無限の進歩という観念は、同時に害悪の無限の連鎖という予測でもある。害悪はより大きな善によって乗り越えられるとしても、満足のいくものではなく、究極目的がいつかは最後に達成されない限り、満足が得られるとは考えられない」(»Das Ende aller Dinge«, 420)。これがおそらくカントの最終的な意見であっただろう。しかし、それは実際には、無限の進歩にとって致命的なものであり、カントがメンデルスゾーンの非歴史的な「永遠不変のもの」を非難して(393, »Über den Gemeinspruch etc.«)、連続的進歩でそれに対抗できると考えた場合と同様に、無限な進歩を「茶番劇」にしてしまう。

「**神学の侍女**」**としての哲学**。「〈侍女が貴婦人たちの前に松明をかざしているのか、それとも裾をもって従っているのか〉見分けられない」(*Zum ewigen Frieden*, 456)。

「神が地上で有する最も神聖なものである、人間の法」(ibid. 438)。

神—自由—不死という三つの理念のうちで「**疑う余地のない**定言命令に、自由の理念の存在が含まれているため、他の二つは結論として自由の理念に……伴うものである」(»Verkündigung des nahen Abschlußes eines Traktates zum ewigen Frieden in der Philosophie«, 509)。

「〈あらゆる悪が世界に登場した元凶である嘘の開祖以来の〉**嘘**は人間本性の本物の腐った汚点である」(ibid. 513)。

(注)　エルンスト・カッシラー版カント全集の詳細については文献目録を見られたい。A・ボルケナウ、E・カッシラー、B・ケラーマンが編纂した第六巻には、一七九〇年から一七九六年までのカントの著作が収められている。特に断らない限り、アーレントが引用しているのは、一七九三年に *Berlinische Monatsschrift* に掲載された論文

»Über den Gemeinspruch : Das mag in der Theorie richtig sein, taugt aber nicht für die Praxis« (S. 355–398) と一七九五年に最初に出た著作 *Zum ewigen Frieden : Ein philosophischer Entwurf* (S. 425–474) からである。彼女の引用はカッシラー版の印刷と照合して、引用の誤りは断りなく修正した。——ヴァイシェーデル版カント全集ではこの二つの論文は第九巻に収録されている。

このメモと［13］のメモには、初期のアーレントによるカント読解が示されている。これを読めば、アーレント自身の政治哲学にとって、カント思想がいかに重要であったかがよく分かる。『思索日記』には、一九五七―五八年のカント読解の第二期が示されている。当時アーレントは、カントの『判断力批判』に関心を寄せていた（ノート22［21］以下を見よ）。それ以外のカント読解の成果は、ノート23［6］や、一九六四年のものと思われる「カント・ノート」〔下巻所収〕にも見られる（「編者あとがき」を見よ）。

(1) （ここではほぼ「中心問題」という意味で用いられている）「アルキメデスの支点」は、アルキメデスがそれによって地球を動かすことができると考えて求めた地球外の確固たる立場である。アーレントの »The Archimedian Point«, in : *Ingenor* (University of Michigan, College of Engineering), Nr. 6/1969, S. 4–9, 24–26 を参照されたい。ドイツ語版（ウルズラ・ルッツ訳）は H. A., *In der Gegenwart*, S. 389–402 に収められている。なおノート21［53］も参照。

［11］

長い間ずっと**孤独**だと、いずれは絶望と孤立に陥る。——その理由は簡単だ。ひとりでは抱擁できないからである。

［12］

神の力や**神の全能**についてのあらゆる話に含まれている腹立たしい冒瀆的なものは、個人の力は決して存在しないか（専制君主のように）**寄生的に**しか存在しないとされているために生まれている。無論これは、神は「無力」だという意味ではない——神自身の創造のために、神は人間の助けを必要とし、人間の助けに依存しているという神秘的な思弁があるが、それはすべて、もっぱら人間的—地上的で神聖でない力の本質に帰着させることができる。いずれにせよ、複数性によってしか考えられない現象を、われわれに想像もできない唯一の一者に結びつけることは確かに不可能だ。

［13］

カント『永遠の平和のために』（Cassirer, VI, 427 ff.）

「**自然状態**」。ホッブズの意味であって、自然の狡知などで考えられる自然概念とは全く異なる。カントはホッブズとは反対に、人間の複数性は共同体がなければ耐えられないだろうと考える。共同体は自然から生じるものではなくて、「創設され」なければならない（433）。決定的なものは四三四頁の注にある次の文章である。「人間（あるいは民族）は……私と**共に**いるときには、実際の行為（facto）によってではなくても、彼の状態が無法状態（statu iniusto）であることによって、すでにまさにその状態にあることによって私を傷つけている、……そこで、私は私と共に共同の法的状態に入るか、それとも私の近くから遠のくように強制することができる。」つまり自然状態とは、人間が「近くにいることによってすでに傷つけられる」「排除すべき状態」なのである（439）。

これに関連しているのが、カントが「地表に［人間は］無限に散在することはできず、そこには限界があるから、**我慢して共同で**生きなければならない、という地表の共同所有」から導き出している「**訪問権**」[1]である。訪問権は人間の相互契約のない共同の在り方を主張する。それは共同して住む土地の上に原理的に有限な空間からだけ導き出されている。これはカントの特徴をよく示しているが、カントでは唯一「**大地にもとづく**」(444)権利であり、——大地とは地球全体のことである！「大地のある場所での法律違反はどこにおいても確認される」(446)というのも、これに関連している。[2]

「**自然状態**」は歴史的に確認できる(？)**人々**の状態なのであって、——**人間そのもの**の状態でも**人類**の状態でもない。したがって、それはカント哲学においてはほとんど役割を果たしていない。「人類に必然的に属して譲渡できない生得の権利」(435)と言われる**生得の権利**を有しうるのも、(自然状態にある)**人々**ではなく**人類**だけである、——一見カントは彼の生得の人権論を変更した意味について釈明していないように見える。

国家形態(437)。カントは(独裁制、貴族制、民主制などの)「支配形態」を——君主、貴族、人民の「いずれが権力を有するか」という基準で区別する。「統治形態」については、共和制と専制体制を区別する。共和制とは権力の分割であり、専制体制とは公的な意志が個人意志となることである。いずれの統治形態も、本来は、あらゆる支配形態にありうるものである。決定的なことは、いずれが権力(行政権)を有するかではなくて、いかに権力が法律に即しているかである(立法と行政との区別)。こういう権力の分割においてのみ、権力と正義との関係が存在するのである。**権力**が**正義**であるというあらゆる主張は、法律が権力を**有する**者によって作られることにもとづいている。法律を作る者が権力を**有していない**場合には、その議論全体が実践的・政治的に根拠を失う。

(注) Kant, *Zum ewigen Frieden* からの引用は、アーレントが引用した版(カッシラー版。これについては［10］を参照)と照合して、小さな修正を加えている。

(1) アーレントがここで「訪問権」について書き留めている考えは、数年後に彼女に特別の影響を与えることになったものである。『エルサレムのアイヒマン』というルポルタージュを書いて、裁判官が言うべきだと考えていた言葉を彼女が述べたとき、その背後にはカントの顔が見えていた。アイヒマンに対する彼女の断罪の言葉は、次のようなものであった（S. 329）。「したがって君（被告アイヒマン〔編者〕）は、ユダヤ民族その他の民族集団と大地を共にしないという意志を表す政治を促進し、それに協力するほかはなかった。それは君ならびに君の上司には誰が大地に住み、誰が住んではならないかを決定する権利があるかのようであった。人類の一員である者にして、そういうことを望み、それを実行する者たちと共に大地に住もうと思うことはありえない。これが君が死刑に処せられねばならない理由であり、唯一の理由なのだ。」

(2) この最後の文章は後で付け加えられたもの。

ノート8

一九五二年一月―一九五二年四月

一九五二年一月

[1]

カント（つづき）[1]

地球表面の法、地上の法を人類法と永遠の平和の保証にするという当然と思われることをやる代わりに、カントは、（大地と対立させて）「補足的に考えられ」うるが（448）、「われわれに認識可能な摂理の表現」（448-9）にすぎない「偉大な芸術家としての自然」（466 f.）を援用する。こういう絶望の理由は「理性にもとづく実践に無力な普遍的意志」にある（452）。唯一の慰めは、「望もうが望むまいが」（452 f.）もう一度自由が必然によって保証される補足的に考えられる摂理が働くことである（?）。

ヤスパースがカントと本質的に異なるのは、彼がまさにそういうことをもう信じていないところだ。

（1）ノート7［10］以下におけるカント読解の続き、アーレントによる頁づけは、カッシラー版（参考文献参照）第六巻のカントの論文『永遠の平和のために』にもとづいている。

[2]

哲学者の間では——何も変わらなかったかのように。「哲学に最近見られる不遜な語り口について」（p. 483）[1]。二種類の哲学者がいる、まず一つは、「直接に問題そのものへ（原文のまま!）導く感情にもとづく哲学を〈支配者の語り口で〉述べて」、「自分の所有物の表題を証明する苦労から解放されている」哲学者

15 f

VIII Januar 1952

Kant (cont.):

Anstatt, wie doch so nahe lag, das Recht der Oberfläche, das Gesetz der Erde, zum Garanten des Menschheitsrechts und des ewigen Friedens zu machen, bemüht Kant "die grosse Künstlerin Natur" (446 f.), die wir uns jedoch (Einschränkung zu Urteil) nur "hinzudenken" können (448) und die nicht mehr ist als "der Ausdruck einer für uns erkennbaren Vorsehung." (448–9) Der Grund für diese Verzweiflung liegt ja in dem "zur Praxis ohnmächtigen, allgemeinen, in der Vernunft gegründeten Willen." (452) Unser einziger Trost ist, dass die ~~jedoch~~ "hinzugedachte Vorsehung" handelt (?) "wir mögen wollen oder nicht" (452.), womit dann wieder einmal die Freiheit durch die Notwendigkeit garantiert worden ist.

Jaspers' wesentliche Differenz von Kant besteht nur darin, dass er daran nicht mehr glaubt.

=

93.37.7

であり、もう一つは「何より先に自分を正当化して、自分の主張の真実を吹聴せずにおれない」哲学者である。その正当化がうまくゆくと、当然、彼らはそれを**必然的**認識とみなすのである。一方は不遜な振る舞いをし、もう一方は強制しようとする。無論、それがすべて自由の名においてなされるのだ。

(1) Immanuel Kant, »Von einem neuerdings erhobenen vornehmen Ton in der Philosophie« (1796). ここでは Kant, *Werke* (Cassirer), Bd. 6, S. 477–496 から引用されている。

[3]

自由について。自由と必然との対立は、哲学的遺産に見られる最も愚かな策略の一つである。自由と対立するものは**運命**だが、運命はわれわれが自由において開始したものの継続にほかならない。——必然と本当に対立するものは偶然である。

この策略の根拠が完全に明らかになるのは、シェリングの『**人間的自由の本質**』である。「生き生きとした自由の感覚」は、「空の太陽が空の光をすべて打ち消してしまう」ように、「無限の力」としてあらゆる「有限の力」を打ち消す「神の全能」と対立する。「一者における絶対的因果性は他のすべてに無条件の受動性しか残さない」。自由は**力**と同一視され、力は因果性と同一視されている (Abt. I. 7. Bd. 339)[1]。

運命はわれわれが自由（＝始まり）の結末を経験する仕方にすぎない。人間そのものの本質を決定しているものは「創造と同時的な永遠の行為」である (387)。**シェリング**は次のような根拠にもとづいて、「**始まり**」を永遠のうちに、創造の始まりに移している。彼は始まりを心理学的‐伝記的に確定することに対して（正しいことだが）不安を抱いている。そういう確定は個人には明らかであっても、決して証明できないからである。さらに、世界が人間とともに新たに生まれるかのように、それぞれの人間が「始まり」であることも彼は心得ている。ただ彼はこのことを残念ながら比喩的に言い表し、この「永遠的な始まり」を想像される創造の始まりに移してしまっている。結局、彼に分かっているのは、人間が始まりである限り、人間の「永遠性」なのである。その永遠性はこうも言えるだろう。すなわち、人間が生きていることは、永遠に取り返しのつかないことだが——そのために人間は永遠に予定ずみであるということには決してならない。こうも言えるかもしれない。人間にこの世で与えられている時間が人間の**永遠**である。いわば捨てがたいこの永遠を、人間は生きている限り世界に分け与え、歴史の**存続**に寄与するのだ。こういうことを考えると、歴史は人類の永遠であり——永遠にあずかるすべての人間が大地に残してゆくものだということになるかもしれない。

(1) F. W. J. Schelling, *Philosophische Untersuchungen über das Wesen der menschlichen Freiheit und die damit zusammenhängenden Gegenstände* (1809), in : *Sämtliche Werke*, hrsg. von K. F. A. Schelling, Stuttgart : Cotta, Abt. 1, Bd. 7 (1860). この版の再版がレクラムから、ホルスト・フールマンスの序文と注をつけて一九九五年にシュトゥットガルトで出版された。

［4］

シェリング『人間的自由の本質についての哲学的研究』(1)

「神は死せる者の神ではなく、生ける者の神である……神から事物が帰結することは神の自己啓示である。しかし神が自己を啓示しうるのは、神に似たもの、つまり自分自身によって自由に行為する存在においてのみであり、そういう者の存在には神以外に根拠はないが、彼らは神が存在するのと同じように存在する」(346-7)。

この「主張」全体が確固たるものであるために重要なのは、神は啓示において初めて**自己自身**を顕わにするということである。自己の開示であるとともに自己自身にとっての「自己開示」でもあるというこの同一視がなければ、人間との結びつきは存在しない。

「最終かつ最高の審級は、意欲以外に存在しない。意欲は根源的存在である。……哲学全体は、それについての最高の表現を求めて努力するだけである」(350)。生ける**存在**としての生命を常に根本問題としているシェリングにとっては、事物は意欲されたもの(いわば凍った意志)であり、生命は意志なのである。(われ思う、ゆえにわれあり。**われ欲す、ゆえにわれ生きる**。思考において明らかになるのは、死せる存在であり――スピノザに対する彼の非難もそこから生まれるが――、事物にすぎないのであって、自分自身が一つの事物になってしまうのだ。意欲においては、自分が生きて**いる**ことが明らかである)。

自分が意欲していることを経験しているという意志の根源は自由であり、「善悪の能力」である(352)。「自由を体験した者しか、すべてを自由に即したものにし、自由を宇宙に広めようという欲求を感じることはできない」(351)。

「一切の源である**円環**にあっては、一者を生み出したもの自体が再び一者によって生み出されるというのは矛盾ではない」(358)。

悟性は「本来は意志のうちにある意志」である(359)。したがって「事物において」「悟性とすることのできぬもの」すなわち意欲されたものとして捉えることのできぬものは、「実在の不可解な基底であり、決して整序できぬ剰余」であり、「永遠に根底に残るもの」である(360)。

「根底から生じる暗いものである限り、その根源は被造物の我意であり、……それは盲目の意志である。悟性は普遍意志として（それに）対立するのであって、悟性は我意を使用し、単なる道具として自分に従属させる」(363)。従属させられない盲目の意志、すなわち、悪しき意志として純粋に我意にとどまる盲目の意志、「我意の高揚が悪（なのである）」(365)。

欠如としての悪に対する反論。「キリスト教的な見方によると、悪魔は最も制限された被造物ではなくて、むしろ最も制限されていない被造物であった」(368)。

重要な先入観。「積極的なものは常に全体または統一である。積極的なものの正反対は全体の解体、諸力の不調和ないし失調である」(370)。

「天に対して当然のように地獄を対置するのでなく、地を対置する」(371) 悪と感覚的・地上的なものとの同一視への反論。

存在としての生ける意志というこの発想の実に奇妙なところは、死が全く捉えられないことである。そういう条件のもとでは、事実「生命の本質をなす諸力の絆は……解けないものであるが——自分のうちで欠陥が生じたところを自分の力で修復する被造物は［悪が病気と同一視されていたのだ］、永久に運動するもの（Perpetuum mobile）であるように定められている」(377)。そうであれば、間違いなく意志（力＝エネルギー）の哲学全体が用済みになるにちがいない。

悟性は我意に対立する普遍意志であった。「神の意志はすべてを普遍化する……しかし根底の意志はすべてを特殊化する……」。「自然の光（lumen naturale）」としての悟性は本来は神的なものであり、神的な意志である。したがって話は正・不正という意味での善悪についてではないのである。正・不正はシェリングでは決して登場しない。したがって、それだからこそ、彼は批判の中で、善悪のもとにただ正・不正だけを考えていたカントについて不当な扱い方をしている。

永久に運動するものについて。「我性の死滅」としての死は、人間の意志が「浄化されるために」通り抜けねばならない「火」である（381）。それゆえ我性をなくせば！、人間の意志は永遠に生きるのだ。ここには、――かつて存在したが呼び戻せない存在である個人――つまり永遠に呼び戻せない者で**ある**ものを排除する永遠の概念の恐るべき帰結が、実にはっきりと示されている。

偶然。「偶然は不可能であり、理性に反するとともに全体の必然的統一に反する」。反論「行為者そのものの本質から生ずる必然性である……高度の必然性」（383）。

「時間の中にある生命を規定する行為そのものは、時間ではなく永遠のものである。行為は時間的ではなく、時間を貫いて（時間にとらわれることなく）本性的に永遠の行為として生命に先立つ［**大げさな！**］」。その行為によって人間の生命は創造の始まりにまで達する。したがってまた人間は行為によって、創造されたものの外部に出て、自由であり自分自身が永遠の**始まり**なのである」（385-6）。これではもう**アウグスティヌス**だ。

しかしシェリングはここから、あの行為によって「彼［人間］の具現の仕方や性質さえ規定する」「生命以前の生命」があると考えている（387）。

人間による助力または神による助力。「人間はいつも助力を必要とする」（389）。

「確実性から何かを差し引いた……真に受けるという意味ではなくて……根源的な意味で選択の余地のない神への信頼、確実な期待としての**信仰**」（394）。

「諸力の生ける統一としての」神（394）。

「創造は出来事ではなくて行為なのである」(396)。

「というのは、自分だけでは存在しえないものが、神とは独立した根底である暗黒から現存在へ高められることによって、自分だけで存在することが[(2)]、創造の究極目的だからである」(404)。「したがって啓示の目的は、善から悪を根絶すること、全くの非実在として悪を説明することである」(405)。

「愛の秘儀は、それぞれ独立に存在しうるが存在せず、他者なしには存在しえないものを結びつけることである」(408)。参照「自然哲学についてのアフォリズム」一六三[番]「それぞれが全体ではなく全体の部分にすぎなければ、愛はないだろう。それぞれが全体であり、しかも他者なしには存在せず、存在しえないからこそ愛は存在する」[(3)]。

「しかし悪は存在ではなく、対立においてのみ実在でありそれ自体では実在ではない非本質的な存在である」(409)。

「人間は自然の救済者である」[(A)]。それは人間が存在者全体を望まれたものに変えてしまうからである。

——それは、人間が理解できる**有意味なもの**に変えることにほかならないのではなかろうか。

(A) 後にアーレントはこの箇所に星印をつけて次のように付け加えている。[(4)]「望まれたものとしての存在という概念をここで取り除けば、たちまち〈人間は存在の牧人である〉(ハイデガー)に近づく」。

(1) F. W. J. Schelling, *Philosophische Untersuchungen über das Wesen der menschlichen Freiheit und die damit zusammenhängenden Gegenstande* (1809), in: ders., *Sämtliche Werke* ([3] 注(1) 参照)。引用文中の[ ]内の付記はアーレントによるものである。

(2) この文章をアーレントは線で囲って、矢印で次の段落の「愛の秘儀は、……」に関連づけている。

（3）　F. W. J. Schelling, »Aphorismen über die Naturphilosophie«, in: ders., *Sämtliche Werke*, Abt. 1, Bd. 7, Nr. 163, S. 174.

（4）　Martin Heidegger, *Brief über den Humanismus* (1946), in: ders., *Wegmarken*, Frankfurt am Main: Klostermann, ³1996, S. 313–365, S. 342.

［5］

人間が**相互に**加える**正**も**不正**も、〈間の領域〉にその基準があり、――協定、契約、同意（agreement）のような――人々の間で決定されたもの、人々が互いに保証するもの、人々の間に存在し人々によって作り出された領域である〈間の領域〉の外部には存在しないものに従う。〈間の領域〉は本来歴史的・政治的なものである――政治的動物（ゾーン・ポリティコン）とか「歴史的」であるのは**単数の**人間ではなく、自分たちの**〈間の領域〉**で行動する限りの**複数の**人間なのであり、そういうものとして〈間の領域〉には「相対的」な尺度しか認められない。正・不正は「時間的に制約されている」とか場所による（モンテスキュー）というより、独自の形態で〈間の領域〉を創設する根源的な協定や保障に徹底的に依存しつづけるものである。決定されることはすべて人々の**間で**決定され、それが妥当性を有するのは〈間の領域〉に妥当する限りにおいてである。この〈間の領域〉から独立に正・不正が存在することはない。〈間の領域〉が弱体化する（schwinden）やいなや、それと一緒に尺度も文字通り消滅する（verschwinden）。その衰退を超えて、いわば空虚な空間に生き延びることのできる良心など存在しない。

これと全くちがうのが**善悪**である。**カント**の定言命令は、正・不正の尺度を次のような実に形式的な妥当な形にしたものである。行為の格率がまさに人々の間で妥当する法にかない、その格率から、常に（すべての法律的なことを取り去った善ではなく）**法**を具体化する具体的法則が導き出されうるように行為せよ。この「なすべし」はここでは、カントが繰り返して力説するように、「なしうる」に対応している。当為が可能の尺度でもあるのであって、その逆ではない。なぜなら、可能は当為がなければ全く盲目で方向を見定めることができないからである。違反とか「別のことを望む」というのも、常にすでに「なすべし」に従っているのであって、そうでなければ〈間の領域〉ではなく、たとえば月でしか起こらないだろう。「なすべし」という命令はすべて地球上の命令であり、人々がそのつど地球上でその中でそれによって行ってきた〈間の領域〉に関わっている。いわゆる存在と当為という問題はみせかけの問題である。しかし「内面的な」**良心**の声というのも仮象である。良心においては、自分が〈間の領域〉に所属し、その声はせいぜいで理念にしか存在しない「人類」の声であるか、悪くすれば——そして実は常にそうなのだが——、どうにか通用しているすべての慣習や法律や協定の総体であることが明らかになっている。（ハイデガーが『存在と時間』で、「良心の声はまさに〈ひと〉であり、しかも〈ひと〉による支配の絶頂である」と言っているのは誤りだ）。それゆえ「良心」がナチスその他によって実に巧妙に活用されえたのである。良心は常に**〈間の領域〉**としての現実に適応し、現実に従うからである。良心にもはや従わない者は、政治や〈間の領域〉から排除されるだけだ。反逆し、合法的な不正に立ち向かう者の良心は、別の現実に結びつき、別の〈間の領域〉に結びついて、それを実現しようと望んでいる。しかしそれは決して、ひとりの男が単独に他のすべての人々の不正に対抗するということではない——そういう考えはまさに精神病院の発想であって——、ひとりの男は、その人々の間で現代の試みとしてか過去を拠り所にした憧れとして、〈間の領域〉をすでに再び創るか創ったことのある同時代の人々や、過去の同志など他の人々と結びついている。そしてその〈間の領域〉がすでに正・不正の尺度を与えているのである。

カントが「根元悪」に言及したとき、(1) 彼は自分の「哲学者の面目を失う」ことはなかったが、根元悪によって道徳論や道徳の範囲に属さず、実践理性から生まれるものでもないものに突き当たっていることが分からなかった。彼にそれが分からなかったのは、「道徳法則」は決して「われわれの内部に」あるのではなく、内部にあるのは善と悪についての「感情」（？）であることを知らなかったからである。彼はなぜ「根元善」については決して語らないのか。

根元善について語れば、「根元悪」だけが道徳法則に反する——常にそうだろうか？——のではなくて、「根元善」もそうであることが間違いなく分かっただろうというのがその理由である。たとえば「敵を愛せよ」。（もっとも、この「愛」は友愛を壊すから、これは根元善の本当の例ではなく、むしろ前提として「愛は愛を必要とし**ない**」［マルティン］[2]ということから出発する「愛の欠如」の例である［ハインリヒ］[3]のテーゼは、イエスの愛の欠如をイエスには欲望が欠如し、それゆえ心が冷たいことから展開される］。それにもかかわらず、この「敵を愛せよ」という言葉はそう言われている以上、あらゆる法則を凌駕する**根元的な**善を語る言葉とみなすことができる。ここではただちに不正が行われることは明らかである——敵を愛する者はもはや味方を守らない。もっと悪いことに、意見交換や同意（agreement）にもとづいて築かれている〈間の領域〉全体がいわば引き裂かれるのだ。敵が犯した不正は追及されないため、正されようがない。〈間の領域〉の根本体制が破壊されるのだ。ディケー（正義）が報復を求めるのは復讐心からではなく、力の均衡を回復するためである。根元善は〈間の領域〉と矛盾し、不正と戦わず、正義を全く気にしない。

「根元善」は**カント**の場合、善き意志である。定言命令は本来、「一般意志（volonté générale）」にほかならない。すなわち、（ルソーの場合は）あらゆる人間の声、あるいは（カントの場合は）個人の中の人類の声としての実践理性は、何を欲すべきかを指定する。カントの当為は聴取的 - 理性的な意志を前提としている。「善き意志」としては意志は、ルソーの「一般意志」であり、定言命令の格率を実行するものである。

（1）Immanuel Kant, *Die Religion innerhalb der Grenzen der bloßen Vernunft* (1793), Erstes Stück. : »Von der Einwohnung des bösen Prinzips neben dem guten ; d. i. vom radikalen Bosen in der menschlichen Natur«, in : Kant, *Werke* (*Weischedel*), Bd. 7, S. 665 ff.

（2）ハイデガーはアーレントに「愛は愛を必要とする。このことはあらゆる必要や支え以上に根本的なことです」と書き送っている（*Arendt-Heidegger-Briefe*, S.910）。

（3）ハインリヒ・ブリュッヒャー。

一九五二年二月

[6]

一九五二年二月

労働について。マックス・ウェーバー（経済史）のギリシアの奴隷に関する報告によると、奴隷は経済行動においては自由で、主人たちは奴隷に年金だけは払わねばならなかった。(1)

ここには、奴隷制がギリシアでは何であり、古代には重要なものであったことが示されている。すなわち、奴隷だけが労働者であり、労働者といえば必ず奴隷であった。職人＝製作者は自由だった――もっとも、手仕事をする奴隷は存在したが、労働する自由人はいなかった。（奴隷によって行われ自由人のすべてに利益をもたらす鉱業での国有制も重要である。利益は配分された。国家は自由人が不可欠（アナンカイア）なものを入手できるように配慮せねばならなかった）。奴隷労働者が農夫以外のすべての人々のために不可欠（アナンカイア）なものを生産する。農夫は本来、ポリスの住人（ポリータイ）、つまり市民ではない。自分に不可欠（アナンカイア）なものを調達するために労働する者は自由ではない。他の人々のために不可欠（アナンカイア）なものを調達するために労働する者は奴隷である。つまり自由は不可欠（アナンカイア）なものからの解放であり、奴隷制によってのみ可能なのである。手仕事から芸術作品に至るあらゆる種類の製作は、必然性（アナンケー）につきまとわれないから解放されたものでありうる。

アリストテレスは――『政治学』（一二五三b）第一巻第四章――奴隷制についての説明を「不可欠（アナンカイア）なものがなければ、生きることも、よく生きることも不可能である」(2)という言葉で始めている。この文章に対応しているのが、第一巻第五章（一二五四a）「支配も服従も［生きるために（アーレント）］不可欠（アナンカイア）なものの一つであるだけでなく、［善く生きるために（アーレント）］貢献するものの一つでもある」(3)という文章だ。このため、奴隷制は自然によるもの（パラ・ピュシン）（同所）ではなく、自然に反するものだということになる。アリストテレスは、（奴隷は自由人と同じように善良なのではないか、というような）奴隷に対する正義とか奴隷の本性という観点ではなく、人間生活がポリスで営まれ、自由の可能性がある限りでの人間生活の状態という観点から問題を考えている。それを合法的だと認めるかどうかはともかく、労働は奴隷状態**なのである**。なぜなら、労働はどこまでも不可欠（アナンカイア）なものにつきまとわれ、始める（アルケイン）可能性――自由に処理し新たに始める可能性――がないからである。人間が不可欠（アナンカイア）なものに支配され（それに服従して（アルケスタイ））いるように、不可欠（アナンカイア）なものに屈服せざるをえない人々をアルケイン（支配する）ことによって初めて、人間は自由となることができる。

こういう労働観はカントでも確認することができる。『共産党宣言』における「あらゆる教養と文化の唯一の創造者[4]」としての労働についてのマルクスの言葉は、近代の決定的変化にようやく対応したものである。

（1） Max Weber, *Wirtschaftgeschichte*, hrsg. von S. Hellmann und M. Palyi, München-Leipzig : Duncker & Humblot, 1923.

（2） アリストテレス『政治学』一二五三b二四―二五。

（3） アリストテレス『政治学』一二五四a一二―一三。

（4） この言葉は *Manifest der Kommunistischen Partei*（*Marx-Engels-Werke*, Bd. 4, S. 459-493）には見つからなかった。

［7］

モンテスキューの二大発見

1．彼が統治形態の本質に、つまり統治形態を現にあるものにしているものに満足しないで、その「**原理**」を導入して統治形態を歴史的に行動する団体に高めたこと。気候風土に関する所見などではなく、このことにこそモンテスキューの歴史感覚が示されている。

2．権力の分割論。重要なことは、**権力**は制御可能であるだけでなく――これはローマ人は実によく知っていたことだ――、権力の喪失や変質を起こさずに分割可能でもあることを認識したことである。すなわち、**主権**が権力の最初の規定ではないのである。**権力は意志の現象ではなく、**意志によって生み出されるものでも何よりも意志の対象であるわけでもない。

権力の分割において権力は、権力が分割された統治の三部門である行政、立法、司法が協力して働くことによって実現する。権力は再び根源的には、三部門が「協力して[1]（in concert）」働くことによって発生するのである。そのことによって、権力の本来破壊的である主観性が取り除かれ、主観性は非合法的な独占にもとづいていることが認識される。しかしこの独占は、ホッブズが考えたように、他のあらゆる意志を無力化する一者の意志による独占ではなくて、人間の**間に**のみ存在するが、秩序正しく（in order）存在するわけではない「客観的」なものを主観化して専有することである。

カントは所詮、権力分割と同一視した共和制と、権力が分割されずに個人ないし一つの集団が——つまり、同一の人間または同一の制度が立法、行政、司法の——あらゆる権力形態を掌握した専制政治という、二つの統治形態しか知らなかったとすれば、彼は結局、モンテスキューの発想の帰結を引き出したにすぎない。（哲学者の場合、政治思想は彼ら自身の哲学のレベルに達することはほとんどない。これだけでも、本来ならカントは自分の意志概念と、人格の主権性という考え方を修正する気にならなければならなかったはずだ。カントやプラトンの場合のように、真剣に受け止められたときでも、政治的経験は決して哲学的発言の根拠にはならなかった。ホッブズの場合だけは別で、彼だけが最大の政治的哲学者であり続けている）。

（1） *Thoughts on the Cause of the Present Discontents*（1770）のエドマンド・バークの言葉。ノート4［1］注（3）を見よ。

［8］

権力概念を論ずる場合の混乱の原因は、単に近代哲学の主観化とか、——ハイデガーだけが決定的に重要なものを見ていた——意志への意志としての力への意志にあるのではなくて、権力と権威との同一視にあるのだ。権力とは異なり、権威は確かにいつも人格と結びついている。そのため権威は主観的であるわけではない。なぜなら、権威には、すべての人々によって信じられる客観的に妥当する内容が含まれているからである。本来は宗教的な権威しか存在しないのであって、その他のすべてはインチキである。すなわち、神には権威があり、ひとりの人間を通して語る。しかしそのことは本質的なことではない。というのも、権力は権威なき力として定義されうるからである。すなわち、権威が存在する限り、問題は全く起こらない。権力の**問題**は、権威が存在しなくなって初めて生まれるのである。

権力が主観化されたのは、権威の代用として誤用されたり、権威を装って権力を隠蔽しようとしたからである。しかしそういう権力には決して客観的に妥当する内容がないから、それが――つまり、断じて権威でなかったものが――、近代的主観性のように、主権的なものとか無際限のもの、すなわち、「客観的」なものによって制限されぬものとなったのである。これは当然、恣意に到りつくことになった。それ以外どうなったろう。たとえば――強者は弱者より強いということを法則と言わない限り――権力そのものに内在する権力の法則は存在しない。主権的だとか権威と吹聴するような権力は、実を言うと、常に不正を行うのに適したものである。権力が「道徳的に」不評であるのはこのためである。だがこれは全く不当なことだ。人間が協力して行動する場合にはいつでも権力は発生するのであって、そうでなければ行為は全く存在しない。

[9]

不可欠なもの（アナンカイア）が――財産によってか他者の労働を要求してか――しっかり確保されている者だけを自由であり市民権の資格ありとする社会と、事実上ほとんど至る所にあり、法的にはソビエト・ロシアのような、労働によって不可欠（アナンカイア）なものに結びついていない者には、決して生きる権利を認めない社会との間の相違以上に、大きな決定的な相違がありうるだろうか。しかしこれは二〇世紀の世界とそれ以前のあらゆる時代の世界との間の著しい相違なのである。古代には奴隷にも生きる権利だけは保証するためには、かなりの道徳的-ヒューマニスティックな反省が必要であった。奴隷たちの生きる権利は、とにかくまだ奴隷所有者の明らかに経済的な利益によって最もよく保証されると思われていたからである。彼らの富を守る力を失ったときには、彼らの生命を維持することに誰も関心のない富める者はどうなるのだろうか。芸術家や哲学者その他の「寄食者」を守る唯一のやり方は、彼らも「必要」であるということを証明することであり、不可欠（アナンカイア）なものという概念を拡張することである。

これが古代や西洋の自由概念と本来の近代世界の自由概念との決定的な違いである。古代や西洋では、生命が不可欠（アナンカイア）なものに直接結びついている者は自由ではないと言われていた。われわれは、他者を抑圧したり搾取したりする者、すなわち、身体的生命にとって不可欠（アナンカイア）なものも含む**すべて**を自分だけの力で得ていない者は自由ではないと言うのである。

[10]

力について。「善」を洞察する無力な理性と、「悪」を欲する強力な意志。そこから、無力と善との同一視と、力と悪との同一視が繰り返し生まれる。

これについてのカントの解決。理性が意志に対して意志が欲すべき**もの**を命令することによって、理性を意志と結びつけること。——しかし理性は意志に欲せよと命令することはできない。カントの結論は、意志の無力化であり、力の中心の破壊である。そのため彼には「自然の狡知」が必要である。それによって事実上、理性だけに力が約束されるが、意志の力は手つかずのまま残されている。つまり自然の狡知の目的は完全に二重になっている。すなわち、何事かが起こり働きかけられ**うる**ためには、意志を意志として、つまり力の中心として存続させることが、行為に理性的性格を与えることと同じように重要である。

それに対するヘーゲルの解決。理性が実現されるやいなや、理性はおのずから力になる。力は現実にほかならないのである。実現された理性は理性的な意志である。そして、絶対者は歴史において自己を実現するから、理性はひそかに反省においてではなく、本来、理性の捉える現実において力を発揮するのである。――ここでは悪のスティグマは実際に力を失うが、それは悪が個々の行為者ないし意欲する者の領域から引き離されているからにすぎない。歴史において自己を証明する唯一の力である現実に関して言うと、意志も理性も同じように無力である。

すべてを「逆転させる」ニーチェの批判は、理性の無力な理性的性格にも意志の悪しき力にも手をつけず、こう言うだけだが、これは実に正しいことである。すなわち、意志は理性の善き無力を前提する場合にのみ「悪」であって、無力な理性は強力な意志の判定に服すのだ。事態の真相は全く逆であると言われるのを除けば、これでは本質的には何一つ変わっていない。

マルクスでは問題が別だ。彼にとっては、力は労働の産物であり、力の正・不正は労働生産物の配分の正・不正にもとづいて決まる。このことから、労働を導入することによって一切が変わるのがよく分かる。あるいは逆の言い方をすれば、――生産とか工作人では**なく**――近代的意味の労働が未知のものであったことに、哲学全体がもとづいていたことがよく分かる。

理性―意志のジレンマからの哲学の古典的逃げ道あるいは力の問題の「解決」は、論理学と論理的・**必然的な**明証の「発明」にある。まだカントは結局、意志を明証的・理性的な議論で**強制**しようとしている。

力を打ち負かそうとするそういう説得に対して立ち向かったのがニーチェである。言い換えれば、意志を意のままにするために、自由な理性を議論の必然的法則に従わせたのだ。「納得させる」のではなく説得したのだ。そのため哲学から、解明し、照らし出し、納得させる**言葉**が姿を消して、完全に鎖＝束縛という二重の意味での証明の連鎖がそれに取って代わるのだ。

［11］

経済に規定される歴史過程の「鉄の法則」は、当然それが理性が聴き取ったり、悟性が解釈を読み込んだり読み取ったりする法則である限りは、自由な思考が論理によって理性に達するときに、自由な思考が自らに与える強制の法則にほかならない。「イデオロギー」が「**論理的思想**（logicality）」となるのはこのためである。

［12］

労働について。旧約聖書・創世記。

神―バラ――語源的には分かつ、後に**創る**。しばしばアッサーとシノニム――語源的には、強い、後に、行う（すなわち、自分の力を発揮する）、次に、**労働する**。

人間――アヴァド――語源的には、仕える、従う、後に労働する、苦労するなど。

二章五節―「ヴェ・アダム　アイイン　レ・アヴォッド　エト　ハアダマー」。（ブーバー）「そしてアダムは**畑**（アダマー）の世話をすることにはなっていなかった」（?）（ラ・アヴォッド）、（仕える[1]?）。

二章七節（ブーバー）「そして神は人間（アダム）を畑（アダマー）の塵から作った[2]」。

二章一五節（ブーバー）「神は人間を取って、彼をエデンの園に住まわせ、それを世話し（？）守るようにした」。「レ　オヴダー　ウレ・シャムラー」(3)——本当は「彼がそれに**仕え**、服従するように」。三章一七—一九節。呪いでは、「アヴァド」という語は使われていない。畑だけが呪われて、今ではそれへの奉仕（アヴォダー）が「顔に汗して」(4)となっている。人間（アダム）は畑（アダマー）の一部であることは呪いとは無関係である。畑での「奉仕」もそうである。アダマーは、人間がその上に住んでいる限り、明らかに大地である。その大地は決して「支配」のために人間に与えられたものではない。『創世記』一章では、あらゆる生き物が人間に服従（？）させられる。『創世記』二章では、神は生き物——動物——を、人間を助けるものとして創造した、しかも（二章一九節）神が人間を（二章一五節）エデンの園に「仕え守るために」(5)住まわせた後で創造したのである。**アダマー**は決して人間に服従させられない。呪いに言われているのは、とにかく人間が定められた（二章四節）奉仕が雑草のために辛くなったということだけだ！

労働はもともとは大地、畑、アダマーへの奉仕なのだ。それがすでに楽園でも人間の**使命**である。呪いによって奉仕が隷属になる。つまりヘブライ的な捉え方では人間は地に属するものであり、**アダマーから創られた**アダムなのである。そして、ギリシア人が不可欠な(アナンカイア)ものとよぶものには大地の恵みがある。アヴォダー（労働）は大地への奉仕なのである。

この逆が「不気味なものは多種多様(ポラ・タ・デイナ)」(6)。ハイデガーによる翻訳「神々の中で最も崇高なもの、確固として苦労を知らぬ大地を、彼は疲れ果てさせ、毎年毎年、馬を駆って鋤き返す」(7)。

（1）アーレントはこれ以後において *Die Schrift : Die fünf Bücher der Weisung*, verdeutscht von Martin Buber gemeinsam mit Franz Rosenzweig, Berlin : Lambert Schneider, 1925–1931, neubearbeitete Ausgabe 1945, [10]1981 の初版から引用している。この文章は改訂版では「……そして人間、アダムは、畑、アダマーを世話する者ではない」となっている。ヘブライ語の解読と転記については、「キリスト教徒とユダヤ教徒国際協議会」の事務総長フリードヘルム・ピーパーと、ハイデルベルクのユダヤ研究大学教授クロッホマルニク博士にお力添え頂いた。〔ヘブライ語は発音を片仮名で示すだけにした――訳者〕

(2) 同所。

(3) 同所。改訂版では「神は人間を取って、エデンの園に住まわせ、園を世話し、守るようにした」となっている。

(4) 改訂版では「おまえの顔に汗して」(S. 14)。

(5) 改訂版では「……園を世話し、園を守る」(S. 13)。

(6) 「不気味なものは多種多様」(ハイデガー訳)はソポクレス『アンティゴネ』二幕のコロスの冒頭の言葉(三三二)。ハイデガーはアーレントにこの翻訳を渡したらしい。*Arendt-Hidegger-Briefe*, S. 285 参照。

(7) ソポクレス『アンティゴネ』三三八―三四一。

[13]

キリスト教修道会の「祈り、働け(Ora et labora)」に意味があるのは、今では誘惑とみなされる古代の無為(スコレー)に対立する限りにおいてである。祈りは空想や精神の誘惑から守り、労働は身体の苦行に役立つ。両者とも禁欲なのである。

[14]

複数性について。ヘブライ語の用法に、**単数の**人間がすでに現れている。アダムには複数形はない！創造の物語では、神はすべての動物を複数創るが、人間は**ひとり**創り、さらに明らかにひとりのイシャー

（女）を創るはずだ。あるいは**単独の者**として男と女を作った。
アダム―アダマー。アダム＝地に属すもの。なぜなら、彼はミン・ハアダマー（大地に属すもの）だからである。あるいは（Fr・デーリッチュ）[1] アダム＝産出という語幹が共通であって、アダマー＝作られた土地ないし果実を生み出す大地と同じように人間＝創られたものだからである。

（1）言われているのはおそらくフランツ・デーリッチュのことであろう。しかし彼の *Commentar über die Genesis* (Leipzig : Dörfling und Franke, 1806) にはこれに当たる言葉は見いだせなかった。

[15]

true の二重の意味。誠実であるとともに真実であるのは、「エメト（＝持続性と真実）」でも同じだ。

[16]

「……想像力は実は
絶対的な力の別名であり、
明敏な洞察や広大な精神や
最も強固な理性の別名なのだ[1]」。〔原文・英語〕
ウィリアム・ワーズワス

（1）ウィリアム・ワーズワスの詩集 *The Prelude*, Buch 14 の数行である。アーレントはこの引用を *Understanding and*

Politics (1953); deutsch (übers. von U. Ludz) in : H. A, *Zwischen Vergangenheit und Zukunft*, S. 127でも使っている。

[17]

「悲しまずして人生を理解しうるのは、多くを得たからである(1)」。

ヘルダリーン

(1) Friedlich Hölderlin, »Reflexion«, : *Sämtliche Werke* (Stuttgarter Hölderlin-Ausgabe), hrsg. von Friedlich Beissner, Stuttgart : Cotta, Bd. 4, 1 (1961), S. 235.

[18]

「考える生物たる人間を理性が支配できると思うのは妄想だ(1)」。〔原文・英語〕

メルヴィル

(1) ヘルマン・メルヴィルからのこの引用は不明。

[19]

五二年二月二一日

すべては繰り返されるように思われる。自問してみよう。七年後にはどうなっているだろうか。まるで吹き寄せては吹き抜ける練習でもするように、至る所で吹き荒れている嵐にまたも呑み込まれて、きりきり舞いすることになるのだろうか。なぜなら、航海では——困難な航海でも——船から飛ばされて浮いたままだったからだ。それとも、（「無条件に襲ってきた冒険的な声を口に出すだけ」[1]ではないが）、私の言葉では**ない**もう一つ別の非常に残酷な言い方をすれば、本当に自分を「容器」にして、空虚そのもの**である**容器の本質（運命？）にあずかろうとするだろうか。

これを**すぐ**はねつけないことだ。この道を進もうと思うなら（進まずにおれなければ）、チャンスは一つしかない——逃さないことだ。

他の力と結びついたとき初めて、強さは力となる。力とならない強さは、本質的にひとりでに消滅してしまうものだ。

（1） Rainer Maria Rilke, »Briefwechsel in Gedichten mit Erika Mitterer 1924/1926«: »Für Heide«, in: ders., *Sämtliche Werke*, hrsg. vom Rilke-Archiv in Verbindung mit Ruth Sieber-Rilke, besorgt durch Ernst Zinn, Frankfurt am Main, Insel, Bd. 2 (1956), S. 292.

［20］

落下が空中で止まる者にのみ
　大地は開かれる。
　大地が輝かしく立ち現れる。
飛翔が失敗した者には
　大地は大きく深淵を開く。
　大地が彼を胎内に引き戻してしまう。

一九五二年三月

[21]

ミルトン『失楽園』

第一巻一九〇

「希望からどのような再起の力を得ることができるか、
それが不可能なら、絶望からどのような決意が得られるか」。

第一巻二三六〔正しくは二六三——訳者〕

「天国において奴隷であるより、地獄の支配者であるほうがよい」。

第二巻八九四

「……自然の先祖である
年老いた夜と混沌が
永遠の無秩序を保ち……」(1)。〔原文・英語〕

(1) John Milton, *Paradise Lost* (1667).「希望からどのような再起の力を得ることができるか、／もしそれが不可能ならば、絶望からどのような決意を得られるか」——「天国において奴隷であるより／地獄の支配者であるほうがよい」——「……自然の先祖である／年老いた夜と混沌が果てしない戦いの喧噪のただなかで／永遠の無秩序を保ち／混乱に乗じて／支配を維持しようとする……」。John Milton, *Das verlorene Paradies*, aus dem Englischen übertragen und hrsg. von Hans Heinrich Meier, durchgesehene Ausgabe, Stuttgart : Reclam (Universal-Bibliothek 2192), 1989. この版の頁づけはアーレントのものとは異なり、I, 220–221 ; I, 306–307 ; II, 1170–1176 となっている。

［22］

フォークナー『八月の光』「……誇りと希望と虚栄と恐怖の入り交じったもの、つまり自分の実質をなし、手放せば死ぬのが当たり前である、勝敗にこだわる楽しみへの執着は捨てたと言わんばかりだった[1]」。

〔原文・英語〕

（1） 引用はウィリアム・フォークナーの一九三二年の小説『八月の光』の一七章からである。バイロン・バンチが部屋で眠っている（恥辱を受けた）ハイタワー牧師に近づくところが、次のように描かれている。「彼はベッドに近づいた。まだ見えないが眠っている人は大きないびきをかいていた。ひどく完全に参ったという様子だった。それは疲れ果てたというのではなく、誇りと希望と虚栄と恐怖の入り交じったもの、つまり自分の実質をなし、手放せば死ぬのが当たり前である、勝敗にこだわる楽しみへの執着は捨てたと言わんばかりだった」。W. Faulkner, *Licht im August*, Roman, aus dem Amerikanischen von Franz Fein, München-Zürich ; Droemer-Knaur (Knaur Bücher der Welt, 16), o. J. (1962).

イル・ド・フランス号

（一九五二年三月から八月までのヨーロッパ旅行）

アーレントは一九五二年春に、計画していた「マルクス主義における全体主義的要素」という研究に対して奨学金を得た。そういう理由で彼女はヨーロッパに行って、一九五二年八月中旬まで滞在した。彼女は長い間、パリの友人アンネ・メンデルスゾーン＝ヴェイユの家に逗留したが、それは計画していたイスラエルへの旅が実現できなかったためでもあった。パリでは、とりわけ「当時のフランスでは最高の人物」だったアルベール・カミユ、アレクサンドル・コイレ、ジャン・ヴァール、レイモン・アロンと出会った。バーゼルのヤスパースを訪ね、ヤスパース夫妻とともにサンモリッツで休暇を過ごしている。二日そこに滞在してからフライブルクへ赴き、そこでマルティン・ハイデガーと再会して彼の講義「思考とは何か」を二時間聴講した（これについてはノート9［17］参照）。いくつかのドイツ都市で彼女は講演、とりわけ「イデオロギーとテロル」に関する講演を行った。「ユダヤ文化再建委員会」のための研究で滞在したミュンヘンでは、昔の恩師であるロマノ・グアルディーニの講義に出席した。詳細については *Arendt-Hidegger-Briefwechsel*, S. 235–328 を参照されたい。

「マルクス主義における全体主義的要素」という研究課題は完結していなかったが、延長申請は認められなかった。それでもこの計画はアーレントの思想的伝記において重要な地位を占めている。E. Young-Bruehl, *Hannah Arendt*, S. 300 および U. Ludz, Kommentar in H. A., *Was ist Politik?*, S. 145 f. 参照。――アーレントのグッゲンハイム奨学金による研究の痕跡は以下のものに残っている。(1)「カール・マルクスと西洋［政治］思想の伝統」というテーマの一九五三年一〇月／一一月にプリンストン大学のクリスチャン・ガウスの批評セミナーの講義。(2)一九五四年三月ノートルダム大学での「哲学と政治」という三部からなる講義（ノート19［21］注（1）参照）。(3)講演から生まれた論文で、後に改訂されて *Between Past and Future* に収められた *Fragwürdige Traditionsbestände im politischen Denken der Gegenwart* という論文集の「伝統と近代」、「自然と歴史」、「近代における歴史と政治」。(4)広い意味で *The Human Condition* にもその痕跡が見られるが、それについてマーガレット・カノヴァンが、その著書 *Hannah Arendt : A Reinterpretation of Her Political Thought* (Cambridge : Cambridge University Press, 1992, S. 63 ff.) のある独特の章で注意を喚起している。「編者あとがき」も参照されたい。

［23］　　　　　　　　　　　　　イル・ド・フランス号にて

イデオロギー＝思想の論理。一つの過程としての論理は思想を動かして、実体をすりつぶす。この実体の喪失は根本的なものである。

論理は、それによって**われわれ**が思想を捉える「主観的なもの」なのだろうか。それとも論理はすでに思想のうちにあるのだろうか。

「思想は大衆を捉える」[1]――すなわち、その不可避性が拠り所となる**論理**によって――吊された者にとって縄が拠り所となるように。

あるいは、思想が論理として大衆を捉える際には、論理は同時にわれわれすべてを結びつけるもの――実を言うと「最小公分母(the lowest common denominator)」を表しているのだ。

(注) アーレントは一九五二年三月末「フレンチ・ライン」の外洋航路船「イル・ド・フランス号」で二度目のヨーロッパ旅行に出ている。詳細については[22]の注「イル・ド・フランス号」を見られたい。

(1) このままの形では、この文章は見いだせなかったが、『ヘーゲル法哲学批判』の次の一節を参照されたい。「理論は感情に訴えて(ad hominem)説明すると、たちまち大衆を捉えることができ、理論がラジカルになれば、たちまち感情に訴えて説明することになる」(*Marx-Engels-Werke*, Bd. 1, S. 385)参照。

[24]

満ち潮も引き潮もあった二年の間
さまざまな時、さまざまな日が
寄せては返す波となって
船に打ち寄せたものだ
最初は波の彼方に私を運び
日々の苦しみを聞かせてくれたが

今では私を孤独のうちに
心寂しく帰らせる

［25］

「行為しないよりも、何かするほうがずっといい」という古い格言は——なすべき正しいことが存在する状況でしか正しくない。その場合には、正しいことが存在しなくても、行為はすべていわば正しいことが支配する空間か、正しいことによって秩序づけられた空間において行われる。

しかし、われわれが体験したのは、何をしても誤りであると言うべき正反対の状況であった。その状況は、不正によって支配される状況であり、不正によって秩序づけられている空間である。それは全体的な不正の状況——すなわち、本来なら決して現れてはならない状況である。そのときには、全く何もしないことこそ推奨すべきもののように思われる。そこでは正しいことも不正になる。たとえば脱ナチスの作業に加わった人々は、そういった状況に陥ったのである。何をしたにせよ、したことは誤りで、新しい不正を生み出したことだろう。すなわち、人々は行為によって、ナチスが作り出したものと同じような全面的な不正の空間で行動したのである。(1)

（1）これについては一九五〇年に *Commentary* に発表された、アーレントの最初のドイツ訪問の報告である »The Aftermath of Nazi Rule« を見られたい。アイケ・ガイゼルによる最初のドイツ語訳は、一九八六年に H. A., *Zur Zeit* に *Besuch in Deutschland* というタイトルで出版された。

[26]

労働について。ユンガー『林道』一三二頁[1]「財産の収用が**観念**としての所有に打撃を与えることになれば、奴隷制が必然的な結果であろう。最後に明確な財産として残るのは、身体と労働力である」。

（1） Ernst Jünger, *Der Waldgang*, Frankfurt am Main : Klostermann, 1951, S. 132.

[27]

意志について。意志を人間本来の人間的性質とみなすように再三誘惑するものは、われわれは――明らかに身体や精神を**有する**以上、――身体でも精神でも――ましてや心身の混合では――**あり**えないという洞察である。意志が（あるいは意志によってわれわれが）身体や精神を動かすことができる限りでは、われわれが精神や身体を有する基本的な在り方は意志であるように思われる。それに対して所有の二次的な在り方は意識であって、意識においてわれわれはこの所有や運動を意識し、**そして**記憶する、すなわち、われわれ自身の同一な統一性を構成する。このことから考えると、意志の哲学は徹底した意識の哲学にすぎないように思われる。言い方を換えれば、意志理論では意識に内容を与えるものが重視される限り、それは活性化された意識の哲学にすぎないように思われる。

[28]

ハイデガー「われわれは――厳密な意味において――制約されたものである。**われわれはあらゆる無制約者の不当な要求を乗り越えたのだ**」[1]。

「……表象するだけの思考から、すなわち説明するだけの思考から、追想する思索へ[2]」。(これが真の転回である。しかしその転回がなぜ「逆の一歩[3]」と言われるのか不可解だ。この思索を言い表す形が箴言の形になり、昔のものを思い起こさせるのは分からぬでもない)。

(1) Martin Heidegger, »Das Ding«, in : *Gestalt und Gedanke : Ein Jahrbuch*, hrsg. von der Bayerischen Akademie der Schönen Künste, München : Oldenbourg, 1951, S. 146 (Wiederabdruck des Vortrags in Heidegger, *Gesamtausgabe*, Bd. 7, S. 165–187.

(2) Heidegger, »Das Ding«, S. 147.「物はいつどのようにして物として現れるのか。物は人間の悪だくみによって現れるのではない。しかし物は死すべき者たちの注意深さを抜きにしては現れない。そういう注意深さへの最初の一歩は、単に表象する思考、すなわち説明する思考から追想する思索への逆の一歩である」。

(3)「逆の一歩」については、注(2)の引用文を見よ。

[29]

種々のいわゆる現代的思考。

1.**計算**や予測では、計算が計算者の利益になることを誰でも最初から重視している。実際の日常生活では、ほとんど誰でもそう「考えている」。計算が本当にうまく行くかどうかは、「行動力」つまり断行する力次第であって、断行しさえすれば、計算は必ず百パーセントうまく行くというわけだ。

2.議論では、必ず正しいと認められることが最初から重視される。議論が正しいと認められるかどうかは、ただ議論の一貫性(consistency)次第であって、他の経験にもとづいて、別の前提から出発する議論はすべて容赦なく排除することにかかっている。計算的思考が**他の人々**を容赦なく排除することにもとづくように、議論による思考の成功は、**経験**を容赦なく排除することにもとづく。

3．説明では、余すところなく説明し尽くすことが最初から重視される。議論による思考が、異なる前提である経験をすべて容赦なく排除することにもとづくように、説明的な思考の成功は、説明される対象を余すところなく抹殺することにもとづくのである。

ユンガー「精神は、瓶の中にとらえられていながら、自分には無限の地平があると勘違いしている蝿に似ている」（『小石の浜』(1)）。

（1）Ernst Jünger, *Am Kieselstrand*, gedruckt als Gabe des Autors an seine Freunde, Frankfurt am Main, S. 18.

一九五二年四月

四月、パリにて(A)

[30]

フランス旅行(1)

隙間なく野原を広げ
周りには木々を配して
世界の中へ行く道を

畑をよけて織りなす大地

風の中、花は喜び
草は伸び、花を寝かせ
空青く、そよ風が吹き
太陽は柔らかな鎖を編む

人々は―大地も空も光も森も―
失うことなく、毎年春には
遊びながら参加する
根源の力の戯れに

（A） パリはアーレントが（一九五二年三月から八月までの）二回目のヨーロッパ旅行で最初と最後に滞在した土地である。詳しいことは［22］注「イル・ド・フランス号」を見られたい。

（1） このアーレントの詩は夫に贈られたもの。*Arendt-Blücher-Briefe*, S. 258を見よ。ブリュッヒャーからの返信はS. 264を見よ。最後の行にアーレントは次のような別形を［ ］に入れて書き添えている。［輝かしい力の戯れに］。

ノート9

一九五二年四月―一九五二年八月

一九五二年四月

一九五二年四月、**パリにて**

［1］

アナンケーは不可欠なもの（アナンカイア）の女神であるがゆえに恐ろしい。「冷酷な必然に強いられるため、全く心ならずも(1)」。シモーヌ・ヴェイユはこれをすぐ理解したが、それをどれだけ取り除けるか——あらゆるヨーロッパ人と同じように——分からなかったため、不正の様相を呈する厳しい窮乏の社会的帰結に巻き込まれることになった(2)。

しかしアナンケーが本当の顔を見せるのは、取り除ける悲惨が除去されたときだけだ。人間の間の強制や暴力はすべて、不可欠なもの（アナンカイア）による厳しい強制にもとづくかのようである。そこに唯物論の真理がある。自由は本来の不可欠なもの（アナンカイア）による強制を他の人々に負担させるときしかありえないから、自由と正義は結びつかないように見える。だとすると奴隷制が、自由を保証する唯一の制度であろう。シモーヌ・ヴェイユの書物の意味は、労働する者は自由ではありえないということである。人間のもとでの人間の奴隷化は、不可欠なもの（アナンカイア）による人間のもっと根源的な奴隷化によって条件づけられている。ギリシア人はこのことをよく理解していたので、本来「労働」せずに製作する芸術家をこの意味で理解していた。製作にもなお労働のスティグマとともに、不可欠なもの（アナンカイア）がまとわりついていた。われわれは逆に、労働者を「創造的なもの」とみなして、本来の強制がどこから生まれるかを認めようとしない。われわれはまさしく根本的なもの（エレメンタール）を、つまり荒々しい恐るべきもの（エレメンタール）を黙殺しようとしているのである。

アメリカの実験においては、人間の尊厳が再建されたように見える。しかも、1．組織された労働組合の現実的な力によって、2．階級の相対的な向上によって、すなわち、労働は恥ではないという原則を実現することによって、3．新大陸の島国的、植民地的利用によって——豊かになって可能になった貧困の解決によって、4．このすべてのファクターによって達成された、労働力が最高の「商品」となった画期的状況によってである。これはある意味では、相対的な正義の修復である。

明らかな危険は、今度は**あらゆる人間**が同じ程度、不可欠なもの（アナンカイア）の奴隷になることである。外面的には「仕事（job）」の恐るべき過大評価、**すべての**人間が閑暇で何かを始める能力の欠如、——「労働の条件（condition ouvrière）」の諸条件が軽減される**とともに**一般化されているかのような——「生活の一般的窮迫（the general pressure of life）」などにその危険がすでに見えている。

それだけではない。「労働の品位」を認めることによってアナンケーが無害化されるとともに、——死や苦悩といった——支配できないものがすべて古臭いものになってしまうのだ。

(1) ヘクトルがアンドロマケーに言う言葉からの引用（Homer, *Ilias*, VI, 458）。〔原文・ギリシア語〕ここに訳出したアーレントによるドイツ語訳については、*Vita activa*, S. 345, Anm. 83 を参照されたい。

(2) シモーヌ・ヴェイユは、ホメロスの『イーリアス』からのこの引用文を、自分の *La Condition ouvrière*（1951）で使っている。ドイツ語訳は Simone Weil, *Fabriktagebuch und andere Schriften zum Industriesystem*, übersetzt und mit einer Einleitung versehen non Heinz Abosch, Frankfurt/Main : Suhrkamp（Edition Suhrkamp, 940）, 1978 を見よ。このノートの以下の部分も参照されたい。

［2］

マルクス。人間を本質的に労働する生物として定義すれば、歴史を必然性の歴史にしてしまうほかはない。労働者としては、人間はアナンケーに隷属しているからである。マルクスは、労働を本質的に製作とみなすことよって、アナンケーへの隷属を避けようとしている。彼が労働を製作とみなすことができるのは、ギリシア人自身が製作を労働に格下げしていたからである。重要なことは、この点で正しい区別を見いだすことである。製作が現実に「自然との新陳代謝[1]」にほかならない限り、労働者である人間は工作人（Homo faber）では**ない**。機械は**労苦**を軽減するだけで、何も変えることはない。「動物化（abrutissement[2]）」はおそらくそのままで、その結果、娯楽の「白痴化」が起こるか、「白痴化」が娯楽に浸透するかもしれない。

（1）ここでアーレントが引いているのはマルクスの次の文章である。「使用価値の形成者として、有用な労働として、労働はあらゆる社会形態から独立した人間の存在条件であり、人間と自然との新陳代謝つまり人間的生命を媒介する永遠の自然必然性である」（Karl Marx, *Das Kapital I*, in : *Marx-Engels-Werke*, Bd. 23, S. 57）。S. 192 ff. 参照。

（2）»abrutir«（人を野獣に似たものにする）から作られた abrutissement はドイツ語では Vertierung（動物化）とか Verdummung（白痴化）と訳されている。

［3］

本当に破滅的なことは、人間関係を**労働者**の関係として定義することだと思われる。基本的な人間関係は不可欠(アナンカイア)なものにもとづくのではなく、アナンケーが強制でなく欲求という本質的にエロスの形で現れ、その不可欠(アナンカイア)なものを「人間の所産（human artifice）」における共同によってある程度支配できることにもとづいている。人々が相互に人格として認め合うのは、人々が求め合い（愛）、一緒に「市民（citizens）」として生き、不可欠(アナンカイア)なものを支配し、支配し続けねばならないからである。しかし、そういう共同支配は**行**

為の本来の領域であって、労働とも製作とも直接の関係はない。労働はむしろこの支配と支配形態によって規定されるものであり、製作はそういう規定は受けず、主導権を個人とその技量に委ねるほかはないからである。

労働では、人間は不可欠なもの(アナンカイア)に屈服し、常に孤立し、心配や不安に駆り立てられる。

製作においては、「一つの系列を自分で始める」(1)自発性の自由の中にあって、人間はひとりであり、創造としての仕事に追われる。

行為では、正義を要求され、不可欠なもの(アナンカイア)の強制から権力によって解放される可能性を絶えず試されて、人間は他の人々とともに政治的な責任を担っている。

愛には、愛だけに、相互の要求にもとづく真の相互性が存在する。**ひとりの**人間であるということは、同時に、もうひとりの（他の）人間を必要とするということである。

図式的にはこう言えるかもしれない。不可欠なもの(アナンカイア)に隷属する**労働者**としては、人間はほとんど動物のようなものだ。――**製作者**としては、人間はひとりで仕事に立ち向かい、ほとんど神々である（既成のものを使用し消費するとしても、徹底的に「無」からの創造に立ち向かう――テーブルはテーブルではなかったものから作られ、木材から作られるのではなく、材料は任意であって、石であるかもしれない。テーブルはテーブル**として**無から創造されるのであって、人間による創造というアナロジーを使えば、人間は「無からの創造者（creator ex nihilo）」としての神だと考えられる）。――共同して住まう世界において、共同の存在を明確に実現することによって、初めて行為しうる**行為者**としては、人間は、人間独特の意味で現実に人間である。――**愛する者**としては、ひとりの人間として相手を必要とし、自然によって三人目以下の人間を恵まれ、単独からすぐ多数になり、単数から複数にならざるをえない以上、どういう人間であっても［人々は］――想像を絶する皮肉な形で――「**ひとりの人間**」でもある。

（1） カントからの引用。ノート3［21］とその注を参照されたい。

［4］

すべての全体主義的な政治、すなわち本来本質的にイデオロギー的な政治における理論と実践。理論から実践への歩みはまさに乗りかかった船みたいなものだ。論理が実践そのものを完全に支配して、実践を「論理的」な結論に推し進めるだけでなく、理論的なものから実践的なものへ移る道は、それ以外には存在しない。

言い換えれば、前提からの演繹が、演繹を**行う**ことである以上は、任意の前提から導かれる予見可能な過程である運動を引き起こすわけだ。

一九五二年五月

一九五二年五月

［5］

私は

わずかばかりの

事物の中の
過剰から生まれた
一つにすぎない。
心配ならば
私を腕に抱き
不安がすっかり
消えるまで
揺すっておくれ。

［6］
再びギリシア人ほど自由にはなれない。どれほど技術が進歩しても、不可欠なもの（アナンカイア）への隷属を脱する助けにならないからである。

［7］
不可欠なもの（アナンカイア）の強制と必然的論理の「明証」との間には、連関があるにちがいない。唯物論で言われる「上部構造」に真理があるとすれば、そこにあるのかもしれない。

［8］
真理は啓示としてのみ明らかになるという点にこそ、あらゆる啓示宗教の真理がある。

［9］

寄せては砕ける波の
過剰さに耐えながら
黙っているのに堪りかね
声を上げるが――
届かない、われらの声は

過剰さに苦しむ者は
救わぬのが神の声
窮乏に喘ぎ、憧れ
待望する者にしかその声は届かない
神よ、忘れるなかれ**われらのことを**

パリ―ニュルンベルク

［10］

プラトン『**国家**』

第一巻三四二C（支配者に役立つもの（クシュンペロン）が正しいものだ、というトラシュマコスの主張に対して）。支配＝テクネー。テクネー「そして他のどういう技術でも、その技術自身の利益を求めるものではなく［それが役立つもののため骨折るのであり――アーレント注］、……そのために技術があるもののために利益を求める。……そういう技術は、それを適用されるものを支配し、征服する」[1]。（技術はそれ自身に関わるものでなく、技術の対象に関わる）。技術が支配し《アルクーシン》（始めるという意味で支配し）、征服するもの《クラトゥーシン》（開始したものを続行するという意味で征服するもの）は、技術の対象（馬や船や病人）［である］。

これについて――

1．アルケインが支配することであるのは明らかであり、クラテインは征服することである。征服することは、開始する支配にもとづく。（クラテインではなく）アルケインには暴力も伴う。

2．支配と技術は密接に結びつく可能性がある。政治的支配としての支配は技術から派生するのであって、技術がまず支配し征服することとして規定される。政治的行為は、行動によって世界と関わる関係の一つの形態とみなされるが、その関係において人間が万物の主人である場合は、その関係が**知にもとづく**関係である場合である。このことは、支配概念は技術にもとづくという、ハイデガーの主張と全く合致するように思われる。疑いもなく、プラトンはそういう言い方をしていた。

3．随所に見られるように、政治的行為が最初から、役立つもの《クシュンペロン》を確定する個人の行為とされているのが決定的なことだ。「協力して行動する（Act in concert）」[2]とは一度も言われていない。命令する者（支配者）、服従する者（被支配者）、そして命令されるべき事柄を見いだす技術を支配者にいわば教授する助言者。これは哲学者だ。

そこからこういう結論になる。支配そのもののために有用性の規則に従って支配する者はいない。なぜなら、支配は自分に関わることではなくて、［支配することは］支配者がその**主人である**《ホー・アン・アウトス・デーミウルゲー》被支配者たちのために、役立つもの《クシュンペロン》を見いだすことに本質があるからだ。三四二E。

それに対してトラシュマコスはこう答える。羊飼いや牛飼いがもっぱら羊や牛の幸せのことを考えているとすれば、それは常に正しいことだろう。しかし実際には彼らは羊や牛の幸せを人間との関係で、しかも時々しか守ってやらないものだ。言い換えれば、技術によって支配するどういう行為でも、機能の連関を**あらかじめ**前提しているものであって、それは免れることはできない。「真（アレートース）の羊飼いや牛飼い」というようなものを導入するのは一つのトリックだ。——これはソクラテスのペシミズムである。

労働について。三四六！　これらのテクネーのどれも報酬とは関係がない。医術の効用（オーペレイア）は健康である。報酬のために存在するのは特殊な技術、すなわち報酬を獲得する技術（テクネー・ミスタルネーティケー）だ（三四六D）。——報酬が必要なのは、テクネーは「芸術家」の利益をもたらさないからだ。芸術家が**報酬をもらう**のは利己的でない在り方に対してである。

政治について。支配に駆り立てるものは、もっと悪い者に支配されるのではないかという恐怖だけだ！

三四七C。

（注）プラトン『国家』のギリシア語のどの版をアーレントが当時の旅行中に使ったかは不明。彼女は行数までは挙げていないが、引用文と（ステパノス版の）頁数は、ここで底本とした Platon, *Werke in acht Bänden* (Bd. 4) のテクストとは若干異なっていることがある。この版の正確な箇所は以下の注に示している。

（1）支配は一つの技術である。技術（テクネー）について、アーレントはプラトン『国家』三四二C一—九を挙げている。「そうであれば、医術は医術そのものの利益ではなく、身体の利益を求めるものだ。……馬術は馬術の利益ではなく、馬の利益を求める。**そして他のどういう技術でも、その技術自身の利益を求めるものではなく**［**それが役立つもののため骨折るのであり**——アーレント注］、……**そのために技術があるもののために利益を求める**。［……**そういう技術は、それを適用されるものを支配し、征服する**］」——太字の部分がアーレントがギリシア語で引用した部分。（［　］内は原注にはない——訳者）。

（2）「協力して行動する（to act in concert）」については、ノート4［1］（注（3））を見よ。

[11]

シモーヌ・ヴェイユ『労働の条件』。「社会的不正に対する反逆である限り、革命思想は優秀かつ健全なものである。労働者の境遇そのものに特有の不幸に対する反逆である限り、それは虚偽である。というのは、革命がその不幸をなくすことはないからだ。しかしそういう虚偽が最も大きな影響を与えたものである。……人民の阿片という名称は……本質的に革命にふさわしいものだ。革命への希望は常に麻薬である」(p. 263)(1)。

これは確かに真実である。その意味は、二〇世紀の革命、あるいはマルクス以後の労働者階級の革命としての革命は、労働する生物としての人間の反逆、つまり「人間の条件(condition humaine)」に対する反逆、「人間の条件」の必然(アナンケー)への反逆を含んでいるということである。真の問題、真の窮迫は社会問題の解決の**後に**始まる。アメリカが社会的不正をほぼ取り除いたということに、われわれが驚くのはそのためである。社会的不正はすべて最終的には、不可欠(アナンカイア)なものを支配して、「人間の条件」に対する反逆に訴える必要をなくそうとする試みにもとづいている。われわれの苦境は、そういう反逆に訴える道がもう全く閉ざされていることにある。

(1) Simone Weil, *La Condition ouvrière*, Paris : Gallimard, 1951, S. 263. —— この引用はヴェイユの書物に掲載された Condition première d'un travail non servile (Marseille, 1941–1942) からのものであって、この断片はドイツ語版(〔1〕(2) を見よ)には収録されていない。〔原文・フランス語〕

[12]

ヘンデル『メサイア』。「ハレルヤ」はテクストからは、「われわれに子供が生まれた」としか理解できない。キリスト伝説のこの部分の深い真実は、始まりはすべて聖なるもので、始まりのために、この神聖なもののために、神は人間を創ってこの世に登場させたということだ。もはや始まりでない人々のための救済の約束のように、どの新しい誕生も、世界における救済の保証のようなものなのだ。(1)

（1）アーレントはミュンヘン交響楽団によるヘンデルのオラトリオ『メサイア』の演奏を聴きに行って、それについてブリュッヒャーに、次のような手紙を送っている（一九五二年五月一八日。*Arendt-Blücher-Briefe*, S. 270)。「……ソロ部分が声が不足していたものの、演奏会は満員で実に素晴らしいものでした。音楽的で申し分がなく、非常に喜ばしいものでした。ハレルヤがまだ耳に残り、全身に残っています。〈われわれに子供が生まれた〉ということが、どんなに素晴らしいことであるかが、初めて分かりました。キリスト教はやはり相当なものでした」。ブリュッヒャーの返信も見られたい (a. a. O., S. 279)。

ミュンヘン—フライブルク

［13］

［プラトン］『国家』第二巻。

グラウコンは話の最後に、ソクラテスは生涯にわたってほかならぬ正義のことを考えてきたのだから、「神々や人間に見えようと見えまいと」＝「それ自体において（アウテー・ディ・ハウテーン）」、正義とは何であるか、そして、正義を有する人々にどういう影響（ポイウーサ）を与えるものであるかを教えてくれと言う。(1) 四二七D参照。

（1）Platon, *Politeia*, 367 e 1-5. プラトンの原文は「正義は不正よりも優れていることを示すだけにとどまらず、神々や人間に見えようと見えまいと、それ自体において、それぞれが持ち主にどういう影響を与えるから、一方は善であり、他方は悪であるかを教えてください」。

［14］ フライブルクにて

悲惨な状態が労働によって除かれて初めて言われることだが、呪いはあらゆる活動が労働になり必然的なことが他の一切の問題を押さえ込んでしまったことにあるとも考えられるだろう。これはいわば復讐である。労働を生産と偽り、職人を労働者と偽ってみても、事態はほとんど変わらない。シモーヌ・ヴェイユが革命について正しく認識したとおり、そういう幻想は新式の人民の阿片である。(1)

（1） シモーヌ・ヴェイユの「人民の阿片」としての革命という考えについては［11］を見よ。

［15］

「愛はいつでも愛を呼び起こす」（原文・ギリシア語）。これについて「本当にわれわれが好むものは、以前に自ずから好ましく思われたものだけである」（いわゆる志向性がこれほど明確に否定されているところはほかにはない）。（ハイデガー――詩人として住まうこと(1)）

（1） ハイデガーは「……詩人として人間は住まう……」と書いている。*Vorträge und Aufsätze*, Pfullingen : Neske, 1954, S. 187–204. ハイデガーが解釈し翻訳しているギリシア語は、ソポクレスの『アイアス』五二二からの引用である。

［16］ フライブルク―ルガノ

［プラトン］『国家』第二巻三六九B、C。ポリスが生まれるのは、「われわれは誰でも自給自足できないからである」。これがわれわれの窮状（ヘー・ヘーメテラ・クレイア）である。[1] 政治が必要になるのは、われわれがどうしても不可欠なもの（アナンカイア）に依存せざるをえないからである。われわれだけではそれを支配することができない。つまり、複数性はいわばその窮状の一つの結果にすぎず、そのため、次のことはすでに決定ずみなのだ。1. 政治はすべて利害関心に拘束されているという「唯物論」。2. もっとはるかに重要なのが、政治は個人の欲求のために存在するのであって、複数で生きている人々のために存在するものではなく、政治は自発的な人間独特の活動では**ない**ということだ。

［三七〇B「ある仕事をする時機を逃せば、その仕事はだめになる」[2]。

三七一B「市民たちはそれぞれに作り出したものを、どのようにして分け合うだろうか。われわれが共同体を作り、国家を建設したのは、そのためにほかならない」[3]。ポリスが建設されたのは、それぞれが作り上げたものを分け合うためなのだ。

三七二A。正と不正はその分かち合いから生まれる、と**グラウコン**は言う。すなわち「各人が互いに抱えている事物が必要であることから[4]」生まれるというわけだ。

（注）用いられているプラトン『国家』の版については［10］を見よ。

（1） Platon, *Politeia*, 369 b 6 と c 10.

（2） Platon, *Politeia*, 360 b 7–8.

（3） Platon, *Politeia*, 371 b 4–6.

（4） Platon, *Politeia*, 372 a 1–2.

［17］

一九五二年五月三〇日

ハイデガー講義(1)。

思索（Gedanke）は、沈思黙考（Andacht）として持続する追想（Gedächtnis）において展開される。追想（Gedächtnis）—感謝（Dank）。感謝においてわれわれは、心を集中させたものを思い出す（gedenken）。この専心的な追想（Gedächtnis）［想起（Gedenken）］は根源的な感謝である。——（思索が起こるのはこの根源的感動（Gedanken）［Gedanc）］からである。

（語られたものの間隙（Spielraum）に耳を傾けよう）。

最も重大なもの（Bedenklichste）が考えさせるのである。われわれは**それ**を追想する（andenken）のだ。——こうしてわれわれは、自分の本質を支えている（verdanken）ものを想起する（gedenken）。われわれは——最も重要なものが考えさせるものに——（感謝し）思索を集中させる（zudenken）。思索（Denken）は感謝すること（Danken）——敬意を抱くこと（Entgegentragen）である、

思索は感動（Gemüt）＝全人間存在の本質を顕わすもの（Wesende）のうちに追想として住まう。（生物の規定根拠である「魂［anima］」に対抗する「精神［animus］」）。

生物としての人間ではなくて、存在するものの中に**現れる**ことによって、存在者が存在者として本質的に顕わになる（wesen）人間存在としての人間。

存在せねばならぬものや存在すべきものなども、そういう存在者の一部である。

守護するもの（Verwahrnis）は、考えさせるものを守り隠し、最も重大なものを贈りものとして開放する。重大なものが常に考えるべきものとして示される限り、守護するものそのものが最も重大なものなのである。人間はこの守護するもののうちに住まうが——しかし、守護するものを生み出すことはない。人

間は忘却から守護されているのだ。

始まりは発端のうちに隠されている。(2)

言葉はそれ自身以外の何ものでもない。言葉は語ることそのものである。

論理学（エピステーメー・ロギケー）は――ロゴスに関する［理解である］(3)。つまりその下にあるもの（ヒュポケーメノン）または「基体（subjectum）」である「何ものかについて、何事かを語ること」である。

何ものかについて何事かを語ること（レゲイン・ティ・カタ・ティノス）。

何ものかについて何事かを**語ること**としての思索。語ることにおいては、主語と述語を一致させなければならない！

「三角形が笑う」と言えば、言うこと（sprechen）自体が反論すること（widersprechen）になる。語ることは矛盾（Widerspruch）を避けねばならない。矛盾律が思考の規則という役割を果たすのは、思考を語ることとして規定するからにほかならない。

ロゴスとしての思索。ロゴスを語ること（レゲイン）は話し合うこと（ディアレゲスタイ）として展開される――論理は弁証法となる。

「神は絶対者である」の二義性。（神は唯一の神である、あるいは神は絶対者の絶対性からその本質を得ている）。こういう言い方を通り抜けていくこと。話し合うこと（ディアレゲスタイ）としては、語ることであるレゲインはそれ自身の領域をあっちこっちへ動く。思索は弁証法的であるが、弁証法はその本質においてはすべて論理である。弁証法においても、語ることから規定されるからだ。

（1） 一九五一／五二年の冬学期にハイデガーは教授活動禁止以後初めての講義を行い、一九五二年の夏学期にも講義を続行した。テーマは「思索とは何か」であった。五月一九日にほんの数週間フライブルクに来ていたアーレントは、すでに五月二三日に聴講している。五月三〇日にはもう一度戻って（*Arendt-Blücher-Briefe*, S. 274 f., 282 f. を見よ）、四回目の講義に出席している（*Arendt-Heidegger-Briefe*, Dokumente 79 und 81 も見よ）。——五月三〇日金曜日の四回目の講義を聴いたアーレントのノートは、印刷されたハイデガー講義と照合し、特に読みにくい原文を解読するためハイデガーの講義を活用した。Martin Heidegger, *Was heißt Denken?*, Tübingen : Niemeyer, 1954, S. 157–159, S. 95–101. 本文中「　」内の語句は編者によるもの。

（2）この文章は西洋思想に関わるものである。ハイデガーはこう書いている（*Wae heißt Denken?*, a. a. O., S. 98）。「事実、西洋思想の歴史は、最も重大なものを考えることによって始まるのではなくて、それを忘却したままにすることによって始まる。それゆえ西洋思想は、拒絶とは言わないまでも一つの怠慢によって始まるのである。その忘却が端的に欠損や否定的なこととみなされる以上、それは怠慢だと思われる。その上、一つの本質的な差異を見過ごすならば、われわれは道を見失うことになってしまう。西洋思想の発端は、始まりと同じものではない。その発端はおそらく始まりの隠蔽であり、しかも不可避的な隠蔽なのである。そういう事情であれば、その忘却を見る目も変わるはずだ。始まりが発端のうちに隠されているからである」。

（3）「〈論理学〉という名称は、ギリシア語で言うエピステーメー・ロギケー、すなわち、ロゴスに関わる理解という完全な名称の短縮形である。ロゴスは〈語る〉（レゲイン）という動詞の名詞形である」（Heidegger, a. a. O., S. 100）参照。

［18］

「プラトン『国家』」三七一E以下。問題はもともとは、正・不正は……どれと一**緒**（ティニ・ハマ・エンゲノメネー）に生じるかである。つまり人間の窮状では、正・不正の全領域が不可欠なもの（アナンカイア）に関わっている。ソクラテスはここで切り替えるのだ！　三七二A。四二七Dでもそこへ戻っている。その箇所を参照されたい。不可欠なもの（アナンカイア）で満足している、「健康」とよばれる国家の描写が続く。三七二E。そこから、あらゆるものを（多種多様な人間[1]を）詰め込んだもの、すなわち「もはや必要のためにポリスに住んでいるわけではない人々」（三七三B）

は拒否される。（その後に、それと異なるポリスの描写が続く）。

三七三E「不可欠なもの（アナンカイア）の限界を超えるもの」が「不正」を生み出し、彼らが「戦争の起源」である。(2)

［三七五B「激情（デュモース）――激情は抵抗しがたく征服できぬものであり、激情を抱く魂は何事に直面しても、恐れず屈することがない」］。(3)(A)

三八七E。（「誠実な（エピエイケース）」［?］(B)人は）「よく生きるために自分だけで十分間に合っていて、他の誰よりも、自分以外のものを必要としない」(4)。――すなわち、彼は不可欠なもの（アナンカイア）の領域に最も屈服していない。なぜなら、彼は最も不可欠なもの（アナンカイア）だけに制限しているからである。

四〇五A。ポリスの特徴として、多くの医者が必要であったり、――命令し権威を有するので――本来は自由でない者たちのためにのみ存在すべき裁判官が多数必要であったりすることほど、劣悪な特徴はない。四〇五B「それとも君には、**暴君**や判定者のような他の人々によって（押しつけられた？）(C)正義を用いざるをえず、自分自身の正義をもたないのは、不名誉なことで、無教育であることの最大の証拠とは思えないか」(5)。

四〇五C。［病人は］ポリスにとっても自分自身のためにも役立たないから、**健康な者**を治療し、病人は死なせることを本質とする医術について。これは「殺すなかれ」が「道徳」の中心になっていない民族の特徴をよく示すものだ。

（注）用いられているプラトン『国家』の版については［10］を見られたい。
（A）［ ］はアーレントのもの。
（B）［?］はアーレントによるもの。おそらくシュライエルマッハーが形容詞「エピエイケース」に与えた「適切な、きちんとした」という訳語についての疑問符だろう。ルーフェナーは「きちんと考える」人と訳している。これについては、K・バイヤーの「(正しい) 支配者が望むような市民がエピエイケースであって、頑迷でなく、規則を守るとともに譲歩することもできる人がそうである」という説明を参照されたい。

(C) 疑問符をつけて括弧に入れられているこの単語は疑問の余地がある。これはギリシア語の形容詞エパクトス〔＝借り受けた〕の訳である。

(1) プラトン『国家』373 b 2-5.「またもわれわれはポリスを大きくしなければならない。というのも、あの健康なポリスではもう十分ではなく、多くの人々を詰め込まねばならないからだ。あらゆる種類の狩人とか模倣する芸術家……のような、**もはや必要のためにポリスに住んでいるわけではない人々**をだ」。アーレントがギリシア語で引用しているのは太字の部分。

(2)「限界を踏み越えること」が「不正」を生み出し、それが「戦争発生の原因」である。プラトン『国家』373 d 10 sq. 参照。

(3) プラトン『国家』375 b 2-3.

(4) プラトン『国家』387 d 11-387 e 1. アーレントはこの部分をギリシア語のまま引いて、下線を施している。

(5) プラトン『国家』405 l-4.〔アーレントはギリシア語のまま引用し、それに自分でドイツ語訳をつけている。ここに訳したのはアーレントの訳文である——訳者〕

一九五二年六月

[19]

一九五二年六月、シュトゥットガルトにて

論理について。論理が弁証法になるのは、思考の孤独において常に対話が起こるからにすぎず、まさにその孤独では常にふたりだからである。話し合うこと（ディアレゲスタイ）としての対話では本来、強制は働かない。孤独のうちには、思考による対話の自由が存在する。他者との対話ではない**そういう**対話が弁証法的なのである。なぜなら、その対話では、そしてその対話においてのみ、**一つの**事柄に固執することができ、それによって、話し合うこと（ディアレゲスタイ）、つまり自分自身と徹底的に話すことによって展開され、そこに含まれている矛盾が示されるからである。**他者との**話はすべて常にすでに両者に共通のものに**ついての**話であり、それゆえ事柄にもとづき事柄そのものに入り込んだ話ではない。思考と話すこととの違いはまさにこういうことだ。すなわち、思考はある事柄を自分自身と徹底的に語ることであり、話すことは「**について**」話すことなのだ。どちらも語ることである！　「について」を避けようとすれば、他者を自分の思考へと強制することになる。そこには異質な思考の強制が発生する。その際、まさに私が他者と「について」という形で共有するものは捨て去られるのだ。間違った同化が強いられる。強制は、他者を自分の別の自我（Alter ego）として扱うところにある。「について」という形なしには、対話は成り立たない。「について」のうちには、われわれが世界を共通に**有している**こと、われわれが**一緒に**地球に住んでいることが示されている。

愛する者の言葉だけが「について」から解放されている。その言葉では、自分自身に語るのと同じように相手と語られる。なぜなら、相手はあくまでひとりの自分の相手であり、自己はあくまでひとりの自分の自己だからである。愛する者の言葉は、ふたりから同時に解放され、世界が多くの（未知の）人々と共有される「について」からも解放され、孤独の葛藤からも解放されている。（見捨てられた状態から愛が解放するということは一つの先入観である。現実に見捨てられた者は愛することができず、それは共通の世界で完全に自分を見失った者が愛することができないのと同じである。見捨てられた状態と共通世界で自分を見失った状態とのこの関係は、本来アメリカ的現象である。アメリカ人が愛することができないのはそのためだ)。

したがって、愛する者の言葉は自ずから「詩的」である。その言葉のうちには、思考し話し合うこと(ディアレゲスタイ)も「について」話すことも存在しない。その言葉において人間は、詩人がやるのと同じことをやるようである。彼らは語るのではない、話すのでもない。彼らは**歌う**のだ。愛においては、「無条件に襲った大胆な声、せめて歌うがよい」(リルケ)[1]ということは、誰についても言えることだ。

話し合うこと(ディアレゲスタイ)である弁証法が孤独な思考の形態であるように、純粋な推論形式である論理は見捨てられた思考の形態である。孤独な対話の相手である答える自己は失われ、いわゆる必然的な合致した正しいものの強制は、実は、——見捨てられた者には世界も他者も自分自身も神もないから——どこからも歯止めのかからぬ手のつけようもない自己破壊と世界破壊の過程なのである。

愛は世界の内部では持続しえないということは、孤独が持続できないというのと同じことである。どういう孤独も——現実に二つに分裂し、そこから懐疑も生まれる状態である——葛藤状態から、再び他者との共同に入り込み、他者によって一者になろうとするように、愛の純粋な歌も、他者とともに共同のものを分かち合う共同へ繰り返し入ろうとする。自己の相手は他者となり、——うまく行った場合には——隣人となることもある。

リルケが「満ち足りた者たちよりも」「はるかに愛すべき存在」[2]と見た「見捨てられた人々」は、**過程**としての愛の論理の虜となるが、その過程は「論理的思考」の過程と同じくらい破壊的である。

(1) リルケの往復書簡集 »Briefwechsel in Gedichten mit Erika Mitterer 1924/1926« の中の一行。ノート8 [19] およびその注 (1) を見られたい。

（2）『ドゥイノの悲歌』の「第一の悲歌」でリルケはこう歌っている。「おまえは妬みさえ感じるかもしれぬが、あの見捨てられた女たちは、満ち足りた者たちよりはるかに愛すべき存在であるのが分かるだろう……」。Rainer Maria Rilke, *Sämtliche Werke*, hrsg. vom Rilke-Archiv in Verbindung mit Ruth Sieber-Rilke, besorgt durch Ernst Zinn, Frankfurt am Main : Insel, Bd. 1 (1955), S. 686 を見よ。

［20］

ゲーテの「行為者は常に負い目がある」[1]という言葉は、すでに絶対的尺度はもはや存在しないという観点から述べられている。正・不正を人間との関係でのみ見れば、「蓼食う虫も好き好き」と言える関係の中に一切が姿を消してしまう。その上、どの人間もそこで生きているこの混沌たる関係の中で、不正でも起こったかのように、誰でも勝手に決めることができる。誰でも**実際に**傷つけられたことを見せさえすればいいのだ。そのほかに、いったい何が残っているだろうか。

（1）言われているのはおそらくゲーテの『箴言と省察』の「行為者には常に良心が欠けている。傍観者ほど良心のある者はない」という言葉であろう。ノート1［5］とその注（2）を見よ。

［21］

マンチェスターにて

この地球に住む限り、われわれが死ぬときに、つまり地球を去るときに、神を求めるのと同じくらい、互いに求め合うものだ。〔原文・英語〕

一九五二年七月

[22]　　　　　　　　　　　　　　　　　　　　一九五二年七月、**マールブルクにて**

帝国主義について。国家の掲げる**帝国**の理念である帝国主義は、国家が登場すれば必ず諸国家が生まれるという事情のために没落した。西洋による世界の「征服」も実際にそういう経過を辿った。ただし、それは本当の征服ではなく、征服民族への同化も不可能だったが、それは自国の法律を導入できなかったのと同じことであった。

この過程での本来の悲劇は、西洋が地球上で大躍進を遂げたのが、解決できなくなった民族問題の唯一の打開策は拡張しかなくなったときだった事実のうちにある。国民国家には国際政治を動かす可能性がないことが証明されたかのように、民族が地球上に広がった。それとともにヨーロッパは、本質的に単に民族的理念を輸出したのでは**なく**、国民国家の挫折の絶望的打開策としての「ナショナリズム」を――それが国家概念にもとづくものであることを願いながら――輸出したのである。それとともにナショナリズムの民族的段階が始まった。すなわち、さらに一歩進んで、民族が大地からさえ引き離され、荒廃した集団と化した人種が途方もないレベルに登場した。こうして民族―国家―領土の神聖な国家的三位一体は没落した。帝国主義の実験が挫折し、全体的‐全体主義的な脅威の兆候が現れている今日では、背後に民族が存在しない国家が存在している。住民によって外国の征服者から守られない領土は、国家によって組織されて守られるのでなければ、大地に「根ざして」いない。それは砂嵐が巻き起こる砂漠地帯である。

[23]

「**正義の戦争**」に対するシュミットの反論について。本来の難点は以下の点にある。アメリカ人の――「戦争を終わらせるための戦争」または「民主主義のため世界を安全にする戦争」ではなく――「正義の戦争」という捉え方は本質的に、「侵略戦争を侵略、平和条約違反、条約違反として犯罪とみなすこと」によって規定されているが、アングロサクソンの条約違反の捉え方は平和条約違反より重い。シュミットが断固としてやっているように、この問題を不明確にしてしまうと、「条約」や「平和」を、実際と異なる「(正当な) **原因** [causa (iusta)]」にしてしまうことになる。平和がイデオロギー化され、それゆえ現実性を失い、世界を平和にするのにもう明らかな危険も脅威も必要がなくなって初めて、平和が「原因」になるのだ。逆にシュミットは彼のやり方で、「正義の戦争 (justum bellum)」、つまり――真の宗教戦争は存在しえないから――全体主義的支配だけに可能なイデオロギー的な戦いを尺度にして、「不正な戦争」を礼賛するに至っている。そのようにして彼はすでに一九四五年以前に、ナチス擁護のためにすべてを逆転させていたのである。もともとの動機から切り離すと、『大地のノモス』には、今ではもうあまりお目にかかれない彼本来のナンセンスがある。(1)

(1) このメモは Carl Schmitt, *Der Nomos der Erde im Völkerrecht des Jus Publicum Europaeum* (Köln : Greven, 1950) の読解にもとづいている。「正義の戦争」に対するシュミットの反論については、同書の S.126 ff., S. 232 ff. を見よ。「侵略戦争は犯罪行為とみなす」という彼の主張については、特に »Kriminalisierung des Angriffskriegs im Genfer Protokoll von 1924«, S. 244 ff. を見られたい。

[24]

ゲーテ「運動や生成のうちには停止はない。自然は静止状態を呪う[1]」。

「無制限の活動はどういう種類のものでも、最後には破綻する」(*Maximen und Reflexionen* XXI, no. 461)[2]。

（1） この引用文はこの形では確認できなかった。しかし「それ［自然］のうちには永遠の生命があり、生成と運動がある……自然は停止を考えたことがなく、静止状態を呪ったのだ」という文章を参照されたい (Johann Wolfgang von Goethe, Fragment *Die Natur*, in : *Goethes Werke : Hamburger Ausgabe*, Bd. 13, S. 46)。

（2） Goethe, *Maximen und Reflexionen*, in : A. a. O., Bd. 12, S. 517 (Nr. 1081).

[25]

ハイデガーの「ひと」の分析それ自体は実に適切なものだが、その根本的な誤りは、「ひと」を「ひと」—自己という関係で見ていることである。しかし「誰でもない」とされる「ひと」(*Sein und Zeit*, 253)[1]に対立しているのは、誰でもいつもそうであるように、みな同じように不可欠な（アナンカイア）ものに束縛されている限り、(自己ではなく)「誰でもあるもの」である。「ひと」と対立するのは自己ではなく「誰でもあるもの」にすぎない。

（1） Martin Heidegger, *Sein und Zeit* (1927), S. 253, in : Heidegger, *Gesamtausgabe*, Bd. 2 (1977), S. 336.

一九五二年八月

［26］

一九五二年八月、パリにて

複数性について。複数性は、最も純粋な形では果てしなく続く数列に示されるが、根源的には事物の多数性ではなく、単独の者として生まれ、第三、第四と確実に続かせるためには二番目の者を必要とする人間の窮状のうちにある。事物の多数性に対して、数量は間違いなく「抽象的」である。完全に別物であるもの――瓶、机、椅子、木、花――を単純に**五**と言おうと思いついた者がいるだろうか。数列の本質的なものである数列の中で本当に続いているものも、この数列という「抽象概念」には全く含まれていない。最後に、**無限**に続く継続の原理が理解されうるのは、無限に続く人類をその根源とみなす場合だけである。数列のイメージはその人類の純粋に抽象的な記号にすぎない。つまり数はもともとは、われわれが事物につけることのできる単位ではなく、われわれが絶えず全く新たに生み出すものなのだ。それはわれわれが一番目として生まれ、二番目を必要とし、三番目を生み出す力をもっているからである。一番目から見れば、三番目で数列は無限に続くように見える――どの三**でも**また再び最初から始まるが、――それぞれの一が最初のものであるという原理は中断できないから、数列はいつも1＋2＝3だけにもとづいているからである。したがって、系列が二番目を求める限り、一のうちに無限の系列が実際に含まれているわけである。しかし、この生殖の起源において、数えられるか数え上げられるものは、数が抽象的単位に役立つ全くばらばらのもの――瓶、机、椅子、木、花の合計としての五つのもの――では決してなくて、（ハイデガーが似ているだけのものと区別して言う[1]）本質的に「同じもの」である。それは聖書の言葉では

「似姿として」と言われているものだ。この似姿であることを神による人間の創造に関連づけることは、西洋の神観念における最も深いがゆえに最も破滅的な擬人化である。われわれの似姿——われわれに「似たもの」ではないが、われわれと「同じもの」——としてわれわれの子供は生まれる。しかし神はまさに絶対的に「同じもの」でないものなのだ。擬人化によって、形而上学における**人間**についての破滅的なナンセンスが生まれた。神は人間とは異なる意味で一者として、つまり第二の神というものを許さない唯一の一者として考えられたから、——そして、複数でしか存在しえない人間の正反対のものとして考えるのが（それもなお一つの擬人化だが）、その考えが全く「正しいもの」だったから——、神に似せて創られた人間は知らぬ間に同じように、唯一の神に結びついた一者**である**人間となった。つまり擬人化は二重になっているのだ。1．いわば否定的な擬人化。人間の複数性に端的に対立したものの象徴としての唯一の神。2．事実上は人間の生殖の根本経験から生まれた似姿の規則に従って神が創造したと言われる**人間**。

われわれがひとりでいる場合には、あらゆる**思考**の必然的な対話的形態のうちに、つまり、われわれが漠然とした孤独の不安に包まれて現実にひとりで、単独であって、孤独のうちに**自分自身**と相克する両義的状態にあるところに、われわれの被造物としての複数性が現れる。もっとも、この思考には、つまり**自分自身**だけとともにいるときには、決して三番目には達しない。第三のものはわれわれだけでは生むことはできず、ふたりになってしか生むことはできない。数列が現実に無限に続く限り、三になって初めて数列も始まるのだ。

しかし、われわれの思考能力の分裂が示され、実際にわれわれの自己に対応する二が再び、神として擬人化されると誤解されることになる。自分自身との対話である思考において、神と語るのだと思うのだ。汝とよびかけられる神は、思考という自分自身との対話の相手を冒瀆的に絶対化したものにすぎない。

New York, Aug. 1952.

Zur Logik: Stalin about Lenin: "I was captivated by that irresistible force of logic in (Lenin's speeches) which .. thoroughly overpowered his audience. . . I remember that many of the delegates said: "The logic of Lenin's speeches is like a mighty tentacle which seizes you on all sides as in a vise and from whose grip you are powerless to tear yourself away; you must either surrender or make up your mind to utter defeat." I think that this characteristic of Lenin's speeches was the strongest feature of his art as an orator." (Speech Jan. 28, 1924. Quoted from Lenin, Sel. Works, vol. I, p. 33, Moscow 1947)

現代の宗教的危機と言われるものの決定的な事柄は、われわれがもはや神が誰であるかを「知らない」ということではなくて、あらゆる信仰の——当然の——崩壊において、われわれは神をどう**考える**べきかが分からず、決して分かってもいなかったことが明らかになっていることである。

(1) ノート3 [13] にアーレントは、ハイデガーの未刊の原稿から一つの文章を引用している。彼女はここでもそれを引いてよかったかもしれない。その注 (1) も見られたい。

[27]

戦争について。われわれは今日では、内戦は他の戦争以上に血なまぐさいのは確かだと思っている。こういう見方がいかに奇妙なものであるか、『国家』を読めばよく分かる。そこでプラトンは正反対のことを主張しているからである。すなわち、本来は同族者間の私闘にすぎないギリシア人同士の戦争は、野蛮人との戦争ほど残酷なものではない。野蛮人との戦争はいわば自然のものである。なぜなら、いずれも相手が赤の他人だからだ、とプラトンは言っている(第五巻四七〇B以下)。

言うまでもなく、現代の困難は、事実に反するこの古い同族関係という概念を、今日ではほかならぬ全人類に拡張しなければならないことである。そういう拡張を行うと、現に「同族」をして同族であることを保証するものであった外部の敵がなくなってしまう。地球人に対する火星人の攻撃の際には、プラトンの捉え方が、たちどころに復活することだろう。**完全な**赤の他人が前提される場合には、そういう捉え方が正しいからである。

[28]

一九五二年八月、ニューヨークにて

論理について。レーニンについてスターリンはこう言っている。「論理の不可抗力的な力によって［レーニンの演説に］心を奪われた。……それは聴衆を完全に征服した。……多くの代議員がこう言っていたのを覚えている。〈レーニンの演説の論理は、万力で締め付けて逃さない強力な触手のようだ。降参するか完敗する決心をするかしかない〉。こういうレーニンの演説の特徴が、彼の弁論術の最大の特徴だったと思う」。（一九二四年一月二八日のスピーチ。Lenin, *Selected Works*, vol.1, p. 33, Moscow 1947 から引用[1]）。〔原文・英語〕

（1） J. Stalin, »Über Lenin«, Rede auf dem Gedenkabend der Kremlkursanten, 28. Januar 1924, in: W. I. Lenin, *Ausgewählte Werke in zwei Bänden*, Stuttgart: Verlag Das Neue Wort, 1952, Band 1, S. 30–38, S. 32.

[29]

自由について。自由は複数性においてしか存在しえないこと、つまり人々が協力して生き、**行為する**限りで、人々の**間に**生まれる空間にしか、自由は存在しえないことを常に心にとめておかねばならない。行為だけが自由のカテゴリーに入るものだ。労働や生産（工作人）のうちに、自由があると言うのはまやかしだ。そういう考えは必ず「必然性のうちに秘められている自由」というたぐいの芸当に至りつく。（ばかげているだけに目立つのが Jules Vuillemin, *L'Etre et le travail* である[1]。労働は不可欠（アナンカイア）なものに、生産は既成のものに束縛されている。自由には、そういうものを求める必要は全くない）。

（1） Jules Vuillemin, *L'Etre et le travail : les conditions dialectiques de la psychologie et de la sociologie*, Paris : Bibliothèque de la philosophie contemporaine, 1949. アーレントは *Vita activa*, S. 339 f.（Anm. 48）でヴュイユマンについて詳しく述べている。

ノート10

一九五二年八月―一九五二年九月

一九五二年八月

五二年八月、パーレンヴィルにて(A)

［1］

［ドストエフスキー］『罪と罰』。「**道徳**」について。単に神学的‐形而上学的に言えば、殺人は最大の罪である。「道徳的」に見れば、すなわち「性格に関して」見れば、この小説の犯罪者は、ソーニャに窃盗の濡れ衣を着せて、彼女がさも泥棒のように見える状況を意図的に作り出すルージンであって、ラスコーリニコフでは**ない**。ドストエフスキーの意味では、殺人は生命に対する反逆であり（ソーニャによると大地を汚す罪だが、償うことができる。孤独から生まれたその罪は、ラスコーリニコフがソーニャを愛し始めた瞬間に、いわばそのリアリティを失ってしまう（彼には全く「別世界の」出来事のように見える）。しかし、たとえば立ち聞きのような人間世界の中の犯罪は許し難いものに思われるので、スヴィドリガイロフが、ラスコーリニコフは「ドアの陰で盗み聞きしてはならない、しかし自分のためなら……老婆を叩き殺してもいいんだ」と思っていると言うのは（II, 402）、間違いではない。ラスコーリニコフは、「何百万という人々」を［殺して］、しかもそれを立派な行為だと［考えている］」連中に比べれば、自分には人々に対して少しも罪はないと**依然として**思っている（II, 279）。そのため改心は、悔い改めでなくて**愛**であり、人生の「肯定」であり、世界への反抗を止めることである。純粋に人間的に言えば、ラスコーリニコフは間違っていない。老婆は「シラミ」であった。しかし、そうだとしても、そういう決定をくだす権利は人間にはない。(1)

（A）　パーレンヴィル（一九五二年から一九六七年までの間、休暇を過ごした土地）

一九五二年からアーレント夫妻はしばしば休暇を、ニューヨーク州北部のキャッツキル山脈の土地であるパーレンヴィルで過ごした。パーレンヴィルはアーレントにとっては、引きこもって仕事をする場所でもあった。クルト・ブルーメンフェルトに宛てた一九五四年八月六日の手紙にはこう書かれている。「私たちはニューヨークの夏から逃れるために毎年、ここに参ります。ご存じのように、ニューヨークの夏はひどいものです。仕事、散歩、水泳、緑、樹木、滝がたくさんある小川、岡、岩など、要するに私たちに必要なものはみなそろっています。何より静かなのが一番です。ニューヨークはここ数年、貴方の頃よりずっと騒がしくなりました。それも特に大型航空機のために、無性に閑静な場所に行きたくなることがよくあります」(*Arendt-Blumenfeld-Korrespondenz*, S. 104. およびノート17［27］の小詩を参照されたい)。──後年、アーレントはロスコー（ノート16［14］を見よ）や、一九六九年一〇月にはミネワスカのホテル・アンラーゲなどキャッツキル山脈の別の土地にも行っている（ノート26［59］を見よ）。

（1）　アーレントがどの版から引用しているのかは不明。該当箇所は F. M. Dostojewski, *Schuld und Sühne*, München : Piper, 1953, S. 563, 564, 653 に見られる。

［2］

［プラトン］『国家』第四巻。

四二七Dでは、三七二Aで未解決のまま残された主要な問題である正義（ディカイオシュネー）の問題に戻っている。正義はどこにあり、不正（アディキア）はどこにあって、両者を区別するものは何か。「何が両者をそれぞれに区別するものなのか、そして、幸福（エウダイモーン）になろうとする者が、すべての神々や人々が知る知らぬにかかわらず有していなければならないのはこのいずれであるか」(1)（三六七E参照）。

正義を見いだした者は人間の国も神々の国も必要としないように定められているから、問題はまたも回

3

Πολιτεία, Buch 4.

427 D: kommt auf die 372 A offengelassene Hauptfrage nach δικαιοσύνη zurück: wo sie sei u. wo die ἀδικία und was das die beiden voneinander Unterscheidende sei: τί ἀλλήλοιν διαφέρετον, καὶ πότερον δεῖ κεκτῆσθαι τὸν μέλλοντα εὐδαίμονα εἶναι, ἐάν τε λανθάνῃ ἐάν τε μὴ πάντας θεούς τε καὶ ἀνθρώπους, und ob derjenige, der im Begriff steht εὐδαίμων zu sein, sie (?) (sic?) erworben haben muss, wenn er auch allen Göttern u. Menschen verborgen bleibt oder auch nicht bleibt. (cf. 367 E)

Weiss wieder aus, da er ja nun den, der die Gerechtigkeit gefunden hat, so bestimmt hat, dass er weder die Macht der Menschen noch die der Götter nötig hat, ~~und~~ ist Gerechtigkeit auch in der absoluten Verborgenheit möglich; denn hat sie jedenfalls nichts mehr mit Politik zu tun. Sie ist Weltentwurf

避される。正義が**完全に**隠されても存在しうるとすれば、それはとにかくもはや政治とは無関係である。それは真理になってしまっている。

四二八B。正義の代わりに、知恵(ソピア)と思慮深さ(エウブーリア)が導入される。知(エピステーメー)の本質には、知は常に少数者だけのものであるということが含まれている。(エピステーメーはソピアと直接に同一視され、ソピアはエピステーメーに従ってできあがるのだ)。さらに(四二八E)事柄の本性には、理解や支配(アルケイン)のエピステーメーはごく少数の者に限られているということがあり、エピステーメーに応じてポリス**全体**が賢明(ソペー)であると言われる。理解と支配におけるポリスの在り方に関わるこのエピステーメーだけが、ソピアという名に値する(四二九A)。

四二九C「勇気とは一種の保持することだと言いたい[2]」。

四三〇Dでは、他のすべての探求の目標である正義に立ち返っている。話題を変えて、**思慮**(ソープロシュネー)について述べられる。思慮は知恵や勇気のように一部だけに与えられるものではなくて、あらゆる部分を調和(ハルモニア)させ、あらゆる部分に広まっている**合意**(ホモノイア)である(四三一E―四三二A)。

四三三B。**正義**(ディカイオシュネー)＝自分の役目(?)を果たすこと。これこそが、これまで考えたすべて「すなわち、節制(ソープロシュネー)、勇気(アンドレイア)、思慮(プロネーシス)(突然「知恵(ソピア)」ではなく?――アーレント)」に対して、ポリスに生じる力を与えるものであり、それが残っている限り、このすべてが生じた後もそれらを保存するものだからである[3]。――これが正義の**最初の**規定である。

判定する(ディカゼイン)こと(四三三E)。各人が他人のものを取らず、自分のものも奪われないということ。このための**正義**(ディカイオシュネー)。「他人のものでない自分自身のものをもつことと行うこと[4]」。――これが正義の**第二の**規定である。

四三九C。欲望に対する**理性的なもの**（ロギスティコン）の優位について。欲望が単に身体状態（パテーマク）であり、刺激を受けるだけであるのに対して、理性的思考（ロギスモス）は命令をくだすものである。これが、**支配する**（アルケイン）ことが理性的思考にふさわしい理由なのである。――四四一E。最後に、理性的思考に従うことを正義と同一視する（四四三B）、すなわち、魂のあらゆる部分が「支配・服従の関係において自分の役目を果たす」(5) ことになる。――これは最終的には、「多くのものが完全に一つのものになった」(6) 状態をめざすのである。

四四五D。哲学的な基礎づけという人間に理解できる形で**国家形態**の基礎づけを見いだそうとする試みの始めに、「**国家形態**も魂の在り方も各々五つだ」(7)。これはアリストテレスが受け継がなかったものだ。(1) 王制（バシレイア）＝「支配者たちの中にひとりだけ傑出して、ひとりだけが支配する」！ 第一人者（Primus inter pares）。これが君主制と異なる王制の根源的［意味］なのだ！ (2) したがって**貴族制**は「数人が傑出している」場合だ。この両者をプラトンは「同一形態（ヘン・エイドス）」としている。いずれの場合でも、彼は本来――ひとりか数人が――「支配者たちの間に（エン・トイス・アルクシン）」「差別（ディアペレイン）」の原理が成り立っている「支配階級」が存在することを前提としている。権力は支配階級にあるのだ。

（注） アーレントはこれ以下のメモで、ノート9で始めたプラトン『国家』の読解を続行している。用いられた版については、ノート9［10］注（1）を見られたい。

（1） Platon, *Politeia*, 427 d 6–7.

（2） Platon, *Politeia*, 429 c 5.

（3） Platon, *Politeia*, 433 b 3–c 1.「友よ、そのことがある仕方で実現されれば、各人が**自分の役目を果たす**ことが正義であるように思われる。私がどうしてそう思うのか分かるかね。――いいえ、言ってください。――つまり……私たちがこれまで見てきた**節制**、**勇気**、**思慮**のほかにポリスに残っているものこそは、**この三つのすべてに対し**

てポリスの中に生じる力を与えるものであり、それが残っている限り、このすべてが生じた後もそれらを保存するものだ……と思えるのだよ」。――太字の部分がアーレントがギリシア語で引用している部分。

(4) Platon, *Politeia*, 433 e 12–434 a 1.

(5) Platon, *Politeia*, 443 b 2.

(6) Platon, *Politeia*, 443 d 5–e 3.「……本当に自分独自のものを整え、自己を支配し秩序づけて、自分自身の親しい友となり、音階の調和を作る高音・低音・中音という三つの音のように、その三つの部分を調和させ、もしその間に何かがあれば、それもすべて結びつけて、**多くのものが完全に一つのものになって**……」。――太字の部分がアーレントがギリシア語で引用している部分。

(7) Platon, *Politeia*, 445 c 9–d 2.「国家形態が多様にあるように、魂の在り方もおそらく同じほど多種多様だろう。――いくつぐらいあるのでしょうか――**国家形態も魂の在り方も、各々五つだ**」。――太字の部分がアーレントがギリシア語で引用している部分。

[3]

[プラトン『国家』] 第五巻。

残りのすべての国家形態は悪い形態とみなされる。

「それらは別のものから導き出される」(四四九B)。つづき第八巻、五四三C。

[4]

思考について。「そして、われわれが両者を付き合わせて調べ、擦り合わせていけば、火打ち石から火花が出るように、正義を照らし出すことになるだろう」([プラトン『国家』] 四三五A)。

どういう思想でも思考に対する関係はこのようなものである。思想は常に、孤独裡の対話から生まれる火花なのであって、決して一つの過程の結果ではない。思想と思考との関係はその質に応じて、火打ち石を摺り合わせることと火花の出現との関係と多少共通したところがある。思想は決して「証明」されうるものではなく、火花のように生み出されうるだけである。

［5］

「プラトン『国家』」第五巻。

ひとりの人間のイメージで考えられた最高の国家は、すべての市民が（体のどこかが傷つくと、体全体が痛むのと同じように）、自分たちがひとりの人間であるかのように振る舞う国家である。しかしプラトンはそれを身体的に考えているのではない。彼は単に一にして一体であるものの原理、現に存在している複数性の否定として考えているにすぎない。

四六二C。「そうすると、ひとりの人間に最も近い状態にある国家が、そうだということになるのだろうか。たとえば、われわれの誰かが指をけがした場合、魂の支配者に一体となって服従し、身体全体と魂の共同体がそれを感じ、傷ついた一つの部分とともに全体が同時にその痛みを感じて、その人が指をけがしていると言うのである……」[1]。この一体としての在り方を強化するものが妻女の共有だが、それは各人がみな兄弟であり父親でありうるからである（四六三C）。さらに「個別化の原理」たる**財産**の廃止。家族の廃止は**外見だけ**であって、実際には、国家全体が家族と家族を支配する法律を模範として構成される。というのは、あらゆる争いが恐怖（デオス）と敬意（アイドース）によって防がれるからである。自分の父親にも乱暴しかねないのを敬意が防ぎ、乱暴を受けた者に他の市民が――「息子や兄弟や父親として」――味方するのを恐れるわけだ（四六五B）[2]。

四七二B。ソクラテスが横道にそれたことを責められて、再び正義の問題に戻る――さまざまな規定を見よ（四三三以下）。今度は、**実現**は可能かという問いが出される。

四七二D。これまでの話は一つの模範を示していたのだ。四七三［A］・「**言葉によって語られた事柄が行為のうちに実現されることは可能だろうか**」――言葉（レクシス）ほどには真理に執着しないというのが行為（プラクシス）の本性だからだ。（三七二E参照。そこには理想的ではないが善い国家が描かれている）。この問いに対する解答（四七三D）・「哲学者が〈王〉としてポリスを支配するか、現在王や権力者とよばれている者が哲学して、哲学とポリスを（王たること（バシレウエイン）と哲学すること（ピロソペイン）を）、すなわちポリスにおける権力と哲学を統一して、多くの人々の素質が現在のようにこの二つのどちらかへ別々に進むことが強制（アナンケー）によって禁止されなければ、ポリスにとっても人類にとっても災いの止むことはない」。……何よりも、王となる（バシレウエイン）準備をしないで哲学してはならず、その逆も許されないというこの結合は、本当はプラトンの哲学では根拠のないことだ。これは災い（カカ）を避けようとするだけのものである。プラトンの政治哲学の核心的箇所そのものが根拠にもとづくものではないのである。そこでは哲学が優先されることは自明のものとされている！

四七四C・「生来、哲学に熱中するとともにポリスの指導者たるにふさわしい人々がいるが、哲学に無関心で指導者に従うのが相応という人々もいる」。

（ドイツ語の能力と同じような**デュナミス**。特に四七六以下を見よ）。

四七八。**ドクサ**・知識（エピステーメー）と無知（アグノイア）との中間――ドクサの存在から、知識の存在と無知の非存在との中間に、存在と非存在の両方に与るものとして存在するにちがいない考えられるもの（ドクサストン）へ推論される世界連関は確かである。――四七八E。(3)

しかし、数々の美しいもの（ポラ・カラ）や数々の正しいもの（ポラ・ディカイア）といった**数多くの**人間的に存在している事物のすべては、美そのもの(アウト・ト・カロン)とか正そのもの(アウト・ト・ディカイオン)に関わるのでなく、大小が常に相対的にしか大小でありえないように、大きなものはより大きなものと比べれば小さく**も**あり、時に応じて別のものにも見えるように、この存在(エーナイ)と非存在(メー・エーナイ)との中間領域にある。こういう遠近法的なものの世界では、すべてが考えられたものであり、そこを支配しているのは**ドクサ**である。

(1) Platon, *Politeia*, 462 c 11–d 3.
(2) Platon, *Politeia*, 465 b 3–4.
(3) Platon, *Politeia*, 478 e 2.

[6]

「プラトン『国家』」第六巻。

哲学者の本性(ピュシス)について。四八五B・「常に存在して、生成消滅の中をさまようことのない存在(ウーシア)について明らかになるものを常に愛する」。したがって、哲学者が王となる(バシレウーシン)やたちまちにして、人々の関係を生成消滅の束縛から救うことが哲学者の課題となるだろう。

四八六A。「気宇壮大な精神を有し、時間**全体**と存在**全体**を観想する精神の持ち主が、人間の生命を重大なものと考えると思われるかね——そういう人が死を恐ろしいものと考えることもないのではないだろうか」。

哲学者は支配のためには努力しないことを理由に、支配するという哲学者の使命に疑念を抱く人たちに対して、「支配されることが必要な者は——患者が医者を［必要とする］ように——、支配を使命とする者に相談に出かけねばならないのであって、逆ではない」。四八九B—C.

（追放とか病身とかその他、活動的生活から遠ざける一連の好都合な外的事情を挙げた後で——自分自身が哲学へ召し出されていることについて。「私自身のことは言わなくてもいいだろう。ダイモーン[1]からの合図のことだ。というのも、それは私以前には誰にも起こったことはないからだ」。[四九六C]

（1） Platon, *Politeia*, 496 c 2-4.

[7]

［プラトン『国家』］第七巻・洞窟の比喩。

（転回の技術(テクネー・テース・ペリアゴーゲース)——！五一八—D）。

[8]

［プラトン『国家』］第八巻。

五四三C。話が横道へそれたが、四四九Bへ戻ることにしよう。

五四四D。「では……人間の性格の種類も、国家体制の種類と同じ数だけ存在しなければならないことを知っているかね。それとも、もしかすると、国家体制は樫の木か岩から生まれてくると思っているのかね。国家体制はそれぞれのポリスに住む者たちの性格から生まれるのである。……そうであれば、国家形態が五種類あれば、個々人の魂の形も五種類なければならない」[1]。（四四五D参照）。——国家形態は人間の共同生活の形態であって、樫の木や岩から発生したはずはない。人間の魂の基本的な在り方にのみ根ざすものである。プラトンが共同生活の基本的経験とは言わず魂の在り方について述べていることは、彼が――王が他の人々の間で傑出したもの、第一人者として特徴づけられる限り、君主制的貴族制の原理として――すでにモンテスキューの「優越(distinction)」という原理を考え出していただけに驚くべきことである。権力を独占する者としての王、つまり現実に**単独支配者**(Monarch)である王という概念は、プラトンと無縁な全く別の考察から生まれている。

西洋の伝統における二つの全く異なる政治との取り組みは、一方はプラトンによって、他方はマキアヴェリによって象徴されている。マキアヴェリが人間の本質に無関心であったように、プラトンは**権力**に無関心である。(マキアヴェリがすべての人間の悪意を「本性(natura)」だと言うのは、キリスト教を考慮して、権力問題への関心のために手がかりを獲得するためである)。

名誉欲がいわば優越をめざす悪徳となると、貴族制は**名誉支配体制**(ティモクラティアないしティマルキア)へ堕落する(五四五B)。次には寡頭制(オルガルキア)になり、その次は民主制(デーモクラティア)になり、最後には僭主制(テュラニス)に至る。民主制には民主的な者が対応し、[僭主制には]僭主的心情の持ち主が対応する(五四五C)。名誉支配体制は一種の軍制であり、寡頭制は金銭の支配であり、民主制は大衆の支配である。

五六二A以下。僭主制。「最も美しい国家体制と最も美しい人間……僭主制と僭主」[エウリピデスへの示唆。アイロニー(五六八A)――アーレント注]……それが民主制が堕落してできるものであるのはほぼ明らかだからである」[2]。寡頭制が金銭欲のために崩壊するように、民主制は自由への果てしない欲望のために崩壊する。(五六二B)。

五六四A。「……民主制以外の他のどういう国家体制からも、僭主制は生まれない。すなわち、最高の自由から最も野蛮な最高の隷属が生まれるように思われる」[3]。民衆指導者(プロスタテース)が僭主になるのだ(五六五D以下)。彼が不正をなさざるをえず、そのときには「敵によって殺されるか、僭主となって人間から狼になってしまうか」しか残されていない(五六六A)[4]。「彼ら」か「俺」かという恐怖や想像から権力欲が生まれる。僭主制における大衆のイメージ[五六九C]。「自由人への隷属という煙から逃れようとして、大衆は**奴隷たちの専制支配**という火の中に落ちてしまう」。僭主制=**奴隷たちの専制支配**。

(1) Platon, *Politeia*, 544 d 7-e 5.
(2) Platon, *Politeia*, 562 a 4-9.「こうしていまや、われわれには……最も美しい国家体制と最も美しい人間、僭主制と僭主[について述べること]がまだ残っている。……というのは、僭主制が民主制から変化してできることはおそらくほぼ明らかだからである」。
(3) Platon, *Politeia*, 564 a 7-9.
(4) Platon, *Politeia*, 566 a 3-4.

[9]

[プラトン『国家』]第九巻。「僭主的人間」。五七一A。眠りの中で解放される僭主的欲望から説明される。その欲望は本質的に**エロース**と同一視される。「そういう事情があるからこそ古来、エロースは僭主と言われている」[1]。つまり、僭主のモデルはエロースなのである。(五七三B)。そしてソポクレスへの示唆(?)[2]。「狂気に陥った人間、錯乱した人間は、人間のみならず神々をも支配しようと試み、自分が支配できると思う」(五七三C)[3]。狂人のように、僭主は神々と人間を支配しようとするのである。

(プラトンの詩人に関する議論、特に——彼の好きな詩人である——ホメロスに関して『国家』第一〇巻で展開する議論を読むと、そこでは哲学者は詩人に対して羨望を抱いているという印象をどうしても受けてしまう。ホメロスは現実の戦争をしたことがないとか、現実のポリスに法律を与えたことはないというような——議論の見え透いた性質は、プラトンが第九巻では自分自身に向けられた批判として、そういう批判に答えている、しかもホメロスにもぴったり当てはまる形で答えているだけに、驚くべきものである。「しかし……それは、それを見ようとする者や、見えるものに従って自ら国家を建設しようとする者のための**模範**として、天に存在していることだろう。**しかしそれが現にどこにあるか、今後実現されるかどうかは大した問題ではない**。というのは、彼が関わろうとしているのはそういう国家だけであって、他のどういう国家でもないからである」（五九二B）[4]。こういう羨望が実に明白になるのは、プラトンがホメロスはギリシアを教育してきたと言うときだが——六〇六E——、哲学と詩との古来の違いや対立を語るとき——六〇七C——、それはいっそう明らかになる。

五七四E。僭主的人間はエロースによって専制的に支配され、他の人々なら夢みるだけのような生活を送っている。

君主。**モナルコス**＝単独支配者は、ここで専制的なエロースについて言えば、**王**（バシレウス）ではなく僭主と同じだと言われている（上述参照）。五七五A。**僭主**は王の正反対なのである。五七六D。五七六A。僭主的性格。「一生、彼は決して誰かの友人となることもなく、常に独裁的であるか、ひとりの他者に奴隷として仕えるかであって、自由や真の友情を決して味わうことはない」。

五八〇D以下。三つの快楽（ヘードナイ）＝三種類の快感なのか喜びなのか。

(1)学ぶこと＝真理を見ること＝哲学者

(2)怒る＝闘争的＝名誉欲が強い

(3)欲する＝金銭欲が強い＝貪欲(5)

哲学者は(2)と(3)を両方とも欲情（ヘードナス）とよぶ。「……なぜなら、**強制（アナンケー）がなければ、彼はそのいずれも必要としないからである**(6)」。

すべてを支配するアナンケーについて言えば、哲学者は三種類について、三つの経験領域すべてを経験し、アナンケーを克服した唯一の人物である。五八二。

（これらについての言論（ロゴス）が――哲学者の――優れた道具である［五八二D］(7)）。

五九〇C。労働は不可欠なもの（アナンカイア）とつながりがあり、したがって欲望（エピテュメイン）や激情（テュモス）とつながっているとして、労働を軽視する根拠。「労働や手仕事への侮蔑はなぜだと思うかね。それはほかでもないが、最善のもののエイドスにとっては当人が本性的に弱くて、〈動物〉［＝衝動――アーレント注］を支配できず、もっぱらそれに従って、それへの奉仕を身につけることしかできないからである」。

五九〇D。支配される者にとっても有用な真の支配は、「それを自分自身のうちにもっている場合」、つまり支配者のもとにあり、したがって、自分自身を支配する者が善い支配者と一致する場合が最高なのである。善い支配者は他の人々においても、彼が自分自身で行ったこと、そして他の人々も本来行わねばならないことを行うのである。真の支配者は自己支配者として、**すべての人々が自己を**支配することを助けるものなのである。

（1） Platon, *Politeia*, 573 b 7-8.

（2） 言われているのは、クレオンによるアンティゴネへの判決に関するコロスによる注釈のことである（Sophokles, *Antigone*, Vers 781-800）。

（3） Platon, *Politeia*, 573 c 3–5.
（4） Platon, *Politeia*, 592 b 3–6.
（5） Platon, *Politeia*, 580 c 11–583 a 11.
（6） Platon, *Politeia*, 581 e 3–4.
（7） Platon, *Politeia*, 582 d 12.

［10］

［プラトン『国家』］第一〇巻。**デミウルゴス**。五九六A。エイドスとは、同じ名前でよばれる多くのものを表す一つのものである。（ゆえに、エイドスは**名称**（オノマ）に対応している。エイドスは名称の現実性（?）、真理（?）なのか）。どういう職人も、一つのもの（エイドス）をめざして多くのものを作る。しかし**デミウルゴス**は大地や天空だけでなく、道具や神々や、存在する万物のエイドスなど、すべてを作る。つまり人間にとってはどっちみち、常に一つのものを多様化すること——これが本当のミメーシス——しか残されていないが、その際、いつも一種の実在性の喪失が起こる、なぜなら、真理と実在性が同一視されているからである。これは次のようにして起こる。何らかのベッドは決してベッド**そのもの**ではなく、(1)真にベッドであるには足らず、(2)消えてなくなる、つまり実在性において劣る。ここにこそ、西洋における**存在と真理**との同一視の根元がある。

デミウルゴスが作りうるのは常に**一つのもの**だけである。なぜなら、二つのベッドを作ったとすると、それらがベッドであるためには、その両方に関わる第三のベッドが直ちに存在することになるからである。五九七C。

デミウルゴスはあらゆる存在者の本性（ピュシス）＝エイドスしか作り出さないから、本来は**本性製作者**（ピュトウルゴス）とよばれるべきものである。**五九七D**。

六〇二D。すべてが相対的である――大きなものはより小さなものに対して相対的に大きいが、より大きなものに対しては小さい――領域から逃れる手段が、測ること、数えること、量ることである。数学が優位に立つのはこのためである。それによって、「より大きいとか、より小さいとか、より多いとか、より重いというように現れるものが、われわれのうちで支配する」というのでなく、「計算するものや測るものや量るもの」――すなわちその尺度が支配することになる。

数え、測り、量ることによって、測定しながら、われわれは過ごしてきたわけだが、――本来はデカルトやカント以来だが、明白になったのはアインシュタイン以後――そういう尺度そのものは、われわれが知らない他のものと相対的であること、したがってその相対性が――これが最悪だが――すべてが他に依存し他と相対的関係にあるのを示していることが明らかになった。つまり、われわれはギリシア人から出発して、プラトンとともに逃れたと思っていた――より大きいと同時により小さいという――比較級に再び到達したわけである。

[11]

プラトンの定言命令。自分自身を支配するように、他者を支配せよ。自己支配にもとづく支配。自分自身以外には誰にも服従しないことは人間の威厳の一部であるという自負、確信。

一九五二年九月

五二年九月

〔12〕

マディソンは『ザ・フェデラリスト』でこう言っている。「しかし政府そのものは、人間本性についてのあらゆる考察すべき問題のうちでも、最大のものにほかならないのではなかろうか。もし人々が天使であれば、政府は必要ないだろう。もし天使が人々を統治することになれば、政府に対する内外からの統制は必要ないであろう(1)」。

政治は常に「当座しのぎ（faute de mieux）」**である**――なぜなら、人間は天使でもなければ神々に統治されているのでもなくて、物質的な必要や強制によって関係を結んでいるのだからである。さらに、人間は「本来は」自給自足であるように定められているので、孤立して生きることも共同して生きることもできないからである。

ギリシア的でないすべての政治哲学とプラトンとの決定的な違いは、プラトンが、少数の者は「天使」であり、「政府（government）」は不必要だと考えていたことである。少数の者たちは自分自身を支配しているから、彼らには支配は必要がないとプラトンは考えていた。プラトンによると、彼らに他の人々を支配させねばならない。そうでなければ、他の人々は自分のうちで飼い慣らしている「野獣」に引き裂かれるからである。

自己支配が、必ずしも悲観的でなく「肯定的な」あらゆる政治理論に浸透する。自己支配に対しては、本来は自己自身との契約であるルソーの契約論についてどうしても言わねばならないこと、そして彼自身が引用していることを言わざるをえない。すなわち、「自分自身との契約に縛られる者はいない」（*Contrat Social*, Livre 1, chapitre 7)[2]。

（1） James Madison in : *The Federalist Papers*, edited and with an Introduction by Clinton Rosstier, New York : New American Library, 1961, S. 322.〔原文・英語〕

（2） Jean-Jacques Rousseau, *Du Contrat Social*, Buch 1, Kap. 7 : »Du Souverain«, in : ders., *Œuvres Complètes*, S. 362.〔原文・フランス語〕

[13]

ルソーの「一般意志（volonté générale）」は、いかにして複数から単数を創りうるか——ルソーの言葉で言うと「群衆が統一されて政治体を構成する」（*Contrat Social*, I, 7)[1]という不可能な課題、つまり西洋のあらゆる政治哲学の根本問題のおそらく最も残酷な解決である。この解決を極めて残酷なものにしているのは、主権者がもはや単数か複数の自己支配者ではなくて、——「個々の人間（homme particulier）」に対立する「市民（citoyen）」として——いわば自分のうちに座を占めていることである。「一般意志（volonté générale）」が現実に自分自身の死刑執行人になるのだ。

（1） Jean-Jacques Rousseau, *Du Contrat Social*, S. 363　全文は以下の通り。「この**群衆が**このように**統一されて政治体を構成する**と、ひとりのメンバーを傷つければ、必ずその政治体を攻撃することになり、ましてや政治体を傷つければ、必ずメンバーに影響を残すことになる。このように、義務と利益は契約の当事者のいずれにも同じように助け合うことを強制する。その同じ人々が、この二重の関係のもとで、そこから生まれるすべての利益を一つにまとめようとするはずである」。

[14]

「法律なくして犯罪なし（Nullum crimen sine lege）」。事実、法律は犯罪より前からあり、「ローマ人への手紙」の言葉を借りれば、――律法によって、罪が生まれたのである。[1] さらに、法律は、起こりかねない犯罪のために存在しているのだと言えば、すでに人間の罪ある本性を確認したことになる。（ところでパウロは明らかに、ユダヤ法をヘブライ的に、律法が垣根として存在しない形で解釈している）。他方、法律なくして犯罪なしであれば、犯罪はそれ自体で存在するわけではない。

あらゆる道徳性はまさに習俗の法であり――「風習（mores）」の問題であって――それ以外の何ものでもない。それは悪の問題とは全く関係がない。道徳では善と悪が探求され、もちろん果てしなく多種多様な禁止やタブーなどが発見されたために、善や悪は存在しないと信じられた。もちろん道徳のうちに存在するわけではない。

（1） パウロ「ローマ人への手紙」二章一二節以下、三章二〇節以下、七章七―八節を見よ。

[15]

正義の戦争について。自由のための戦争しかありえない。自由だけがどうにか暴力と関係がある。正義の戦争は実際にはありえない。なぜなら、戦争の苦しみと戦争の内容が比較できるかどうかを人々が吟味しうることが前提とされているからだ。しかし、それは不可能である。そこにシュミットの重大な誤りがある。[1] 正義は法の内部にしかありえない。ところが、どういう戦争も法の外部で行われるのだ。防衛戦争でもそうである。そこでは法の垣根という——枠を踏み越えることが強制されるからだ。

(1) 言われているのはカール・シュミットのことである。ノート9 [23] とその注 (1) を見られたい。

[16]

「**一般意志** (volonté générale)」について。難点は、**ルソー**自身に自分が何を扱っているのか分かっていなかったこと、あるいは『社会契約論』を書いているうちに、自分がもともとどこから出発したのかを忘れたことである。「一般意志」を彼はもともとは**法の主体**として発見したのである。周知のように**法が一般的なものである**以上、法の主体は一般的なものでなければならなかった。このことは以下の文章で明らかになる。「社会契約によって、われわれは政治体に存在と生命を与えた。今度は立法によって政治体に運動と意志を与えることが問題である……その場合、人が決定権を有する事柄は、決定する意志と同じように一般的である。私が法とよぶのはこの決定行為のことである。

法の対象は常に一般的だと私が言うとき、法は臣下を政治体として、行動を抽象的なものとして考えており、決して人間を個人として、行動を特殊なものとしては考えていないと理解している」(I, 6)。[1]

ルソーが、特定の個別のことに適合するためには常にまず応用されねばならない法の内容から、立法者を推論しているのは明らかであるが、彼は神も自然も立法者として認めないから、彼には一般的なものが主体として必要である。そしてそれが「一般意志」なのである。——それは一般的なものに結びつく意志である。あらゆる難点が生まれるのは、彼がこの意志を「人民」と同一視するからである。

（1） Jean-Jacques Rousseau, *Du Contrat Social*, S. 378.〔原文・フランス語〕

[17]

権力は**意志**の相関概念ではないが、権力が分割不能であることについての先入観は、一方では、権力を意志の当然の相関概念と見る誤りから生まれ、他方では、意志が分割不能であることについての正しい理解から生まれる。権力分立における権力の分割可能性は、この最高の証拠であるが、権力は意欲する主体ないし主観的意志によって生み出されるものではなく、人々がともに行為するとき人々の**間**に生ずることの証拠でもある。

[18]

正義は常に「合意（consensus）」を前提としている。それゆえ正義は著しく政治的な概念である。犯罪者が明確にか暗黙裡にか犯罪を犯罪として判定する限り、つまり、人間社会では何が犯罪であるかについて犯罪者が裁判官と一致する限り、犯罪者に対する処罰は正義の一つの働きである。その「合意」が壊れれば、処罰は多数者の復讐や正当防衛や関心事、要するに、現代の心理学者や社会学者が説明するようなものになってしまう。なぜなら、彼らは知らずして、すでに「合意」とともに正義の可能性も消滅した挫折を踏まえて論じているからである。正義が測られ、正義のリアリティである尺度は――〈間の領域〉が自由の現実であるのと同じように――「合意」のうちに与えられるのであって、「合意」が壊れても「絶対的」な何かで代用することはできない。神の立法にも、聞いて同意し（最終的には）服従する人間が必要だったのだ。

常に（強者が正しいとは限らないが）結局は強者が正しいことになる戦争に認められる暴力の発動も、「合意」が壊れるか壊されたことを常に前提としている。つまり戦争は、いわば共通の了解事項（カテゴリー）としての正義がもはや存在しなくなった結果なのである。したがって、真の意味で実際には正しい戦争も不正な戦争も存在しない――正しい戦争は警察行動であろうし、不正な戦争とは犯罪であろう。

国際法は戦争においては、文明世界では諸国間の「合意」が壊れたとしても、手つかずのまま残っていなければならないという「合意」が各国にあることにもとづいていた。そういう合意がなければ、どういう戦争でも、国家の法によって確立されたシステムそのものにとっての脅威になったことだろう。言い換えれば、戦争は殺戮が起こらないように遂行されねばならなかったのだ。無防備の市民と軍隊との違いはそこにあったのだ。どういう戦争行為も、個人から見れば、自己防衛と見うるものでなければならなかった。無防備の者は敵ではなくなる。こういうことが(a)戦争の技術化によって、(b)国際政治に全体主義的な支配機構が登場したことによって変わってしまう。

そこから起こるのが、1．戦争がすでに大量虐殺になってしまった後での市民の殺戮であり、2．敵を犯罪者扱いすることである。しかしそのいずれも、第一次世界大戦後にすでに起こっていた。そこには、全体主義的支配形態とは独立の、変質した戦争問題が［存在していることが］示されている。全体主義政治形態はそういう変化に乗じるだけであり――また、そういう変化に乗じうる唯一の支配形態である。

[19]

考えることと**話すこと**。孤独裡の対話的な思考である限り、考えることは本質的に**疑うこと**（Zweifeln）である。懐疑には二（Zwei）が含まれていて、二つの可能性が絶えず対立しながら、いずれにも決定できないまま、その間で対話が交わされ、――プラトンの火打ち石を打ち合わせたように[1]――思考の火花が散る。懐疑が我慢できなくなって決定を放棄すれば、懐疑が絶望（Verzweiflung）になってしまう。絶望とは本来は、思考が思想に絶望するときのことである。不信感は懐疑や絶望とは全く関係がない。不信感は孤独な者の態度であり、人々の間で孤独である者の行動原則であって、決して孤独な者の気分ではない。

話すことは考えることではない。それ［話］は考えを伝え、話の**主題**（レゲイン・ティ・カタ・ティノス）は、話し合っている限り人々の**間に**あるものである。主題は人々の**間**に初めて登場する。思考は事柄**について**考えるのではなく、直接的な対格的関係で事柄そのものを考える。そのため思考は、行動にも似ているが、――行為とは異なる。話すことが思考に対応する行為なのだが、これは与格の関係でしか意味をもたない。

主体と客体の分裂や、そこから発生するすべてのカテゴリーでは、思考は話すことと同一視されるが、話の主題から与格的な関係は取り除かれ、主題は何事かについて話し合う人々の間にある〈間の空間〉から引き離されてしまう。そうなると、話の主題は孤立した対象になって、それに対して同じように孤立した主体が相対することになる。対象は〈間の領域〉での他の人々との関係を失い、――本来は思考の主体ではなく話をするはずの主体は自分自身との関係も懐疑も失ってしまう。そのように主体も客体も孤立してしまえば、それぞれがいつでも相手を支配することができる。

（1）［4］を見よ。

ノート11

一九五二年九月—一九五二年一一月

一九五二年九月

［1］　　一九五二年九月、パーレンヴィル(A)にて

思考は、われわれの知る唯一純粋な活動である。なぜなら、常に**とっさの思いつき**である思想は、決して思考活動の——種を蒔き刈り取った成果である穀物のような——本来の成果ではないからである。これは、思想や真理に一瞬示されるものはすべて電撃的に啓示されるという啓示宗教の真理である。成果として再生される場合には、思想は、突如明らかになった純粋活動の記憶を蘇らせる断片にすぎない。その場合、思想はそういう断片として「説明」をしなければならない、すなわち、思想には（思考の無限の対話ではなくて）何か**について何事かを**説明するという制約がある。こうして、説明することで、思想は孤独裡の思考から再び共同に参加することになる。

思考には対象がなく、それゆえ思考は純粋活動であるように、**愛**には**主体**がなく、愛は純粋なパッションである。この意味で現実の**情熱**(ライデンシャフト)しか存在せず、それが愛であって、その他のいわゆる「激情」はすべて欲望——オレクシス（衝動）——である。すべての主体—対象というカテゴリーは製作の経験から生まれているのであって、主体が対象を**作る**限り、対象を経験するのは主体だけである。その経験が圧倒的なものであったため、その他の経験も、哲学でには製作の経験を手引きにして解釈されることになった。人間(homo)は現実にもっぱら工作人（homo faber）だとされた。しかし、工作人である限り、考えること——すなわち純粋な活動も——愛すること——すなわち純粋な受難(ライデン)——も経験できない。

対象を現実に構成するのは工作人としての人間であるように、**主体**を構成するものは、衝動(オレクシス)にもとづ

く意志、それゆえ不可欠なもの(アナンカイア)を対象とする意志である。思考では製作が消え失せるように、愛にあっては意志は消え失せる。思考において「対象」が消滅するように、愛においては「主体」が消滅する。主体も対象も文字通り消えてしまうのだ。火や炎のイメージが繰り返されるのはこのためである。

(A) ノート10［1］注(A)を見よ。

［2］

キケロ『国家について』(カール・ビュヒナー編・一九五二年)(1)

第一巻一。「徳(virtus)」の分析と人間一般にとっての政治的なものの意味についての新しい分析によって、ギリシア人、特にプラトンとの違いを明確にすることから始まっている。「人類には共同の安全を守るために、自然によってこれほど大きな徳の必要とこれほど大きな熱意が与えられていて、その力は快楽と閑暇のあらゆる誘惑に打ち勝ったほどである」(2)。注目に値するのは、1.「徳」が個人ではなく人類(genus hominum)に必要として与えられていることである。つまり、人類の一部である限りで、個人は「徳」を有するのである。2.徳の必要は、「快楽(voluptas)」と「閑暇(otium)」の**誘惑**(blandimenta)に打ち勝つ力である。「閑暇」と「快楽」が並べられている！　そしてこの二つのものに人間は誘惑される。これはいかにもキリスト教的に響く！　それ自体が**道徳**になりえたキリスト教という**宗教**は、どれほどローマ起源のものであったことだろう。

「**徳**」について。第一巻二。「徳はもっぱらそれ自身を活用することにかかっている。そしてその最大の活用は国家の指導である」(3)。つまり、「徳」は他の何らかの活動の成果ではなくて、全く「それ自身の活用」のうちにある。最高の「徳」は国家の指導であるが、——どこかよそで獲得されうる最高の美徳が国家の仕事に必要であるというようなものではなく、それは政治的活動の外部にあるのではなくて、その活動と同じものなのである。

「**私的生活**（vita privata）」について。公的生活の残りものとして定義される——その逆ではない！「われわれが自由に使うように返してもらえるのは、祖国にとって不要なものだけである」（第一巻四）[4]。このためスキピオは、国家を家族から発展させることを拒否し（第一巻二四）、国家を「人類（genus hominum）」から展開している。これ以外のあらゆる政治理論では、私的なものから公的なものへの移行を説明するために家族が使われている。ここでは逆に公的なものから始めて、私的なものは残りものとして説明される！

第一巻七。「**新たに国を創設すること、あるいはすでに創設された国を守ること以上に、人間の徳**が神の意志に近づくことはない」[6]。つまり神々に最も近いものはもはや真理ではなくて、共同生活そのものであり、その中で働く「徳」なのである。

第一巻一三。これは神々はすべてのものに直接に関わっているからである。というのは、人間の「**故郷**（domus）」は「**神々と人間に共通の**住まいとしての世界全体」として定義されているからである。これは、巻末のプラトンから借りたスキピオの夢[7]よりはるかにローマ人の感覚にふさわしい。

（**カトー**はこう言ったそうである。「何もしていないときほど多くのことをしているときはなく、孤独裡にひとりいるときほど独りでないときはない（Numquam se plus agere quam nihil cum ageret, numquam minus solum esse quam cum solus esset）[8]」——孤独裡の思考する対話の純粋な活動の正確な記述。第一巻一七）。（哲学者への批判。「決して発見できないものを探求した」第一巻一八）[9]。

第一巻二五。諸規定――

「国家」＝「国民のもの」（王国を含む）――「国民」＝「法についての合意と利益の共有によって結合された民衆の集合」――「集合の原因」＝「無力であることよりも、いわゆる人間生来の群居性」（集合は不可欠（アナンカイア）なものから独立に起こるものであり、多くの人々がいるためにも起こることが、はっきり強調されている(10)）。

第一巻二六。「国」＝「国民の体制」

国家形態＝「**法にもとづく市民の共同体**（iuris societas civium）」（第一巻三二）

第一巻二七。「王国」。あまりにも多くの人々が「法」や「審議」から排除され、「正しい主人をもつことではなく主人をもたない」（第二巻二三(11)）ことを本質とする自由がない。

「貴族制」。「大衆」には自由がない。

「民主制」。「**身分の段階がない**から、**平等は不公平である**(12)」。

「王は敬愛によって、貴族は思慮によって、国民は自由によって、われわれの心を捉える……」――第一巻三五(13)。

第一巻三二。「**法律**」＝「市民の結合の絆」――「**法**」＝「法律と等しいものであるとき、市民の結合はどういう法によって保たれうるか(14)」。

第一巻四五。三つの体制のすべてが「国家」の基本要素を実現するという混合体制の主な根拠――「なぜなら、国家には**王に似た**卓越した**もの**があり、その他は**指導者たちの権威**に配分され、特定のものは**民衆の判断や意志**のために留保されるのが、正しいと思われるからである(15)」。「国家」の三要素とは、1．他のすべてより卓越した王に似た要素、2．権威を有する貴族的な要素、3．民衆の判断や意志、という三要素である。

ここで重要なのは、「国家」の体制［における］普遍的要素が、プラトンの場合のように私人のうちに求められていないことである。

（1）以下においては、カール・ビュヒナーによる Cicero, *Der Staat*（目録参照）のラテン・ドイツ語対訳の一九九三年版を底本としている。——アーレントが当時、ヤスパースの勧めでキケロの哲学的著作を読んだのは明らかである。一九五二年九月七日の彼女の手紙を見られたい。*Arendt-Jaspers-Briefwechsel*, S. 237.

（2）Cicero, *De re publica*, I, 1.〔原文・ラテン語〕

（3）Cicero, *De re publica*, I, 2.「徳は実践しなければ、一種の技術のように所有するだけでは十分ではない。技術は使わないときでも、知識そのものによって保持できるが、**徳はもっぱらそれ自身を実践することにかかっている。その最大の実践は国家の指導である**」。——太字の部分をアーレントはラテン語で引用している。［3］も見られたい。

（4）Cicero, *De re publica*, I, 4.「しかし祖国がわれわれを生み、教育を授けたのは、いわば養育料をもらおうと思うからでもなければ、単にわれわれの便宜に仕えて、われわれの閑暇のために安全な隠れ場と、休養のために静かな場所を提供するためでもない。逆に、われわれの勇気、才能、思慮などの最大最善の部分を祖国が自分の利益のために当てるためであって、**われわれが自由に使うように返してもらえるのは、祖国にとって不要なものだけである**」。——太字の部分をアーレントはラテン語で引用している。

（5）これはコルネリウス・スキピオ・アエミリアヌス・アフリカヌス・ミノル・ヌマンティウス——つまり「キケロが彼の対話の主要人物とした」スキピオのことである。ビュヒナーによると、スキピオのうちに「初めてギリシア的精神とローマ的精神との現実の融合が見られ、キケロにとっては自分の思想の最高の代弁者であった」。

（6）Cicero, *De re publica*, I, 7.〔原文・ラテン語〕

（7）キケロ『国家について』巻末の「スキピオの夢（Somnium Scipionis）」については、［6］注（1）を見られたい。

——「プラトンから借りた」というのは誤解にもとづく言い方である。キケロがプラトンの『国家』を手本にして、『国家について』巻末に「スキピオの夢」でプラトンの来世神話に比べられるような叙述の仕方をしていることが、おそらく考えられているのであろう。

(8) Cicero, *De re publica*, I, 17 に伝えられている〈カトーの証言によると、当然P・コルネリウス・スキピオ・アフリカヌスのものである〉この文章をアーレントは好んで引用する。——*Vita activa* の巻尾の重要な箇所（S. 317）では、「翻訳すればほぼこういう意味である」と言って、こう付け加えている。「外見上何もしていないように見えるときほど活動していることはなく、孤独裡に自分ひとりでいるときほど独りでないときはない」。後には『精神の生活』第一巻の題辞の一つとしてラテン語のまま引用している。

(9) Cicero, *De re publica*, I, 18.

(10) Cicero, *De re publica*, I, 25.「アフリカヌスは言った。〈それでは、国家とは**国民のもの**である。しかし、国民とは何らかの方法で集められた人間のどういう集合でもいいわけではなくて、**法についての合意と利益の共有によって結合された民衆の集合**である。**民衆が集合する第一原因は、無力であることよりも、いわゆる人間生来の群居性**である〉」。——太字の部分をアーレントはラテン語で引用している。

(11) Cicero, *De re publica*, II, 23.

(12) Cicero, *De re publica*, I, 27.〔原文・ラテン語〕

(13) Cicero, *De re publica*, I, 35.〔原文・ラテン語〕

(14) Cicero, *De re publica*, I, 32.「**法律が市民の結合の絆であり、法が法律と等しいものであるとき**、市民の条件が等しくなければ、**市民の結合はどういう法によって保たれうるか**」。——太字の部分をアーレントはラテン語で引用している。

(15) Cicero, *De re publica*, I, 45.〔原文・ラテン語〕

［3］

「もっぱらそれ自身を活用することにかかっている(1)（in usu sui tota posita est）」ものとしての「**徳**」につ

いて。「活用（usus）」は単に使用ではなく［キケロ『国家について』］第二巻一の「この人［カトー］には国事に携わった経験があった[2]」にあるような経験でもある。そしてそういう事柄における「才能（ingenium）」はカトーによると、「事柄の熟練や時の経過なしには（sine rerum usu ac vetustate）」ありえない。

第二巻。重要なのはギリシア人との違い［である］。第二巻一一「ギリシア人の著作のどこにも見あたらない**新しい**方法[3]（ratio nova）」。

しかも、1．プラトンの場合のように考え出された国家ではなくて、現存するローマの「国家」における理性の発見である。「徳はもっぱらそれ自身を活用することにかかっている」から、徳は過去の出来事の経験のうちにしか見いだすことができない。このためローマの簡単な歴史が語られる。その際——「ロムルスによって偶然または必然によってなされたことを原理に還元し、雑然と語るのではなく、特定の国に集中して議論する[4]」——［次の二つの「追記」の後の［↓］以下へ続く］

［原文では次頁に書かれ、矢印がついている追記］

これは、私が全体主義的な国家形態を絶対化するように見える理由を説明する、立派な題辞になるかもしれない[5]。——すなわち、たとえば「プラトン的に」最悪の国家形態を考え出すのではなく、「偶然または必然によってなされたことを原理に還元すること」。

［原文では次頁に書かれ、括弧に入れられている追記］

（**マルクス主義**は、偉大な伝統を使って新しい問題を解決しようとする試みであった。十月革命が二〇世紀の大きな希望だったのはそのためであり、その道も全体主義という、その時代の重大な幻滅に終わったのもこのためである。1．どういう道を採ろうとも、自由主義や保守主義の現実離れした態度ではなく現実に即して語る者は、最後には全体主義に行きついてしまった。2．偉大な伝統そのものがそこへ導いたからには、西洋のあらゆる政治哲学には根本的な誤りが潜んでいるにちがいない）(6)。

［↓］ロムルスが事実に即して、あるいは強制されたから、行ったことを原理に還元せよ、とあなたはよびかける。（すなわち、あなたはロムルスが単に行ったことか、彼を強制する理由を［われわれが］知っているもののうちに、真に政治的な意味を発見するわけだ。単なる事実も単なる因果関係にもそういう意味はない。そういう意味は、事柄の全体が回想において意味連関に呼び込まれて初めて生まれるのである。そのときその意味を求めて地上をさまようことなく、**特定の**場所、**特定**の「国家」においてその意味をつきとめたのだ）。

2．最善の状態を抽象的に確認することが問題なのではない。そういうことをやるのであれば、実例は要らない。そういうことではなくて、「理論や言葉が表現しようとするものが、どういう性質のものであるか」を認識すること（第二巻三九）、すなわち「国家の紆余曲折」（第二巻二五）が決定的である現実において認識することが重要なのだ。

3．随所に混合政体。

4．随所に。絶えず「徳のうちに」生きている政治家は、いわば哲学者より高度な生き方をしている。「閑暇」よりも活動が優れており、思考でなく統治こそ真に神聖な仕事である。

5．「……前者［ギリシア人］は言葉と学芸によって、……後者は制度と法律によって」（第三巻四）(7)。

戦争について（第二巻一七）。戦争権の本質は宣戦布告なしの戦争は不正で不敬だということである。

民主制について（第二巻二二）。「国家においては常に守られるべきことのために、最大多数の者が最大の力をもたないように[8]」。

専制支配について（第二巻二六）。専制支配者は野獣である。「自分と自分の市民との間に、いやすべての人類との間に、何一つ法の共有も、何一つ人間的結びつきも望まない[9]」者を人間と誰が思うだろうか。人間性とは「人間らしさ」――結びつきにおいて初めて生まれる人間らしさのことである。ギリシア人とローマ人との本当の違いがここにある。ギリシア人はポリスがあったにもかかわらず、それが何であるかを知らなかった。それはローマ人による新しい経験であって、すぐさま絶対化されることになった。「国家（res publica）」が他のすべての事柄より優先されるのはそのためである。

（注）このメモでアーレントはキケロ『国家について』の読解を続けている。ここで使われているカール・ビュヒナー訳の版については文献目録を見られたい。［2］注（1）を参照されたい。

（1）［2］のキケロ『国家について』第一巻二一の引用を見よ。

（2）Cicero, *De re publica*, II, 1.

（3）Cicero, *De re publica*, II, 11.「〈あなたたちは……新しい国民が生まれただけでなく、揺りかごの中で泣いているまでなく、すでに大きくなり、ほとんど成人になっているのが分かりますか〉。ラエリウス〈わたしたちには分かる。あなたが**ギリシア人の著作のどこにも見あたらない新しい方法**で議論を始められたことも〉」。――太字の部分をアーレントはラテン語で引用している。

（4）Cicero, *De re publica*, II, 11.

（5）こういう考察によって、アーレントは『全体主義の起源』に対する批判的見解に答えている。誰のことを言っているのかは分からない。――アーレントがキケロを使って自己弁護をしようとしていることは、この引用を自分の目的のために矢印をつけているところから明らかである。直接これに対応している箇所は公刊された著作には存在しない。

（6）ヤスパースへの手紙（4. März 1951, *Arendt-Jaspers-Briefwechsel*, S. 202 f.）とブルーメンフェルトへの手紙（14. Oktober 1952, *Arendt-Blumenfeld-Korrespondenz*, S. 68）を参照されたい。ここにスケッチされた考えは、アーレントの著作では、何よりも *Fragwürdige Traditionsbestände im politischen Denken der Gegenwart*（Wiederabdruck in : *Zwischen Vergangenheit und Zukunft*）に示されている。

（7）Cicero, *De re publica*, III, 4.

（8）Cicero, *De re publica*, II, 22.「……彼［ローマの最後から二番目の王、セルウイウス・トゥリウス］は全国民の総計から大勢の騎士を切り離したとき、残りの国民を五階級に分け、若者から高齢者を切り離し、投票が民衆でなく豊かな者の支配下にあるようにして、**国家においては常に守られるべきことのために、最大多数の者が最大の力をもたないように**配慮した」。――太字の部分をアーレントはラテン語で引用している。

（9）Cicero, *De re publica*, II, 26.

［4］

天才の問題について。天才的なものと創造的なものを同一視することによって、人間が神格化されたのではない。人間は最もひどい屈辱を受けたのだ。人間の創るものより人間のほうが原理的に優れている間は、人間は神に近かった。神の崇高さは、被造物よりはるかに偉大なものであるにちがいないから、その崇高さの本質は、被造物からは謎が解けないところにある。天才ではこれが疑わしくなる。創造的・神的な作品によって、作品を生み出した者が本当に作者であることが疑わしくなるのだ。しかし作者が作者でなければ、作者は自分の作品より劣ることになる。ここに屈辱があることに気づいたのは、私の知る限り、ヴァレリーだけだ。「**創造された創造者**。超大作を完成すると、作者は自分が望みもせず思いもしなかった存在を生み出したことが分かる。それはまさに彼がそれを生み出したからなのだ。自分の作品の息子になり、類似点やさまざまな癖、標石や鏡に写った像のような動かし難い特徴を、自分の作品から借り受けたように感じ、ひどい屈辱を覚える。そして、鏡に映る最悪のことは、自分があれこれと限定されているのが見えることだ」（*Tel Quel. II. Autre Rhumbs*, p. 149）[1]。〔原文・フランス語〕

（1） Paul Valéry, *Œuvres*, édition établie et annotée par Jean Hytier, Paris : Gallimard (Bibliothèque de la Pléiade), Bd. 2 (1984), S. 673 ; übers. B. Böschenstein (unter Einbeziehung von Varianten in : *Cahiers Hefte*, Bd. 1, S. 321).「優れた芸術家はこう言うのだ。自分が作ったこの作品、この驚嘆に値すると思われ、いわゆる天に昇る気分にさせ、その美しいところが研究の対象ともされるこの作品を、私だけは楽しめない！ 私がプランを練り、作品のあらゆる部分を考え抜いて完成したのだ。しかし、全体の直接の印象、衝撃、発見、最後には全体の誕生、多種多様な気分……このすべてが私には拒まれている。そのすべては、この作品を知らない人々、この作品とともに生きたことのない人々、停滞や暗中模索、襲いかかる倦怠感や偶然を知らず……出来上がったものを一挙に実現した輝かしい企てだと思う人々のためのものだ。山の上で石を一つ一つ積み重ね、大きな塊を作ってはその上にさらに重ねる。それを頂上まで積み重ねるのに五年も十年もかかった。それが一挙に、一瞬にして打ち砕かれるのだ」。Paul Valéry, *Windstriche : Aufzeichnungen und Aphorismen* (1959), übertragen von Bernhard Böchenstein, Hans Staub und Peter Szondi, in : ders., *Werke : Frankfurter Ausgabe in sieben Bänden*, hrsg. von Jürgen Schmidt-Radefeldt, Frankfurt am Main : Insel, Bd. 5 (1991), S. 203–277, S. 259. H. A., *Vita activa*, S. 207 und 356 (Anm. 44) 参照。

［5］

キケロ［『国家について』］（つづき）

僭主制について。「正義（iustitia）」なしに「国家（res publica）」は決して存在しない（第三巻、アウグスティヌス『神の国』二・二一からの引用）[1]。「僭主が存在するところには、欠陥のある国家でなく……明らかにいかなる国家も存在しないと言わねばならない」（第三巻三一）、なぜなら、「法の合意によって結ばれたものでなければ……国民ではなく」（第三巻三三）、そのため、僭主制では「大衆（multitudo）」しか残っておらず、そこでは「国民の**もの**（res populi）」＝「国家（res publica）」は形成されえないからである。[2]

第三巻には、**正義**についての議論が含まれているが、そこではローマ的な捉え方は、少なくとも発想において、ギリシア的な捉え方からきわめて隔たっている。しかもこのことは、ギリシア人の話をモデルにして作られた「悪魔の弁護人（Advocatus Diaboli）」の話で、ギリシア的な捉え方は異論の余地もなく、利益は不正な者の側にあり、「**正しい**（iustus）」**と**「**愚か**（stultus）」、「賢明と悪（sapiens et malus）」は同一だ（第三巻一九、Lactantius, *Divinae institutiones*, 5, 16, 5 13）[3] ということになることが示されるところに明らかである。ギリシア人は、「正義」という美徳は他人の利益のために尽くすことのできる少数者だけのものと考えて、この難点を切り抜けた（第三巻七、ノーニウス、二九九、三〇）[4]。しかしそれは、すべての者が等しく関心を寄せる**「正義」の本質**に反する。

第三巻七。プラトンとアリストテレス（Lactantius, *Epitome*, 50 [55], 58）[5] は「すべての者の共通の善である最高の徳は**少数者**にしかありえないとした」、もっとも、「人々のうちには、いかに卑しい者や乞食でも、正義に無関心な者はいない」[6]。――したがって正義は決して利益にもとづけることはできない。「このすべてを利益にもとづけるならば、善い人間が見いだされることはないだろう」（第三巻二六）[7]。

すべての徳のうちで「**正義**（iustitia）」だけは、「閉じこもり」「いわば沈黙した」[8] ものでなく（同所）、「外部を眺め、身を乗り出し、際立っている」（ノーニウスによる引用、三七三、三〇）。

さらに、悪魔の弁護人が言い立てるところでは、法律があるだけ多種多様な正義がさまざまな国に存在する。「正義」は「自然のもの（naturale）」[9] ではなく「政治的なもの（civile）」であり、「本性的に正しい者（iusti natura）」は存在しない（第三巻一二）。「正義」は他人の利益を考慮することだとすると、ある人の利益が他の人の不利益であるということを知っていなければならない（第三巻一二〔原文のまま〕、Lact. inst. 6. 6, 19 et 23 による）。正義は人々の間の契約の結果としてのみ生まれるのであって、契約が成立するのは、各人が他人をそれぞれ恐れることによってである。つまり「正義」は、「弱さ（imbecillitas）」から生まれるのである（第三巻一三）。(10)

第三巻一七。重要な議論。正・不正を誰が決定するのか。不正とみなされる正義はどうなるか。「お尋ねしますが、一方は最高に正しく……他方は著しく邪悪である……ふたりがいるとして、**国が間違って**正しい者を邪悪な者だと……考える場合」などには、「どちらを選ぶほうがいいか分からないほど愚かな者がいるでしょうか」。(11)

重要なのは、ギリシア哲学でもローマ哲学でもこの点について解答が与えられなかったことである。「真の法律は正しい理性であり、自然と一致し、すべての人に行き渡り、……永久不変である……、神であって、そのためそれに従わない者は「自ら自分から逃れるのだ」（第三巻二二）というキケロの答えは、再三繰り返されてきたが、すでにプラトンにある。(12) この答えが不十分であることは、『国家』と『国家について』のそれぞれの最後に示されている。そこでは「賢明と正しさ」が、単に考察の中で一般的に一致するのでなく、**現実に**一致する来世の世界が少なくとも試みに想定されざるをえない。〔来世を〕次に確保したのはキリスト教である。こういう「宗教（religio）」がローマ帝国でいかに必要だったかは、スキピオの夢から明らかである。(13)

しかし純粋にローマ的な結論はスキピオの夢には現れず、（アウグスティヌス *De civitate Dei*, 22, 6 による）第三巻二三に見られる。「正義」に関する難点は、「死の速さ（mortis celeritas）」のために私的生活だけでは解決できない。人間の生命が永遠であれば、不正な者はもうすでに刑罰を受けていることになろう、

(したがって、いわゆる来世観念も自然的生命の延長としてしか考えられていない)。(〔いわゆる来世観念〕がパウロでは、罪の報いである死において人間の生活へ移されたように!)。「**国家にとっては、死そのものが刑罰なのである**」。そして、国家は不正のために破滅する。「**国家は永遠に存在するように打ち立てられていなければならない**」というのは、国家は正義にもとづいていなければならないことを意味している。[14] こういう事情があるからこそ、ローマ人にとっては、人間が「国(civitas)」の永遠性にあずかる「公的生活(vita publica)」が優先されることになる。

(1) カール・ビュヒナー(詳細は文献目録の Cicero, *Der Staat* を見よ)は、Cicero, *De re publica* の断片的に伝わっている第三巻の冒頭に、アウグスティヌス(*De civitate Dei*, 2, 21)による要旨を引用している(S. 164 ff.)。アーレントが引き合いに出しているのはその要旨の次のような箇所である(S. 165)。「そのとき皆の要請によってラエリウスは正義の弁護を始め、国にとって不正ほど有害なものはなく、また大きな正義なくして国家は運営されることも存在することも決してありえないことを極力主張した」。

(2) Cicero, *De re publica*, III, 31, 33.

(3) アーレントがここで引いているのは、残っていない断片である。ビュヒナーによる補足説明を見られたい(a. a. O., S. 201)。ビュヒナーの「断片の配列について」という「あとがき」(a. a. O., S. 394.)も参照されたい。補足説明でビュヒナーは、キケロの『国家について』の再構成の「主要な根拠」であるラクタンティウスの *Divinae institutiones* を参照するように言っている。アーレントはその記述を引き継いでいるわけである。

(4) ノーニウスに伝えられたこの箇所は、ビュヒナーの訳では次のようになっている。「その美徳は他の何よりも他人の利益にすべて捧げられ、そこで発揮される」。

(5) *Epitome* は Lactantius, *Divinae institutiones* の抜粋である(注(3)を見よ)。

(6) Cicero, *De re publica*, III, 7.

(7) Cicero, *De re publica*, III, 26. ——この文章はすべてアーレントが後で書き加えたものである。

(8) Cicero, *De re publica*, III, 26.

(9) Cicero, *De re publica*, III, 11.「しかしお尋ねしますが、法律に従うことが正しい人間の義務であり、立派な人の義務であれば、どの法律に従うのでしょうか。どこにもあるすべての法律なのでしょうか。しかし、徳は無定見を受け入れず、自然は変動を受け入れません。法律は私たちの正義によってではなく、刑罰によって是認されるものです。それゆえ、法は自然のものを何一つもっていません。このため、本性的に正しい者などいないということになります」。

(10) Cicero, *De re publica*, III, 13.「……正義の母は自然でも意志でもなくて弱さである」。

(11) Cicero, *De re publica*, III, 17.

(12) Cicero, *De re publica*, III, 22.「**真の法律は正しい理性であり**、**自然と一致し**、**すべての人に行き渡り**、……あらゆる民族においてもあらゆる時代にも唯一の**永久不変である**法が支配し、ひとりがいわば共通の主人であり、すべての人々の支配者、すなわち**神**となる……それに従わない者は**自ら自分から逃れるのだ**」。——太字の部分がアーレントがラテン語で引用している部分。プラトンとの関連で問題にされているのは、〔『国家』〕51 c-e の箇所であろう。

(13) スキピオの夢については次のメモを見られたい。

(14) Cicero, *De re publica*, III, 23. アウグスティヌスによって引用されている箇所は次のとおりである（*De civitate Dei*, 22, 6）。「しかし個人はすぐ死ぬことができるので……最も愚かな者も感じるこれらの刑罰をしばしば逃れるが、**国家にとっては**、個人を刑罰から解放するかに見える**死そのものが刑罰なのである**。**国家は永遠に存在するように打ち立てられていなければならない**からである。したがって国家にとっては、死は必然であるだけでなく、しばしば望ましいと思う人間のような自然死はない。しかし国家が取り除かれ、破壊され、絶滅させられると、小さなものを大きなものに喩えると、この宇宙全体が破滅し崩壊するのに一種似ている」。——太字の部分がアーレントがラテン語で引用している部分。

［6］

［キケロ『国家について』］第六巻スキピオの夢。(1)「宗教（religio）」にとって本質的なことは、「……**だと信じること**（sic habeto）」、たとえば天国は存在すると信じることである。

この「信じること」——つまり意識的操作！——には、以下のようなことが含まれている。この世の生はあの世の死である——「生とよばれているものは死である（quae dicitur vita mors est）」（第六巻一四）、人間は「あの天球を守る（illum globum tueri）」という掟のもとに生きる（第六巻一五）、「自ら最高の神としてほかのものを包み囲む」（第六巻一七）(2)、単に人間的なものは軽蔑し、「常に天界を眺め、あの人間のものを軽蔑する」（第六巻一九）(3)、——しかしこういうことは、この軽蔑さえも、「国家（res publica）」のためにほかならない。なぜなら、国家抜きには、正義の問題の困難に関して正しくかつ「賢明（sapiens）」でありえないからである。事物の本質や真理への問いに手を加えるところに初めて、ギリシア人との断絶が完全に明らかになる。——死後の賞賛を保証する者がなく、不確実である以上、死後の賞賛では決して十分ではない（第六巻二一）。そこで——改めて固く「信じる」ことによって、神その他が導入され（第六巻二四）——永世不死も登場することになる。

ここで神が初めて、不動の起動者(4)としてではなく、永遠に自分自身を動かす者として登場しているのは注目に値する。「確かに、常に動くものは永遠である。しかし、あるものを動かしながらそれ自身他のものによって駆り立てられるものは、動くのを止めるとき生を止めるのは必然的なことである。したがって、自ら自分自身を動かすものだけが、自分から決して見放されないから、動くことを決して止めることがない。……したがって、運動の起源は、自分が自分自身によって動かされるものに由来することになる。……したがって、自ら自分を動かすものが永遠であることは明らかである……？(5)」。

（注）使われているCiceros *De re publica*, übers. von Karl Büchner のラテン・ドイツ語対訳版については文献目録を見られたい。〔2〕の注（1）も参照されたい。

（1）キケロ『国家について』巻末の有名な「スキピオの夢」は夢物語だが、その夢はこの世の人間的な夢であり、そこにはプラトンの『国家』の最後の来世の神話からの影響が認められる。キケロはアエミリアヌス・スキピオに、一つの夢と年長のスキピオ・アフリカヌスとの幻想的な会話を報告させている。アフリカヌスは、天国のある場所からカルタゴを指し示して、自分の政治的課題についてアエリミアヌスたちに教える。「キケロの最も個人的で最も生き生きとした哲学的仕事」（R・ハルダー）であるこの物語には、宣言、警告、約束、宇宙観、永世不死論などの要素が含まれている。アーレントの解釈にもほぼ合致したことだが、キケロはこの物語で同時代の人々に警告を発して影響を与えようとしたと考えられる。

（2）Cicero, *De re publica*, VI ,17.〔原文・ラテン語〕

（3）Cicero, *De re publica*, VI, 19.〔原文・ラテン語〕

（4）「不動の起動者」としての神という観念を、アーレントは「ギリシア的」と規定して、それを「ユダヤ教的創造神」と対比している（ノート14〔6〕参照。さらにノート1〔31〕のプラトン『政治家』からの抜き書きも参照されたい。哲学史的には、こういう神観念はクセノパネスに遡る。*Historisches Wörterbuch der Philosophie*, Bd. 1 (1971), Sp. 863 f. の Beweger, unbewegter という項目を見よ。

（5）Cicero, *De re publica*, VI, 25, 26.〔原文・ラテン語〕

〔7〕

労働について。

労働＝「国民のための政務（res populi）」から隔たった「私事に関する心配（cura privati negotii）」——キケロ〔『国家について』〕第五巻二！

［8］

ルソー『社会契約論』(1)

第一篇・主題・「私はまず絶えず……正義と効用が分離しないために、**法が認める**ものと**利益が命じる**ものとを結びつけるように努めことにしよう」(2)。〔原文・フランス語〕

第一篇第二章。「政治社会の最初のモデル」(3)である**家族**から始まっている。

第一篇第三章。「契約」の発生。「自分の力を権利に変え、自分への服従を義務に変えなければ、いかに強力な者でも、常に支配者でいられるほど強いわけではない」(4)。〔原文・フランス語〕

「力」そのものが権利を確立するものではなく、自然の「力」しか存在しないから、「生来の権威（autorité naturelle）」は存在せず、「**合意**（conventions）」にもとづく「正当な権威（autorité légitime）」が存在するだけである（第一篇第四章）(5)。

社会は「人民が人民になる**行為**（l'acte par lequel un peuple est un peuple）」によって成立する（第一篇第五章）(6)。この「行為」によって、個人にとっては「全面的譲渡（l'aliénation totale）」（第一篇第六章）(7)が起こる。その結果、いかにして個人は「全体に結びつきながら、自分自身にしか服従しない（s'unissant à tous, n'obéisse pourtant qu'à lui-même）」かという問題が生じる（同所）(8)。

この難点を解決するのが「**一般意志**（volonté générale）」であるが、これは（第一篇第六章に）初めて次のように登場する。「われわれはみな共同して、自分の身体と力のすべてを一般意志の至高の指令のもとにおき、全員で各メンバーを全体の不可分の部分として受け入れる」(9)。これが「ポリス（cité）」ないし「**国家**（personne publique）」である。

「国家（res publica）」も個人と同じように意志を有すると考えることだけが、ルソーの独創的な貢献である。こういう考えにルソーが到達したのは、**すべての者に**妥当するとともに**何者にも**妥当し**ない**という二重の意味での一**般性**という点で、すべての者に共通だが個人の意見の合計ではない「一般意志」の一般性に対応している**法**独特の問題によってである。こういう人間の作品である一般的な法には、それを作りだした主体が対応していないことを、彼が初めて認識したかのようだ。その主体を彼は「一般意志」に見いだす。

普遍的な法の源泉としての「一般意志」が、（ルソーによるとありえない）「自然法（ius naturale）」や神の戒律に取って代わるのだ。

第二篇第六章。「法の対象は常に一般的である」。「そのとき、裁定を下す**対象**は**裁定を下す意志と同じように**一**般的**なものである。私が法とよぶものはこの行為なのである。……法は……一般意志の行為であり、……法は意志の一般性と対象の一般性を兼ね備えている」[10]。「一般意志」がなければ、「人間に法を与えるためには神々が必要である（Il faut des dieux pour donner des lois aux hommes」（第二篇第七章）[11]。

（1）アーレントが使ったルソー『社会契約論』の説明は省かれている。彼女の引用は Jean-Jacques Rousseau, *Du Contrat social ; ou, Principes du droit politique* と照合したが、ドイツ語版としては Jean-Jacques Rousseau, *Vom Gesellschaftsvertrag oder Grundsätze des Staatsrechts*, (übers. von Hans Brockard [in Zusammenarbeit mit Eva Pietzcker] を使用した（いずれも目録参照）。（ ）内の頁数はドイツ語版のものである。

（2）*Du Contrat social*, I, S. 5.

（3）*Du Contrat social*, I, 2, S. 7.

（4）*Du Contrat social*, I, 3, S. 9.

（5）*Du Contrat social*, I, 4「自分の同胞に対する生来の権威を有する者はなく、力が権利を生み出すわけでもないから、人間の間のすべての正当な権威の基礎として残るものは合意にほかならない」(S. 10)。

(6) *Du Contrat social*, I, 5, S. 16.

(7) *Du Contrat social*, I, 6, S. 17.

(8) *Du Contrat social*, I, 6, S. 17.

(9) *Du Contrat social*, I, 6, S. 18. »Chacun de nous met en commun sa personne et toute sa puissance sous la suprême direction de la volonté générale ; et nous recevons en corps chaque membre comme partie indivisible du tout.«

(10) *Du Contrat social*, II, 6, S. 40 f. »l'objet des lois est toujours général«. »Alors, la matière sur laquelle on statue est générale comme la volonté qui statue. C'est cet acte que j'appelle une loi...des lois...sont des actes de la volonté générale...la loi réunissant l'universalité de la volonté et celle de l'objet.«

(11) *Du Contrat social*, II, 7, S. 43.

[9]　　一九五二年九月、ニューヨークにて

思考は不可知なものの領域で起こる。「自分が知らないということは知っている」や「学識ある無知(docta ignorantia)」は哲学の始まりではない。学識の終わりであり、学識や学識への意志そのものの**限界**である。自分は知っていると**信じている**「確信」、つまり宗教は、この意味では学識の継続であり、知るべきものが存在しないところへの学問研究の精神の継続である。それは神学――(本来は瀆神の業である)神についての学問である。同じ精神の申し子であるため、学問も宗教も同じように思考に敵対するものである。

というのは、思考は不可知の領域での人間の根源的活動だからである。これは、自分が知りえないところで、――最後の切り札として――**思考する**という意味ではなくて、知への意志と思考可能であることと

は根源的に同じだという意味である。しかし、知ろうと**望む**ところでは、思考することができない。そして思考するとき、もう全く知ろうと**望む**ことができないのだ。この意味で思考は知識欲を押し殺し、知への意志は思考する能力を根絶する。信仰においては、知ろうとする精神が不可知の領域を征服するのであって、論理においては学問の精神が、思考能力という、不可知の領域の中で現実に根源的に活動し方向を見いだす能力を破壊してしまう。

思考は知りえないから、知への意志の対象によって「限定」されない。したがって、思考は唯一の現実に「無制約的な」活動であり、自由の源泉なのである。信仰と——学問性全般ではなく学問の精神を不可知の領域へ転移させる——論理は、信仰は権威によって、論理は専制によって、絶えず自由を破壊しようとする。

一九五二年一〇月

[10]　　一九五二年一〇月

ハイネが *Zur Geschichte der Religion und Philosophie in Deutschland* の中で言っているところでは、**ニュートン**は「われわれが自然法則とよんでいるものは本来は存在するものではなく、それは一連の自然現象を説明するためにわれわれの認識力を助ける形式にすぎない(1)」と説明したそうである。それに関連するものとして、「自然に法則を定める(2)」カントを参照。

（1）Heinrich Heine, *Zur Geschichte der Religion und Philosophie in Deutschland* (1834), in: ders., *Gesammelte Werke*, 2, vermehrte und verbesserte Aufl., Berlin: Aufbau, Bd. 5 (1955), S. 197–340, S. 253.

（2）Kant, *Kritik der Urteilskraft*, B 313（§70）ではこう言われている。「理性は外部感官の対象の総体としての自然と関わる限り、悟性が一部は自らアプリオリに自然に定め、また一部は経験に現れる経験的諸規定によって果てしなく拡大できる法則を基礎とすることができる」。

［11］

孤立について。唯一の神は常に単独の人間を要求する。ユダヤ教では、単独の個人は存在しない——あるいは、単独の個人はほんのつけたしにすぎない——、なぜなら、唯一の民が唯一の神に対応するものだからである。キリスト教だけでなくあらゆる一神教において、すべての人間を見捨て、つまり見捨てられた状態に赴くように明らかに命令される個人が登場する。その状況は常に、あらゆる人々から見捨てられた人間が唯一の神と出会う死の状況と同一視される。その孤立の完全な孤立状態において、その人間はいわば神に匹敵する（Rüstow, »Vereinzelung«, in: *Festschrift für Alfred Vierkandt* 参照）[1]。

ハイデガーの被投性では、生誕はすでに死から解釈されている。なぜなら彼は孤立状態の死のカテゴリーを生まれることのうちに求めているからである。生まれるのはまさに人間からであり、人々の中にいる人間として生まれるのだ。

（1）Alexander von Rüstow, »Vereinzelung: Tendenzen und Reflexe«, in: *Gegenwartsprobleme der Soziologie: Alfred Vierkandt zum 80. Geburtstag*, hrg. von Gottfried Eisermann, Potsdam: Athenaion, 1949, S. 45–78.

[12]

孤独から孤立への転換。孤立から孤独への――一が二になる――ニーチェの転換のように、「孤独に身を委ねる者は、すぐ自分だけになる(1)」。

孤独―孤立について。最も早い(?)区別はエピクテートスの第三巻第一三章に見られる。「孤立(エレーミア)とは何か、孤立した者(エレーモス)はどういう状態にあるか(2)」。

孤立した者(エレーモス)は孤独な者(モノス)と区別されている。「というのは、孤独な者が直ちに孤立しているわけではないからである(3)」。孤立した(エレーモス)=救いのない(アボエーテートス)――救いがないという意味で見捨てられた――誰も助けに来てくれない状態。ゼウスは世界燃焼の後、孤独ではあったが、孤立していたわけではない。なぜなら、彼は**自分とともに**いることができたからである。――「自分だけとともにいることができる」。われわれも同じように、「自分**自身**とだけ語って、他人を必要とせず、生き方に悩まなく(4)」てもいいようになる。これによって、誰でも他の人々を必要としないことをめざしているという発想は、再び崩れてしまう。

(1) これはゲーテ『ヴィルヘルム・マイスターの修業時代』で竪琴師が歌う歌の最初の二行である。*Goethes Werke*: *Hamburger Ausgabe*, Bd. 7, S. 137 参照。

(2) Epiktet, *Dissertationes*, Buch 3, Kap. 13 の表題。――以下、本書は次の版から引用する。Epiktet, Teles und Musonius, *Ausgewählte Schriften*, griechisch-deutsch, hrsg. und übers. von Rainer Nickel, Zürich : Artemis & Winkler (Sammlung Tusculum), 1994, S. 108–115.

(3) アーレントの解釈に従って訳すと、「というのは、孤独な者はそのため直ちに孤立した状態にあるわけではないからである」(a. a. O., S. 109)。

(4) 全文を訳出すると(a. a. O., S. 111)、われわれも「自分に満足し、**自分自身だけで**[**自分だけと一緒に**]**いるこ**

とができるように心の準備をしていなければならない。ゼウスが自分だけと一緒にいて、自分自身に安らい、自分の支配の在り方を熟考し、自分にふさわしい考察に耽っているのと同じように、われわれも**自分自身とだけ語って**、**他人を必要とせず**、**生き方に悩まなく**てもいいようにしなければならない」。——太字の部分がアーレントがギリシア語で引用している箇所。［ ］内はアーレントの解釈に合わせた訳。

［13］

政治的に不可欠な孤独について。孤独の対話のうちに、私は**他者**、他在、関係（プロス・ティ）(1)の不可欠さを最も普遍的な形で自覚した。「他在」、他性そのものは、あらゆる事物のうちに与えられているように、複数性を指し示しているにすぎない。私が自分自身とともに**いる**ことによって、この他性を自覚できることは、私が他者として他の人々とともにあることの可能性の条件である。（これを「意識」とよぶと、まさにその政治的な示唆が見逃されてしまう。決して全面的に顕わにならず、明確に自覚されることもない「意識」においては、他性の質がまさにまたも**関係**を失って、いわば個別化されてしまうのだ）。「一」の不可欠性は決して孤独のうちに自覚されるのではなく、他者とともにのみ自覚されうるところに独特の逆説がある。私が現実にひとりであるためには、すべての他者が必要である。そして**他者**の不可欠性は再び孤独のうちにのみ、すなわち「自分ひとりでいること（to be by myself）」のうちにのみ自覚される。

この意味で孤独は共同体の可能性の条件であって、決してその逆ではない。しかも、共同体は自分ひとりでいることの可能性の条件なのである。

（1）「プロス・ティ」はアリストテレスの範疇論の第四のカテゴリーの意味での「関係」を表している。「タ・プロス・ティ」と言えば、これは何ものかと関係しているもののことである。»Kategorie, Kategorienlehre« および

»Relation«, in : *Historisches Wörterbuch der Philosophie*, Bd. 4 (1976), Sp. 716 あるいは Bd. 8 (1992), Sp. 579 f. を見よ。

[14]

マルクスは人間に威厳を回復するために、政治に歴史の威厳を与え、労働に生産性の威厳を与えようとした。そのことで彼は、すべてを台無しにしてしまった。——しかし、労働と歴史を**まさに**近代的問題だと考えたのは、彼が最初であった。

[15]

今なお消費は、労働生産物と製作の所産とを区別する最高の基準である。不可欠なもの（アナンカイア）に特有の緊急性が条件となって、労働が生み出すものはすべて**速やかに**食べ尽くされ、速やかな飲食が目標とされている。生産物が恒常的なものになればなるほど、その中にある工作人の性質が増していく。製作の所産も速やかに食べ尽くされればされるほど（アメリカ）、それだけ人間的活動の大きな領域を労働と、労働のうちに支配的である不可欠なもの（アナンカイア）への束縛が占めることになり、より多くの強制が世界中に広まっていったのである。

[16]

日が傾き
黄昏れる
夜には間があり

鳥が飛び
樹木は枝を張っている
まもなく冷たい風が吹き
夜とともに夢が訪れる(1)

(1) 最終行は「まもなく夢が訪れる」と修正されている。

一九五二年一一月

[17]

ブロッホの墓

丘の上の木の下に
沈む太陽と昇る月の間に
佇むのはあなたの墓
死の世界に入ると

一一月一日

太陽は沈み
月が昇る
空の下
地の上
天国から降りては
天国へ昇る
静まりかえったあなたの墓(1)

（1） 原文にはいくらか修正が加えられている。——ヘルマン・ブロッホは一九五一年五月三〇日にニューヘブン（アメリカ合衆国コネチカット州）で死去した。ノート4［11］とその注（1）を見られたい。一九五二年一一月一日のブロッホの六六回目の誕生日に、エール大学でブロッホ文庫の落成式が催された。Paul Michael Lützeler, *Hermann Broch : Eine Biographie*, Frankfurt am Main : Suhrkamp, 1985, S. 369 を見られたい。『思索日記』のこの詩の正確な日付から考えると、アーレントはその式に出るためニューヘブンに来て、その機会にキリングワースの小さな鄙びた墓地にあるブロッホの墓を訪れたものと思われる。

［18］

どう思われようと、私がフライブルクで一つの罠に入った（罠にかかったわけでは**ない**）ことは疑いがない。しかしまた、マルティン［ハイデガー］が知ってか知らずか、その罠の中にいて、そこに住みつき、その罠のまわりに自分の家を建てていたことも疑いがない。そのため彼をその罠に訪ね、罠に入る以外に彼を訪ねようはなかった。その結果、彼は再び独り自分の罠の中にいることになったのだ。(1)

（1）このメモでアーレントが述べているのは、一九五〇年二月―三月と一九五二年五月のフライブルクのハイデガー訪問のことである。ノート9［17］（と注（1））を見よ。ノート17［7］の「ハイデガー狐の本当の物語」参照。

［19］

ランケ「神の前では人類のあらゆる世代に、同等の資格がある。歴史家も、事柄をそのように判断しなければならない(1)」。

第一にキリスト者にとって、この文章は全くナイーブな途方もない冒瀆だ！　エンゲルスの「労働が人間を創った(2)」という命題では、人間が神の創造力を有するのと同じように、ここでは人間が歴史家としては神の判断力を有していることが重要なのだ。労働者や歴史家としては、人間が、自分自身の創造者や自分自身の判定者になっている。これこそが世俗化である。しかも――救済計画が進歩になるといった――**出来事**の世俗化ではなくて、神の属性そのものの世俗化という意味での世俗化だ。

ヘーゲルの「世界歴史は世界審判である(3)」を参照せよ。

（1）Leopold von Ranke, *Über die Epochen der neueren Geschichte : Historisch-kritische Ausgabe*, hrsg. von Theodor Schieder und Helmut Berding（= Ranke, *Aus Werk und Nachlaß*, Band II), München-Wien : Oldenbourg, 1971, S. 63.

（2）Friedrich Engels, *Dialektik der Natur*（1873–1883）では、「労働は……あらゆる人間的生活の最初の基本条件であり、しかもある意味では、労働が人間そのものを創ったと言わざるをえないほどである」となっている。*Marx-Engels-Werke*, Bd. 20, S. 444.

（3）フリードリヒ・シラーからの引用。彼の詩 »Resignation«, in : *Schillers Werke : Nationalausgabe*, Weimar : Böhlau, Bd. 2, 1, hrsg. von Norbert Oellers（1983), S. 403. Hegel, *Enzyklopädie der philosophischen Wissenschaften im Grundrisse*, in :

Hegels *Werke* (*Suhrkamp*), Bd. 10, S. 347 参照。

[20]

超越が脱落した結果。

1．あらゆるものがもはや神的なものや永遠的なものとの関わりがなくなっているため――もはや人間は神に関わりがなく、ベッドはもはや永遠的なもの、ベッドのイデア**というもの**には関わりがない――、あらゆるものがどういうものにも結びつけられる。あらゆるものが**他のもの**との関係においてしか存在しない。人間も他のものもそうであり、たとえばベッドは、椅子と異なるということで定義される。これは**根源的な**実体喪失である。

2．こうした関係の混沌に、機能概念が秩序をもたらすと言われる。あらゆるものは他のものの機能であり、あらゆるものは自分の場も意味もその機能の連関の中で受け取るわけである。

これが関係の混沌にもたらすものは意味では**なく**て、**運動**にすぎない。運動が実体の残余をすりつぶすのだ。

3．これは「価値」の問題ではない。われわれが失ったものは**尺度**である。

[21]

マルクス。経済学的に重要なのは、彼が商品の**価値**を、労働＝労働時間＝売却され投資された労働力によって規定し、商品の市場価値＝交換価値によって規定していないことである。そこには(a)物化され対象化され疎外された領域から、活動の根源である製作そのものへ遡る努力と、(b)生産者が出会い交換を行う正当な空間としての〈間の領域〉の否定がある。この空間は、マルクスには、生産の領域と比べれば二次的なものだと思われた。(c)使用価値だけが、根源的である点で、生産価値に匹敵するという密かな確信。彼の念頭に理想としてあるのは常に、自ら生産し自分で消費する独立した人間である。消費は生産と同じ主体の空間で行われる。交換だけが空間としての〈間の領域〉を前提としている。「交換‐価値」に対する軽蔑はここから生まれている。

ここで決定的なことは、価値が完全に発生から理解されることである。つまり、近代において価値が衰退したのは、人類の生産力が上がってあらゆる生産コストが下がったからだと考えることができるだろう。なぜなら、生産物の中には、死んだ労働が秘められているからである。

[22]

アダム・スミスは国民経済学のルターだというエンゲルスの論評と、『経済学・哲学草稿』(一八四四年)でのマルクスの解釈 (Gesamtausgabe, I, 3, p. 107)(1)。ルターが信仰を人間の中心的活動とし、信仰する存在として人間を定義したように、マルクスは**労働**を人間の中心的活動とし、労働する存在として人間を定義した。ヘーゲル派である彼は労働を**運動**とみなし、その運動を**歴史的運動**として理解した。すなわち、類存在(ないし人類)として彼にとっては労働活動の主体となった——それとともに個人としての人間は人類の運動の中に引き込まれた。それによって、その運動は、信仰がルターで有していた主観的・客観的制約を失ってしまった。信仰は神のうちに客観的制約があり、主観的には死のうちに終わりがあった。人類の労働としての活動によって動いていく主観性は本質的に無制約で無限のものなのである。

（1）マルクスによると、「エンゲルスが……アダム・スミスを国民経済学におけるルターとよんだのは正しかった。ルターが宗教ないし信仰を現実世界の本質と認め、それゆえカトリック的異教に立ち向かい、宗教性を人間の内的本質として外面的宗教性を止揚し、坊主の信者の心のうちに移し入れたため、信者の外部にいる坊主を否定したように、人間の外部にある人間と独立の――つまり外面的な仕方でしか維持され主張されない――富は止揚され、私有財産が人間そのものと合体されて、人間自身が一つの本質として認められ――しかし、それゆえ、ルターでは人間自身が宗教のうちに置かれたように、人間そのものが私有財産によって規定されることになって、富の外面的・無意図的な在り方は止揚される。それゆえ一見、人間を認めるもののように見えるが、人間自身がもはや私有財産の外面的在り方に対して外面的な緊張関係にはなく、人間自身が私有財産の緊張した在り方になってしまっている以上、労働を原理とする国民経済学は人間の否定の徹底的遂行にほかならない」。この引用は、一九三一年に初めてジークフリート・ランツフートによって他の原稿とともに出され（クレーナー・ポケット版 Karl Marx, *Die Frühschriften* の »Nationalökonomie und Philosophie«）と、アーレントが挙げている *Marx-Engels-Gesamtausgabe*（文献目録参照）の Erste Abteilung, Bd. 3 に »Ökonomisch-philosophische Manuskripte aus dem Jahre 1844« という表題で一九三二年に出版されたマルクスの遺稿のあるテクストからである（右の引用文はその遺稿の一〇七頁以下）。*Marx-Engels-Werke* ではこの原稿は Ergänzungsband（Erster Teil）に収められている。

ノート12

一九五二年一一月—一九五二年一二月

一九五二年一一月

［1］　　　　　　　　　　　　　　　　　　　　　　　　**一九五二年一一月**

マルクス。労働と労働力を同一視したことは、本当は経済学におけるマルクスの革命的功績であるが、**マルクス**にとっては、自然が自らを自覚する以上、他の諸力が自然に奉仕するように自然の力を**労働**として投入できるから、（自然自体は諸力の戯れとして理解されるが）自然力の戯れにおいて価値が認められる**力**として人間を自然界に導入したことを意味している（人間は自然の一部であるという常に繰り返される彼の断言を参照）。諸力の戯れにおいて意識を備えた自然力というのが、マルクスの人間観である。**労働**は彼にとってはこのことの別の表現にすぎない。人間は**意識に達した**自然なのだ。

［2］

ヘーゲル―マルクス。重要なことは、マルクスが哲学を放棄して経済学者となったことである。ヘーゲルが一切を流動化したのちには、常に変動するものの内部では旧来の「哲学的な」意味では、認識は全く不可能であり、そういう変動そのものの根元を把握する以外にすることはなく、その根元は労働という人間の力＝労働力を自然力の活動とともに与えられている変動の中に意識的、計画的に投入することだとマルクスに思われたのは明らかである。

世界を認識した哲学者たちについての、今や変革すべき時だ(1)という命題が意味しているのは、世界を認識しようとする努力において、哲学者たちは結局、世界の変革とともに世界の不可知性を認めたということにすぎない。われわれが――世界は絶えず変化するとともにわれわれの探求を逃れることを認める代わりに――世界を変革することによってのみ、われわれは世界の変動を支配することができ、認識することができる。その際、自明的に前提とされているのが、1．自分が**認識する**ものしか**所有する**ことはなく、それしか自分のものと言うことはできず、他のものの疎遠さから解放し救済することはできないということと、2．自分が認識できるのは自分自身で作ることができるものに限られるということである。それゆえ、労働は人間のための製作となり、労働力は人間的に意識された自然力として自然力を支配し自然を認識する手段となる。

（1）言われているのは、カール・マルクスのフォイエルバッハに関するテーゼの有名な第一一のテーゼ「哲学者たちは世界をさまざまに解釈してきたにすぎない。重要なのは世界を変革することだ」である。(»Thesen über Feuerbach« in : *Marx-Engels-Werke*, Bd. 3, S. 5 ff.)。

［3］

現代世界の記述と弁証法的発展において、マルクスでは二つの対極的に異なる発想が交差している。**第一に**、私有財産にすべての「責任」があり、弁証法的にすべては自ずから発展してきたという若い頃からの考え方。これが、私有財産を廃止して**労働**を人間の中心的活動として発掘するという意味でのコミュニズムに導く。**第二に**、彼が経済学者になり[1]、（見いだされたものではなくて）**労働**が富の源泉であり、「価値」を生み出す唯一の要素であるというスミスのテーゼを発展させるにつれて、彼は暗黙裡に、労働そのものが発展の中で人間の自己疎外を生み出すという結論に達した。これが人間を解放するためには、労働をできる限り排除すべきだというユートピア的な要求に導いたのである。
弁証法ではどういうことでも可能だから、これも、自然力すなわち労働力としての人間は、非人間的な自然力を克服し、自然としての自分から解放されて、純粋に人間になるという意味でもありえた。つまり——人間固有の力を失い、それとともに中核的な人間的能力を獲得するという意味にもなりえたのである。人間は労働する者から自然力の指揮者となるのだ。人間は自由になり——活動しない——余暇ができる。本来の人間的活動は労働の排除以後——哲学的思索（ピロソペイン）と市民として生きること（ポリテウエイン）以外に——どうなるかについて、彼は一度も述べたことがない！

（1）アダム・スミスについてはノート21［78］およびその注（1）と（2）を見られたい。

［4］
マルクス—ヘーゲル。ヘーゲルは哲学の自己完成の過程だとふつう考えられている。マルクスがそこに［ヘーゲル哲学に］哲学の自己否定を見たのは全く正しかった。

［5］
権力と暴力の違い——
1．暴力は測定し計算することができる。しかし権力は本質的に不測のもので計算できない。これが権力を「不気味」なものにするが、それがまさに権力に内在する人間的性質なのである。
2．権力は常に人間の**間に**発生するが、暴力はひとりの人間によって**所有される**ことがありうる。「権力を握る」と、権力を破壊し、暴力しか残さない。
3．上述のことから、暴力は常に具体的であるということになる。暴力が——強力な大隊のような——暴力**手段**と同じものであるのに対して、権力は行為そのものの中に生まれ存在する。権力はいつでも消えうるものであり、権力は純粋な活動である。
権力が暴力と縁を切った現代の実例はガンジーである。ガンジーは何かキリスト教的な意味での無力を説いたことはない。彼はインドの民衆の権力はイギリスの暴力とは無縁だと考えていたにすぎない。

［6］
思想ではなく思想の**論理**が大衆を捉えることを示すものとして、弁証法的マルクス主義のような複雑な思想が教養のない人々を捉えるのと同じような力で、人種といった「通俗的」観念が知識人を捉えることができたという事実にまさるものはない。知識人も教養のない人々も大衆となってしまい、論理によって動かされうるものとなったのだ。

［7］
マルクス。人間の本性（Natur）は若いマルクスにとっては単純に人間的自然（Natur）である（I, 3, 113）(1)。まるで彼はまだコスモスを信じているかのようだ！

（1）アーレントが言っているのは『経済学・哲学草稿』のことである。ノート11［22］の注（1）を見られたい。『草稿』では次のように述べられている。「自然とは人間の非有機的な肉体、すなわち、それ自体が人間の身体でない限りでの自然である。人間は自然によって生きることは、自然は、人間が死なないために絶えず作用し合わねばならない肉体であることを意味する。人間の肉体的・精神的生命が自然と連関していることは、自然がそれ自身と連関しているということを意味するだけだ。人間は自然の一部だからである」。*Marx-Engels-Werke*, Ergänzungsband. Erster Teil, S. 535.

［8］

ハムレットの「思うのは自由だが、その結末は思うままにはいかぬ[1]」――これは、カントのアポリアを最も簡潔に言い表したものだ。われわれの考えが「自由（ours）」なのは、われわれが独りで考えることができるからである。その「結末（ends）」が思うままにいかないのは、われわれが他の人々とともにしか行為できないからである。プラクシスについてのアメリカ的経験は、思想を分割でき、余すところなく伝えられると思わせ、思考を行為の過程の一部だと思わせる。これが順応主義へ導き、つまり思考停止へ導くのだ。というのは、思考と自分で考えることとは同じことだからである。思考についてのヨーロッパ的経験は、思考の「結末（ends）」をも自分のものにする――すなわち、他の人々を自分たちの考えるように考えさせ実行させること――つまり、一者による支配へと導く。一方では社会による思考の専制化へ、他方では現実の政治的専制へ導いたのだ。結局、この両者は一致する。

（1） William Shakespeare, *Hamlet*, Dritter Akt, 2. Szene, VS 210. »Our thoughts are ours, their ends none of our own«.

［9］

ヘーゲル。労働について。「祈り、働け。祈り、呪え。……**労働するとは**世界を**破壊するか呪うことを意味する**」(Rosenkranz, *Hegels Leben*, 543)[(1)]。

(1) Karl Rosenkranz, *Georg Wilhelm Friedrich Hegels Leben* (1844). Unveränderter reprographischer Nachdruck, Darmstadt : Wissenschaftliche Buchgesellschaft, 1971, S. 543.

一九五二年一二月

[10]　　　　一九五二年一二月

神は自分に似せて人間を創った——つまり、神は人間のプラトン的**イデア**なのだ。それゆえ、人間は神の命令に従うときも自律的である。それゆえ、神は人間がひとりの人間しか存在しなければ**単独の**人間がそうであるようなものなのだ。それゆえ、神はイデアであるとともに**単数の**人間の現実でもある。(これはすべてプラトン的だ。それにしても、創世記の思想とプラトンとの間のなんという崇高な類似だろう!)。それゆえ、**単独の**人間としての神は人間の人間的な(「超人的」でない)尺度である。それゆえ、十戒およびその他のあらゆる「啓示」よりもはるか昔に、創世記において、人間の**人間的な**尺度としての神が確立されていたのである。決して「作る」ことのできないベッド**という**イデアがなければ、複数のベッドを認識することも製作することもできないように、(現実に存在する人間のイデアとしての)神がなければ、われわれは人間を認識することも生み出すこともできない。

しかし**多くの**人間が存在するとたちまち、特殊な脱‐神的な領域が始まる。それはまさに神が創ることのできなかったものだ。この意味で一から複数性への移行は存在しないから、**つまり**複数性においては間の領域はイデア的でなく人間的で**しかない**領域として製作されるから、イデアによってそういうものとしては予見することも征服することもできない領域である。たとえば、ベッドの善し悪しは単数のベッドのイデアによって測られるものではなく、相互に比べることによって測られるのだ。どういう新しくてよりよいベッドも、先のベッドをベッドらしくないとは言えなくても、悪いものにする。

つまり神の審判としての最後の審判は、すべての人間が**単数の**人間のイデアによって、つまり彼らに本来唯一適合した尺度で測られるのである。

〈間の領域〉である政治の領域では、しかしこの考えの経過において「神的なもの」、イデア、絶対的尺度の混同があってはならない。そういう領域はもっぱら複数性によって**のみ**構成される限り、その領域には善し悪しはないが、「外部から」設定された尺度で測られるまでもない。「神」と本質的に異質なこの領域において初めて、神は外部から設定された尺度となるのである。

［11］

マルクスの根本的矛盾。労働が人間を作る——労働は人間を奴隷化する。このいずれも現実となった。

機械は多くの時間を解放し、**すべて**が労働にならない限り、あらゆる人間が労働から解放されうるだろう。

［12］

「**君がいることを望む**(1)」。君が本来の君のままであることを、君が君の本質通りであることを私は望むという意味ならば、――それは愛ではない。それは自分の正しさを証明するという口実のもとに、他者の存在をも自分の意志の対象としようとする支配欲である。

しかし、――君が最終的にどうなるとしても――、すなわち、誰も「生前には（ante mortem）」あるがままではないことを**知り**ながら、それで結局、正しかったことになると**信じ**ながら、君がいることを私は望むという意味でもありうる。

（1）アーレントへのある手紙（一九二五年五月一三日）の中で、ハイデガーはこの文章をアウグスティヌスからの引用だと言っている。「ある時のアウグスティヌスの言葉によると、愛する（amo）とは、君がいることを望む（volo, ut sis）ことだ――つまり、君がいることを、君のあるがままを望むことだ」（*Arendt-Heidegger-Briefe*, S. 31）。アウグスティヌス事典編集部の情報によると、この引用文はこのままの形ではアウグスティヌスには見いだせないということである。意味から一つの典拠と言っていいものが、Augustinus, *Sermo Lambot* 27, 3, in : *Patrologiae cursus completus, Series latina* (Migne). *Supplementum*, Vol. II, Paris : Garnier, 1960, Sp. 832-834, Sp. 833 に見られる。アーレントにとって、この文章は生涯、大きな役割を果たしている。これについては、*Arendt-Heidegger-Briefe*, S. 269 f.を見られたい。

［13］

思考（孤独）について。考察と区別して追想が沈思黙考として結局は、神だけに関わるものとされたのは偶然ではない。

神は事実、**それについて**考察することの不可能な唯一のものである。神学は神について考察を試みる。

それによって神学は、あるものについて語るという形の結果に到達する。すなわち、神学の対象は**他者**〈神についての述語〉に関して、そして他者との関係で、つまり対象ではないもの（たとえば人間）との関係で論じられる――あるいは考察される。それとともに、神は、人間が**それについて**合意している〈**間の領域**〉に引き込まれる。なぜなら、〈間の領域〉には共通の――つまり**分離するとともに結合する**――世界があるからだ。したがって、神学は本来はほぼすでに本質的に政治の中にあるのだ。

追想は、考察では前提とされている〈間の領域〉を破壊する。したがって、追想は実は反‐社会的な思考、他の人々から独立し、**しかも**それぞれに〈間の領域〉において必然的に規定され限定されている「**他者**（alter）」から独立した思考である。述語や関係において思考しない以上、それは本質主義的思考である。純粋な**信仰**はそういう**思考**をするものだ。信仰は〈間の領域〉から独立しているから、これも〈間の領域〉を突き抜ける**愛**に対応し、一瞬の接触の後に燃え尽きる。信仰と愛が非政治的であるのは、いずれも〈追想という形で〉〈間の領域〉を全く知らないか、一瞬にして突き抜けるからである。

こういう追想は実を言うと純粋に「観想的」である。考察は常にすでに実践的であり、行為の別の側面にすぎない。孤独のうちに営まれる考察はすべての他者や他のあらゆるものを前提としている。したがってその本質的なカテゴリーは、区別の基本的手がかりである差異（アロテース）にほかならない。

追想または沈思黙考は孤立の唯一つの積極的側面である。その限りで、孤立が積極的なものになれば、それは本質的に宗教的なものとなる。強制的―必然的なものの空虚に対応するのが、神についての思考である。すなわち、孤立の状況**にあっては**、沈思黙考しか救うものはありえない。（これが実は、**ハイデガー**の問題の解決である。彼は――孤独ではなく――孤立を創造的なものとした。大きな魅力があるのはそのためだ）。愛そのものは――すなわち、愛が子供や共通世界の建設において、それ独特の〈間の領域〉

14

Zum Denken (Einsamkeit): Es ist kein
Zufall, dass an-denken, im Gegensatz
zu über-denken, als Andacht ursprüng-
lich nur auf Gott bezogen wurde.
Gott ist in der Tat das Einzige, worüber
ich nicht denken kann. Über Gott zu
denken versucht die Theologie. Dadurch
kommt sie zu Resultaten gemäss
dem λέγειν τι κατά τινος -- ihr
Gegenstand wird im Hinsicht auf ande-
res (seine Prädikate) und in Bezie-
hung auf anderes, das nämlich es
er nicht ist (also z. B. der Menschen)
abgehandelt, oder über-dacht. Damit
wird Gott in den Bereich des Zwischen
gezogen, über den sich Menschen ver-
ständigen, weil in ihm sich die ge-
meinsame -- also die trennende
und verbindende -- Welt befindet.
Daher sind Theologen eigentlich fast
allein zu Definitionen in der Politik.
Das an-denken zerstört das Zwischen,

を生み出さず、(あたかも愛は始まりが作り出されるためにだけ必要であったかのように) まさにそのために没落する限りでは、愛が現実に残すものは追想にすぎない。決して友情その他ではない。愛には共同が存在しないが、それは、共同の領域である世界がまさに愛において使い果たされるからである。愛から共同のものとして現れるのは子供だけであり、子供は愛の終わりとなる。リルケの言う見捨てられた人々(1)は現実に、愛を**求める**唯一の「愛する者たち」である。彼らは追想の中にのみ生きている。愛または沈思黙考を望むなら、あらゆるものとすべての人々を見捨てなければならない——つまり、見殺しにしなければならない。

(1) リルケの言う「見捨てられた人々」については、ノート9 [19] とその注を見よ。

[14]

見捨てられた人々の積極的活動としての追想。私が思考するものは常に、現存して**いない**もののことであり、考察するものは常に、現存していて処理可能なもの**について**である。**考察**が取りかかるのは、行為(?)または製作(?)のための準備である。

追想という形で考える場合には、そういう仕方で考えられたものは、現存する場合でも、すべて遠ざけられる。**考察**という形で思考する場合には、自分が対象を奪い取ろうとしていることを示している。西洋思想はいつも、世界の異質性、世界が異なるものであることを投げ捨てようと努めている。世界は自分のものであると考えられているかのようだ。底知れぬものとして残されたものは「裸形の」存在であって、これは**考察**という形では考えられないものであり、自分のものになしえないものである。追想では異質性が残っているため、現在が現れると、それは必然的に**一瞬**のうちに**外部**からの開示となる。それとともに、追想が本質の**現存**を経験することができるかのように見える。それは追想が本質（Essenz）を個別的にわがものとすることを諦めたかのようである。そういう本質の現存性をハイデガーは現成（Wesen）とよぶ。

［15］

権力について。ギリシア人は客体化された力として考えていなかった。デュナミスはいつでも**能力**である。力が問題となるのは、直接的で自明的な支配がもはや存在しなくなったときである。奴隷制ではどういう自由人でも他の人々を支配していた。それは本質的に各人の**自由**の定義であって、彼の力の定義ではない。あらゆる人々が原理的に自由である場合に初めて、問題が生じる。それはマキアヴェリにおいてのことだが、それは彼がほかならぬキリスト教徒だからである。

ヘーゲルで初めて、キリスト教が要求していたことが（？）、他の人々を抑圧する者は自由ではありえないことが——主人と奴隷の弁証法において(1)——「証明」される。これは自由概念の革命的転回である。それによって政治一般が初めて可能になる。

アリストテレスは『政治学』一二五二b三〇で言っている。「［ポリスが］発生したのは、それ以外の仕方では生きることができなかったからである。しかしそれが**存在しているのは**、それ以外には善く生きることができないからである」。つまりポリスは**発生**においては動物的必要にもとづく（人間は動物（ゾーオン）である）。それが存在しているのは、人間が「ロゴスを有する（ロゴン・エコン）＝ポリスの（ポリティコン）」動物であるからである。

マルクス。「ロゴスを有する」動物を「労働する」（＝生産する）動物に入れ替えると、どういうことが起こるか。マルクスは「理性的動物」という定義の動物であるという点を疑ったことがない。労働という概念によって、彼は人間特有のものを動物的なものと直接に結びつけようとしている。すなわち、言い換えれば、**自由**を必然から導き出そうとするのである。（ヘーゲルのように、必然は本来、自由から導き出されていた）。

それとは異なりギリシア人は、必然を「理性的」または強制的に支配することから自由を導き出していた。これが、ロゴスが暴君的になる理由の一つである。すでに敗れ去り、屈服して被征服者になってしまっている、下にあるもの（ヒュポケイメノン）を、ロゴスはわがものにするにちがいない。善く生きること（エウ・ゼーン）＝自由のうちに生きること＝不可欠なもの（アナンカイア）を暴君的に支配すること。

（1） G. W. F. Hegel, *Phanomenologie des Geistes,* Kapitel IV A : »Selbstständigkeit und Unselbständigkeit des Selbstbewußtseins ; Herrschaft und Knechtschaft« を見よ。

[16]

哲学に占める政治の位置は何よりも、プラクシスはテオリアよりも真理から程遠いものだ、というプラトンの言葉によって規定されていた。その言葉には、(a)われわれが自分の行為の主人であることを妨げる複数性の経験と、(b)行為によってではあるが、われわれが支配する活動であるテクネーの経験が言い表されている。そこから行動の領域でのテクネーの過大評価が生まれる。

[17]

プラトンについて。重要なことは労働と不可欠なもの（アナンカイア）とをはっきり区別することである。不可欠なもの（アナンカイア）

は奴隷の領域であり、獲得術（テクネー・クレーマティケ）の領域である。これは他のすべての有用なテクネーに単に付け加わるものであって、魂（プシュケー）の中では欲望（エピテューメーティコン）に対応する。欲望は必然的なものによる強制では**ない！** 欲望はむしろわれわれの言う「意志」に似ているが、意志という能力は「主観的には」考えられないで、欲望の対象のほうから考えられている。――欲望が**魂**の「部分」であり、製作または**獲得**によって満たされる――それゆえ全く対象に依存する――のに対して、労働を必要とする飲食や居住の「本能」は**身体に属するもの**であって、**消費**によって満たされる。

[18]

法律について。

「lex（法律）」は「legere（派遣する、任命する）」から、――ノモス（法律）はネメイン（配分する）から、――Gesetz（法律）は setzen（設定する）からできている。

指示とちがって法律は常に普遍的であり、それゆえ服従させるためには、解釈＝自由な適用と理解が必要である。指示だけでは、特定の命令である。

アウグスティヌスが「法律は自由意志によってのみ実現される(1)」と言うのはこのためである。

しかしアリストテレスは、「法律は習慣以外の力では実行されない」と言っている（『政治学』第二巻八章(2)）。

フォスターは（*Plato and Hegel*, 136）「法律には積極的な要素が不可欠だという説は、人間における意志という能力を示唆しているが、その説はさらに、人間にとっての最高の法は神の命令だが、最高の法は神の**意志**から生ずることを本質とするという説に含まれる(3)」と言っている。

（1）〔原文・ラテン語〕――この引用文はアウグスティヌスには見いだせなかった。
（2）Aristoteles, *Politica*, 1269 a 19–20.〔原文・ギリシア語〕
（3）M. B. Foster, *The Political Philosophies of Plato and Hegel*, Oxford : Clarendon, 1968, S. 136.〔原文・英語〕

[19]

行為を**行動**〔＝労働や製作〕に解消すると、「勝敗（victory and defeat）」を「成否（success and failure）」に変えてしまうことになる。労働や製作には対象があり、対象の製作は私と用いられる手段にのみ依存している。結果として起こることは、私が成功するか私が失敗するかである。他の人々は加わっていないし、他の人々に何か依存しているわけでもない。あらゆる成功のうちにある幸運という要素や、あらゆる失敗につきまとう不運という要素さえも、全く自分の手中にあるかのように見える。「成功」や「失敗」の責任は**自分**だけにあるのだ。

勝敗というものは、他の人々とともに「行為」し、他の人々に「依存」する行為者にのみ存在する。他の人々を規定するのは私の行為ではなく「強大な力」であって、神の力ではなく人間が行為する〈間の領域〉に生み出される権力その他の力である。行為者である私はその力に**従属**し、私は力の働きを「受ける」――作る（ポイエイン）のでなく受ける（パティン）のである。「受難（パテイン）」は行為（プラッテイン）の裏面にすぎない。受難（パテイン）と対立するものは製作（ポイエーシス）である。勝敗は贈られるのであって、決して私自身の一義的な成果ではない。このことは公私のいずれについても言えることである。

行動は、ポイエーシスであり新しいものの製作として創造的であるか、それともテクネーであるかのどちらかである。テクネーであれば、根源的なポイエーシスの単なる反復という意味で技術的であり、既存の力やすでに見いだされている規則を利用するだけである。あらゆるテクネーの根源的な創造的な始まりはポイエーシスであり、あらゆるポイエーシスは本質的に技術となる。

行動に対応し、行動を指導する思考は知識（エピステーメー）である。（プラトンが考えたような哲学では**なくて**）知識が「イデア」を見いだし、イデアに従って行動がなされる。あらゆるポイエーシスの始まりには、何らかの「**イデア**」がある。テクネーではイデアは失われるため、技術的行動の「技術的な」ルーチン的性格が生まれる。

哲学という自由な思考と行為との関係は、知識と行動との関係と同じようなものである。それ「自由な思考」は、最初から自己自身と対話する存在として他者に関わっているから、コミュニケーションのうちにあるが——知識にはその必要はない。思考も行為も「対象に関わる」ものではなく、目的や手段に関係がない。思考や行為は終わりにも関わりがない。なぜなら、思考や行為は、果てしない領域、その領域に住み、登場し、再び別れを告げる個人の死によって制限されることのない領域にあるからである。

自由な思考や自由な行為は目的を追求せず、対象を「有する」ことも結果を生み出すこともないが、意味を作り出すものである。行為は「実践的」な思考であり、思考は「聴き取る＝vernehmendes」（理性＝Vernunft）、すなわち「意味を理解する＝Sinn vernehmendes」あるいは熟考する（sinnendes）行為である。

世界の変化は、目的から解放されて熟考する行為や実践的思考という意味で絶えず起こっている。行動は世界に対象を付け加えるか対象を壊滅させるが、世界を変えることは**ない**。行為によって私は果てしない**人々の**世界に入り、人類の不滅に参加する。それによって何も**変化**しない。その永遠性はすべての行為と同じように破壊の可能性の支配下にある。どういう「製作されたもの」も破壊されうる。行動と破壊は一体をなしている。どういう行動にも、破壊的なものが必要である——テーブルを製作するには木材を破壊しなければならない。われわれは死ぬが、孤独な孤立した行動には、永遠に達する可能性がある。

人類の不滅に参加する行為は、個人の「行動」として見れば、最も束の間のものであり無常そのものである。それは終局に達したという意味での終わりに達することはない。したがって、それは「歴史的なもの」であり――保存されるためには**人類**の記憶が必要である。（芸術の歴史というものは本来、不要なものである。芸術作品は自ずから永遠的なものだからである。真の歴史は常に「政治的」な歴史であり、それ自体では永続することのない行為や受難を経験する人間の歴史である。これが歴史と政治との関係である）。われわれは世界を変革しなければならない、とマルクスが言ったとき、彼が本当に言っていたのは、われわれは世界がこれ以上変化できないように、世界を整えなければならないということであった。歴史なき「自由な生産者の階級なき社会」では、行為という不滅にもなりうるものの基盤、つまり絶えず変化するものの不安定な「基盤」は、間違いなく行動から取り去られている。それによってあらゆる創造性の可能性は当然なくなっている。

世界を変革しようと**望む**こと、すなわち、変化を行為の領域から行動の領域へ移そうとするのは、――本質的に変化するものを変化させようとするのだから――もし不可能であれば滑稽なことだろう。行為に目的を定めることによって（すなわち、行為の意味を展開することを妨げることによって）、行為を行動にして、まさに変化するものの要素を遠ざけるわけである。言い換えれば、「世界の変革」は常に、人間が行為し変化することを決定的に妨げようとしているのだ。われわれはせいぜいで物を付け加えることしかできない世界に到達するが、そうなると物に嫌気がさして、――（物として）自由な行為による変化を明らかに妨げる――あらゆる物が抹殺されることになる。

しかし、マルクスが「望んだ」ことは、実際にすでに十分に進行していることであった。技術や科学という**行動**によって、実際に世界は「変革」されていたのである。これが産業革命の歴史的意味である。その変革された世界には、二つの同様に破壊的な傾向がある。⑴政治的「形成」によってその「変革」を完全にしようとする全体主義的試み。行為や変化はそこでは完全に不可能になる。⑵行動に内在する、物をすべて破壊しようとする衝動、行動と可能的な永遠性を有する製品を、労働やますます加速する「物質代謝」のような、一切が消費される変化の**流れ**に投げ込むこと。ここでは行為では**意味のある**変化が、絶えず激変するそれ自体が絶対的に**無意味な**生産と消費の過程となる。それはまるで、住むための部屋を整えて、それまでの生活に合わせて模様替えをするかのように、絶えず部屋に物を出し入れして、部屋を一杯にしたり空にしたりするようなものである。

[20]

ヘーゲル論理学の決定的なものは、（普遍的なものへの個体の伝統的な包括とは逆に）主語から述語へ**連続性**を作り出し、判断を**推論**に解消したことである。（『論理学』第二巻二八〇頁[1]「概念規定としての判断規定は、他のそれに存続するものの中に入れれば、それ自体においては普遍的なものである。逆に、判断の関係は極端なものが有するのと同じ規定である［すなわち、相互に移行する――アーレント注］。というのは、判断の規定はまさにこの普遍性と同じものの連続性だからである……」）。この移行が可能になるのはいわゆる「必要悪」によってである。（二九三「一つの類のすべての個に当然属するものは、類の本性によって当然属するのである」）。ここでは述語は、もはや包摂するのではなく（キケロは偉大な雄弁家である）、すでに主語の概念のうちにあるものを表現しているだけのように見える。あるいは二九四「述語は〈主語がそこに内在的な本性を有する〉ものを表現するにすぎない」。

(「バラは赤い」というような) ふつう判断と言われるものは、ヘーゲルははねつけている (三〇一)。「現実存在の判断をくだすことは……優れた判断力を示すものとみなすのは困難である」(三〇二)。「善い、悪い、真実だ、美しい、正しい等々の述語は、そのものがその普遍概念で……測って……であることを表現する」。しかし、そういう判断は実際には推論である。主語にはすでに述語が含まれている。その述語が主語から明らかになるのだ。「繋辞の実現によって判断は推論となったのである」(三〇八)。「推論は判断における概念の再生であり、それによって両者の真理として明らかになる。……すべての理性的なものは推論である」(三〇八)。

(1) アーレントが引用しているのは、ゲオルク・ラッソン版の Hegel, *Wissenschaft der Logik*, Hamburg : Meiner (Philosophische Bibliothek, 57), 1923 である。彼女の引用はこの版と照合した。

[21]

政治的**意志**を支える思考は**判断**である。判断は意志に目標を指定する――これは、直観が製作に目的を指示するようなものだろうか。必ずしもそうでは**ない**。望まれた目標と製作できる目的との同一視に、西洋の政治哲学はもとづいている。目的や目標がそこで重なり合うように見える思考は**推論**である。目標が設定されるときには、それが目的になってしまうのだ。

目標と目的とはどこがちがうのか。

理解は孤独裡の思考である、――判断は共同存在の思考であり、相互の検討である。――推論は孤立した思考である。

[22]

ヘラクレイトス断片（B四四）。「町に住む者は、町の法が壁であるかのように、法を守るために戦わねばならない(1)」。〔原文・ギリシア語〕

（1） Diels-Kranz, *Die Fragmente der Vorsokratiker*, Bd. 1, S. 160.

[23]

アリストテレス『ニコマコス倫理学』第一巻。

政治学《エピステーメー・ポリティケー》は(1)（違いや誤りを含む《ディアポラ・カイ・プラネー》）**ノモスによって**のみ存在するものを取り扱い、ピュシスによって存在するものは扱わない（一〇九四b一四）、(2)プラクシスを対象とするが、それ自身は実践に関する認識《グノーシス》として観想的生活《ビオス・テオレーティコス》に属する（「実践をめざし認識をめざさない若者のための学問ではない」一〇九五a五参照）。

三種の生活。1．情念による生活《ト・カタ・パトス・ゼーン》（快楽《ヘードネー》）（一〇九五a八）、2．政治的生活《ビオス・ポリティコス》（幸福《エウダイモニア》）、3．観想的生活（一〇九五b一九）。政治的生活の目的《テロス》は名誉《ティメー》（一〇九五b二四）または美徳《アレテー》である（同三一）。

第四の種類の生活がありうる。獲得術《テクネー・クレーマティスティケー》によって与えられるように見える生活であるが、それは強制される生活《ビアイオス・ティス・エスティン》であるため、生活からはっきり除外される（一〇九六a五）。

人間は本性的に政治的《ピュセイ・ポリティコス》である（一〇九七b一一）――しかし、政治学は自然に《ピュセイ》あるものを対象とはしない？

（決定的なことは、ここでは、事実が最初のもの《プロートン》であり、それが原理《アルケー》をもたらすことである［一〇九八

b二〕。これがプラトンとの違いである)。

もう一度、幸福は快いもの(タ・ヘーデア)によって規定される。快いもの(ヘーデア)は各人各様である。しかし本性的に快いもの(タ・ピュセイ・ヘーデア)が存在する。それに対応するのが美を好む人々(ピロカロイ)である。したがってノモスによるものではない?(一〇九九a一一―一三〕)。

恵まれた人(マカリオス)と対比させて定義される**幸福な人**(エウダイモーン)について(一一〇一a七〕)。

〔24〕

マルクス―ヘーゲル。すべての存在が生成の**過程**に解消され、すべての思考は生成が意識される**過程**にすぎないのであれば、結局――思考としても行動としても――もはや行為は存在しない。マルクスはこういう結論をヘーゲルから引き出した。世界は変化するという命題と、われわれが世界を変革するという命題は同じものになる。法則的に自ら変化する過程をそれぞれの側面から見ただけである。

〔25〕

やはり知るよしもない
入り乱れ
激しく否定し合って
傷つけ合った
あの日々のことは
(幸福が受けた傷は

汚点となる、傷跡ではない）
どうなっていたか分からない

言葉が
持続を与えなかったら
（密封された言葉は
場所である、宝ではない）

君の目が捉え
苦難をへて鮮明になったものが
そして声を挙げて捧げた
感謝の気持が
まず詩の形に作り上げられ
徹底的に突き詰められて——
苦しみから遠ざかり——
持続となっていなければ(1)

（1） ward が wär と書き直されている。〔反事実性を強調したもの——訳者〕

［26］

いわば**積極的な**活動形態である基本的活動の政治的特徴。

パテイン。受けること、優れた「関係」。愛、優れた出来事の特徴。等しいものと等しくないもの。

プラッテイン。行為すること。友愛、出来事は完結せず常に二義的である。

ポイエイン。行動すること、作ること、孤独、行動は作られたものの中に残る、事物の世界、工作人、事物が**残る**。

エルガゼスタイ。労働すること、分業としての連帯、人類の連帯、労働は**すべてに**最も共通の運命であり生殖と関連がある、**持続**のために作られる事物と異なり直ちに消費されることが労働の成果の特徴。

［27］

伝統の糸と人類の絆。

［28］

歴史について。過去は偉大さの**次元**である。偉大さは死後に初めて現れる。死ぬ運命にあるものだけがこの世で不滅に達しうるのだ。すなわち、人類が存続する限り永続するのだ。われわれが死後に初めて「偉大」になりうる、あるいはただの「自分」になれるということは、われわれが死ぬ運命にあることを償って余りあるものだ。

偉大さの次元としての過去が、伝統という意味での歴史から残っているものの全部である。この次元が現れたのは、（ローマ人が創設した）伝統が引き裂かれた後である。歴史家は偉大さの次元で活動するのであって、年代研究は一つの技術的な補助手段にすぎない。われわれは歴史的に「存在」するのではない。われわれが記憶を**有する**からこそ、この偉大さの建造物を建てることができ、そこに住まうこともできるのである。過去をもたずに生きる者には偉大さの次元が欠けている。偉大さは常に、現在の存在の背景であり、現在の存在が偶発的なものでない限り、それは、偉大であったであろうという第二未来という意味で、この背景にまで達している。現在としての偉大さがあれば、われわれはたちどころに打ちのめされることだろう。偉大はすぐに過ぎ去ってしまう稲妻としてしか存在しない。稲妻が終わって、過ぎ去ったときに、その「歴史」が始まるのだ。すなわち、そのとき稲妻には偉大さと持続の可能性が生まれるのである。過去はそのように持続の次元でもある。現在は過ぎ去る。未来は生成する。過去は留まる。

〔29〕
アリストテレス。市民として生きること（ポリテウエイン）＝**裁判**と統治に参加すること（メテケイン・クリセオース・カイ・アルケース）（『政治学』一二七五a二三／一二七八a六、三六。奴隷でなくても、職人は市民たることから除外されている）。

〔30〕
初めて**君主制**、**寡頭制**、**民主制**によって分類したのは**ピンダロス**である(1)。その次は、ヘロドトス第三巻八〇(2)。すでにトゥキュディデスでは、法則性によって分類されていた（第三巻六二、六三(3)）。プラトンは、重要なことは何者が、そして**何人**が支配するかではないと明言している。
（プラトン。『政治家』(4)ではノモスを「ネメイン（＝配分する）」(5)から導き出している。それに対して『法律』には、「理性による構成（ヘー・トゥー・ヌー・ディアノメー）」（？）と書いている（七一四a）。

次にアリストテレスが、法則性の基準を利益に変更している（『弁論術』第一巻八―一三六五b二七以下、『ニコマコス倫理学』一一六〇a三一以下、『政治学』第三巻六、七―一二八九b五）。

（1）Pindar, *Siegslieder*, griechisch und deutsch, hrsg. von Oskar Werner, München : Heimeran (Sammlung Tusculum), o. J. ――アーレントがここで言っているのは、「第二のピュティア頌歌」のことであるが、そこにはこう歌われている。「どういう形態にも、率直で誠実な者は現れる／独裁制にも、民衆の激情が支配するときも、／賢者が国を支配するときも。しかし／神と争ってはならぬ」。

（2）Herodot, *Historien*, Drittes Buch, 80.

（3）Thukydides, *Der Peloponnesische Krieg*, drittes Buch.

（4）Platon, *Politikos*。これについてはノートⅠ［25］参照。

（5）Platon, *Nomoi*, 713e3-714a2.「この物語は、今日もなおこういうことを伝えているが、それは間違いのないことだ。神ではなく死すべき者が支配するポリスは、不幸や労苦を免れることはできないということである。この物語が意味しているのは、むしろ、われわれはあらゆる手段を使って、いわゆるクロノスの時代の生活を模倣し、**理性による構成**を法律とよんで、われわれの内部にある不死につながるものに、公的生活でも私的生活でも従いながら、家とポリスを整えねばならないということなのである」。In : Platon, *Werke in acht Bänden*, Bd. 8, 1, S. 249. ――太字の部分がアーレントがギリシア語で引用している部分。

［31］

過去は偉大さの次元である――これがあらゆる神話の意味である。すなわち、伝承に**先立つ**過去の発明の意味である。神話によって人間は、人間に必要な人間に属する次元として過去を創設し、発見する。過去がなければ、深さも高さもそもそも存在しえない。これが歴史の意味であり、歴史はこの次元をいわば満たすのだ。歴史的カテゴリーを現代や未来へ投影すれば、時間の三つの様態を破壊することになり、充実した過去としての歴史も破壊されてしまう。

現代とは近さの次元であるとともに、遠さの次元でもある。

過去は熟考（追想）によって捉えられ、現代は受難（バテイン）によって、未来は行為によって捉えられる。

ノート13

一九五三年一月―一九五三年三月

一九五三年一月

一九五三年一月

［1］

神話学。過去を思い出す前に、人間は過去の次元を神話において作り出す。その意味で、神話は常に過去の根源(アルケー)である。——過去の「可能性の条件」であり、(二次的には) 歴史の「可能性の条件」でもある! 神話において人類史の思い出が構成されるとともに、偉大なものの不死も構成される。ギリシア人が名声のもとに理解していたのはこのことであった。

［2］

政治学者の実験ノート。(1) 政治学を確立するためには、まず人間に関するすべての哲学的陳述を、地球に住んでいるのは**単数の**人間でなく**複数の**人間であるという考えのもとに、考え直す必要がある。政治学の確立には、複数で**のみ**存在する人々に関する哲学が要求される。そういう哲学の対象領域は人間の複数性である。その宗教的根源は——アダムとその骨を創造したのではなく、神は男と女である**複数の人間**を創造したという——第二の創造神話である。(2)

政治的領域にほかならぬこの複数性の領域で問わねばならないのは、——愛とは何か、友情とは何か、孤独とは何か、行為や思考などは何かという——あらゆる古い問いであって、人間とは誰かという哲学の問いでもなければ、何を知りうるか、何を望むことができるか、何をなすべきか (Was kann ich wissen, was darf ich hoffen, was soll ich tun?)(3) でもない。〔原文・英語〕

3

Experimental Notebook of a Political Scientist: To establish a science of politics one needs first to reconsider all philosophical statements on Man under the assumption that men, and not Man, inhabit the earth. The establishment of political science demands a philosophy for which men exist only in the plural. Its field is human plurality. Its religious source is the second creation-myth -- not Adam + rib, but: Male and female created He them.

In this realm of plurality which is the political realm, one has to ask all the old questions -- what is love, what is friendship, what is solitude, what is acting, thinking, etc., but not the one question of philosophy: Who is Man, nor the Was kann ich wissen, was darf ich hoffen, was soll ich tun.

(1)「実験ノート (experimental notebook)」という概念を作ったとき、アーレントが何を考えていたかは明らかではない。二通りの解釈がある。すなわち、著作の成立史から推測される解釈と、このメモの内容から考えられる解釈である。(1)については、すでにアーレントが一九五〇年に書いていた『全体主義の起源』の序文に、「新しい政治的原理」を求めるというアピールが含まれている (*The Origins of Totalitarianism*, S. IX ; dt, *Über den Totalitarismus*, S. 14 参照)。その後――トクヴィルの「新しい政治学」への要求から影響を受け (ノート19 [27] 参照)、エリック・フェーゲリンの *The New Science of Politics* (1952) と対決することによって――自ら「新しい政治学」のために力を注ぐことになる (»Concern with Politics in Recent European Philosophical Thought«, in : H. A., *Essays in Understanding*, S. 428–447, S. 445)。こういう観点から見ると「実験ノート」は、政治学にとって新しい重要な思想が「実験」されるメモ帳――アーレントのこの問題での思索の作業場のようなもの――ということになる (そこから一連の後の「政治的思考の練習」が生まれた)。(2)については、メモの内容から推察すると、別の観点が重要である。「実験」はこのメモの最後に原文どおり引用されている『純粋理性批判』の「思弁的」理性と「実践的」理性の関心のカントの根本問題と対立している (注 (3) も見よ)。ここでは「実験」とは本質の問題を断念し、経験に向きを変えて「理性の構成要素」を探求することを意味していた (無論、「愛とは何か」などの自分で設定した問いが示唆しているように、実験的自然科学とか実験哲学という意味だけに限られていた)。――ともかくこのメモは、『思索日記』では「政治とは何か」(ノート1 [21]) というメモで初めて現れ (ノート2 [30] [注 (2)] も参照)、彼女の著作の無数の箇所に示されているような、政治的なものの新しい規定を求めるアーレントの努力の一部である。もっとも、知られている限りでは、彼女はこの種の「実験ノート」に着手したことはない。

(2)『創世記』一章二七節「神は自分に似せて人間を創造した。神に似せて人間を作った。そして神は彼らを、すなわち男と女を創造した」(ルター訳) 参照。

(3) Immanuel Kant, *Kritik der reinen Vernunft*, B 833「私の理性の関心はすべて (思弁的なものも実践的なものも含めて) 次の三つの問いにまとめられる。1. 何を知りうるか。2. 何をなすべきか。3. 何を望むことができるか」を参照されたい。

［3］

歴史学と政治学との違い。過去が偉大さの次元である限りにおいて、歴史は過去に関わる。偉大さが歴史学の唯一の**尺度**である。偉大さとは際立つもの、……より偉大なもののことである。その意味で際立つことにもとづく君主制が、歴史の「感覚」に最も近いものである。

政治はまさに**平均的なもの**に関わり、そのため共和制に当然に親近なものである。その尺度は、**行為**の指標としての優―劣である。偉大さは決して尺度にはなりえない。なぜなら、偉大さは過ぎ去ったものにおいてのみ現れるからである。もともとアリストテレスにおいて明らかにされたように、倫理との関係が非常に深く、実際には同じものである。重要なのは、善で**ある**か―悪で**ある**かではなく、人間によって構成された世界の変化なのである。重要なのは質が高いか低いかであって、人間が優れているか劣っているかではない。

［4］

孤独と思考。プラトンによれば意見(ドクサイ)しかありえない多種多様な人間の相互関係から、孤独は思考を解放する。したがって、真理は伝統の意味では、主体が関係を失い、関係から解放されて思考する、孤独すなわち主体が自分のそのつどの内容を相手にする孤独のうちにしかありえない。意見とは異なり真理は、最初から遠近法的**でないもの**として定義されている。そのため、真理の思想家は**単数の**人間として自分を把握している。**単数の**人間が思想家のうちで思考していなければ、すべてが再び相対的なものとなる。

哲学者たちがこういう「孤独」において全く安全だと感じている限りで、すなわち、彼らが**単数の**人間である限りで、見捨てられた者の現象は思考のうちには存在しない。見捨てられた状態は、理解されないという形で現れる。そこには、傲慢があるだけでなく、――自分は**単数の**人間ではなく個人にすぎないという――自己自身への不信がある。孤独な個人は当然、理解されることはない。個人はもはや自分を伝えることができないのだ。

孤独が見捨てられた状態となった最初の哲学者はヘーゲルであった。「私を理解したのはひとりだけであった。その者も私を理解していなかったのだ」[1]。ヘーゲルの自己自身への不信は、彼の歴史哲学から直接に生じたのである。一八世紀以来、過去は偉大さの次元から、すべてがすべてによって相対化される環境になったのだ。それがニーチェでは「遠近法的思考」になる[2]。遠近法的思考は、孤独の思考の結果であるとともに、本質的に見捨てられた状態の思考である。

(1) アーレントはヘーゲルのこの言葉を別の箇所でも――「臨終の床」での言葉として――引用している。彼女の論文 »Karl Jaspers : Bürger der Welt«, in : *Menschen in finsteren Zeiten*, S. 99-112, S. 105 参照。その言葉が誰に関わるのかは知らせていない。引用箇所は見いだすことができなかった。

(2) たとえばニーチェの『善悪の彼岸』の序文を参照されたい。そこでは、「遠近法的なもの」が「あらゆる生命の基本条件」であると言われている（*Kritische Studienausgabe*, Bd. 5, S. 12）。次のメモも見られたい。

［5］

ローマの伝統概念は、偉大さの次元としての過去の空間を押しつぶして一本の線にしてしまって、偉大さはもはや現れることができなくなってしまった。偉大さの代わりに登場したのが**権威**である――ギリシア的な偉大さのうちには権威を表す言葉は存在しない。（ローマ人以来、正統化として権威が求められるのに対して、ギリシア人が必要とし、求めたのは**尺度**であった）。自分の存在が（作者、創設者、生みの親、繁殖者などに）負うものであると感じる場合にはいつも、権威が認められる。伝統と権威は一体をなしている。伝統と権威が西洋の「歴史」と「歴史性」のために座標軸を提供したのである。伝統は歴史としての過去、しかも出来事の**連鎖**としての過去に対するローマ人の解答であった。今や、その連鎖がちぎれるかもしれぬということが最大の心配となっている。——特に、伝承されうるものが伝えられないという、忘却への不安となっている。こうして、記憶は「集配センター（storing and clearing house）」[1]となる。過去はもはや過ぎ去ったものの次元ではなく、記憶が過去の次元なのである。記憶においては線形の一次元的なものが再び多次元のものとなる。それが**遠近法的**に現れる。これが、あらゆる歴史哲学における「主観主義」の根拠であり、それは結局、ニーチェにおける「遠近法的思考」に至りつく。

（1）おそらくジョン・ロックの言葉と思われる。ロックは「記憶（memory）」を「観念の宝庫（store-house of our ideas）」として説明している。John Locke, An *Essay on Human Understanding*, Book II, Chapter X（»Of Retention«）, §2.

［6］

生きていることに対する対価は、われわれが偉大ではありえないことにほかならない。命を愛する者は、喜んでその対価を支払おうとする。冥界（ハデス）のアキレウスの——黄泉の国の王となるより、生きた者の国の豚飼いになりたいという——話が生まれたのはそのためだ。[1] **偉大さ**を欲するのは、生きることに飽きた時代だけである。あらゆる偉大さに常に死者じみたものがつきまとうのはそのためだ。しかしそれは、自分をギリシア的な意味で生きている、つまり**動く**と想像するときだけである。(実体なき運動、冥界での死者の動き［プシュケー＝物体を抜きにして考えられる運動、つまり――動かされる空気、アネモス＝アニマ＝風、息のような――実体なき運動］)。偉大さは記念碑的なもの**であり**、動かないものだ。それは生きているものと比べれば、硬直したものにすぎない。偉大であろうとする生者は硬直する、――決して偉大にはならない。逆に、過去の偉大さの次元に命や運動という観念を入れれば、死者めいたもの、冥界の死者の息が生まれる。

(1) ホメロス『オデュッセイア』第一一巻、四八八―四九一参照。

［7］

ヘラクレイトスの「万物は一つ(ヘン・パーン)」[1]とパルメニデスの「思考と存在は同一である」[2]を一緒に考えると、こういうことになる。すなわち、万物が**存在し**人間が**考える**ように「させる」ものは一つの自己である。それは同じ「原理」であり、万物の「本質」は**存在する**ことであり、人間の「本質」は**考えること**である。万物は存在しないかもしれない(すべては主観的な夢にすぎない)ことに対応するのは、人間が考えない(二足だろうと四足だろうと、動物しか存在しない)ということだ。

(1) ヘラクレイトス断片50「万物は一つである」。Diels-Kranz, *Die Fragmente der Vorsokratiker*, Bd. 1, S. 161「ロゴスに従って、万物は一つであると言うのが賢明である」。

(2) パルメニデス断片3「考えることと存在することは同一であるから」。*Die Fragmente der Vorsokratiker*, Bd. 1, S.

231.

［8］

伝統の崩壊。本来は、すなわちこの場合ローマ人のように考えれば、伝えられてきたものを受け取り、再び渡して、いわば数千年にわたり**年代順に**維持してきた世代の継続 successio の断絶。第一次世界大戦後における世代の断絶に先に示されていたが、断絶の自覚が伝統の記憶を前提としており、断絶を原理的に修復可能なものとしていた限り、その断絶は実現していなかった。その断絶は断絶がもはや全く気づかれなくなった第二次世界大戦後に初めて起こったのである。

［9］

アテナイの人々の市民として生きる（ポリテウエイン）ことが事実上は判断する（クリネイン）こと——判断し**かつ**決定すること——のうちにあったことは、疑いないだろう。アリストテレスの「統治（アルケー）**ならびに**（カイ）裁判（クリシス）」参照(1)。

(1) アーレントが引用しているのはアリストテレス『政治学』1275 a 23 である。そこには「ポリスの市民そのものは、裁判［すなわちクリシス］ならびに統治［すなわちアルケー］に参加することによってのみ……定義される」と述べられている。

［10］

伝統—宗教—権威——これらは三位一体で切り離せない。これが西洋世界の三本柱であって、三つとも

ローマによって作られ、三つ一**緒に**砕けてしまった。(1)

(1) ここに短くまとめられている考えが、一九五七年に「現代の政治思想における不確かな伝統の崩壊」という表題で発表されたアーレントの論文にとって根本的なものである(*Zwischen Vergangenheit und Zukunft* に再録。英語の改訂版は *Between Past and Future* に収められている)。アーレントは後年、*The Life of the Mind* の思考の部分の終わりで(S. 212)、彼女が「何千年も宗教と権威と伝統を統一していたローマ的三位一体(Roman trinity that for thousands of years united religion, authority. and tradition)について論じて、「三位一体」の喪失によって過去が破壊されなかったことを指摘したところまで戻っている。「この三位一体の喪失は過去を破壊しない(The loss of this trinity does not destroy the past)」。

[11]

伝統の崩壊。崩壊して初めて、もはや導きの糸のない過去が深みとして現れる。その際、「最も深いもの」が「始まり」、根源などと同一視され――すべてが純粋に年代順に見られることになる。過去へ遡るにつれて、われわれ自身が「深く」なる。深みはそうして年代記風の副次的意味を帯びて、可能的な偉大さの**次元**、**空間**が再び線形に還元される。この深みへ導く線が伝統とは異なる方向を有することが重要であるが、その偽造には何も変更はない。再び遠近法的に見られることになるが――徴候だけが変わっている。(ハイデガー)その際、深みの中に地盤を見いだそうとわれわれは望むが、その地盤が伝統の導きの糸―アリアドネーの糸の代用となる。しかし時間の深みには地盤がない。したがって、「深みへの進行」は依然として、――最も大げさだが――世紀の地盤喪失のしるしである。**地盤**は現在にしかありえない。故郷の次元は現在なのだ。

[12]

宗教―権威―伝統。ローマ人風に理解すると、キリスト教は、証拠（**権威**）にもとづく宗教であった。その証拠は世代から世代へ**伝えられて**いかねばならないものであった。（**結束**と戒律にもとづくユダヤ教や、人間と神にとっての尺度［唯一の「罪」であるヒュブリス］の知識にもとづくギリシア人の宗教とは異なる）。伝統の崩壊は権威と宗教の崩壊と同じものである。

[13]

カントとヘーゲルにおける諸権力の関係。ヘーゲルでは（一八〇三年以前。Rosenzweig I, S. 147[1]）、政治の本質は行為であるから、国家の目標は行政権である（ローゼンツヴァイクは「国家は権力である」？からだと言っている）。カントでは、国家の目標は「正義の裁定」であり、判決をくだすことである。つまり、政治は本質的に**判断**である。両者において**立法権**が陰に隠れているのが目立つ（カントについては、［道徳形而上学］法論四五節参照）。

（1） Franz Rosenzweig, *Hegel und der Staat*, ursprünglich in zwei Bänden, Nachdruck der Ausgabe 1920, Aalen : Scientia, 1962, [Bd. I], S. 147.

[14]

生命と財産だけを保障する夜警国家[1]は、すべての市民に生計を保障して、**市民として生きること**（ポリテウエイン）を可能にした古代国家のまさに跡継ぎである。プラトンが結局、市民として生きることを哲学的に考えること（ピロソペイン）に

取り代えてからは、哲学的に考えることを可能にするためにまず物質的なものを確保することが国家の目標となった。さらに哲学的に考えることは、獲得したものを確保することも仕事を可能にすることもなくなってしまった。市民的に生きることに代わって哲学的思考が登場し、その次には仕事が、その次には（マルクスにおいて）労働が登場する。「観念論者」だったプラトンが唯物論化の運動の開祖となったわけだ。プラトンの法律と異なり、ソロンの法律は**市民として生きること**だけを保障しようとした。仕事が必要にならないように、そして、1．市民の平等が危険にさらされず、2．市民から多くの時間が奪われないために、相続分が確保されたのはこのためである。

（1）「夜警国家」という考え方も概念もヴィルヘルム・フォン・フンボルトとハインリヒ・フォン・トライチュケに遡る。*Geschichtliche Grundbegriffe : Historische Lexikon zur politisch-sozialen Sprache in Deutschland*, hrsg. von Otto Brunner, Werner Conze und Reinhart Koselleck, Stuttgart : Klett-Cotta, Bd. 6 (1990), S. 34 (Art. »Staat und Souveränität«, Abschnitt III von R. Koselleck).

［15］

ヘーゲルの「……まず観念の領域が革命的に変革されると、現実は保持できない」と、大衆を捉えるマルクスの思想。(1)

（1）アーレントが引いている箇所は見いだせなかった。マルクスの引用についてはノート8［23］注（1）を見よ。

［16］

「絶対的なものの不当な要求」（ハイデガー）(1)は、「条件づけられたもの」に対する尺度を有するという不当な要求である。というのは、尺度は無論、全く無－条件のものでしかありえないからだ。プラトン以来、哲学にとってはもはや「真理」や「存在」は関わりがなく、世界や人生の渦巻きの中で**尺度**を見いだすことに関わりがあることになっている。尺度なしに考えることは、従来の意味での判断を諦めることを意味するが、ヘーゲルのように推論を判断の代わりにするというのではない(2)。

（1）ノート8［28］とその注を見られたい。
（2）判断に代わる「推論」についてのヘーゲルの考えについては、ノート12［20］を見よ。

［17］

行為における不確実性の要素は、プラトン以来、行動(1)や思考と対立させて**行為**の信用を下落させるのに役立ったが、その要素は人間とは**何**か、各個人は**何**であるかについての無知にもとづき、個人がいなくなって初めて何者であったかが分かるという事情にもとづいている。行為が（政治においては和解と称される）相互の赦しなしには行為が不可能であるのはこのためである。イエスの場合のように、相互の赦しは自分の**行っている**ことが何かを知るよしもないことの認識にもとづいている(2)。

ニーチェが発見した重要な事柄は、生と伝統的意味での**本質**とは矛盾すること、生きているものには本質はなく、本質は生きたものではありえないことであった。ニーチェは、人間は**生きている**限り、本質的なものによって破滅されるほかない存在だと結論した。

（1）「行動」はここでは「労働」と「製作」という意味で理解しなければならない。ノート12［19］を参照されたい。

（2）H. A., »Natur und Geschichte« (1957), in : *Zwischen Vergangenheit und Zukunft*, S. 74 ; *Vita activa*, S. 231 ff. および »Fernsehgespräch mit Günter Gauß« (Oktober 1964), in : H. A., *Ich will verstehen*, S. 44–70 参照。

一九五三年二月

［18］　　一九五三年二月

歴史家の「職業病（déformation professionelle）」は、至るところに**終わり**を嗅ぎつけることである。**世界史家**の「職業病」は、人間の複数性を排除して、どういう民族にも主体の役割を割り当てうることである。**人類**という概念を人間の総体として規定しているのは世界史的な観点であるが、この想像上の抽象的な総体が現実に実在するかのような錯覚が生まれる。

［19］

アリストテレス以来の政治的なものの外見上の逆説。あらゆる者に共通のものは、各人に最も要求すべきものだとされている。それに対して、各人はそれを最も気にしないという経験がある。そこから二つの結論が生まれる。1．生活必需品が確保されている場合にしか、政治は――つまりあらゆる者に共通であるものは――要求されえない。2．このためにのみ責任のあるひとりか少数の者が必要である。こうして、

「共通のもの（common）」が再び私的なものとなる。

　ここから考えると、王制と共和制の違いは、王国では、際立つ可能性が「名誉」に従う限り、すなわち、最高の勲章は、「公益」の代表者によって与えられる限り、王がその可能性をどうするかは自由である（これが、自由の君主制的概念である）。それに対して共和制では、統制原理が各市民のうちに美徳として存在しなければならない。美徳は、際立つことより私的なものを超えた公益を優先させねばならない。

［20］

製作活動はすべて**観想と暴力**にもとづく。西洋の伝統では、製作の経験から出発して、「イデア」や目的が与えられる観想と、その観想によって得られる目的を暴力的手段によって実現する暴力的行為に、すべてが分割される。われわれの理論と実践の概念も同じように、製作が手本になっている。

［21］

財産のカテゴリー。獲得—使用、「正当な獲得」—「適切な使用」＝「生産者の考え方」—「消費者の考え方」。

　さらに、財産は人為的（ノモー）なものとする捉え方と、自然の（ピュセイ）ものとする捉え方がある。人為的なものだとする場合には、財産を作るのはまず「国家」であり、財産所有者が国家の基礎となる。国家では無産者は市民として認められない。自然のものだとする場合には、財産所有者を保護するのが国家である、正しく言えば、財産獲得を保護するのが国家である。

　財産が使用によって判定される場合には、財産は人為的でスタティックなものであり（古代）、ポリスによる配分にもとづくのであって、獲得にもとづくものではない。

財産が財産の獲得で判定される場合、財産は労働にもとづいている。――征服も一種の労働である。国家が存在するのは、生産という意味の労働を可能にするためである。生産を人間の本質的性質だと考えると、たちまち財産は自然のものということになる。

［22］

戦争の問題について。自分が必ず死ぬこと、いずれ奪われるものを結局手放すことになるのは分かっている。それが分かっているからこそ、自分の命を何かのために捧げることができるのである。（存在することが決定されて、自由が全く許されない神々とは異なる形で）われわれが不死であれば、しかも、死んでも**死ななくてもいい**というような状態で不死であれば、命を捧げるような活動は考えられないだろう。生命が絶対的なものとなり、生命**の外部には**何も存在しないことになる。自由のためにしかわれわれは自分の生命を犠牲にすることはできないが、それは自分の生命以外に、自分の生命を超えた人類の生命が存在するからである。自分の生命が不死であり**うる**場合には、あらゆる「価値」がその内部でしか妥当しないという意味で、生命そのものが絶対的なものになってしまう。

各民族のみならず人類が、不死でありうるが必ずしも不死ではないという状況に置かれている。したがって戦争では、政治家が政治的権力や自民族の政治的自由をも危険にさらすことはありうるが、民族の肉体的存在そのものを危険にさらすことはできない。なぜなら、民族の存在は、そういう政治がそもそも存在しうる基礎だからである。民族は潜在的には不死でありうるから、別の問題のために民族が危険にさらされることはできない。民族が不死でありうる可能性を尊重し、支持し、保障するというところに、あらゆる政治の限界がある。人類には、このすべてが民族以上にあてはまる。人類の**存在**を危険にさらしていいような戦争は存在しない。ところが、まさにそれが一つの可能性、起こりうる恐るべき危険となっている。人類の肉体的存続や人類の住まいである地球の存続が問題になる場合には、自由や正義等々が空しい言葉になってしまう。しかし、地球上のすべての「生命の破壊または地球そのものの破壊が、一種の〈技術の驚異〉(surprise de technique)」としか考えられなくなっても、危険を冒して戦争をやろうとする民族がいるとは思えない。

それに反して限定戦争、つまり限定された手段による戦争は起こるかもしれない。しかし、死を防ぐ手段があるのが分かっている場合に、兵士に殺されるように求めることはできない。そのため限定戦争は破綻する。脱走兵が出れば、限定戦争は確実に破綻する。無制限の戦争は、諸民族の「戦争反対」のため破綻せざるをえない。

これまで戦争絶対反対は、奴隷根性の持ち主のモットーとか、暴力に対する原理的に非政治的な全面拒否であった。しかし今日では、戦争絶対反対は、——死ぬ運命にある以上不死でありえぬ個人のためではなく人類のための——無条件の存続を意味する。自由や正義は、人間が存在しなければありえない。したがって、人間的な問題や理想のために、人類の存在を危険にさらしてはならない。

暴力の手段を集団的に保持すれば、絶滅が起こりかねないところまで発展したとき、そういう暴力手段は政治から完全に遠ざけるべきである。しかしこれは、暴力は個人に対する使用に限定すべきだとか、国内使用に限定すべきだという意味ではない。したがって、暴力手段の唯一の保持者は警察に限られ、軍隊や軍部は、技術の進歩とともに必然的に意味を失うことになる。言い換えれば、全体主義国家形態で起こったのと同じような、軍部から警察へのアクセントの移動が起こるのだ! 人類全体を考えると、こういう重大な展開が不可避的に起こりそうだ。

[23]

「人間が万物の尺度である」[1]。なぜなら、人間は事物ではなく、人間は自分が数え、測り、秩序づけ、判定する事物の尺度になりうるからである。まさにそのために、人間が**人間に関わる**事柄の尺度とされるが、それも人間には、**超**人間的とか神的である必要のない非人間的原理があると考えられる場合だけである。そう考えられない場合には、「事物が人間の尺度である」という結論に達する。――それは「人間が事物の尺度である」からにほかならない。すなわち、人間と事物は互いに必要とし、お互いを「尺度とする」。もっといい言い方をすると、人間は事物を尺度とするとともに自分の尺度ともなる、すなわち、人間は**事物を尺度にして**自分の可能性や活動を測るのである。

(1) 哲学史で「人間尺度説」とも言われるプロタゴラスの「人間が万物の尺度である」という命題については、Diels-Kranz, *Die Fragmente der Vorsokratiker*, Bd. 2, S. 263 を見よ。

[24]

永遠回帰はニーチェの定言命令である。重要なことは、ニヒリズムの考えられる形式を二つとも逆転させることである。その一つは、すべてに終わりがあり、生は無常であるからこそ、生は耐えられるというものである。もう一つは、生には生の否定である死が含まれているから、生は耐え難いというものである。これに対してニーチェはこう言う。生を肯定できるかどうか、すなわち、ニヒリストでないことが可能か否かは、すべての人間的出来事の回帰を、経験済みの季節の回帰のように「考え」うるという一点においてのみ証明することができる。力への意志は、自分が「投げ込まれた」生を自ら選んだものであるかのように生きようとする意志である。――ニーチェが本質的にモラリストだったことを忘れてはならない。

[25]

「何者も死ぬ前に偉大ではない。死者を除けば、何者についても賛辞を呈することはできない(1)」。

(1) »Nemo ante mortem magnus ; de nemine bene nisi mortuis.« ――このメモは、おそらく「何者も死ぬ前に幸せとは言えない (Nemo ante mortem beatus)」と、「死者については賛辞を述べるだけだ (De motuis nil nisi bene.)」という二つの引用を下敷きにしていると思われる。前者はオウィディウスの『メタモルフォーゼ』からであり、後者はディオゲネス・ラエルティオスが伝えた七賢人のひとりであるキロンの箴言からのものである。Karl Bayer, *Nota bene! Das lateinische Zitatenlexikon*, München-Zürich : Artemis & Winkler, 1994, S. 270, S. 364 を見よ。――アーレントの公刊された著書では「……人柄の本質は――命が尽きたとき初めて発生し、存在し始める……」(*Vita activa*, S. 186) を参照。ノート12 [12] も参照されたい。

[26]

労働そのものが必然的に絶えず生産する、すなわち、人間は生産しなければ消費できず、自然との物質代謝によってすぐ物質代謝過程に戻って消滅しないものが生み出されるのであれば、――労働は(人間の「最高の」活動ではないが)、人間が事実「創造的被造物 (creatura creans)[ノート16 [6] を見よ――アーレント注]」である最も有力な証拠である。

［27］

一九世紀の三**つの飛躍**[1]。理性から信仰へのキルケゴールの飛躍。理論から実践へのマルクスの飛躍、ニヒリズム（非感覚的なもの）から生（感覚的なもの）へのニーチェの飛躍。

キルケゴールが理性への懐疑を信仰へ転換したように、マルクスは理論の弁証法を実践へ転換して、同様に内側から論理化によって実践を破壊した。今や初めて、懐疑的な理性と対話的理論の攻撃をいつも受けていたが、それに抵抗もしなかった信仰と行為は、もはや持ちこたえられなくなった。信仰内容へのカントの懐疑でもプラトン的な実践の軽視でもなくて、キルケゴールの懐疑から信仰への転換と、マルクスによる弁証法的ロゴスの実践への転換が、信仰と行為を不可能にしたのである。つまり、政治と宗教からの上昇と見えるものが政治と宗教の命取りになったのである。

（1）飛躍という概念をアーレントはこの連関では、キルケゴールとマルクスの両方から借用している。»Tradition und die Neuzeit« (1957), in : *Zwischen Vergangenheit und Zukunft*, S. 23–53 を見よ。そこでもこのメモに含まれている考えが詳しく述べられている。

［28］

所有について。大地がすべての生命の条件である。事物は人間の生活を制約するが、人間を制約することはない。物を製作することによって、人間は地上に人間の条件を作り出す。その条件とは人間の住まいである。人間は、自分自身が作った物によって制約され、物の中で活動するときにのみ、大地に住まう。人間は決して無条件で大地に住まっているわけではない。無条件であることは、事物を諦め、大地を無条件の家として受け入れないということだ。それは事物によって条件づけられている人間にとって死を意味する。

所有は何よりもまずこの条件づけられた状態を表現している。事物の所有によって初めて人間的生活が始まる。事物を奪われると、まず自分の条件を失い、極端な場合には、「人間の条件」までも失ってしまう。死において生を失うように、生存の条件である大地を失うことになる。「天国について分かっているのも／地獄に必要なのも別れなのだが(1)(Parting is all we know of Heaven/and all we need of Hell)」。

必然性からの自由という意味での自由は、人間が(魔術的な、自然的・社会的・精神的な)力に制約されていないことを意味する。生物としては人間は大地に制約されている(あらゆる事物の中の一つの事物である)、そして人間としては自分で作る物によって制約されている。人間としては自分自身を制約するのだ。これが人間の「自律」なのだ。人間は事物にまず法を与えるのではなく、条件を与えるのである。あらゆる法は二次的にその条件に束縛されている。こういう条件がなければ、人間的生活はありえない。しかし自分の物を自分で作る人間は常に、制約するものと制約されている状態とを交換することが自由にできる。歴史において変化するものはこういう(スタイルのような)条件である。人間も大地も変化しないが、人間の条件は絶えず変化する。

物の所有者と資本の所有者は全く別人である。

(1) エミリー・ディキンソンの詩「この世に別れを告げぬ間に」から。ノート1 [3] とその注 (1) を見られたい。

[29]

価値－論について。「労働」は物を作るが価値は作らない。物は交換において初めて価値を獲得する。一つのものが私にとって「価値あるもの」になるのは、それを直接使うのでなく、他のものと交換する場合だけである。つまり、価値はもともと生産のうちにあるのではなくて、当然にも**社会的な**価値なのである。価値が生産にとって重要になるのは、直接使うためでなく市場のために生産される場合である。市場では、どういう物も価値として登場する。しかしこれは、私が価値をもっているとか、価値を生産できるという意味ではない。物が市場を去って、使用されると、物は「価値」を失う。

いわゆる「高級な価値」が「物の価値」と区別されるのは、絶えず新たに生産しない限り「所有」できないからである。自尊心や勇気などをもち、絶えず新たにそれを生み出す人間がいれば、それだけの名誉や勇気などが世界に存在する。自尊心や勇気が「社会化」され、それを交換価値として人生の市場で利用することで一つの階級が生活するようになるとたちまち、自尊心や勇気が「価値」になってしまう。（将校団の自尊心、傭兵団の勇気、教会の「価値」など）。それらの価値は生産されることにあるのではなく、交換できるという特徴にある。われわれが社会に生きている限り、すべては「価値」となり、われわれが人間である限り、われわれが価値を作り出すことはない（われわれは、市場でわれわれの製品がどれだけの価値があるかとは無関係に、社会のためではなく使用するために作るのだ）。完全に非社会的な人間は価値というものを知らず、自分を制約し、それによって自分自身を制約する物しか知らない。自尊心や勇気はこの意味で椅子やテーブルと同じような物なのである。それらがそういう物であるからこそ、社会では価値になることもできるのである。完全に社会化された人間は価値しか知らず、彼にとってはあらゆるものが交換される物になってしまっている。

われわれは価値ではなく物しか作れないから、他方では価値は作られた物にしか付けられないから、完全に社会化した人類は最後には、彼らが価値喪失と解釈する生産力喪失によって滅ぶことになる。価値としてのみ作られた物は、物という性格を失うとともに制約する力も失ってしまう。

［30］

事実は**行為**の出来事である。事実に特有のものは、それが一方では本質的に無常であり、永続性がないが、他方では取り返しがつかず、破壊されえないということである。赦し、同情、和解は何一つ取り戻すことにはならず、始められた行為を進めるが、行為のうちにはない方向へ推し進めることになる。こういう振る舞い方のすばらしさは、それが取り返せないことの自動運動を中断するところにある。その振る舞い方は本来の**自発的な**反-応である。そこに生産性がある。すでに始まった行為の内部にそれが新しい始まりを設けるのである。

［31］

思考と行為についてのわれわれの観念はすべて、観想的要素と暴力的・破壊的な製作の要素によって規定されるとともに、両要素の相互関係によって規定されている。あらゆる思考と行為が**技術**に役立ち、技術において最大の成果をあげることになったのはそのためである。

［32］

政治的権力（political power）。混乱の元の一つは**ロック**の定義に見られる。「そこで私は政治的権力を、……法律を作り、……共同社会の力を公共の福祉のためにのみ使う権利として理解する」（*Treatise of Gov-*

ernment, chapter 1, 3)[1]。これでは、法律を作る力と、法律を施行する権力が同じであるかのようだ。さらに、「権利」としての権力。ホッブズは権力と権利の関係を明確にしていたが、その問題がこれでかき消されてしまう。

(1) John Locke, *Two Treatises of Government* (1690), a critical edition with an introduction and apparatus criticus by Peter Laslett, Cambridge : University Press, 1960, S. 286 を見よ(ただし、アーレントの語の綴りや句読点はこの版とは異なる)。ロックの全文は次のとおり。「そこで私は政治的権力を、所有権の調整と保全のために、死刑やそれ以下のあらゆる刑罰を含む法律を作り、そういう法律を執行し、国家を外敵から守るために、共同社会の力を公共の福祉のためにのみ使う権利として理解する」。

[33]

所有権論は完全に誤りである。なぜなら、そういう理論が身体の「所有権」を拠り所にして、それに依存しているからである。私の身体は私の財産とか私の持ち物であるわけではない。それは「有することと所持すること(to have and to possess)」、または「所有(Eigentum)」と「所持(Besitz)」との単純な混同である。両者を分ける基準は、所有する「私」を一緒に破壊せずに破壊できるかどうかである。

[34]

あらゆる**労働**には、「圧倒的な強敵と常に繰り返される」[1]闘争に似たものが含まれている。労働にとって、これは政治と共通している。観想の平安への逃亡や、製作物の永続性や盲目的暴力への逃亡が生まれるのは、この事情による。

（1） »against overwhelming ever-repeated odds«. これについては、H. A., »Über den Arbeitskampf«, in *Vita activa*, S. 911 参照。

一九五三年三月

[35]　　　　一九五三年三月

労働について。道具を導入することによって、労働に製作の要素がもたらされた。道具は労働過程よりも永続的で永く残るからである。

[36]

労働する動物（Animal laborans）―工作人（Homo faber）―「創造的被造物（creatura creata creans）[(1)]」。

（1） これは『人間の条件』（一九五八年）の先触れと見られるキーワードである。ノート19［17］とその注（1）を参照されたい。

[37]

死について。死を無機的な自然と何となく同一視して、死と生を対立させる普通の考え方は全く間違っている。石や山や海といった無機的なものは、死んでも生きてもいない。それは全く大地的なものとして、永遠に大地のものであり、大地の一部として**存在する**。生あるものはすべて死のうちに**消え失せてしまう**。石はその特定の在り方のまま残り、あらゆる生きているものより永く存在するのに対して、生あるものが生きていないものになってしまう過程で消え失せることは、まさに——一回限りの特定の在り方で——存在したものがなくなってしまうことを意味する。それゆえ、人間のみならずすべての生きているものには、何か非‐大地的なものがつきまとう。生が確かに**住むこと**として規定できるかもしれないのはそのためである。

[38]

星に飾られ、山々は静まり返っているが——
時間は慌ただしく流れ
不滅のものが泊まる場所は
自由奔放な私の心以外にはない
（リルケ）[1]

（1）»Aus dem Nachlaß des Grafen C. W. (Erste Reihe)«, in : Rainer Maria Rilke, *Sämtliche Werke*, Frankfurt am Main : Insel, Bd. 2 (1956), S. 123 の最終節。——この解釈については、H. A., »Natur und Geschichte« (1957), in : *Zwischen Vergangenheit und Zukunft*, S. 76 f. 参照。

［39］

理解について。[1] 行為の別の側面、すなわち、そこで自分が**独自の**存在者として行為し、出来事と和解する**共通の**世界と絶えず**和解する**、行為に伴う活動。理解とは行為における和解の活動である。

この和解としての理解の正反対が、反逆であり諦念である。反逆が諦念に終わるのは、盲目的に行動し、全面的に反抗するからである。共通なものという枠組で考えると、それは自分という特定のものへの盲目的固執であり、共通のものの**否定**である。したがって、それはそこにおいてのみ行為が共同行為として起こりうる（共通の）空間を否定する。それは無力な諦念に終わるだけでなく、最初から無力なのである。あらゆる反逆は敗北に終わるか（これが普通のことだ）、全員に対する特定の個人意志の**専制**に終わる。（反逆は革命ではない！）。これが反逆と専制との真実の結びつきである。反逆者は潜在的な圧制者であり、あらゆる圧制者は成功した反逆者である。そこに現れるのは、無力な諦念であれ、人為的に作られた無力な圧政であれ、いずれも常に無力さである。いずれの場合も、権力が生まれうる空間、共通の公的生活の空間が否定されている。

個人のものと共通のものとの結びつきは、理解や和解であるか、反逆や専制であるかである。共通のもの――他の人々の存在、自分が生まれる前から存在していた一般的状況、出来事――を受け入れることができるのはそれらを理解することによってのみである。これが、共通感覚の**政治的な**意味である。共通のものを捉える感覚が**理解力**なのである。したがって、理解は、普遍的な法則によって規定されるか、自由な（創造的な）想像かである。想像がなければ、習慣（行動の一般規則）がすべてを支配している限りでしか、理解は可能ではない。

理解の通常の手段としての共通感覚の破綻は、われわれすべてに共通な空間の喪失と同じことであり、孤独や自分自身の特殊性の拒否と同じものである。個人が普通になればなるほど、個人はいっそう孤独になる。なぜなら、共通感覚以外の理解は極端な想像の努力を必要とするからである。通常の個人の孤独の徴候の一つは、決まり文句で話すこと[2]であるが、これは言葉を失う予備段階である。〔原文・英語〕

(1) このメモとノート14の〔16〕と〔17〕に含まれているメモは、アーレントが一九五三年の春に書いた「理解と政治（Understanding and Politics）」という論文の最初の形である（一九五三年五月一三日のヤスパース宛の彼女の手紙、*Arendt-Jaspers-Briefwechsel*, S. 252 を見よ）。その論文は *Partisan Review* (20. Jg., 1953, Heft 4, S. 377–392) に発表された。ドイツ語版は（U・ルッツの翻訳で）H. A., *Zwischen Vergangenheit und Zukunft*, S. 110–127 に収められている。H. A., *Essays in Understanding*, S. 307–327 も参照されたい。

(2) 「決まり文句で話すこと」、「言葉の喪失」、「思考力の欠如」については、H. A., *Eichmann in Jerusalem*, S. 78 ; *Thinking*, S. 4 を参照されたい。

〔40〕

テロルは、「殺せ」という命令にほかならぬ実定法を表現している。[1] テロルを促す力はイデオロギーである。論理的人間[2]はテロルの犠牲だが、権力者は法によって制約されねばならない。〔原文・英語〕

(1) 考えられているのは、全体主義的なテロルの状況では、聖書の第五戒律「殺すなかれ」が「殺せ」という命令と化すことである。H. A., *Elemente und Ursprünge totaler Herrschaft*, S. 708 ff. 参照。

(2) 「論理的人間」とは、「最終的結論」を「いったん採用された前提」から引き出し、自分自身も他の人々も「〈やりかけたことは最後までやり通せ〉と言って頑張らせる」者のことだと考えられる（ノート6〔5〕を見よ）。

ノート14

一九五三年三月—一九五三年四月

一九五三年三月

一九五三年三月

［1］

ロック『統治論』(1)

決定的なことは、ロックの政治と哲学――知覚からのみ認識を受け取る白紙状態（tabula rasa）という首尾一貫した経験論――との矛盾である。客観についての外的知覚としての「感覚機能（sensation）」は、知覚を知覚として経験する「反省（reflexion）」に対応している。ロックはそのことを自分の政治理論と合うようにするのでなく、一方は他方にとっては存在しないかのようにやるだけである。その際に面白いのは、ロックでは、政治理論が哲学のレベルに達していない大哲学者の場合とは全く逆転していることである。他の哲学者たちが浅薄な経験論者になるところで、ロックは形而上学者になっている。その理由は結局同じようなものである。彼らにとっては哲学が重要なのであり、政治は彼らには哲学的生活にとって煩わしい前提にすぎない。ロックにとっては逆に政治が最初にあって、哲学は面白い暇つぶしにすぎないのである。

政治における彼の「観念論」の具体的根拠は、法の問題である。実定法が行為を判定する尺度であれば、尺度の正当化とか証明がなければならない。行為そのものから尺度が得られないのは、大量の果物から数が得られないのと同じことだ。

（1） John Locke, *Two Treatises of Government*（1690）. 詳細についてはノート13［32］注（1）を参照されたい。

〔2〕

政治哲学の唯物論について。

(1)目的（テロス）は常に最後には欲望に対応することとして規定されており、目的が手段を秩序づけるのと同じように、最高目的が他の目的を秩序づけている。欲望の目的に対応するのが製作の目的である。行為はそういう求められる目的をめざすのだが、それは思考が製作のエイドス、「イデア」をめざすのと変わりがない。行為や思考の代わりに、欲望と観想が登場するが、それは欲望と観想が製作にとって不可欠だからである。

アリストテレス『ニコマコス倫理学』冒頭の文章（一〇九四a二―三）。最高の目的（テロス）としての善（アガトン）は、すべてがめざすもの（フ・パンタ・エピエタイ）である(1)。

(2)政治は支配と服従である。魂が身体を支配し、不死のものが無常のものを支配し、イデアが物質を支配する、等々。（魂（プシュケー）が……不死のものが、あらゆる物体的なもの（ソーマタ）を支配する……**プラトン**『法律』第一二巻九六七）(2)。つまり、政治的領域はまず二重の意味で物体的なもの、すなわち高次のものにとって物体的であるとともに資材にすぎぬものとして規定される。次に人間が他の人々とともにする経験ではなく、自分自身とともにする経験から導き出されている。（プラトンの「キーワード」は**プシュケー**なのだ！）。

（1）Aristoteles, *Nikomachische Ethik*, [Buch] A, 1094a2–3.「どういうテクネーもどういう論究も、行為や選択もすべて、なんらかの善をめざしていると一般に考えられている。したがって、〈**善**〉**を**〈**すべてがめざすもの**〉と言われたのは正しいことであった」。――太字の部分がアーレントがギリシア語で引用している部分。

（2）Platon, *Nomoi*, Buch XII, 967d4–7.「今言われた二つのことを把握しなかったら、死すべき人間は誰ひとり、神への堅固な畏敬に達することはできない。すなわちまず第一に、**魂は**生成に加わっているもののどれよりも古く**不**

死であり、それゆえすべての物体を支配していること、第二に……理性は、天体の中ですべての存在者を指導するものだということである」。――太字の部分をアーレントはギリシア語で引用している。

［3］

プラトン。プシュケーは物体なき運動――冥界の影――であった伝統全体を逆転させたことは、驚きを表したものであった。プラトンでもプシュケーは自己運動としての物体なき運動であるが、逆にそれこそが本来の存在者なのである。

洞窟の比喩(1)はこの逆転の象徴であり、それゆえまさに竈の傍でのヘラクレイトスの――「ここにも神々がいる(2)」という――逸話の正反対である。

ニーチェはプラトンを逆転させ、**そして**プラトン自身が出てきたところへ戻っている。魂は再び影となり、実体のない、物体なき運動［であり］、冥界における影の主人だとされる。

(1) Platon, *Politeia*, VII. Buch.

(2) 「竈の傍のヘラクレイトス」の逸話はアリストテレスに由来する。アーレントがこれをハイデガーから受け継いでいるのは、ほぼ間違いない。ハイデガーはこの逸話を自分のヘラクレイトス講義の冒頭に置いている。そこにはこう言われている。「ヘラクレイトスについては、彼の所に押しかけてきた友人たちに彼が言った言葉が伝えられている。やって来て見ると、彼はパン焼き竈の傍で暖を取っていた。そこで彼らは立ち止まった（驚いたためだが、何よりも）ヘラクレイトスが（躊躇っている）彼らを励まし、〈ここにも神々がいる〉と言って彼らを招き寄せたからである」。(in : Heidegger, *Gesamtausgabe*, 2. Abt. : Vorlesungen 1923–1944, Bd. 55, S. 6).

［4］

プラトン『法律』

第九巻（ノートブックⅡの(1)「つづき」）。法の正当化。八七五。正しいことを本性的に知っている人間がいれば、彼には法は必要がないだろう。というのは「法律(ノモス)や定められた秩序(タクシス)は知識(エピステーメー)より優れたものではなく、理性が何かの奴隷であるのは許されて(テミス)いることではなく、理性が〈本性的に存在者のうちで真に自由なものである〉限り、理性がすべての支配者(パントーン・アルコーン)だからである」。したがって、不可避的にあらゆる法律は次善の策(デウテロン・ハイレテオン)にすぎない。

第一〇巻八九二以下「魂が身体より優れていること」。

八九四「本当に**存在する**（実在する）のは、そのままの状態にとどまっている限りにおいてである」。自分自身を動かす運動は「あらゆる能動の働きにも、あらゆる受動の働きにも適応して、真の意味であらゆる存在者の運動と変化の根源」［八九四］である。(2)――これは魂であり、あらゆる能動の働きにも、あらゆる受動の働きにも適応した運動であり、それがあらゆる能動の働きや受動の働きを生み出し、支配している。**プラクシス**のことに言及されていないのは明らかだ!!

八九五。すべての自己運動するものの根源(アルケー)は、最初のものであり……あらゆるもののうちで最古のものであり、最も強力なもの(クラティステー)である！　自分自身を動かすものは**生命**(ゼーン)である。

八九六。魂(プシュケー)＝「自分自身を動かしうる運動」（つまりアリストテレスでは**神**であるもの）。

九〇四以下。処罰を受ける冥界の叙述。

九〇五。身体に関しては病気とよぶもののことを、魂(プシュケー)に関しては不正(アディキア)とよぶ。

第一二巻**九六六**。星の秩序(タクシス)よりも――運動に従っているすべてのもののうちで最も古く、最も神的である――魂（プシュケー）と理性（ヌース）が神々の存在を証明している。（わが上の星輝く天空とわが内なる道徳律(3)）。

九六七。魂（プシュケー）。不死である（ゆえに）あらゆる物を**支配する**（アルカイ）（――なぜなら魂（プシュケー）は根源（アルケー）だからである）。

プラトンは『法律』の終わりのほうでこう言っている。「**始まり（アルケー）であるものが支配（アルケイン）しなければならない**」。

始まり（アルケー）であるものが支配（アルケイン）すべきである。(1)人間自身がこの始まりでありうるということは、プラトンには思いもよらぬことであった。――その始まりが**魂**（プシュケー）として規定されているにもかかわらずである。支配すべき始まり（アルケー）は直ちに原理として解釈されている。**何ものか**が支配するのであって、誰かが支配するのではない。(2)支配することと始めることとの根源的な、しかも言葉に示されている同一視は、あらゆる始まりが支配と解され、結局は始まりという要素が支配の概念から完全に消滅してしまう結果に至っている。それとともに自由概念が政治哲学から消滅したのだ。自由概念のうちで残っているのは、空しい要求だけである。

(1)「ノートブックⅡ」はこの『思索日記』のノート2を意味している。これは『思索日記』が名前を挙げられている唯一の箇所である。（「編者あとがき」を見よ）。
(2) Platon, *Nomoi*, 894c5-7.「自分自身を動かすとともに他のものも動かし、**あらゆる能動の働きにも、あらゆる受動の働きにも適応して、真の意味であらゆる存在者の運動と変化の根源**とされるもの［運動］を、われわれは第一〇番目の物ということにしよう」――太字の部分がアーレントがギリシア語で引用している部分。
(3) この文章はカントでは「常に新たに深まる賛嘆と畏敬の念で心を満たすものが二つある……私の上の星きらめく天と私のうちにある道徳律がそれである」（*Kritik der praktischen Vernunft*, in: Kant, *Werke* (*Weischedel*), Bd. 6, S. 300)。

[5]

目的—手段について。プラクシスとポイエーシスを厳しく分けて、「生活はプラクシスであってポイエーシスではない」(『政治学』第一巻一二五四a七[(1)])と言ったアリストテレスは、二種類の道具を区別している。すなわち、ポイエーシスのための道具——これは本来、**機械的なもの**であって、アリストテレスには人間労働はしだいに不必要になっていくことがすでに想像できた。それとプラクシスのための道具あるいは本来「生活」のための道具だが、これは奴隷である。機械とは異なり、奴隷を使う場合、奴隷は本質的に**生産**しないし、何も追加されるものはない。奴隷の効用は使用されることにあり、奴隷が必要なのは——近代的に言えば——消費のためであり、つまり生活と善く生きる(エウ・ゼーン)ためである。奴隷は決して「人間的機械」ではない。というのは、奴隷は仕事(エルゴン)としての彼らの活動以外に存続するようなものを何も生産しないからである。奴隷は、ポリスにおける「善き生活」である限りでの生活の不可欠の部分なのである。奴隷は消費する生活にとって不可欠である労働を軽減してくれるのである。

(1) Aristoteles, *Politica*, 1254a7.

[6]

消費と生産について。消費から——実際には使用と適切な使用、»uti« と »frui« から——生産へ力点を移すという途方もないことが最初に生まれたのは、自分が当然利用できるものではなく、自分が生産するものについて所有を主張するのが正しい限り、ロックの所有概念においてであった。それはユダヤ教の創造神のうちに示されていたことであって、神は創造的被造物を創造したのである。(旧約聖書における積極的な労働概念も、アダム―アダマーという捉え方もそこから生まれている)。それに対して動かずして動かすものたる神は、自分によって動かされた運動を絶対的な不動の状態で眺めることができる。人間は地球に住むためには「人間の所産 (human artifice)」を建設せねばならないという考え方は、ギリシア人には無縁のものであった、技術によってか人為によって存在するものが何であれ、それは自然に存在するすべてのものよりも当然劣るものであった。プラトンのイデアの世界も非感覚的であるだけで、人間が「神による被造物 (creatura Dei)」として、自ら単なる自然を完全に超越しているとされるキリスト教的な意味で「超越的」なのではない。

[7]

ポイエーシス―エイドス、直観と製作、ノモス―イデア、直観―観想、プラクシスと(欲望を指導する)テロス。欲望にはプラクシスが含まれ、製作にはテオリアが含まれている。

[8]

生起―出来事―事実。どういう生起も出来事の連関の中で起こり、「必然的」で予見可能なルーチン化した日常的経過を中断する。そういう生起がなければ、(「何も起こらない (nothing ever happens to me)」)出来事の経過に、退屈で無意味であるため全く耐え難い。生起が過ぎ去ったとき、生起は**事実**となる。事実として生起は出来事に似たものとなって、まさにその生起という特徴を失ってしまう。事実としては出来事は単なる出来事の経過に節目をつけるだけで、この出来事の経過は生起がなければ語ることも、記憶することもできず、無意味なままである。生起は最終的には生誕と死によって保障され、新しい人々の登場と、出来事の連関から予期される人々の退去によって保障されているのである。

［9］

アリストテレスにおける欲望について。(1) 常に次のところから始まる。私が特定の「もの」を**欲する**のは、別の何かのためである。つまり、食べ物を欲するのは生きるためである。これは、現実には空腹でなく、楽しみのために食べ物が欲しいだけだ、あるいは、明日自殺することが分かっている場合でも、食べ物は「欲しい」という事実を言い換えたものである。

別の言い方をすると、私が食べるのは徹底的に**強制**のもとにおいてであり、強制が絶対的なものでない場合に初めて欲することができるのである。欲望はエロス的なものにおいて初めて始まるのであって、単に生き延びるのに役立つものはすべて、不可避的な強制や、他の何かのために何かを欲するすべての欲望に見られ二重の志向性が全く不可能な駆り立てられる状態の圧力のもとにある。

欲望は……のために欲することは決してない。「楽しみのために」と言うと、楽しみを欲すると言っているかのようである。

すべての関心の理論の底には、こういう誤解がある。そこでは、常に関心が欲望の対象として立てられている。「**間にある**（inter-est）」もの＝明らかに共通であるもの＝政治的なものの**空間**等々は、そういうものとは異なる。

（1）アリストテレス『ニコマコス倫理学』第一巻第一章を見よ。

［10］

アルケイン。何かが始まるようにすること、つまり**行為すること**。これは政治的には二通りの仕方で経験される。1．第一人者、指導者であること（先頭に立つこと）。2．政治的行為が支配か服従かにおいてのみ経験されうるという二分した関係での支配。

アルケインがこういう仕方で「政治的」に解釈され確定されると、無論さらに行為（プラッティン）のために説明が必要になる。その際、1．すべての行為はまず始めることであり、2．行為はすべてが必ずしも、政治的［空間］での支配になる必要はないことが忘れられる。

プラッテインは語源的には、貫く、走破する、完成する、何事かを達成するという意味であるが、いるとか振る舞うという意味でもある。事実（プラーグマ）は、行為によって（完成され成就された）事柄となったものである。

つまり行為は最初から完全に追い払われていて、政治的には、支配という活動（アルケイン）か、出来上がった事実を作り出す（プラッテイン）かを意味する。その際、プラッテインは製作活動（ポイエィン）と関係があり、アルケインは生きること（ゼーン）と関係がある。プラクシスはポイエーシスに向かって、何をなぜ製作せねばならないかを告げるが、支配は完結することがなく、何のため（フー・ヘネカ）かを知らない――それは生きること自体がそうであるのと同じことである。

［11］

モンテスキューについて。彼の偉大なところは、(1)美徳を自己支配などとしてでなく、しかも自己との関係を抜きにして定義していること、複数であることを根源的事実として認めていること、(2)政治的なものを支配とみなすのでは**なく**、いわば交流の形で見ていること、(3)行為の原理を利害関心とは考えていないことに見られる。

[12]

奴隷状態について。生来(ピュセイ)の奴隷という概念は明らかにもともとは、奴隷の「本性(ピュシス)」からでなく、その仕事から導き出されたものである。プラトンにもアリストテレスにも、自由の権利のない「自由人」がいるが、それは彼らが労働するからであった。アリストテレスは彼らも法律上は奴隷としようと思っているが、プラトンはそう考えていない。しかしそれは全くどうでもいいことだ。活動において奴隷化するものに束縛されたままでいる者はみな本性的に(ピュセイ)奴隷状態にある。それを根拠にすると、そういう活動に特にふさわしい人間がいるかどうかという全く二次的な問題が初めて現れる。ここで奴隷を本性的に奴隷にするのは、気概(テュモス)の欠如と愚かさである。奴隷は不可欠なもの(アナンカイア)の領域での奴隷的活動に適している。なぜなら奴隷は、欲望によって「魂」が不可欠なもの(アナンカイア)にいっそう束縛されているからである。気概(テュモス)は理性(ヌース)と同じように自由の原理である。なぜなら、作りかつ(ポイエイン)苦しむ(パテイン)(テュモス)か考える(ノエイン)かのいずれかによって、気概や理性は単に不可欠なものと対立するからである。

奴隷制が戦争によって生じること、すなわち暴力(ビアー)によって発生するものであることは、古代ギリシアでは全く自明のことであった。奴隷は殺されなかった敵なのである。そのため権利を失い敗北者となった奴隷の**生活**は、恒常的に強制(ビアゼスタイ)されるものとなる。奴隷が強制される**ままにしておく**こと——すなわち、死を選ばないこと——が、奴隷的である証拠である。そうなると「生来の奴隷状態」という理論が生まれる。

しかし他方、純粋に身体に属するもの——口や腹(ガステール)に関わるもの——はすべて強制的なものに感じられる。

そして（善く生きること（エウ・ゼーン）ではなく）ただ生きること（ゼーン）を維持するために必要な労働はすべて、人間の自然的な奴隷状態と感じられる。したがって奴隷の「悪さ」は、エウリピデスが言っているように、常に単なる動物的生活の強制的特徴と結びついている。（というのは、奴隷という種族は非常に悪い。彼らは口腹のことばかりで、それ以上のことを気にしない [Fragment 49, cf. Schlaifer](1)）。これは一般化ではなくて、奴隷の自然（ピュセイ）の状態についての一つの発言である。

自由が可能なのは、奴隷を所有することによって口腹への束縛を克服できる場合だけである。

身体による強制である暴力行為に対応するのは、そういう強制される状態を唯一解消できる魂によって支配されている状態（アルケスタイ）である。（これがプラトンの解決である）。こうして理性の専制支配が発生する。それは最初から、肉体に強制される状態からの「解放」として考えられている。

こういう解釈の正しさを証明しているのは、ギリシア哲学の一貫した「政治的」な用語である。そこには暴力の要素が「技術的なもの」においてなぜ支配的になりうるかも示されている。自然が人間に加える暴力に対して、強制によって、自然の征服によって、あるいは人間に対する暴力的支配によって応えられる。この意味で奴隷状態は事実、ギリシア人が理解していたように、支配の最初の最も根源的な形態であり、すべての政治的生活の前提である。この前提には二重の意味がある。1．まずこれにもとづいて自由と市民として生きること（ポリテウエイン）が可能になる、2．この基礎が復讐して、すべての政治的なものが支配と服従というカテゴリーでしか見られない。この復讐は「心理学的なもの」の中にまで入っていて、プラトンは魂の能力を支配（アルケイン）と服従（アルケスタイ）でしか語ることができない。ここに、不可欠なもの（アナンカイア）の強制と論理の強制との本質的関係があるのだ。

（1） Euripides, *Alexandros*, Fragment 49. »cf. Schlaifer« でアーレントが引き合いに出しているのは、Robert Schlaifer, »Greek Theories of Slavery from Homer to Aristotle« (in : *Harvard Studies in Classical Philology* 47, 1936, S. 165–204) である。*Vita activa*, S. 325 (Anm. 30) も参照されたい。

[13]

アリストテレスと奴隷状態について。[1] 単なる「労働」を超えるすべての「生産的」で製作的な活動は、自由な技術者に握られているが、まさに農業は奴隷が握っている。これは矛盾（シュライファー[2]）ではなくて、奴隷状態が単に生きていることを強制される状態と連関しており、それゆえ農業のように不可欠なものしか生産しない活動は労働として中傷されることを、アリストテレスがいかに確信していたかを物語っている。農業は「生産的」であるというのは、全く近代的な考え方である。ギリシア人にとっては、もっぱら必ず「消費」されるものは「生産的」ではない。

（1） アリストテレス『政治学』第一巻第五章。

（2） [12] 注（1）を見よ。

[14]

「**自尊心**（superbia）」。この自尊心はヒュブリスとは関係がなく、高慢とも無関係である。自尊心が現れるのは、断られて傷ついたときではない（それは子供っぽいことだ）。そうではなく、同情されるのに耐えられないときである。耐えることができないのは、節度を守ることではなく赦しを乞うことなのだ。

「自尊心」にとっては、与えることは確かに「受けるより幸い(1)」である。――しかし、福音書で考えられているのとは異なる。

「自尊心」はキリスト教では、ストイックな者の罪だと言われる。それは人格の**不可侵性**に関わっている。したがって本来は男性独特のものである。人格の不可侵性は、**本質的に**身体に関わることだからである。つまり「自尊心」に気づくのは、自分の病気を隠そうとするときである。身体的なものは自分の手に負えないものだからこそ、身体的なものに「自尊心」が示されるのである。女性の身体は本性的に無傷のままではありえない。女性の身体は性交や出産の際に必ず傷つく。「自尊心」が本来的に「男性的」なのはそのためである。

(1)「使徒言行録」二〇章三五節。

[15]

労働について。労働は常に生計を支える。生活費を稼ぐために医者であれば、治療の術(テクネー)が労働に格下げされている。近代世界はあらゆる活動を労働に変化させて、すべてが品位を奪われてしまった。
こういうことが可能になったのは、貨幣を導入したからである。ごく一般的に言えば、貨幣経済とは「労働」しなくても生活費を**稼ぐ**ことができるということである。**収益**が根源的な意味での労働に取って代わる。近代世界では、不可欠なもの(アナンカイア)への普遍的奴隷化は隠されているが、それは「収益」が間に入っているからである。どういう活動も「収益」で測られ――すなわち、本来は生計と、それゆえ労働で測られる。

［16］

理解について。観想が製作にとってそうであるように、理解は行為にとって「アプリオリなもの」である。理解のうちには、行為を可能にする、世界との前もっての**和解**が存在している。理解が赦しであるというのはこの事実についての一つの誤解である。理解は赦しとは無関係である。赦しには常に、どうすべきか分からないということが含まれている。和解とは、「**相手を**受け入れること（to come to terms **with**）」であり、現実そのものと和解し、行為者としてこの現実に所属するのである。それが理解において行われるのである。それゆえ、理解とは意味を理解するのでも**なければ**、意味（Sinn）を生み出すのでもない。そういうことは**熟考**（Sinnen）のすることだ。理解は政治独特の思考なのである（「他者の立場[1]（the other fellow's point of view !）」）。

（1）　他者の立場へのこの示唆は『判断力批判』第四〇節の「幅広い考え方」（他者の立場で考えること）というカントの格率を思わせる。ノート22［32］を参照されたい。「理解と政治」に関する論文の中でアーレントは「理解は判断に近いものではないか」と問いかけている。（ノート8［39］およびその注を参照されたい）。しかし判断についての詳細な論究はこの初期の頃にはなされていない。後に一九五八年にチューリヒで行われた講演「自由と政治」において初めて、アーレントは、カントが理解していたように判断に含まれている政治理論の要素を取り出している。「自由は**判断力**のうちに、意志の述語としてではなく構想力の述語として現れ、構想力はあの〈幅広い考え方〉と密接に連関している。この考え方は優れて政治的な考え方であるが、それはその考え方によって〈他者の立場で考える〉ことができるからである」（*Zwischen Vergangenheit und Zukunft*, S. 216）。

［17］

理解が創り出すのは**深さ**であって意味ではない。政治的には、これは世界に**住みつくこと、落ち着くこと**である。それは根をおろす過程である。

根無し草であることは表面に生きていることを意味し、そこには「皮相浅薄」とか寄生動物であるという意味がこもっている。深さの次元が作り出されるのは、根をおろすこと、つまり和解という意味での理解によってである。（われわれの生活全体も教育もそのためにわれわれを訓練している——これが、根無し草であることの「文化」なのだが）表面の皮相浅薄さにおいては、深さは単に消え失せるだけでなく、底なしの穴、表面のすぐ下に口を開けている深淵としてしか現れない。

もう理解できないと言う場合には、根をおろせない、表面にとどまるよう定められていると言っているようなものだ。そういう浅薄さが全体主義的支配においては組織化されて、無意味な不幸を作り出し、無意味な苦悩を作り出すのであり、それと正確に対応しているのが、世界の他の部分で蔓延している無意味な幸福の追求にほかならない。〔原文・英語〕

［18］

労働—利害関心。言うまでもなくマルクスの利害関心の理論は、アリストテレスの**欲求**（エピエスタイ）から生まれている。アリストテレスの言う欲求は、プラトン的な魂の「最低の」部分の欲望ではなく、むしろ**理性的**動物において生きているものが示される仕方なのである。伝統にとっては、この利害関心が**政治**を構成し調整する支柱の一つとなる。マルクスにとっては、政治における利害関心が逆転されて、純粋に政治的な意志の形成を妨げ狂わすものとなる。労働者階級の利害関心は人類の利害関心と同一視されるから、それは概して正当なものである。別の言い方をすれば、利害関心を唯一正当に満足させるものが**労働**なのである。マルクスによると、利害関心が政治的なものとなったのは、労働が政治から遠ざけられたからにほかならない。そのために、支配が必要なものとなったわけだ。

アリストテレス以来、**利害関心**は政治における客観的要素であった。（王侯は民を支配するが、利害関心が王侯を支配する）。行為の予測不可能性＝創始は排除されるべきなのだ。マルクス的観点でそれが実際に成し遂げられるのは、利害関心が労働に結びついているからであり、つまり行為によって不可欠（アナンカイア）なもののために面倒を見る政治という回り道を取らずに、不可欠（アナンカイア）なものに**直接**結びついているからである。

［19］

働きかけるとともに受け取る能力としての激情（テュモス）。もともとは（テュオー［荒れ狂う、立ち騒ぐ、犠牲を捧げる］に由来するものであり）、**波立つ**もの、まさに常に動かされている魂の「部分」、すなわち心情である。魂の動きであり、魂の**動揺**である。肉体的には呼吸の増減が現れる。

Leiden にはパテイン**とともに**アルゲインという意味が含まれている。「アルゲイン（苦しむ）」はわれわれの「苦しむ（Leiden）」だけに対応するものである。「パテイン」は情熱（Leidenschaft）であり、パッションである。

［20］

伝統などについて。権威を（イデアである神的な尺度でなく）伝統へ移すことは、ローマ人にとっては、都市の**創設**に神的なものが働いていると考えることを意味していた。そういう政治的経験から、始まりが、ギリシア人では決して**歴史的な**意味においてもっていなかった「アプリオリ」な場所を獲得した。ローマ帝国が没落したとき、伝統と権威と宗教の政治的に経験された統一は生き延びることはできなかった。なぜなら、イエスの誕生が新しい構成的な始まりとして据えられたからである。これが初めて教会をローマ的にした、すなわちローマの現実的な跡継ぎにしたのである、

（ハイデガーがローマ的な考え方に縛られていたことは、神的な始まりに彼が固執したところほど明らかに示されているところはない。「われわれに子供が生まれた」という**根源的に**キリスト教的なものは、その逆である。）

一九五三年四月

[21]

一九五三年四月

プラトンが支配の原理を個人の魂のうちに求めたのと同じように、アリストテレスは**利益**(シュンペロン)の原理を個人の欲望のうちに求めた。しかし個人は決して特定の利益を有しているわけではない。特定の利益は個人が共有(シュンペレイ)している共通の空間において初めて生ずる。階級利益という言葉は本来は同語反復にすぎない。「階級」の基礎になっているのは利益である。利益は階級の外部に存在するものではない。

後にルソーが法を「一般意志（volonté générale）」というタイトルのもとに移し、ロックは、自分の身体

を自分の最初の所有と考える財産の原理を主体のうちに移した。私が自分自身に命令し——私は自分自身を所有しているのだ——、政治は個人の拡大になってしまう。

[22]

共通感覚（Common Sense）。感覚経験ほど個々独自のものはない。われわれはそれを信頼するほかはない。他の感覚が個々独自であるのとは異なりすべてに共通である第六番目の「共通感覚」が五感に加わるからこそ、感覚経験を信頼できるのである。他の感覚が「主観的」だというのではなく、逆に、感覚としてはまさに感覚は「客観」を「志向する」のであり、そこにおいてのみ感覚が機能する一つの世界に向けられている。感覚はまさに客観の**世界**に導くものだが、個別の感覚としては個々独自の感覚である。感覚は客観の世界を指し示しているが、人間の世界を指し示しているのではない。われわれを他の人々と結びつけるもの、われわれと他の人々との**共存**を示すものが「共通感覚」であり、これは本来、政治的な感覚である。

われわれすべてに共通である感覚は、五感による特定の経験を制御し調整し、われわれが個々独自の感覚で活動できる**共通の**世界が生じるのに貢献する。「共通感覚」があるからこそ、近視者は眼鏡を使うのであって、世界にいるのは近視者ばかりであれば、眼鏡は要らないだろう。眼は「ある」世界を伝え、十分それに役立っている。しかしその眼は、共通世界で正しい方向を指し示すものではない。

「共通感覚」の崩壊は、共通の、感覚的に経験されうる世界の崩壊を意味する。政治的な意味では、つまり人間が複数で生きている限り、世界が崩壊すれば、人間はもはや五感を信頼できない。五感は個別の世界を伝えるだけで、人間の住む共通世界を伝えることはできない。それとともに、「人間の所産（human artifice)」への感覚経験の信頼は崩れてしまう。(あらゆる人が地下鉄の存在を否定し、地下鉄は近いうちに破壊されるかもしれない場合に、パリに地下鉄があると言えるだろうか)。五感は「それだけでは」客観を伝えることはあっても、「事物」を伝えることはできないのは明らかである。主観においてこの「客観」に対応するものは、「認識」ではなくて、「衝動」とか欲求というようなものにすぎない。感覚的衝動の客観として与えられる「客観」を「認識」できるには、「共通感覚」が必要である。共通感覚によって「志向」の客観は、人間の間にある**事物**となり、語られ、判定され、感嘆され、認識されうる事物となる。

こういう解釈の正しさを示しているのが、ローマ、イギリス、フランスのような、あらゆる政治的に発展した共同体での「共通感覚」の特別な役割である。ドイツ哲学では「共通感覚」は軽蔑されている。ここで問題にしているのは「健全な常識」ではなくて、五感に与えられる個別の「世界像」を、政治的に理解された人間存在の複数性に適合させる感覚であるということが分かっていても、ドイツ哲学による軽蔑には、それなりのやむをえない事情がある。

[23]

ヘーゲルの**歴史哲学**について。これは**和解**という概念にもとづいている。重要な命題は『世界史の哲学』の末尾にある。「こういう発展の世界史と精神の現実的生成は、その歴史の移り変わる役者のもとで——これは真の弁神論であり、歴史における神の正当化である。**洞察のみが精神を世界史や現実性と和解させることができる**、起こったこと、毎日起こっていることは……本質的にそれ[神]自身の業である」[1]。

ヘーゲルの哲学は最後にこう言っている。「無限なものが有限なものの真理である」ときにのみ(『宗教哲学』[2])、自分が有限であることに耐えることができ、「世界史と現実性」が「神自身の業である」ときにのみ、そこに生きることに耐えることができる。それが和解なのである。

しかし神はヘーゲルにとって神**性**である。それは、人間がマルクスにとって人間**性**となるのと同じことだ。

（1） G. W. F. Hegel, *Vorlesungen über die Philosophie der Geschichte*, in: ders., *Werke*, (*Suhrkamp*), Bd. 12, S. 540.

（2） ヘーゲルの『宗教哲学講義』からの引用は、この言葉のままでは見つからなかった。

[24]

人間は無用なものである――歴史や自然にとって邪魔な寄生動物である――という観念は、社会が変化して労働者の社会に行き着いたとき現れる。重要なのは労働の社会化である(1)。労働は常に反‐政治的な原理である。キケロやアリストテレスでは、労働において人間は不可欠なもの（アナンカイア）に関わるからだけでなく、不可欠なもの（アナンカイア）は〈間の領域〉を構成**しない**ものにもとづいているからでもある。そこには、群れしか存在しえない同質性（ホモイオテース）の意味での平等が支配する。

無用な存在と根無し草的存在は同じものである。

（1）「無用なもの」という概念は、『全体主義の起源』では、法的人格の破壊、道徳的人格の破壊、個人的・身体的存在の破壊という三つのレベルで説明される。その概念は初めて労働の社会化と関係づけられる。その考え方に結びつけて、アーレントはその当時計画していた書物の中で「マルクス主義における全体主義的要素」を解明しようと考えていた。[31]も見られたい。

［25］

モンテスキューの三つの国家形態は、もともとは（哲学者の原理に対応するものではなく！）ギリシア人が知っていた三つの国家形態に対応している。すなわち、**君主制**（バシレイア）―**ポリス**―**僭主制**（テュラニス）がそれである。プラトンの場合は『政治家』で、統治は自由人を対象とするのか、自由のない者を対象とするのかを問題にするところに、まだそれが認められる。(1)

君主制は**契約**にもとづく。ポリスは**法律**にもとづき、僭主制は全員に対する一者の**意志**にもとづく。契約の履行は法の遵守に対応する。その経験から生まれたのが契約論であり、それが約束の理論であれば歴史的にも正しいものであろう。

モンテスキューは哲学者たちによって混乱させられて、合法性は共和制的な国家形態の本質に**すぎない**ことが分からなかった。王制の本質は契約と「忠誠」（loyality, fealty）である。したがってこれが「最も自由な」国家形態であり、財産が守られ、財産を守るために法は要らない場合にのみ可能な国家形態なのである。あらゆる法はもともとは、（神抜きに行われる）人々の**間での**畑の境界石や垣根の承認であった。壁が垣になったとき、法が必要なのである（『政治家』はそう理解すべきものだ。やれやれ！）。

王国には超越は不必要である。なぜなら、超越によって正当化せねばならない法は存在しないからである。それ［この国家形態］は最も人間的で、唯一地上的な形態である。その原理は名誉や忠誠や約束などによって私生活の原理となり、公的なものは合法性によって脱人間化される。

（1） Platon, *Politikos*, 301a4–303b7 参照。ノート1［34］も見よ。

[26]

尺度について。「われわれは制約されたものである」[1]というハイデガーの言葉は、万物の尺度としての人間という言葉を逆転させているように見えるが、実際には、それを補完したものにすぎない。人間が万物の尺度とみなされると、「〈尺度〉という意味では自分自身の尺度たりえない人間の尺度は何か」ということが問題になる。超越を回避するすべての思想が有するこの問いの答えは、事物が人間の尺度であるという答えしかない。

(1) ノート8 [28] を見よ。

[27]

根元悪について。ハーマン「人間が不快なものとなるのは、おそらく人間が身体の制約を超えてしまう場合だ!」(*Brocken*, §9, *Werke*, I, 309)[1]。

(1) Johann Georg Hamann, »Brocken«, in: ders., *Sämtliche Werke*, hrsg. von Josef Nadler, Wien: Herder, Band 1 (1949), S. 309.

[28]

尺度について。「より小さいとか、より大きい」の彼方にある絶対的大きさが生まれるのは測定によってである、つまり外部から尺度を当てはめることによって初めて、絶対的大きさというものが生まれる。

事物に備わっている無限の関係から孤立させることで、絶対的大きさの**本質**が獲得されるのだ。測定とは孤立させることにほかならない。

尺度が現れる以前は、つまりプラトン以前は、正義は本来、未知のものであった。知られていたのは、事物の関係の秩序が壊されたとき、事物自身が再び事物の塊に戻ってしまうディケーの「報復」であった。正義に関するプラトンの難点はすべて、正義を地上に確立するために、常に地獄の観念が必要であるところに最も明らかに示されている。それが必要なのは、正義という**尺度**を当てはめられるべき人間や行為を**孤立させる**からである。

尺度を当てはめるということは、測定によって製作が「実践的」になる場合に行われる多くの作業の一つにすぎない。

［29］

プラトンのイデア論とキリスト教的伝統について。当然だが、プラトンの「イデア」と神の似姿の創造との間の「予定調和」は、アウグスティヌスに最も明らかである。「わが神を愛するとき、私の内なる人間にとっての光であり、声であり、香りであり、食物であり、抱擁である私の神を……愛するとき、そこでは、場所に縛られないものが私の心を照らし、時に奪われないものが響き、風に吹き飛ばされないものが香り、食べても減らないものを味わい、飽きて離れることのない抱擁がある。私の神を愛するとき、私が愛しているのはこのようなものである」（『告白』第一〇巻第六章）[1]。要するに、神は人格であり実在となった人間の永遠のイデアなのである。そして神の前での人間の平等は、同一のものの多数という性格を失うことはない。それは、すべてのベッドがその似姿として製造され、ベッドをベッドたらしめるものとしてすべてのベッドの**内部**にある、**唯一の**ベッドのイデアの前で「平等」であるのと同じことである。

（1） Augustinus, *Confessiones*, Buch X, Kapitel 6.〔原文・ラテン語〕

[30]

製作と使用。労働と消費。製作されたものは所有物になりうるが、労働して獲得されたものは所有物にはならない。それは「人間の所産」の中に入る前に消費されてしまう。

ハイデガーの農作業への偏愛。生産でない労働と思索との間には、連関があるように思われている。なぜなら、生産が常に目的論的であるのに対して、思索も農作業も目的に縛られない活動であるように見えるからである。しかし思索に現実に対応するものは**行為**であって、労働ではない。（たとえば理性的人間でなく）ロゴスを有するもの（ロゴン・エコーン）としての人間から出発すれば、行為は他の人々と何か**について**話すこと（レゲイン・ティ・カタ・ティノス）であり、思索はひとりで自分自身と対話する（ディアレゲイン）ことだと言うことができる。会話がなくなると、**暴力**が始まる。暴力行為以外の行為はすべて会話として行われる。暴力の手段はすべて、言葉に取って代わり、言葉を無用のものとする手段である。

[31]

産業革命は**土地収用**とプロレタリア化によって、すなわち、多くの人間が根無し草的存在となり余分なものとなって初めて実現した。財産は人間に世界内の**場所**を割り当てるものであったが、その財産に代わって登場したのが仕事場であり、労働の**過程**での純粋の機能であった。所有主が守るべき財産は、人間が労働者になりきって世界に場を占めることを妨げるものであった。言い換えれば、財産は人間をある**場所**に縛りつけて、人間を他の人々から独立させるものであった。ところが労働は、人間を「土地に縛られない」ものにすると同時に、「社会」に従属させる。

「職業」によって財産から労働への解放が起こる過程に、人間の社会化の進行が示されている。人間の社会化は、人間が根無し草になっていく過程として見なければならない。

ロックの所有論はもともとは土地所有を確保しようとするものであったが、実は生産物である動産への要求しか確保しなかった。土地は「生産物」ではない。「生産物」とはパンとワインだけである。(1)

(1) John Locke, *Zwei Abhandlungen über die Regierung*, II. Abhandlung, Kap. 5 : »Eigentum«, §27. 文献についての詳しい説明はノート8［32］注(1)を見られたい。

［32］

根元悪はあっても根元善は存在しない。根元善が望まれる場合には、いつも根元悪が発生する。人間の間では、善も悪も関係においてしか存在しない。「根元性」とは相対性を破壊し、関係そのものを破壊するもののことだ。人々や人々の関係を超えたところに望まれるもの、それはすべて根元的な悪である。

［33］

論理と共通感覚(common sense)。主観化された「共通感覚」(［22］参照)が論理である。別の言い方をすれば、論理は「共通感覚」に取って代わりうる唯一のものであり、特定の感覚を共通のものに導いて、感覚的に経験された世界を共通の世界へ導く感覚の代わりに、経験と全く独立の、事実すべての人々のうちにある主観的な「能力」を有している。神さえ変えることのできない2＋2＝4という命題は、論理的に見れば神と人間の間に質の違いはないことを示している。論理は一切の区別のない同一の複数を前提している。論理にとっては、どういう存在も、論理的に「考える」ことのできる種の一例なのである。

［34］

伝統は、ローマ独特の「キヴィタス」の創設**および**保持の経験にもとづいて可能になった。自由の行為である創設は、保持を義務化し、保持に結びつく。精神的に見れば、これが伝統なのである。伝統の権威は、始めるというパトスのうちにある。こういう仕事に結びつけたのが、ローマ人の**宗教**である。宗教は最初から政治的であった（『スキピオの夢』[(1)] 参照）。

イエスの誕生は、ローマ教会という「キヴィタス」にとってはまさに、ローマ共和国にとってのローマ創設に匹敵する。それは、契約を結び、伝統を築く決定的な権威の始まりであった。

ローマの家族への関心は、政治的なものである。それは契約から生じる創設のパトスと密接に結びついている。どの新しい家族も契約と連続をめざす創設という大事業を繰り返すのである。

（1）「スキピオの夢」については、ノート11［2］以下および［6］注（1）を見よ。

ノート15

一九五三年四月―一九五三年五月

一九五三年四月

［1］

暴力特有の**悪**は無言であることだ。行為者としては人間は他の人々**とともに**……**について**語り合う。行為が止んで現れる暴力の沈黙は、人間を野獣化する「動物的なもの」である。語ることの最後の残りとしての**論理**は、――孤立の状況での他者と自己の喪失とともに――語りがすでに対象を失ってしまった限り、この沈黙に至る。したがって、論理的思考は常に**暴力**に到りつく。論理は誰にも話さず、何事についても語らない。そのようにして論理は暴力を準備するのだ。

暴力の沈黙は観想の**沈黙**とは別物である。ところが暴力と観想の対象への没頭との間には関係があるのだ。それは「イデア」の観想と製作される**もの**への没頭との間に関係があるのと同様である。しかしいずれも沈黙であり、圧倒された状態であって、言葉を失うことに変わりはない。暴力の沈黙は、他の人々とともに行為し語ることへの移行よりも、この沈黙への移行にはるかに近い。この沈黙から生じるのはプラトンの言うドクサ、雑談などである。観想にとっては、**思考**が直観に達するための手段にすぎないように、観想にとっては、討議や共同行為も、観想への沈潜や、観想において起こる見る者と見られるものとの同一性を破壊するための優れた手段（カテクソケーン）になってしまう。そこでは語り合うことがすべて、語ることによって破壊することになる。他方、暴力の沈黙は観想とその無暴力性を侵すことはなさそうだ。

精神の「無力」と言われるのは、観想の「無暴力性」のことである。そこからの逃げ道は暴力しかないが、それはまさに（あらゆる製作にある必然的に暴力的な要素とは異なり）無暴力性が、政治的には観想的思考の決定的経験だからである。観想や観想的生活（ビオス・テオレーティコス）などは、「生産的」である限りで製作から撤退しながら、本来は製作を指導する「イデア」に従って生きている「製作的な」態度なのである。その際、本来世俗的な現実の要素は、観想が製作を断念したとき断念した暴力であるように見えるかもしれない。こうして暴力が「現実」の支配的要因となるのだ。

［2］

労働について。ヘシオドス『仕事と日（エルガ・カイ・ヘーメライ）』(1)。労働は善良な**エリス**のもたらしたものであり、悪しきエリスは戦いへ駆り立てる。善良なエリスは**羨望**！　によって仕事へ駆り立てる（一一―二六）。（モンテスキューの怠惰論を参照！(2)）。四二「神々が人間の命の糧を隠しているからである」。そうであれば労働は思考と同じようなものになるだろう。隠れた真理を見いだすのと同じように、隠された命の糧を見いだすことになるだろう！　ゼウスが命の糧を隠したのは、プロメテウスが火を盗んだからである。そこでゼウスはパンドラを作って、エピメテウスがそれを贈り物として受け取った。そういうことが起こる前には、人間たちは「楽園」で「煩いや……苦しい労働」からも解放されて生きていた（九一）。パンドラの箱から、害悪とみなされていた（！）**希望（エルピス）**以外のあらゆる苦難が現れた（九六）。苦難はひそか（シゲー）に現れたが、それはゼウスが声を奪っていたからである（一〇四―五）。

四〇六。仕事をするようにいろいろ勧めた後で、まず男は家を構え、女奴隷と雄牛を手に入れ、雄牛と一緒に働かせなければならない！　男は（鋤などの）道具を揃えねばならないが、鋤くために別の男が必要で（四四二）、さらに男奴隷も要る（四五九）、明らかに数人の奴隷が必要になる。鋤く時期には家の主人は奴隷たちとともに畑に行くように厳しく注意される。本来の仕事は奴隷たちがやる（五七三、五九七）。

子供が胎内にいるように命の糧は大地に隠されているのだが——命の糧を隠されているところから救い出す仕事と、真理を隠された状態から輝かしい自己提示へもたらす思索との関係。

知ることと証言することとのヘブライ的な関係はこれとは異なる。

（1） Hesiod, *Theogonie/Werke und Tage*, griechisch und deutsch, hrsg. und übers. von Albert von Schirnding, mit einer Einführung und einem Register von Ernst Gunther Schmidt, München-Zürich : Artemis & Winkler (Sammlung Tusculum), 1991. このメモでアーレントがギリシア語で引用している行数は、すべてヘシオドスのこの作品のものである。——ノート16［11］も参照されたい。

（2） Montesquieu, *De l'Esprit des lois*, XIX, 9. アーレントはこの章から次の文章をノート7［3］に書き留めている。「怠惰は傲慢の結果であり、労働は虚栄心の帰結である」。

［3］

モンテーニュ「われわれは決して自分のもとにいない。われわれは常に自分の彼方にいる。不安や欲望や希望はわれわれを未来へ押しやり、現在あるものについての感覚や考慮をわれわれから奪って、将来のことで、しかもわれわれがもういなくなった時のことで煩わす」(I, ch. 3)(1)。〔原文・フランス語〕

われわれが自分のもとに、自分とともにいるのは孤独裡の対話的思索の場合だけである。他のあらゆる活動は世界に結びついていて、自分から運び去るものだ。

（1） Montaigne, *Essais*, texte établi et annoté par Albert Thibaudet, Paris : Gallimard (Bibliothèque de la Pléiade), 1950, S. 35.

［4］

逆転について。観念を「印象の模写（copy of impression）」とするヒュームの定義。(1)

（1）デイヴィッド・ヒュームにおける印象の模写としての観念（ideas）については *An Enquiry Concerning Human Understanding*（1748), Abschnitt 2（»Of the Origins of Ideas«）および Abschnitt 7（»Of the Idea of Necessary Connexion«）を見よ。

［5］

労働について。工場労働までは、労働は常に人間の最も私的で非政治的、非社会的な営みと見られていた。（キケロ(1)）われわれは他の人々とともに行為し、物は世界のために製作するが、労働はひとりでやる。いつもひとりで労働しない者は、本質的に奴隷であった。ギリシアには鉱山に国家の奴隷がいたが、奴隷が必要だったのはまず家政のためであった。ヘシオドスでもそうである。(2) 奴隷に対する必要な支配によって、政治的には労働は二次的なものとなった。奴隷に対する支配によって、労働からの解放が可能になり、市民(ポリテウエイン)として生きることが可能になった。（こういう奴隷支配が支配(アルケイン)―服従(アルケスタイ)という、支配者と被支配者との「自然的な」区別の根底にある経験である。その区別が自然的であるのは、労働が自然必然性だからである。それをプラトンやアリストテレスが政治に持ち込んだのであって、政治は労働のことは全く知るよしもなかった）。

産業革命の社会的に革命的なところは、「社会化」＝労働の非私有化にある。そこから生まれたのが社会主義である。（そしてマルクスの階級概念である。プロレタリアートは、財産がないから実際に「私有」

を知らない唯一の「階級」であって、階級への所属によってのみ彼らの場が決定されたのである。一つの階級が財産をもたないとき初めて「有産階級」が存在しえたのである)。

(1) アーレントがここで言っているのは、Cicero, *De re publica*, V, 2 のことである。ノート11〔7〕および *Vita activa*, S. 79 あるいは S. 335 (Anm. 13) を見よ。

(2) Hesiod, *Werke und Tage*.〔2〕を見よ。

〔6〕

モンテーニュ「孤独」(I, 39)。「そのためには、自分の真の自由と最も重要な隠遁と孤独を打ち立てうる完全に自分のものである、何の制約もない場所を取っておかねばならない。そこでいつも**自分自身と対話をする**ようにしなければならない。……われわれにはそれ自身へ反転しうる心がある。それは**それ自身を友とすることができる**。それには苦しめ、防ぎ、受け、与えるものが十分にある……」。「確かに、**分別のある**者は自分を失っていなければ、何一つ失っていないのだ」。「最も大事なことは、自分を失わずにいることができるということである。社会に何一つ寄与できないからには、自分を社会から解き放つべき時だ。そして、貸すことのできない者は、借りないようにせねばならない。自分の力が衰えた以上、力は引っ込めて自分の中に閉じ込めておこう(1)」。

1. 孤独の対話的原理。「自分自身との対話 (entretien de nous à nous-mêmes)」。2. 「分別のある者 (l'homme d'entendement)」には何も失うものはない。3. 「人間の所産 (human artifice)」である共通世界にもはや寄与できない状況としての**老境**との関係。これは古代と決定的に対立している。古代には老境は**行**

為にとっての最善の助言者であった。それは、老人が製作（や利害関心）の世界から引退しているからにほかならなかった。これこそ知恵なのだが、それは他の人々によって使用される知恵であり、自己満足して世界への利害関心を失ってしまった知恵ではない。

（1）Montaigne, *Essais*, a. a. O. ([3] 注 (1)), S. 278, 280.

[7]

「浪費（waste）」のアメリカ的原理は、合衆国の独創的発見である優れて産業社会の経済学的原理である。[1] あらゆる製品が労働によって品質がよくなり速く作られるようになると、それは労働生産物として取り扱われ、すなわち、必要とされるのではなくて使い果たされ、消費されるようになるにちがいない。しかしこれは事物については「浪費」によってしか実現できない。マルクスは見ていなかった純粋に経済的なものにおける現実の矛盾は、[2] まさにこのアメリカで解決されたのかもしれない。

（1）アメリカ合衆国という産業社会の発展の過程で作り上げられた、「浪費」という経済学的・社会的カテゴリーについては、*Encyclopaedia of the Social Sciences*, hrsg. von Edwin R. A. Seligman und Alvin Johnson, New York : Macmillan, Bd. 15 (1935), S. 367 ff. を見よ。

（2）ここで考えられているのは、「消費価値が使用価値の中に暗黙裡に」消し去られる、あるいは「時間の要素が除外される」ことに見られる「矛盾」のことである。[14] を見よ。

10

Das amerikanische Prinzip des waste ist das ökonomische Prinzip der Industriegesellschaft par excellence, die eigentlich originelle Entdeckung der Ver. Staaten: wenn alle hergestellten Dinge besser-schneller durch Arbeit fabriziert werden, müssen sie auch wie Arbeitsprodukte behandelt werden, d.h. nicht gebraucht, sondern aufgebraucht, konsumiert werden. Dies aber ist mit Dingen nur mittels des waste zu bewerkstelligen. Es könnte sein, dass der wirkliche – von Marx nicht gesehene Widerspruch im rein ökonomischen Gesellschaftsbegriff – im Amerika gelöst wurde.

［8］

過去と未来の分水嶺としてのマルクスについて。

1．他者を支配する者は自由ではないというマルクスの言葉は、政治からプラトン・アリストテレス的な支配・服従というカテゴリーを取り除いている。これは問題の本質にかなうことだが、それはそういうカテゴリーが奴隷経済の**経験**から得られたものだったからである。（アリストテレス『政治学』第一巻参照。アリストテレスはその経験から始めているが、それが彼にとっては最初の政治的経験であった。なぜなら彼にとって政治の本質は、奴隷によって営まれる物質的な関係の秩序にあったからである）[1]。労働者の解放とともにこういう**経験**は、日常の前政治的な行為の生活からなくなってしまった。

それとともに過去への新しい見方が開かれたが、それはマルクスの知らなかったものであった。民族の本来の政治的経験は経済的なもののレベルで起こっていたのではなく、支配・服従という定式に押し込めず、そのため哲学的解釈も加えられずに残されていた。それについていくらか知っていたのはモンテスキューだけであった。

2．マルクスの労働する動物の定義は現代への道を示している。ただしマルクスが考えたものとは異なり、結局、労働を人間の**支配的な**活動にするために「解放された人々」が労働者であったという意味においてである。

（1） アリストテレスの奴隷状態に関する考えについては、*Politica*, 1253b25ff. とH. A., *Vita activa*, S. 78f., S. 335（Anm. 9）を参照されたい。ノート14の［5］と［13］も参照されたい。

［9］

プラトンの「行為（プラッテイン）はロゴスとは縁遠いものであるから真理とは無関係である」という言葉には、あらゆる行為は根源的に暴力的であるという意味が含まれている。しかし行為は根源的には話し合う（レゲイン）ことなのであって、ロゴスが休止すると、暴力が始まる。政治における暴力の役割は、行為についてのこうした最初の想定と誤解にあるのだ。

［10］

国家に対する社会主義の敵意はもともとは、非政治的であって、社会的であるに「すぎない」と言われている経済的なものから生じるのではない。支配概念そのものを拒否することから生じているのである。そのため、哲学が理解していたような国家は事実、消滅するほかはなかった。その後に残るのは社会だけである。（このようにして、社会科学が国家学に取って代わる。それとともにまさに西洋の政治的経験の修正への道が開かれた。）

［11］

歴史学について。その「職業病（déformation professionelle）」は、至るところに終わりばかり嗅ぎつけようとすることである。しかし一義的に歴史の終わりが存在するわけではない。どの終わりも新しい始まりなのだ。その始まりが終わりに達して初めて、科学にも再びその始まりが見えてくる。歴史が、多くの始まりを含みながら終わりがなく、それゆえ本来は語り尽くせない歴史であるという逆説が生まれるのはそのためである。

われわれが知っている唯一一義的な終わりは個人の死である、個人の「**偉業**（gesta）」を語るときに初めて、歴史学が**厳密な**学問となるのはそのためだ。一八世紀というのは時代計算上の抽象的な事柄であるが、フリードリヒ大王の時代は存在したのである。

歴史学はさらに、その出来事が起こらなければ、数世紀前のあらゆる時代がそうだったように、歴史の流れが単調に同じままである**出来事**も取り扱う。「**すべて常に同じである**」（Lukretius, III, 944）[1]。出来事は歴史的には、それまでは隠されていた始まりの**終わり**としてのみ語ることができる。そこから歴史学における因果性が生まれたのだ。つまりどういう出来事も、それまで隠されていた始まりの終わりとして歴史的に語られる。その始まりの特徴を再び顕わにするためには、新しい出来事が必要なのである。これが歴史における継続の原理である。何事かが起こる瞬間に、その始まりの特徴がまさしく覆い隠されるのである。われわれの理解にとってそれは常に、終わりとして、絶頂として、極致として、「時の成就」として現れる[2]。

（1）»Eadem sunt omnia semper.« Titus Lucretius Carus, *De rerum natura-Welt aus Atomen*, lateinisch und deutsch, Textgestaltung, Einleitung und Übersetzung von Karl Büchner, Zürich : Artemis（Die Bibliothek der Alten Welt, 1956, S. 306 und 307（Buch III, 945）.

（2）刊行された著作の中で、アーレントは歴史学についての自分の見解をその当時次の二箇所で述べていた。（1）『全体主義の起源』についてのエリック・フェーゲリンの批評への回答（*The Review of Politics* 15, 1953, S. 73-84 ; deutsch（übers. von U. Ludz）in : H. A., *Über den Totalitarismus*, S. 33-52）。（2）»Understanding and Politics«, in : *Partisan Review* 20, 1953, S. 377-392 ; deutsch（übers. von U. Ludz）, in : H. A., *Zwischen Vergangenheit und Zukunft*, S. 110-127, dort besonders S. 122-125. なおノート4［8］と［23］、ノート5［5］と［17］以下も見よ。本ノ

ートの［19］とその注（1）を見られたい。

［12］

モンテーニュ「哲学するとは死を学ぶことである[1]」。「われわれの誕生がすべての事物の誕生をもたらしたように、われわれの死もすべての事物の死を引き起こすことだろう[2]」。あらゆる誕生とともに一つの世界が始まり、あらゆる死とともに一つの世界が死ぬ。「一度しか起こらないことは苦しいものではありえない[3]」。そして、われわれが覚えておれるのは一度しか起こらないものでは**ない**、と付け加える者もいるかもしれない。無感覚は苦痛を遠ざけることはなく、苦痛の記憶を遠ざけるだけである。それが続いている間しか「意識して」いないことが分かっているものには、われわれは不安を抱くことはない。

「それにおまえたちが一日生きれば、すべてを見てしまったのだ。……そして、最悪の場合でも、私の喜劇のあらゆる場面の配置や変化は一年で完結する。もし、おまえたちが私の四季の変化に注意すれば、そこには世界の幼年期、青年期、壮年期、老年期が含まれているのが分かるだろう。世界は自分の役を演じたのだ。繰り返す以外に術はない。……［それゆえ（アーレント）］他の人々がおまえたちにしたように、他の人々のために場所を譲るがいい[4]」。

（1）»Que philosopher c'est apprendre à mourir.« モンテーニュ『エセー』第一巻第二〇章の表題。

（2）Montaigne, *Essais*, a. a. O.（［3］注（1）), S. 117.

（3）Montaigne, *Essais*, ibid.

（4）Montaigne, *Essais*, S. 118–119.〔原文・フランス語〕

［13］

ハイデガー解釈について。その新しさは次の点にある。ハイデガーが単に（彼以前の他の人々が考えたように）どういう作品にも独自の言い表されていないものが含まれていると考えるだけでなく、（心理学的にはその発生の根拠は、その一つのことが言い表すことができないからこそ、その他のすべてが述べられたのだが）言い表されていないものがその本来の核となっている、つまり、いわばすべての回転の中心としてすべてを組織する中心の空虚な空間だ、と考えているところにある。そういう場所にハイデガーは座っている、つまり読者や聴衆にとっては**開いたままの**空間のような、著者はそこにいるわけでもない作品の中心**そのもの**に座っているのだ。そこから、著作は成果として印刷された死の状態から呼び戻されて、生き生きした話に変わって、そこでは反論も可能になる。読者がもはや外部から来るのではなく、真ん中に加わっている対話が生まれる。

このやり方の鋭さや厳しさは、こういう場所が「客観的」に存在し、その場所がどういう優れた作品にも見いだされうるところにある。「恣意的なもの」は、個人が――限られた耳と反論の能力をもって――その場所に座っているところにある。しかしそれは、解釈の質は解釈しようとするものの質によるという――当たり前の――ことを意味しているだけである。

恣意とか暴力性という印象が生まれるのはわれわれが不慣れなためにすぎない。近代絵画におけるように（ハインリヒのセザンヌ解釈[1]）、すべてが「歪められている」ように見えるが、それは、画家は世界を「外部から」三次元的に描くものだというのに慣れきっているからである。ところが、現代絵画では画家は図の中央にいて、高―低、左―右、前―後という六つの人間的な次元があり、すべては人間そのものである平面に投影される。――それと同じように、ハイデガー解釈の際にも、開いたままになっている聴衆の中心の空間から見て、作品が解釈される他の次元が発生するのである。読むことによって聴き取る瞬間に初めて発生しうるその次元において、ハイデガーは、開いたままの空間に言われなかった言葉で、そこでしか見いだされない、いわば「開けごま」であるキーワードを使う。すると聴く中で、開いたままになっている中心がもともと全体を組織していたように、すべてが明らかになってくる。(2)

(1) ハインリヒ・ブリュッヒャーは当時、New School for Socil Research で美術史の講義を行っていた。セザンヌに関するブリュッヒャーの著作はない。*Arendt-Blücher-Briefwechsel*, S. 251 f., S. 259, S. 265 を参照されたい。

(2) 明らかにこのメモは、ローマ研究者であるフーゴー・フリードリヒとアーレントとの間の、ハイデガーのトラークル解釈——具体的にはハイデガーの »Georg Trakl : Eine Erörterung seines Gedichtes« (zuerst in : *Merkur* 7, 1953, Heft 3, S. 226–258) をめぐる対決から生まれたものである。アーレントは一九五四年五月八日付けの手紙でハイデガーにフリードリヒとの「手紙での論戦」を報告している (*Arendt-Heidegger-Briefe*, S. 147)。彼女の手紙の最も重要な数節はそのハイデガー宛の手紙の注に掲げられている (a. a. O., S. 316 f.)。

一九五三年五月

[14]　　　　**一九五三年五月**

経済学的分析の主要な誤謬は、それが使用価値と交換価値しか知らず、**消費価値**を使用価値のうちに暗黙裡にかき消してしまっていることである。しかし経済学特有の問題は、どれだけ長い**時間**、役立つかということなのだ。これがその他の要素に劣らず「価値」を規定するのである。というのは、いかにしばしばそれを回復せねばならないか等々を含んでいたからである。大いに注目すべきは、**時間の要素**が除外されていることである。

まさに価値の規定を、交換からでなく生産から始めるのであれば、使用と消耗＝消費との区別が抜け落ちてしまうはずだ。

[15]

価値について――»value« – »valeur«。[1] この概念は、この規定のうちにすでに社会科学として姿を現していた古典経済学に由来する。この概念は「財（bona）」、それ自体においてよきものを使用から剝ぎ取って独立させ、今後は「価値」を有するもの、すなわち社会において「価値ある」もの、社会において「妥当する」（»valoir«）ものだけが「財（bonum）」であることを示している。それは「財（bona）」の社会化であり、それによって人間の社会化が始まった。愛はその後は、社会において「妥当する」ものである限りで一つの「価値」である。社会科学はすべてを「価値」として考えるが、それは、価値が経済から生まれるからではなく、社会的に見ればすべてが「価値」になるからである。経済は、社会が奪取した最初の領域を指すにすぎない。

われわれがあるものを「もの」ではなく、一つの関係、しかも社会的関係とみなすと、たちまち価値が発生する。（「貨幣はものではなくて社会的関係である、……貨幣関係は、どうして分業のようなあらゆる他の経済関係と同じような生産関係なのか」『哲学の貧困』第三節a）[2]。このためにすべてが「相対化」され、関係（遠近法）において見られる。マルクスはまだ絶対的なものをもっていた。なぜなら、彼はすべてを「生産関係」とみなし、生産を労働＝労働力＝自然的に与えられているものに還元したからである。彼の後継者たちが初めて、社会科学に遠近法的な相対化を徹底的に推し進めたのである。マルクスにおいて関係でない唯一の「もの」は**労働力**それ自体である。**労働**はすでに関係だからである。近代ニヒリズムにおけるマルクスの位置はここから理解しなければならない。

マルクスが社会学の開祖となったことには二つの理由がある。

1．「他の人々を支配する者は自由ではありえない」[3]——それゆえ、政治思想の古来のカテゴリーである支配—服従は、人間的共同存在にとっては基準にならない。人間的共同存在はむしろまず**社会**であり、社会のうちに自由がある。政治や法律に関する「意志」決定や権力による決定は事実上、現体制を正当化するだけで、「経済的なもの」に従わねばならないという理論によって、このことは基礎づけられる。マルクスは、「人間的共同存在は本質的に経済のために」存在することを確信していて、支配の性格「だけ」を除去する、すなわち、経済は**高次の**目的のために存在するという考えを除去する。支配はまさにこの高次の非政治的なもの**のために**あるのだ。

2．どういう「もの」も関係である。基本的関係は自然存在の自然に対する関係としての労働である、人間という自然存在は労働**力**の持ち主として定義されている。労働力は自然諸力の戯れの中に組み込まれる。支配は諸関係を「もの」に固定する。これが「疎外」である。支配がなければ自然的な力の戯れしか存在しない。そこでは関係が釣り合い、組み合わさる。**自然の**力の戯れのような諸力の戯れは**発展**によって調節されている。（しかし、発展は「もの」を前提する。その「もの」が労働力＝人間なのである）。

（1）これについては、発表された著作の中でも »Tradition und die Neuzeit« (1957), in: H. A., *Zwischen Vergangenheit und Zukunft*, S. 43 ff. を参照されたい。

（2） Karl Marx, *Das Elend der Philosophie* (1846–1847), in: *Marx-Engels-Werke*, Bd. 4, S. 107.

（3） 文字通りには、この言葉（「他の人々を支配する者は自由ではありえない」）は、以下に引用されている断片（「人間的共同存在は本質的に経済のために」存在する）と同様、マルクスには見いだされない。おそらく、アーレントがマルクスの二次文献のどれかから取ったものか、マルクスの英語版から翻訳した言葉であろう。

［16］

労働**という**人間独特の自然との新陳代謝と、動物的な新陳代謝との違いは、あらゆる労働が常に**過剰**を生み出すこと、すなわち、直ちに消費されえないものを生み出すことである。この**過剰**のためにマルクスは労働を生産と同一視し、混同できたのである。過剰な労働は常に**未来の**消費のために役立つが、使用には役立たない。ここでも、失敗は**時間**のファクターの無視にある。

あらゆる経済システムは労働の過剰にもとづいている。

［17］

西洋政治哲学の破綻は単純な形にすれば、政治的生活の目的がマルクスで（あるいは世俗化において）没落するということである。［しかし］経済的関係を手中にし、悲惨を世界から追放しなければならないというのは、依然として物質的根拠でありパトスでもある。そういうことがアメリカで滅ぶのは、その課題が解決可能であることが証明されたからである。そこで政治にとっては、いわば何も残っていないのだ。大いなる空虚だ。次はどうなるのか。

28)

Der Bankrott der abendländischen politischen Philosophie, auf die einfachste Formel gebracht: Das Herr-schen des politischen Lebens geht im Wesen Ende der Säkularisierung zugrunde. Bleibt immer noch der materielle Grund, auch das Pathos, dass man die erbärmlichen Verhältnisse in die Hand bekommen muss, das Elend aus der Welt schaffen etc.: dies geht in Amerika zugrunde, gerade weil sich die Aufgabe als lösbar erweist. Nun bleibt für Politik eig. nichts übrig. Die grosse Leere. Was nun?

［18］
神は一者として存在するのに対して、人間は複数でしか生きられないところが、神と人間との決定的な違いである。そこに一神教の政治的な意義がある。このことについての政治的洞察から、一神教は思弁的－哲学的には早くからあったが、それが政治的に影響力を発揮するのは、一神教が「国家宗教」となった、すなわち、ユダヤ人においてまさに政治的なものの基礎とされたときであったことが分かる。「神の似姿」と（**単数の**人間ではなく、男と女！　という）複数の創造という創造神話からは、最も根源的な違いは一者と多数との違いであったことが明らかである。後の非ユダヤ教的な由来の思弁において初めて、多数者の唯一の創造者から一者の理想化と、プラトン的意味での「人間のイデア」としての神の観念が生まれる。このことから必然的に、政治的(ポリティコン)なものが一者としての人間の**内部に**移されることになる。

［19］
社会科学について。社会は、各人が一つの役割を果たし、各人が自分の役割と一**致している**限りで、共同存在の在り方である。われわれは「として」という在り方で存在する。社会科学はあらゆる関係をこの役割において見る。「理念型」（または「挑戦と応答（challenge and response）」）は機能のカテゴリー(1)であり、常にそういうものとして――すべての実体的なものは除去されるという条件のもとで――妥当する。イエスとヒトラーは「カリスマ的タイプ」、すなわち、彼らが言ったりしたりした**こと**は完全に度外視するという条件のもとでの自己である。「価値」ではなく端的にすべての現実が消滅するこういう「科学的な」度外視において、同一の機能が現れるのである。
この実質的に明らかな欺瞞は、決して科学の発明ではない。それは**社会**の本質の中にある。しかしそれ自体が一つの歴史的現象なのである。

社会とは何か。

(1) 社会科学の(実体でなく)機能を重視する構えに対するアーレントの批判については、一九五三年に出た「宗教と政治」という論文を参照されたい。これはH. A., *Essays in Understanding*, S. 368-390 ; deutsch (übers. von U. Ludz): »Religion und Politik«, in : H. A., *Zwischen Vergangenheit und Zukunft*, S. 305-324に再録されている。(これまでドイツ語では出ていない)»Social Science Techniques and the Study of Concentration Camps« (in : *Jewish Social Studies* 12, 1950, Nr. 1, S. 49-64) も見られたい。そこで彼女は——絶滅収容所という現象にもとづいて——社会科学(および歴史学)への根本的批判を力を込めて述べている。

[20]

孤独について——トマス『神学大全』第一部第三一問第三項。「というのは、本性の異なるものと一緒にいても、孤独でなくなるわけではないからである。庭に多くの植物や動物が存在していても、人間は孤独だと言われる[1]」。〔原文・ラテン語〕

(1) Thomas von Aquin, *Summa theologiae*, vollständige, ungekürzte deutsch-lateinische Ausgabe, Schriftleitung : P. Heinrich Maria Christmann O. P., Salzburg-Leipzig : Pustet, Bd. 3 (1939), S. 91.

[21]

世界の実在性を保証するはずの感覚知覚の「無謬性」は、「**共通感覚**(common sense)」が及ぶ範囲、すなわち「共通なもの（common）」の領域でしか真実ではない。外部世界の実在性についてのあらゆる懐疑は、特に理性に対する根本的懐疑の一形態としての懐疑は、感覚的に与えられる世界からの撤退によって生ずるものではない。他者と「共有」する世界から生ずるのである。実在性を確信させるような感覚データは存在しない。実在性それ自体が、「共通なもの」において初めて生まれるのである。

哲学者はその「共通なもの」から撤退する。哲学者の問いや懐疑は（他の人々だけでなく哲学者自身の）「常識（common sense）」では全く理解できないものだ。（「常識」とはハイデガーが「ひと」とよんだ領域のことである）。「常識」から哲学しようとするところに、感覚論者や唯物論者の誤りがある。「常識」は決して提起しない問題に対して、彼らが「常識」で答えようとしていたのは明らかである。

そういう破綻はロックにも見られる。**絶対的な**正義への問いを立てると、たちまち彼にも「天国への嘆願（a plea to heaven）」や来世観念が必要になる。しかしそういう問いは、「常識」の範囲内にある正義への問いとは全く異なる。絶対的正義が求められるのは、すべてが他のものとの関係の中にある「共通なもの」の彼方で生きようとするからである。

[22]

プラトン『パイドン』六二。『政治家』を見よ。**家畜の群れ**と政治家。ソクラテス……ケベス、神々がわれわれの保護者であり、われわれ人間は神々の所有物の一つであるというのは、立派な言い方だと思われる。[1] 人間は神々の家畜の群れの**一つ**なのである。

死後における魂の永世は徹底的に政治的なものだ。ソクラテスは友人たちに、自分が死を選ぶのは政治的な理由によることを説明しなければならない。ソクラテスは『クリトン』で、純粋に政治的な用語を使ってそれを説明している。しかしプラトン（？）は、絶対的な決意のためには政治的議論では十分ではないことを示している。魂の不死が**弁明**として導入されている。六三「裁判官に対してやったよりももっとうまく、君たちに対して弁明できるかどうかやってみよう」(2)。

『パイドン』は第二の『弁明』である――しかも、プラトンの意味で問題の根底に関わる弁明である(3)。『国家』と同じように、絶対的尺度が存在するのは、永遠のイデアの国が存在する場合に限られる。イデアを観ることのできる魂は、政治的観念を獲得するために、不死であることが政治的に想定されねばならない。ここで言われていることが「宗教的」でないことは、対話の終わりで明らかになる。一一三―四では、アケロン〔冥界の川〕が地獄として描かれる。ところが話はすぐに変わる。「このすべてが説明したとおりだと言っては、理性的な人間にふさわしくないだろう。しかし、魂が明らかに不死のものであるなら、……実にふさわしいことであり、そのとおりだと考えてみるべきだと思われる。それは素晴らしい冒険であり、**われわれはそれをいわば呪文のように唱えて自分に聞かせねばならない**からである」(4)。現実にそのとおりであるかどうかが問題なのではない。それを危険な冒険として考えることが素晴らしい（カロン）ことなのだ。それが、自分に歌って聞かせて、自分を魔法にかけて（エパデイン）しまうにちがいない思想だからである。言い換えれば、根拠のない事柄をやってみようと思わせる思想だからである。

〔後に付け加えられた文章〕「魔法にかける（エパデイン）」については、『ゴルギアス』四八四を参照。そこでは反論者が「道徳」によって呪文を唱えて（カテパドンテス）奴隷的に従わされて（カタドゥルウメタ）いるだけだと言っている(5)。

（注）これ以下のメモはPlaton, *Werke in acht Bänden* (dort Bd. 3, S. 1–207) 所収のプラトン『パイドン』のギリシア語・ドイツ語対訳本を底本としている。

（1）Platon, *Phaidon*, 62b6-8. ――『政治家』における「家畜の群れの牧人というイメージで考えられた」政治家に関するプラトンの考えについては、ノート1［25］、［31］、［33］のアーレントの抜粋や注釈を参照されたい。

（2）Platon, *Phaidon*, 62c7-63b5.「ケベスが言った。それはもちろん実に正しいように思われます。しかし、先に言われたように、どういう哲学者も死ぬことを望むということは、ソクラテス、今言っていましたように、神がわれわれを保護し、われわれは神の所有物の一つだというのが正しいのであれば、ばかげたことになります。……ソクラテス、先に言われたことの正反対が当然のことになって、死を厭うことが理性的な者にふさわしく、死を喜ぶのは非理性的な者にふさわしいということになります。ソクラテスがこれを聞いたとき、ケベスが問題に熱心に取り組んでいるのを喜んでいるように思われた。彼は私たちの顔を見ながらこう言った。いつもケベスは何らかの根拠を探し出して、誰かが主張することでなかなか簡単に説得されようとしない。――それに対してシミアスが言った。しかしソクラテス、今は私にもケベスの言うことはもっとものように思われます。……しかも、平然と私たちを見捨て、自分で認めておられるよき支配者である神々のもとから立ち去る、とケベスが言うことも、あなたに当てはまることのように思われます。――君たちの言うことは正しい、と彼は言った。私は法廷でと同じようにこの点について弁明すべきだ、と君たちは考えているように思われる、――もちろんです、とシミアスが言った。――それじゃあやってみよう、と彼は言った。**裁判官に対してやったよりももっとうまく、君たちに対して弁明できるかどうかやってみよう**」。――太字の箇所がアーレントがギリシア語で引用している部分。

（3）これについては［24］を見よ。

（4）Platon, *Phaidon*, 114c10-d7.「このすべてが私が説明したとおりであると言うのは、**理性的な人間にふさわしいことではないだろう**。しかし、**魂が明らかに不死のものであるなら**、われわれの魂やその住まいについて、これかあるいはそれに似た事情があると言うことは、**実にふさわしいことであり**、**そのとおりだと考えてみるだけのことはあるように思われる**。**それは素晴らしい冒険であり**、**われわれはそれをいわば呪文のように唱えて自分に聞かせねばならないからである**」。――太字の箇所がアーレントがギリシア語で引用している部分。

（5）Platon, *Gorgias*, 483e3-484a3.「したがって、彼らはそれ［戦争］を自然に従って、ゼウスに誓って言うが、また自然の法である法にも従ってやっているのだと思う。しかし無論、ライオンについてやるように、われわれ自身が子供の頃から、みな平等にもたねばならず、それが素晴らしいことであり正しいのだといつも自分に言い聞かせて、**いわば呪文を唱え、魔法をかけて奴隷的に従っている**法律に従ってではないだろう」。――アーレントが引き合いに出しているのは太字の部分である。

［23］

『パイドン』。弁証法について。あるいは**ヘーゲル**がいかに**プラトン**を発展させて考えているか。七〇「起源を有するもの（ホサ・ペル・エケイ・ゲネシン）はすべて、……その正反対のものしか生成しない」。というのは、「たとえば何かが大きくなる場合には、必ず何らかの仕方でそれ以前に、小さなものだったものから大きくなるからである」(1)。ここからプラトンは、すべての生成の**循環**を推論する。というのは、直線的な発展があるとすれば、すべては静止状態に至って、一回だけの生成の後には正反対のものがもはや存在せず、――生成が止まってしまうからである。七二。ヘーゲルはこのアポリアからの逃げ道を綜合のうちに見いだした。プラトンがそういう逃げ道を使わなかったのは、もともと生成に関心がなかったからである。

（1） Platon, *Phaidon*, 70d7–e7.「人間に限らず……あらゆる動物や植物について、さらには**起源を有するもののすべて**について、すべてがそのように発生するかどうか、美しいものが醜いものの反対であり、正しいものが不正なものの反対であり、その他無数のものがそういう関係にあるように、すべてがそのように、それぞれに正反対のものからしか生成しないかどうかを見てみよう。つまり、正反対のものが存在するものは、必ず**その正反対のものからしか生成しない**ことを見てみようというわけである。**たとえば何かが大きくなる場合には、必ず何らかの仕方でそれ以前に、小さなものだったものから大きくなる**のではないだろうか」。――太字の部分をアーレントはギリシア語で引用し、ドイツ語に訳している。

[24]

ソクラテスは『ソクラテスの弁明』で、アテナイの市民と裁判官に対して自分の行為を**政治的**に弁明した。逃亡しないで死を選んだことが政治的に正しいことを、『クリトン』で彼は友人たちに説明した。それはアテナイの**哲学者たち**を満足させるものではなかった。『パイドン』での弁明は、哲学者たちのためのものである。その弁明で持ち出されている根拠はプラトンによるものである。政治的行動に対して非政治的な根拠を使ったのはプラトンが最初である。

コーンフォードは[1]『パイドン』を「弁明の改訂版（revised Apology）」とみなしている——しかも改訂したのはプラトンなのだ！

（1） F. M. Cornford, *Principium Sapientiae : The Origins of Greek Philosophical Thought*, Cambridge : Cambridge University Press, 1952, S. 69.

[25]

君主制と対比について。ホメロスはまだバシレウス（王）の比較級と最上級、バシレウテロス（より偉い王）とバシレウタトス（最高の王）を知っている[1]。

（1） バシレウテロスについてはHomer, *Ilias*, 9. Gesang, 160, 392. und 10. Gesang, 239を、バシレウタトスについては*Ilias*, 9. Gesang, 69を見られたい。

［26］

歴史の助産婦としての暴力[1]に対するマルクスの関係は、どうやらフランス革命からしか説明できないようだ。実を言うと、行為の必然的帰結は理念の実現であり、――テーブルの製作も「エイドス」を「実現する」のだ。これはイデア論者の暴力である。

（1）「暴力はあらゆる古い社会の助産婦である」（Karl Marx, *Das Kapital 1*, in : *Marx-Engels-Werke*, Bd. 23, S. 779）。Karl Marx, »Der demokratische Panslawismus« (Artikel in der *Neuen Rheinischen Zeitung*, 1849), in : *Marx-Engels-Werke*, Bd. 6, S. 279 および Friedrich Engels, »Die Rolle der Gewalt in der Geschichte«, in : *Marx-Engels-Werke*, Bd. 21, S. 407 ff. も見られたい。

［27］

「世俗的宗教[1]」について。近代人は心理的要求や社会的機能という観点でしか問題を考えないが、それと異なり、プラトンやキケロは自分の政治哲学は地獄での処罰によってしか支えられないと考え、他方アリストテレスは、**法律**や**正義**からではなく**利害関心**から出発したから[2]、そう考えなかったという事実がある。（これは僭主制についての彼の――特異な――定義に最もよく示されている）。

（1）「世俗的宗教」、「政治的宗教」、「全体主義的宗教」などのテーマに（これ以後のノートのメモも見よ）、アーレントが取り組んだのは、当時ハーバード大学のサマー・スクール・コンファレンス（一九五三年七月二〇―二三日）の準備をしていたからである。そこで彼女が行った講演は、後に「政治と宗教」という表題で発表された。――「政治的宗教」という概念に関して、アーレントはエリック・フェーゲリンの *Die politischen Religionen*,

(Stockholm : Bermann-Fischer, 1939）を引き合いに出している。H. A., »Religion and Politics«（1953）, in : H. A., *Essays in Understanding*, S. 368-390, S. 387 ; deutsch（übers. von U. Ludz）: »Religion und Politik«, in : H. A., *Zwischen Vergangenheit und Zukunft*, S. 305-324, S. 423, Anm. 10）を見られたい。――アーレントは『思索日記』をハーバードまで携行している。ノート17［9］注「ケンブリッジ」、ノート16［16］とその注（1）を見られたい。

（2）地獄説の政治的意味について、アーレントは右の「宗教と政治」（三二九頁以下）という論文で詳しく述べている。ノート16［2］注（2）も参照されたい。

［28］

経済的なものにおけるマルクスの三つの根本的誤謬。

1．生産が落ちれば収益が上昇することはカルテルを見れば明らかである。マルクスは経済的なものにおける生産の要素を過大評価している。

2．競争が商品社会の表面的現象であることはカルテルその他に明らかである。資本主義社会には克服できない**内部**矛盾はない。競争では階級はなくならない。競争によってなくなるのは経済的なものの原動力そのものである。

3．蓄積に対応するのは、財産が唯一の人物の手に握られることではなく、財産が多くの人々の手に握られて**無名化**することであるのは、株式会社を見れば明らかである。この形態の財産では誰も企業の持ち主ではないが、それは財産が存在しないという意味ではない。正反対だ。無人による支配は支配では**ない**――それは官僚機構である。無人の財産は財産でないのではなくて、管理される無名の財産、集団の財産である。こういう形態の財産は後期資本主義の発展に独特のものである。コミュニズムは資本主義的な集団的財産の最も徹底した形態にすぎない。無名の財産に代わって、すべてが万人のものであり、**何も誰のものでもない**という原理が登場するときに、現れる形態なのである。

[29]

「世俗的宗教(1)」という概念のばかげている点は、宗教の元来政治的な要素である死後の賞罰が除去されているところだ。

(1) [27] を見よ。

[30]

ローマ人の根本経験は創設と維持である。これが西洋の政治における伝統と権威に通じている。ギリシア人の根本経験は始める(アルケイン)ことと成し遂げる(プラッテイン)ことである。これは全く結果が伴わなかった。なぜなら、ギリシア民族の異常な天分のために、製作(ポイエイン)の経験が他のすべての経験を早くから抑圧してしまったからである。アルケインもプラッテインもギリシア哲学では、常にポイエーシスの経験から判定され、芸術的制作の経験から判定され、その場合には政治は支配のテクネーであるか、イデアを「実現する」のではなくイデアを観る観想の経験から判定されるかであるが、その場合には政治は観想が可能にするものにほかならない。

[31]

製作（ポイエーシス）と結果。すべての人間的活動が製作のモデルで解釈されると、以下のような結果が生まれる。

思考は観想となり、製作に先行する観想的な要素が絶対化される。純粋な直観が製作の始まりである。造物主と考えられた神は「根源的直観（intuitus originarius）」によって創造する。

行為は暴力行為となり、あらゆる製作に含まれている暴力的要素が絶対化される。〜**に対する**支配は根底にあるもの（ヒュポケイメノン）に対する支配とみなされ、行為が奪取になってしまう。

製作にあるテロスもエイドスも欠けている**労働**は、1．動物的なものとなり、生命の動物的存続のための活動となる。2．奴隷的なものとなり、製作者を助け、製作者に支配される活動となる（Aristoteles, *Metaphysik*, A, 1, 981a 24 ff.）。3．生産的活動に作りかえられる——近代人、特にマルクス。

生きることと結びついている労働の軽視の背後には、生命への軽視が隠されている。生命が正当と見られるのは、「より高次の目的」に役立つ場合だけであるように見える。高次の目的は実を言うと、**持続する**もの、しかも本来は活動そのものより長続きするもの、つまり製作されるものなのである。その場合には、1．個人の生命より長続きするもの、つまり相対的な永遠性が認められるもの、使用より永続するもの、つまり芸術作品と、2．すべてより完全に永続するもの、人類よりも永続するもの、つまり永遠のイデアか神ということになる。労働の軽視は、永遠のための手段として役立たない生命への軽視にほかならない。

[32]

労働。生計のためにのみ役立つ活動はすべて**労働**である。活動が生計にも役立つ限り、その活動は労働でもある。労働は**世界から隔たった**ものであり、**生命に近い**ものである。ポネイン（苦労）ではなくてポイエーシスとテクネーが初めて、世界（＝人間の所産［the human artifice］）を打ち建てる、あるいは「**宇宙**（universum）」ではなく「**人間の世界**（mundus）」である世界に役立つ。人間生活の人間特有のものは、世界を**築く**ということである。労働が製作という要素抜きには**ほとんど**存在しない限り、労働は人間的な生活形態である。労働は自然との物質代謝の形態であるが、物質代謝を超えるものである。もっとも、これは労働と製作が同一であることを意味し**ない**。必然性の範囲に自由の可能性があるという事実は、必然性と自由が同一であるということを意味するものではない。

　イヴ・シモンは「労働者が働くのは……自分自身のためよりも、自分の仕事のためである[1]」と言っているが（*Trrois leçons sur le travail*, Paris, n. d.）、――これは労働を理想化したものであって、そこでは労働を強制するものが完全に消し去られている。労働者は自分から強制されて、**自分のために**働くのである。**われわれが労働するように自分自身によって強制されるのは、論理的思考の場合と同じようなものだ**。いずれも世界との関係が抜け落ちている。

　労働は世界から隔たり生命に近い。製作は生命から隔たり世界に近い。観想は製作から生じ、いわば手を動かさない製作だが、観想は世界から隔たり、生命からも世界からも隔たっている。そういう疎外、そうして得られた距離から、観想は生命と世界を**支配**しようとする。しかし、生命からの隔たりは捏造である。それは生命に必要なものをもたらす他者に対する支配にもとづいているからである。そして世界からの隔たりもでっち上げである。それは他者によって製作され整えられる世界への寄生生活にもとづいているからである。観想的人間が「活動的」になると、たちまち彼が寄生生活者であり専制君主であることが暴露される。なぜなら、それが結局、彼の生活条件だからである。

（1） Yves Simons, *Trois leçons sur le travail*, Paris : Téqui, o. J. (1938), S. 2.〔原文・フランス語〕

［33］

ギリシア人の二重の政治経験。1. ある企てを始めること（アルケイン）と他者の助力を得て成し遂げること（プラッテイン）。これは王国（バシレイア）という形態において実現される。というのは各人を独自のものに到達させ、公的な場でその独自性、卓越性を発揮させ、それを**讃える**ことが「正しい」ことだからである。2. 唯一そういう素晴らしい企てを保証するものであり、支配（クラテイン）であった奴隷経済。奴隷経済では、主人（アナックス）が不可欠なもの（アナンカイア）を支配し、したがって、主人の望む自由を可能にする人々を支配していた。奴隷経済は一**者**による多数者の支配である。しかしまもなく、それが成り立つのは、助力があり少数者（オリゴイ）が共同する場合だけであることが明らかになる。――その少数者がそれぞれ家で唯一の支配者であるためには、互いに他の少数者を必要とする。少数者（オリゴイ）のそういう相互依存から利害関心が生まれ、それが後には寡頭制の特徴となるとともに、その特徴が君主制の目印にもなった。こういう少数者すなわち奴隷支配者は支配を確保するために互いを必要としたが、3. 彼らがポリスで集まることになるが、ポリスでは企ての最初の要素は全く抜け落ちて、支配の問題が決定的となる。奴隷制の復讐は、あらゆる政治問題が支配の問題になってしまったところにある。人間を支配し、**統治**し始めることによってのみ、不可欠なもの（アナンカイア）を支配できたために、人間の間の政治的関係がすべて支配か服従になってしまう。

ノート16

一九五三年五月―一九五三年六月

一九五三年五月

一九五三年五月

［1］

ウェルギリウス『アエネイス』第一巻五。あらゆる苦難にも放浪の旅にも「都を建設するまで（dum conderet urbem）」という一つの目標がある——彼は都を建設する**まで**、苦難を重ねる。そして歌はこう歌っている。Tantae molis ［erat］ Romanam condere gentem. ——「ローマを建設する苦難はこれほど大きなものであった」（三三）。

地獄への旅（第六巻）——ホメロスとプラトンの奇妙な混合。極楽が出てくる点で、天国での報賞のほうが罰よりも重要であるスキピオの夢（1）に似ている。重要なのは第六巻六二〇。プレギュアスの叫び Discite iustitiam moniti, et non temnere divos——「正義を心得よ、神々を軽視するなかれ」。

第六巻八一一—八一二。創設について。ローマは法によって創設された最初の都である——primam qui legibus urbem fundabit.

（1）ノート11［2］以下および［6］注（1）を見よ。

［2］

全体主義的宗教について。宗教を人民の阿片（1）だと言うのは、政治的には常にナンセンスであった。本当に人民の阿片となったのはイデオロギーであった。宗教には地獄という観念が働いていたが、それは常に苦しみへの恐れが死に対する恐れより大きく、それゆえ地獄の不安が虚無に対する不安より大きいことから出発している。決定的なことは世俗化ではなくて、近代において地獄の観念が消滅したことである。(2)

地獄の観念そのものは政治的起源のものであって、宗教から生まれたものではない。(a)正義についての絶対的・超越的な尺度を使い、(政治的にはこの尺度は――プラトンの場合のように――「イデア」に見いだされるのではなく、**現実**の中にしか見いだされないが)正義(ディケー)の内在的支配に満足できない場合や、(b)人間の行為はすべてどことなく曖昧で、しかも悪意が発見されていない(処罰されていない)という意味と、善が知られていない(報いられていない)**とか**偽善であるかもしれないという意味との二重の意味で、曖昧であることに気づく場合に、地獄の観念がいつも浮かび上がってくる。

「キリストの冥府下り」は宗教的である。それはもともと政治的考慮に先だって、冥府を廃棄するために企てられたものだからである。

(1) Karl Marx, »*Zur Kritik der Hegelschen Rechtsphilosophie, Einleitung*«, in : *Marx-Engels-Werke*, Bd. 1, S. 378.

(2) いくつかの著作で、アーレントはプラトンに遡る中世的な地獄の観念の世俗的・政治的な起源について示唆している。»Religion und Politik«, in : *Zwischen Vergangenheit und Zukunft*, S. 319 ff.) では、プラトンの地獄の神話を、真理に関心のない大衆を支配秩序を認めるように強制するための「政治的道具」として解釈している。さらにエリック・フェーゲリンへの返事では (in : *Über den Totalitarismus*)、『全体主義の起源』で地獄の観念を絶滅収容所のために使っているのは「アレゴリーとして」ではなく、「文字通りの意味で」言っているのだ、すなわち、「地獄の確信を失った」人々が「人間が地獄について信じていたものの正確なコピーを地上で作ろうとすれば作り出すことができる」という意味で言っていることを指摘している。

［3］

愛について。愛は力であって感情ではない。愛は心を捉えるが、心の中で生まれるものではない。宇宙が生き生きとしている限り、愛は宇宙の力である。愛は**まさに**生命の力**であり**、死に逆らって生命の継続を保障する。愛が死に「打ち勝つ」のはそのためである。愛の力が心を捉えると、たちまち愛は能力となり、場合によっては強さとなる。

愛は〈間の領域〉を、すなわち人々の間の世界‐空間を稲妻のように貫いて燃え上がらせる。そういうことが起こるためにはふたりがいなければならない。さらに三番目の人が加わると、空間がたちまち再び出来上がる。愛する者たちの完全な世界（＝空間）の喪失状態から新しい世界が生まれることは、子供のうちに象徴的に示されている。この**新しい**〈間の領域〉、始まる世界の新しい空間に愛する者たちは属し、そこに所属して、それに対して責任がある。これはまさに愛の終わりなのである。愛が持続すれば、この新しい世界も打ち壊される。愛の永遠性は世界**喪失状態**[1]においてのみありうる（それゆえ「神が望まれるなら、私は死後のほうがもっと愛することだろう」――しかも、もう「生きて」おらず、それゆえ忠実でありうるといった理由でではなくて、死後も生き続け、死において失ったのは**世界**だけだという条件のもとにである！）、あるいは、「見捨てられた女たち[2]」の愛としてのみありうる。感情のためではなく恋人とともに新しい宇宙の可能性が失われたからである。

生命の普遍的な（宇宙の）力として、愛は本来、人間に起源があるのではない。誰も逃れられない愛によってほど、われわれが確実に逃れようもなく**生きた**宇宙に組み込まれることはない。しかしその力が人間を捉えて、人間を他者へ投げかけて、そのふたりの間に世界と宇宙という〈間の領域〉が燃え上がると、たちまち愛は人間の「最も人間的なもの」となり、世界もなければ客体もなく（恋人は客体ではない）、空間もないまま存在する人間性というものになってしまう。すなわち愛は世界を**食いつぶして**、世界なき人間というようなものを予感させる。（そのため愛はしばしば「別世界」の生活、つまり**世界なき生活**との連関で考えられるのだ）。愛は世界なき生活に**ほかならない**。したがって、愛は世界を創造するものとして現れ、愛が新しい世界を創造し、新しい世界を生み出すのである。どういう愛も新しい世界の始まりである。それが愛の素晴らしさであり、愛の悲劇でもある。というのは、その新しい世界が新しいだけでなく、まさに世界である限り、愛はその新しい世界で破滅するからである。

つまり愛は、まず生命の力である。われわれは生けるものの一部である。なぜなら、われわれはこの力の支配下にあるからである。第二に、愛は世界を破壊する原理であり、**世界なき**人間が常に存在し、人間は世界なしに存続できないにもかかわらず、人間は世界「以上のもの」であることを示している。そのように愛は、まさに人間特有のものを、生ける宇宙の中に顕わにするのである。恋人たちの会話が詩に類しているのは、それが最も純粋な人間の会話だからである。そして愛は第三に、単に生きているだけのものを超えた創造的な原理である。なぜなら、愛の世界喪失状態から新しい世界が生まれるからである。したがって愛は死に「打ち勝つ」、あるいは死と正反対の原理なのである。愛そのものが新しい世界を創造するからこそ、愛は世界に留まる（あるいは恋人たちは世界に立ち返る）。子供のいない愛または新しい世界のない愛は常に破壊的（反・政治的！）なものである。しかしそのときこそそういう愛は人間特有のものを純粋に生み出すのである。

（1）　Elizabeth Barrett–Browning, *Sonette aus den Portugiesischen*, übertragen von Rainer Maria Rilke, English und Deutsch, mit einem Nachwort von Elizabeth Kiderlen, Leipzig : Insel, 1991, S. 90 f. リルケはソネット四三番の数行を、アー

レントの「... will [!] ich dich besser lieben ...」とちがって、「——そして、神がお好みであれば、死後においてこそもっと愛することだろう (and, if God choose,/ I shall but love thee better after death)」と訳している。*Arendt-Heidegger-Briefe*, S. 65 f. も参照されたい。

(2) ノート9 [19] 注 (2) を見よ。

一九五三年六月

一九五三年六月

[4]

労働について。労働の呪いは**労苦**でなく強制である。アダムが大地(アダマー)の番人に任命された楽園での「労働」には祝福しかなかった。なぜなら、アダムは生命の必要によって労働を強制されていたわけではなかったからである。その楽園での「労働」は、人間と大地との楽園的な結びつきの表れにほかならなかった。その楽園的な祝福は製作の中に、すなわち、人間が大地を原料にして**物**を作ることができ、強制を超えて、自分自身の**地上的な**世界で大地の上でうまくやっていくことができるところにあった。しかし呪いも残っていた——人間は、純粋な製作を「目的に縛られない」技としてしか知らなかったが、生計を**立ててゆく**ためには製作せざるをえなかったからである。ギリシア人が芸術的民族となったのは、彼らが——奴隷経済において——あらゆる労働から製作を解放していたからである。

(行為が直接的に政治的であるのに対して) **製作**は常に**間接的に**政治的である。製作においては、共通世界に何かを付け加え、それによって自分を共通世界に組み入れるわけである。それに対して、あらゆる現代的製作に存在する労働（＝収益）の要素は、ローマ人が知っていたように、あくまで私的なものである。労働者が解放され、政治の舞台を見たのは、（家事労働以外の）あらゆる労働が製作の要素によって決定的に規定されたときであった。

［5］

イデア論について。プラトン。製作（ポイエーシス）において経験されたイデアが、意見（ドクサ）や意見の必然的相対性の政治的経験の尺度となる。そのとき行為は製作になってしまう。製作（ポイエーシス）のイデアが工作人の模範なのだが、工作人がそれを知るのは、他者から孤立した状態においてであるが、共通の**居住地**であり共同して製作された人間の故郷（「人間の所産［human artifice］」）である世界に所属した状態においてである。イデアが製作という特徴から引き離されて尺度になると、イデアは、一者が孤立した状態ですべての他のものを（尺度として）強制しようとする専制的イデアとなる。根源的にはイデアは決して尺度ではなく、もともと行為に適したものではなかった。それが**権威**の（ローマ的でない）ギリシア的な起源なのである。権威はどういう個人にも孤立状態において顕わになり、それによって判定すれば、つまり正しい尺度があるという前提のもとでは、常に**同じ**結果をもたらすはずのものである。尺度の権威がすべてを**支配し**、意見の「混沌」と相対性を取り除くのである。この支配自体はまず、孤立したものである個人の魂のうちでの支配である。

しかし、本来の政治的なものが人間に示されるのは、決して孤立状態においてではなく、共同においてのみである。すなわち、人間がここで（意見に対する真理のような）カテゴリーを使えば、それは全く無意味なものになってしまうのだ。政治的なものにおいては、意見だけが支配しうるのであって、意見には遠近法的なものしか存在しない。まさにそれが意見の「真理」なのだ。国民会議に行く者は、まさに自分の「イデア」は家に残して行くのだ。

ギリシア人がイデアによる支配を**知った**のは奴隷経済においてであった。奴隷経済では自由な製作者はイデアに導かれて、製作の仕事を奴隷に指示したものだ。製作者がイデアによって「支配」されていたように、本来、自分——他の人々を超えた個人——が支配するのでなく、支配するのは自分の「イデア」であるように思われていた。

［6］

組織は支配の最も近代的な形態である。西洋は大いにこういう形態の支配と被支配として政治的なものを考えてきたため、支配を「合法的に」遂行できる者は誰も残っていなかった——皇帝も王侯も、法律も憲法も——、何ものも支配すべしと召し出されていなかった。この無人支配はおそらく冷酷な支配である。そこではまさに恩恵、あらゆる支配の最高の特権はもう行使されない。なぜなら、それは絶対的に個人にもとづいている唯一の支配行為だからである。——法律の支配＝自己支配。

［7］

キリスト教的愛の本来政治的な原理は赦しのうちにある。(1) この原理はもはや個人の心のうちに移すことはできない。それには常に他者が必要だからである。私は自分自身を支配する（そしてすべての支配関係を「心理学的に」構成することはできないが、誰も自分自身を赦すことはできない。この意味でキリスト教は実際に人間の複数性を危険にさらすことになった。

（1）アーレントは赦しの政治的次元について *Vita activa* で詳しく述べている。そこには「決定的なことは……赦しでは罪が赦されるが、罪はいわば行為の中心にあるものではなくて、その中心にあるのは罪を起こした者自身であり、赦す者が赦すのは罪ある者のためだということである」と言われている（S. 236 f.）。

［8］

悪魔について。ディアボロスは誹謗者であり、サタンは、神に対する敵対者となった堕天使である。これは悪のための二つの全く異なる出発点である。ディアボロスは「ヨハネによる福音書」では殺人者（アントローポクトノス）である（「ヨハネによる福音書」八章四四節および「ヨハネの手紙一」三章一五節。ブルトマン・二四二参照）[(1)]。彼は死をもたらす者としてもともと殺人者でもある。つまり、ここでは誹謗と殺人が同一視されている。

（1）Rudolf K. Bultmann, *Das Evangelium des Johannes* (Kritisch-exegetischer Kommentar über das Neue Testament, begründet von H. A. W. Meyer), Göttingen : Vandenhoeck & Ruprecht, 1950, S. 242.

［9］

専制政治と労働社会の関係は、無言（アネウ・ログー）でベッドからベッドへ急ぎ、「僭主じみた」命令を残す奴隷医者についてのプラトンの叙述のうちに見事に示されている。その僭主じみた在り方は「無言（アネウ・ログー）」のうちにある。

というのは、自由人である患者とは議論するからである。(『法律』八五七c－d)[1] われわれがいかに至る所で労働奴隷への全体的専制政治に近づいているかは、まさしく奴隷医者と化した現代の医者の振る舞いにはっきり見ることができる。料金が支払われること自体は残念ながら全く役立たない。「労働する動物(animalia laborantia)」を有し、たとえ大富豪のように豊かであっても、その振る舞い方はほぼそのようなものである。われわれがそれを甘受していることは、自由とは何であるかがもはや分からなくなっていることを物語っている。ギリシアの奴隷がそういう取り扱いを受けたのは、彼らの身体が労働力として主人のものだったからである。われわれの身体は社会に属し、医者は社会の幹部である。現代医学は早くから社会化されており、そのため、「社会主義的な」処置は全く必要がない。

他方、僭主的傾向は、知識を隠しておかねばならないとされるヒポクラテスの誓いの中にあり、専門家と素人の区別を早くから導入していたことがはっきり認められる。これが、プラトンが哲学者を魂の医者として「実践的」だとみなし、哲学者を魂の専門的僭主として身体の専門的僭主と並べた意味である。

(1) Platon, *Nomoi*, 857c4–e1.「われわれは以前に、今日の法律を与えられているすべての人々を、奴隷に治療してもらう奴隷に喩えたが、その喩え方は誤りではなかった。というのは、次の点に注意しておかねばならないからだ。すなわち、理論的基礎はなく経験だけで治療に当たっている医者が、自由人である患者と話し、ほとんど哲学的な議論で身体の一般本性まで遡って病気の根元を捉えようとしている自由人の医者と出会ったとすると、奴隷の医者はすぐ爆笑して、そういう場合に大半の医者と言われる者たちが持ち合わせている言葉しか口にせず、こう言うことだろう。〈馬鹿だな、君がやっているのは、病人を治療することではない。相手が健康になるよりも、医者になりたがっているかのように、相手を教育しているだけだ〉」。

［10］

国家形態について。**君主制**は「王制(バシレイア)」と同じではない。Alcmaion, Fragment B 4 (Diels)(1) も見よ。**君主制**(モナルキア)＝組織における力の単独支配は平等(イソノミア)＝調和した状態と対立する。

(1) Alcmaion, Fragment 4.「健康な状態は諸力の調和した状態［イソノミア］であり、……それに対して単独支配［モナルキア］は……病気の元である」。In : Diels-Kranz, *Fragmente der Vorsokratiker*, Bd. 1, S. 215.

［11］

農耕は最古の労働であるばかりか、最も神聖なものとされた労働でもあった、なぜなら、農耕はまさに自然との物質代謝としての単なる労働が、**仕事**（人間的世界〈人間の所産［human artifice］〉の製作）へ移行する点を示しているからである。狩猟にもすでに道具が存在しているが、それは使用されるのであって、消費されるだけではない。しかし、人が定住し故郷を獲得する畑や土地が初めて、製作が現実に始まり、物を保管しておくことのできる場所である。農業労働の**成果**は畑であってパンやワインではない。他のすべての事物にそれぞれの地上の場を与える最初の実用品、最初の物は畑である。大地に住むとは、まず大地を実用品に変えて、それをただ消費するというのを止めることを意味する。これがヘシオドスの言う仕事(エルガ)であり、働く(エルガゼスタイ)ということである。(1)

ヘシオドス当時の生活を含めてギリシア人の生活はすべて、労働の軽視にもとづいている。しかし製作——ポイエーシス——の神格化がなくなるのは、ポリスの市民として生きる場合だけである。ポイエーシスはテオリアとなり、そこに初めて、ホメロスもまだ知らなかった閑暇(スコレー)という理想が生まれる。大事業であったトロイ戦争はまだエルガゼスタイ（？）にもとづいていたのであって、とにかく閑暇にもとづくものではなかった。

活動としての農耕の功績は、自然との物質代謝さえ持続的なものを作るために利用できるようになったことである。しかしこれは労働一般が消滅するとか、労働にすぎない営みは存在しないという意味ではない。労働は、世界を作り出す仕事によってのみ人間的なものになるのである。

われわれが政治的なものとよんでいるものは、ポリスとともに発生する。それと同時に、市民（ポリテース）と私人（イディオーテース）との区別が生まれる。ただし、各人はこのいずれ**でも**あるという意味においてである。こういう区別はホメロスにもヘシオドスにも存在しない。個人のもの（イディオン）と共同のもの（コイノン）という区別はおそらくあっただろうが、これは対立ではない。イディオンが「政治的」なものになるのは、各人に各人のものを認め、「判定する（ディカイウーン）」過程ですべてを調整する正義（ディケー）によってである。自分のもの、イディオンは公的に認められて初めてもちうるのであって、それは卓越のしるしであり、名誉であり、「統治（basileia）」が行われているしるしである。コイノンは共通のものであり、国家事業への参加である。いずれの場合も尺度はなく、――**正義**（ディカイオシュネー）**という言葉**さえない。神々が人間の面倒を見て（もっとも、独特の法則下にある宇宙の面倒は見**ない**）、人事を支配している。その名残としてポリスに残っているのが、市民が**ある**意味での競技を行い、各人固有のもの（イディオン）を示そうとする独特の市民の絆である**アゴーン**である。

ポリスで起こるのは、王国（バシレイア）では個人（イディオン）に捧げられていた**日々の**活動が、共同（コイノン）のものになり、以前は単に特別の事柄のために使われていた閑暇をそのために使う絶え間ない企てになることである。つまりポリスでは、統治（バシレイア）という特別の事柄が日常の事柄になるのだ。そうなって初めて、個人のものが現実に**私的**なもの、すなわち、全員に認められることを求められないもの、（後には）隠されるもの等々となるのである。そのときどういう者でも、ポイニクスが教えたアキレウスのように、「素晴らしい語り手、見事な行為者（to be a speaker of words and a doer of deeds）」（Jaeger, *Paideia*, I, 112）(2) とならねばならない。この二つは緊密な関係にある。言葉を欠いている（アネウ・ログー）のは行為ではなく暴力である。ポリスでは行為することと語ることは同じものになり、「ポリスに加わるもの（＝政治的なもの）」になる。すなわち、二つとも日常生活の一部となるのである。王国（バシレイア）では言葉と行為は特別のものであった。行為（プラーグマ）から言葉（ロゴス）を初めて区別した（そして賛美した）のはプラトンであった。なぜなら、彼は行為を測りうる絶対的真理を望んでいたからである。彼にとっては、ある企てを始めそれに伴う言葉は、真理とは関わりのない意見（ドクサ）になる。

ポリスの民主主義的原理は、出生や階層など生来の個人的なものは公的な賞賛に値するとみなされず、「私的な事柄」となるところにある。

ポリスが公的な事柄が日常活動となり、市民として生きること（ポリテウエスタイ）との条件になることは明らかである。アゴラは身近にあって、「ポリスに加わる（＝政治的）」活動の中心である。こうして、**常に**公的な事柄（コイノン）で活動しない者は、市民権を剥奪されて（農夫に対するアリストテレスの態度を見よ）、私人（イディオータイ）として扱われる。こうして労働だけでなく、あらゆる製作活動も何よりも明確な「私的事柄」となる。なぜなら、製作活動は言葉抜きで（アネウ・ログー）行われるからである。人は絶えず「見事な行為者（doer of deeds）」ではありえないから、市民として生きること（ポリテウエイン）は本質的に「言葉を語ること（speaking of words）」となる。これによって、言葉は（ソフィストのような）行動力を失って、独特の「ロゴス的なもの」、すなわち、行為（プラーグマ）に関係のない言葉が存在することが明らかになる。「ロゴス的なもの」は「行為に関わる事柄」と（人為的に）対立させられる。このロゴス的なものがあらゆるソフィスト的なもの（「行為に関する事柄」との誤った虚偽の関係）から浄化されて独立に存在する限りで、プラトン的真理はそのロゴス的なものから生まれる。ロゴスは人間的な行為から切り離されて、現象（パイノメナ）はあっても行為（プラグマタ）が存在しない存在そのものに関わる。ここにはポリスの日常的なものよりも高次の共通のもの（コイノン）があると言われる。こうして「政治」とともに哲学が発生する（あるいは、関連すると言うべきだ）。哲学は政治から切り離され、混沌を秩序づけるものたる哲学が政治を誹謗中傷することになる。

（1）Werner Jaeger, *Paideia*, Berlin-Leipzig : de Gruyter, 1934, Bd. 1, das Kapitel : »Hesiod und das Bauerntum«, S. 89–112 を見よ。ヘシオドスの労働に対する制限付きの軽蔑については、ノート15［2］を見られたい。

（2）アーレントはヴェルナー・イエーガーとともにホメロス『イーリアス』第九巻四四三から引いている。アーレントが引用しているのは、ヴェルナー・イエーガーの著作の英訳版 *Paideia : The Ideals of Greek Culture*, translated by Gilbert Highet, New York : Oxford University Press, 1939 ff. からである。

［12］

プラトン『ゴルギアス』四四八。ソクラテスは**弁論術**（テクネー・レートリケー）と**問答法**（ディアレゲスタイ）を区別する。問答法（ディアレゲスタイ）が自分自身や他者と何かを**論じ**合うのに対して、弁論術が何か**について**他の人々に語りかける技術である（したがって政治に属する）のは明らかである。

［13］

権威の三形態。1．プラトン的尺度。2．創設としてのローマ的な始まり。3．**人格**としての生ける神。

1について。ギリシアの神々には権威はなく、死ぬ運命にある者たちの問題の面倒を見ていたが、運命に服従していた。死ぬ運命にある者たちが運命に順応し、少なくとも彼らの名前が不滅に達するように、神々は心を配っていた。

2について。権威としての創設に結びつくことがローマの宗教であった。

3について。創造主でありモーセに十戒を与えた者としての神は、いかにもプラトン的な尺度もローマの創設も代表できるようだった。したがって、「政治的な」解釈においては、その神はもはや**生ける**神ではなかった。

いかにもそうであった。実を言うと、「生ける神」が最悪の「権威」であることが明らかになったのである。神が生ける者である限り、神はあらゆる権威を破壊した。――イエス、エックハルト、ルター。神が厳密な意味での**権威**になったのは、――パスカル、キルケゴールのように――懐疑と絶望から信仰に至った者たちにおいてであった。予定説は元来は、生ける者であるゆえに予測不可能である生ける神に対する「表現を誤った」信仰にすぎなかった。

［14］

ロスコウにてⒶ

プラトンのイデア論について。ソクラテスの教えから直接に生まれたが、ソクラテスの思想にある超越を含まない、等しく初期のものと思われる二つの根本的規定があることは明白である。1.**多なる**ものの製作（ポイエイン）の手本となる一**なる**「形相（エイドス）」、形姿。2.行為において区別し決定しうるようにする「同一者」。この尺度は聖なるものにも神聖でないものにとっても同一である。

プラトンの哲学にとって第一の概念が[1]決定的であり、彼の**政治**論にとっては第二の概念が決定的なものとなった。――（たとえばイェーガーはこの尺度しか考えていない）。「超越」――分離したもの（コーリスタ）――の問題は何の役割も演じていない。

2―尺度について。

『エウチュプロン』五d。同一のイデア（ミア・ティス・イデア）が、聖なるものも神聖でないものもいわば決定する。

（『ラケス』一九二b。「快苦のうちに同じように存在し、……勇気とよばれるものはどういう力であるか(2)。勇気は人間に内在するものとされているから、これはイデアではなく力である(B)」）。

『国家』四五四bでは、イデアは尺度として規定されている。「その本性の差異や同一性がどういう種類のものか……われわれは規定した(3)」。尺度としてのイデアは、反対のものについて本質的に決定する。

『エウチュプロン』六d（5dの答えを見よ）が求めるものは、「すべての敬虔なことがそれによって敬虔なことである（自己同一であり続ける）同じエイドスなのである(4)（「**として**［qua］」）」。

1―形姿について。

ここで重要なのは反対のものではなくて、ものが**何**であるかを規定する同一のものがその中に見られる多である。

『クラチュロス』三八九b・a。織機を作る大工は機を織るのが本性である（ホ・ペピュケ・ケルキゼイン）「あの形相（エケイノ・ト・エイドス）」を念頭において働く大工の仕事(5)c

（『パイドロス』二七〇dでは、事物の本質は、単一のものとして、何かがなされるか何かが受けられるようにする力（デュナミス）とみなされている。「デュナミス＝何かをなし……何かの作用を受けるようにするもの(6)(B)」）。

この意味で、イデアは『国家』五〇七bでは、「まさにそれであるところのもの」――すなわち、「同一のイデア」である(7)(どういうベッドもベッドである)。

分離(コーリス)──超越について。

身体と魂を「分離」し独立(カタ・ハウト)に存在させることになる死についての問いにおける『パイドン』六四cでの分離(コーリスモス)。つまり、死はすべてが**それ自身として**(「として(qua)」、その本来性において!)存在する瞬間として現れる。『**饗宴**』二一一bを見よ。「それ自身、独立にそれ自身とともに、単一の形相を有するものとして永遠にある」(8)。身体と魂の混合がこの世界の**実在性**を保証しているように、身体と魂との分離がイデアの**実在性**を保証するのだ。

(A) ノート10[1]注(A)パーレンヴィルとノート16[11]注ロスコウを見られたい。

(B) この括弧は原文のままだが、後から付けられたものだろう。

(1) Werner Jaeger, *Paideia*([11]注(1)を見よ)。アーレントは「権威とは何か」の注で、イェーガーの立場を次のように要約している。「プラトンの著作全体に完全な測定術という観念が一貫しており、プラトンは〈価値〉に関する哲学的知識〔英語版ではこれに(phronesis)と付け加えられている──訳者〕は、この尺度を使いこなし、適用する能力だと考えていた、と彼は考えている。この主張が当てはまるのはプラトンの政治哲学だけである。この文脈でイェーガーが使っている思慮(プロネーシス)という言葉そのものは、プラトンやアリストテレスでは、哲学者の〈知恵〉よりも政治家の洞察を表す言葉である」(in : H. A., *Zwischen Vergangenheit und Zukunft*, S. 406)。

(2) Platon, *Laches*, 192b5–9.「それでは、ラケス、そのやり方で勇気を、つまり**快苦**その他先に挙げたすべてのものの**うちに同じように存在し**、**勇気とよばれるものはどういう力であるか**を説明してみたまえ」。──太字の部分がアーレントがギリシア語で引用している部分。

(3) Platon, *Politeia*, 454b6–8.「……われわれは**その本性の差異や同一性がどういう種類のものか**は少しも考えていなかった。……異なる本性には異なる仕事を、同じ本性には同じ仕事を割り当てたときに、**われわれは規定した**」。
――太字の部分がアーレントがギリシア語で引用している部分。

(4) Platon, *Euthyphron*, 6d10-11.「覚えているだろうが、私が君に求めたのは、多くの敬虔なことのうちのどれか一つか二つを教えることではなくて、**すべての敬虔なことがそれによって敬虔なことである（自己同一であり続ける）同じエイドス**を教えることだったのだ」。――太字の部分をアーレントはギリシア語で引用している。

(5) Platon, *Kratylos*, 389a5-b3.「さあ、さらに考えてみたまえ。立法者は言葉を決めるときに何を基準にするのだろうか。先の例から考えてみたまえ。大工が機織機を作るとき何を基準にするのだろうか。機を織ることが本性であるものを基準にするのではないだろうか。……織機が仕事中に壊れた場合、大工は壊れたものを基準にしてもう一つを作り直すのだろうか、それとも壊れたものを作るとき手本にしたあの形相を再び手本にするのだろうか」。

(6) Platon, *Phaidros*, 270d6-7.

(7) Platon, *Politeia*, 507b7.

(8) Platon, *Symposion*, 211b1.

[15]

プラトン『ゴルギアス』。

四四八。技術（テクネー）―偶然（テュケー）、あるいは四六二。技術―経験（エンペイリア）。四六五における区別。**理論的基礎を欠いた**（アロゴン）弁論（レートリケー）（術（テクネー））―**問答法**（ティアレゲスタイ）。

四四九。弁論術は言葉を対象とする（ペリ・ログース）。しかし四五〇。すべての技術が、取り扱う事柄（プラーグマ）に関する言葉に関わっている。それに対してゴルギアス「[弁論術の]実行と達成はすべて、言葉によってなされるのだ」(2)。それに対してソクラテスは、算術や論理学や幾何学のように、すべてが言葉によってなされ、実際行動をほとんど必要としない技術があるが、四五一。そういう技術はみな「言葉によって(ディア・ロゴーン)」なされるのであって、「言葉を対象とする」わけではないと言う。弁論術は何を対象とする(ペリ・ティ)のかという問いに対して、ゴルギアス「人間に関わりのある事柄のうちで最も重要で……最善のもの」(3)。四五二。それはゴルギアスにとっては、自由であることであり、ポリスにおいて支配することである。これは「語って民衆を説得すること」によって達成される。四五三。それに対して問答法は「互いに話し合っているとき、何が話題になっているかを知りたいと思う」(4)。説得(ペイテイン)には、「互いに(エン・エクロイス)」が欠けているとともに、同じ事柄を知ろうとする共同も欠けている。ゴルギアス、四五四。民会で問題にされる場合には、弁論術では正・不正が重要である。四五五。そういう事柄については教えることはできず(ウー・ディダスカリコス)、説得するだけ(ペイスティコス・モノン)だ。四五九。ここで対立しているのは説得と教授であり、弁論術―問答法(ディアレゲスタイ)という対立が説得(ペイテイン)と教授(ディダスケイン)との対立になっている。

四六三。弁論術「政治術の一部門の影像」(5)。

四六四。政治術(テクネー・ポリティケー)は、体育と医術が身体を対象としてやることを、魂を対象として(ペリ・テー・プシュケー)やるのである。しかも、体育に対応するのが立法術(テクネー・ノモテティケー)であり、医術に対応するのが司法(テクネー・ディカスティケー)である。

四六七。「人々はその都度やっていることを望んでいるだろうか、それとも、**やっていることをそのためにやる目的のほうを望んでいる**と思われるかね」(6)。

これが行為の蔑視にとって決定的なことだ。行っていることを望むのではなく、別のことのために行うというのだ。望まれるもの(=欲せられるもの)と行われることとは同じではない。あるいは、行為を行うのは、それ自体は行為ではないもののためなのだ。それゆえ、行為が目的・手段の連関に入れられているだけでなく、行為そのものが目的のための手段にすぎないものとなっている。

四六九以下。テーマは不正をなすことは不正を受けることより悪いことの論証［**僭主政治**はポロスによると、すべてを「自分の思うままに(7)」やれるということである］。四七〇。不正をやる者は幸福ではない。四七六。**する**ことと**される**こと。「何かをすれば、する者によってされることも必然的に存在するのか(8)」……［すべての〈する〉ことには、〈する〉者がもたらす〈される〉ことが対立するこの関係は、**製作**において経験されること（である）。実例・打つことと打たれること。これは本質的に言葉を欠いて（アネウ・ログー）いる暴力の業である］……「〈する〉ものが〈する〉のと同じことを、〈される〉ものは〈される〉(9)」［暴力の業において人々を結びつけるものは、されるものが、まさにする者のすることをされるということである。結びつけるものである暴力行為が、それ抜きでは行為が行われえない言葉（ロゴス）に取って代わるのである。］

［**労働**について。労働によって貧困を追い払えるとは、ギリシア人はほとんど考えていなかったのだ。四七八。［貧困から解放するのは金儲けの術（クレーマティスティケー）であり、病気から解放するのは医術であり……(10)」］。

［矛盾について。四八二。この世のすべての人々が「私に同意しないで、私に反対するほうが――自分自身と一致せず、自分に矛盾するより」どれほどましであることか(11)」。

四八三。『国家』のグラウコンと同じように、カリクレスは、不正を行うのは自然の法則であり、守りが必要な者である弱者が法律を発明したのだと言う。それは自然の法則（ノモス・テース・ピュセオース）に反するのだ。四八四。「**ピンダロス**はこの自然の法則のことを〈法こそ死すべきものや不死のものの王〉と言ったうえで、さらに、〈本性的に暴力の限りを尽くしながら、それを強力な手によって正当化する〉と言っている(12)」。つまり**暴力**によってである。

四八四。公私いずれであっても、行動に出ることになると、たちまち哲学者たちがいかに笑うべきことをやるかは、誰だって知っているだろう(13)。

[四八七。ソクラテスは、あまり詳しく哲学をやることの政治的な危険性について述べている(14)]。

四九二。不正を行うよりも不正を蒙るほうがいいということは、何も必要としない者が最も幸福であるという確信と一致する。それに対してカリクレス・そうだとすると、石や死者が最も幸福だ。それに対してソクラテス・人生は苦しみに満ちている（デイノス・ホ・ビオス）。そして実は、人生が死で、死が人生であるのかもしれない。いずれにせよ——喉の渇きと飲むことを例にすれば、苦しみ（リュパイ）と快感（ヘードナイ）は**一緒に**終わるものだ（『パイドン』六〇参照）。

[詩について。五〇二。詩作（ポイエーティケー）は……一種の大衆への説得（デーメーゴリア）である(15)]

五〇三。エイドスの導入。「他のすべての職人が、みな自分の作品をめざして、……自分が作り上げるものが特定の形（エイドス）になるようにする(16)」。エイドスは作られるものを秩序づけ——「**強制**だが**暴力的**ではない仕方で、一方を他方に強制して」——作品全体（プラーグマ）が整然たるものになるまで秩序づける（ハルモッテイ）規則（タクシス）であるように思われる。**規則**（タクシス）と**秩序**（コスモス）は**魂**（プシュケー）にも当てはまり、節度（ソープロシュネー）や正義（ディカイオシュネー）は魂の秩序（タクセイス）や飾り（コスメーマ）なのである。

五〇六。対話の挫折。ソクラテスは説得できない。五一三も見よ。カリクレス「君の言うことをたいして信じているわけではないんだよ(17)」。

五〇八。宇宙全体に妥当する**尺度**を見いだすことが重要なのだ。「神々の間でも人間の間でも、幾何学的な平等が大きな力をもっている(18)」。その反対は**貪欲**（プレオネクシア）である。2＋2＝4は神にとっても妥当するという考え方を参照。そういう前提のもとでのみ、告発が奨励されるのである。「不正を行った場合には、自分自身も息子も夫も訴えなければならない(19)」。（『**国家**』(20)参照）。

五一五以下。すべての政治家、特にペリクレスへの非難。理由・彼はアテナイ人を**より優れたもの**にしなかった。五一六！　それどころか、彼は引き受けたとき以上に、アテナイ人を粗暴なものにしてしまった。羊飼いとの比較。

五一七。このポリスの政治（タ・ポリティカ）について優れている人をわれわれは知らない。

［説得（ペイテイン）が再び取り上げられる。「**説得と強制**」（強制（アナンカゼスタイ）の反対である対話（ディアレゲイン））だが、今度は市民をより優れたものにするための肯定的なものである。それが優れた政治家の唯一の**仕事**（エルゴン）なのだ。それは仕事（エルゴン）である以上、それには暴力が属しており、説得（ペイテイン）は言葉を伴う**暴力**であり、つまりは**脅迫**でもある］。

五二一。ソクラテスは、あらゆる生きている者の中で**自分だけが本当に政治の**術に関わり、政治の仕事に携わっていると思っている！(21)（彼が肉体的な脅迫で**説得し**（ペイテイン）、強制するために地獄を必要とするのはこのためである。地獄は暴力的強制（ビアゼスタイ）としての説得（ペイテイン）の絶頂なのである。それが不必要である場合は、問答（ディアレゲイン）と強制（アナンカゼスタイ）が可能な場合だけである！　地獄は言葉による極度の強制である）。

地獄の導入。五二三。君は作り話（ミュートス）と思うかもしれないが、私は本当の話（ロゴス）と思っている（つまり真実そのもの！　とは思っていないのだ！）。「というのは、これから話そうとすることを、**真実であるかのように**話そうと思っているからだ」。〈五二四。「私は聞いたとおりに、真実であると思っている」(22)。五二六。ソクラテスはそういう言葉に説得されたわけだ。（五二七）なぜなら、彼はそれ以上に優れたことも真実のことも見いだせなかったからである〉(A)。「論証する」のではなくて、話の内容が真実であるかのように話して、相手を黙らせてしまうのが、説得（ペイテイン）の特徴である。学んだり話し合い（ディアレゲイン・アウトス・ハウトー）をすることが不可能な場合には、民衆はそういう扱い方をされるのだ。

昔は生きている者が生きている者たちを裁いていたが、判決が間違うことがあった。それは彼らが「裸」でなかったからである。身体を覆う衣服が消えて初めて、彼らは裸になるのだ。

五二四。死は魂と身体が互いに分離（アパレーロインディアリュシス）することである。それにもかかわらず、死後にも**苦しみ**がある。なぜなら、それ以外に（以前の窮乏と同じように）不正から解放されることは不可能だからである。しかし、「極端な罪を犯した者たち……そういう者の中から見本が作られるのだ(23)」。実例のための永遠の地獄の責め苦。実例はたいてい、僭主や王や権力者や、ポリスのことに心を砕くすべての者たちから取り出される。**五二六**。「最も有力な者が最も劣悪な者になる」。「権力者の中には……極めて悪質な者となった者たちがいる。……権力者の大半は……悪人から生まれる(24)」。**結論**五二七。われわれが一緒に徳（アレテー）の訓練を積んだら、政治家に規則を作ってやることにしよう。そうなればわれわれは、「同じ問題についても」決して「同じ考え」でない子供ではなくなっているのだから(25)」。

（注）プラトン『ゴルギアス』は、以下では文献目録に掲げたフリードリヒ・シュライヤマッハーによる翻訳つきの八巻本の著作集から引用する。このメモでの個々の引用や思想をアーレントは［ ］内に書き込んでいる。この［ ］は後に付け加えられたものと推測される。それは――四八二c一―三のように――注釈である場合もあれば（注（11）を見よ）、当該箇所が彼女によって講義や講演の原稿とか著作の中で考察されている場合もある。

（A）〈 〉内の文章は、アーレントが後に付け加えたもの。

（1）Platon, *Gorgias*, 448. 偶然に頼る技術。462 練習して習得される技術。465 理論的基礎を欠いた技術。

（2）Platon, *Gorgias*, 450b8–c1.

（3）Platon, *Gorgias*, 451d7–8.

（4）Platon, *Gorgias*, 453a8–b3.「ゴルギアスさん、では聞いてください。というのは、どうかお分かり願いたいのですが、**互いに話し合っているとき**、**何が話題になっているかを知りたいと思う**者がいるとすれば、私もそのひとりであり、あなたもそういうお方だと思っているからです」。――太字の部分をアーレントはギリシア語で引用している。

(5) Platon, *Gorgias*, 463d1–2.「私に言わせて貰えば、弁論術とは**政治術の一部門の影像**である」。——太字の部分をアーレントはギリシア語で引用している。

(6) Platon, *Gorgias*, 467c6–9.

(7) Platon, *Gorgias*, 469c6–9.「先に言ったことと同じですが、死刑とか追放とか**自分の思うままに**、自分に善いと思えることをポリスでやれるということだと思います」。——太字の部分をアーレントはギリシア語で引用している。

(8) Platon, *Gorgias*, 476b4–5.

(9) Platon, *Gorgias*, 476d5–6.

(10) Platon, *Gorgias*, 478a12–b1.

(11) Platon, *Gorgias*, 482b6–c2.「優れたお方よ、少なくとも私は、……この世の大方の人々が**私に同意しないで、私に反対するほうが、自分自身と一致せず、自分に矛盾するより**むしろましだと思う」。——太字の部分をアーレントはギリシア語で引用している。——この文章は、後のアーレントの著作 *Vom Leben des Geistes* における「思考」の捉え方、しかも思考がどういう仕方で「悪をなすことから遠ざかり、あるいは前もって反対の決意を固めておく（ことができる）」かという問題で、重要な役割を果たしている。特に、das Kapitel III, 18（»Zwei in Einem«, S. 179 ff., in dem Band *Das Denken* を見られたい。

(12) Platon, *Gorgias*, 484b1–8.「ピンドロスも詩の中で、私が言っていることを示しているように思われる。その中で彼はこう言っているのだ。〈**法こそ死すべきものや不死のものの王**〉**と言ったうえで、さらに、**〈**本性的に暴力の限りを尽くしながら、それを強力な手によって正当化する**……〉**と言っている**」。——太字の部分をアーレントはギリシア語で引用している。

(13) Platon, *Gorgias*, 484d7–e1.

(14) Platon, *Gorgias*, 487c6–d2.「……そして、君たちの間では、**哲学についてはあまり詳しくやってはならない**という意見が優勢になって、むしろ賢くなりすぎて、知らぬ間に不幸になったりしないように、お互い注意しようと忠告し合っていたのを私は知っている」。――太字の部分をアーレントはギリシア語で引用している。

(15) Platon, *Gorgias*, 502d1.〔原著の πολιτική は ποιητική の誤記――訳者〕

(16) Platon, *Gorgias*, 503d5–e3.「最善のことをめざして語る誠実な人は、漫然と語るのではなく、特定のものをめざして語るのではないだろうか。それは、**他のすべての職人が**、**みな自分の作品をめざして**、行き当たりばったりに新しいものを作品に付け加えるというのではなくて、**自分が作り上げるものが特定の形になるようにする**のと同じことである」。――太字の部分をアーレントはギリシア語で引用している。

(17) Platon, *Gorgias*, 513c6–8.「**カリクレス**――どうしてかは分からないが、ある意味では君の言うことはもっともだと思うよ、ソクラテス。これはたいていの人と同じことであって、**君の言うことをたいして信じているわけではないんだよ**」。――太字の部分をアーレントはギリシア語で引用している。

(18) Platon, *Gorgias*, 508a6–7.

(19) 告発の奨励については『法律』第五巻を見よ。ノート2〔5〕も参照。

(20) 対応するような文章はプラトンの『国家』には見いだせない。

(21) Platon, *Gorgias*, 521d7–8.

(22) Platon, *Gorgias*, 524a8–b1.

(23) Platon, *Gorgias*, 525c1–3.「**極端な罪を犯し**、その罪のため救いようもなくなった者たち、**そういう者の中から見本が作られるのだ……**」。――太字の部分をアーレントはギリシア語で引用している。

(24) Platon, *Gorgias*, 525e 6/526b3–4.

(25) Platon, *Gorgias*, 527d7–e2.「現にわれわれがそうであることがもう明らかになったような状態にありながら、自分がひとかどの者であるかのように大言壮語するのは恥ずべきことだからである。**われわれは同じ問題**、しかも**最も重要な問題についても決して同じ考えではない**のだから、われわれはまだ全く役立たずなのだ」。――太字の部分がアーレントがギリシア語で引用している部分。

[16]

全体主義的**宗教**について。[1] 無神論や社会主義などを心理学や社会学の視点で宗教に喩えると、同一視すれば政治的宗教が生まれる。なぜなら、心理学や社会学は絶対化されて、もはや事物の**側面**ではなく本質を捉えうると信じているからである。それとともに**本質**や実体そのものは消滅する。

(1) 全体主義的宗教という概念については、エリック・フェーゲリンによる『全体主義の起源』初版の批評の後に展開された、アーレントとフェーゲリンとの議論を見られたい (in : *The Review of Politics* 15, 1953, Nr. 1, S. 68–85)。その議論の (編者による) ドイツ語訳が H. A., *Über den Totalitarismus* に収められている。ノート15 [27] とその注 (1) も参照されたい。

[17]

革命について。革命のうちにのみローマ人のパトス、基礎となる始まりの神聖性が生き続けている。これがフランス革命[1]のローマ的扮装の真の理由であり、この言葉がそれ以後常に引き起こす熱狂の真の理由である。この根本的に伝統的な態度が伝統を破壊したこと――あるいは、これも一つの先入観にすぎないのだろうか。

(1) フランス革命のローマ的扮装という考え方は、Karl Marx, *Der 18 Brumaire*, in : *Marx-Engels-Werke*, Bd. 8, S. 115–6 の引用に由来する。これについては H. A., »Tradition und die Neuzeit« (1957), wiederabgedruckt in : *Zwischen Vergangenheit und Zukunft*, S. 23–54 を見られたい。

[18]　労働について。「苦労（ポノス）」―「窮乏（ペニア）」は「苦労する（ポノマイ）」に由来する。「労働する」や「苦労する」と言う場合も、「**労苦**（arb-eit）」や「乏しい（arm）」と同様の関係にある。窮乏と労働は一体をなすものであって、労働は窮乏から起こる活動であり、窮乏が強制するものである。財産とはもともとは窮乏を防ぎ、労働を不要にするものなのである。しかし財産は元来は労働の成果ではなくて、獲得の成果（クレーマスティケー・テクネー）とか征服の成果である。窮乏そのものは労働を強いるだけで、労働は決して窮乏をなくすものではない。征服や獲得がすでに窮乏と労働の**両方**からの解放の活動である。労働からの解放としての征服は他者への支配、奴隷経済において確保される。

マルクスの労働に関する自己矛盾には、少なくとも、労働の実態に即した評価がまだうかがわれるが、フランスのソレルやベルクソン、ドイツのユンガーではそれは全くなくなっている。マルクスは閑暇という伝統的理想を受け継いでいるだけでなく、労働についてのギリシア的評価もそのまま受け継いでいる。

プラトンやアリストテレスは結局、それ自体のために行われないあらゆる活動を非難したが、その中には、究極的な目的をめざす活動である製作も含まれていた。労働はそれ自体のために行われるものでも、労働の後に残るものが現れるわけでもない。市民として生きること（ポリテウエイン）、他者とともに大地に住まうこと、あるいは生き生きと生きることと同様に、労働には目的・手段の関係はない。労働は労苦という生活の一面**である**、――それは、市民として生きること（ポリテウエイン）が複数性という生活の一面であるのと同じである。両者とも「人間の条件（condition humaine）」の一部である。

[19]

僭主制下の墓地の安らぎについて。タキトゥス「荒野を作って平和だと言う(1)(ubi solitudinem faciunt, pacem appellant)」。

（1） Tacitus, *Agricola*, 30, 4. A・シュテーデルの独訳ではこの前後は次のようになっている。「万人の中で彼ら［世の中の盗賊］だけは裕福と窮乏を等しく渇望するのだ。拉致や殺人や窃盗を、彼らは誤って支配とよび、**荒野を作って平和だと言う**」。Tacitus, *Agricola*, lateinisch und deutsch, hrsg., übersetzt und erläutert von Alfons Städele, München-Zürich : Artemis & Winkler (Sammlung Tusculum), 1911, S. 49. ——アーレントがラテン語で引用しているのは太字の部分。

［20］

ソフィストの両論(1)について。これはポリスの真に哲学的・政治的な発見である。そこに示されているのは、複数性が本質的に視点の複数性であること、そして、市民として生きることは、あらゆる事柄には（すでに論理的な歪曲である二つの視点だけでなく）多くの視点がある事実に耐えることにほかならないということである。ある程度いつも必ずやるように自分自身の視点を押し通すことは、説得できることを意味している。アテナイの女神であるペイトーが神殿に祭られたのはそのためである(2)。自分の視点を説得的に提示するという技術（テクネー）が弁論術であった。それが弁論術と政治術の根源的関係である。本来の政治術（テクネー・ポリティケー）は支配する技術ではなくて、「説得する（ペイテスタイ）」技術である。そこに本来の姿でのドクサが示される。ドクサは根拠のない無責任な意見ではない——ドクサを最初にそういうものにしてしまったのはプラトンであるが——、「私に思われる（ドケイ・モイ）」の表現である。「現れる（パイネスタイ）」と言う場合とは異なり、ここに示されるのは一つの**側面**であって全体ではないが、しかしその側面は決して**仮象**ではない。プラトンはパイネスタイ（全般的［絶対的］に現れる）とドケイ・モイ（**自分には**そう思われる）とを決定的に切り離す。ドケイ・モイは自分に示される側面である。政治的にはこのことは、独自のドクサの側面を（普遍的に妥当する）「現象」に絶対化することにほかならない。そういう危険はドクサに属する説得（ペイテスタイ）にもある。すなわち、**自分に見える**側面以上のものを示そうとする者はデマゴーグか（プラトン的な）僭主になる。『ゴルギアス』は本来は、デマゴーグと僭主との対話なのである。

近代哲学の**懐疑**が現れたのは、自分に見える側面が現象全体を表していると主張するプラトン的なロゴスは僭主になることが気づかれたときであった。人間は幻想の中に生きていて、人間の思考は側面以上のものを示しうるから、まず感覚知覚への不信が生じ、次には「理性の真理」への不信が生まれる。この側面を断固として信じて、各人が（「客観的」に検証可能な「側面」ではなく！）自分が何とか考え出すものは他のすべてと全く同じように真実だと考えれば、近代の相対主義はあらゆる普遍的・絶対的な「真理」を再び正しいドクサ、側面へ解消することでありうるだろう。

世界がふたりの人間に全く同じ側面を示すことは決してないことは、複数性のもたらす喜びの一部である。真実の市民生活（ポリテウエイン）の最も重要な部分は、ドクサを生き生きと相互に伝え合うことであり、議論が展開されることである。そういう共同と対立の中で際立つことが、最も優れている（アリステウエイン）ことにほかならない。プラトンが『ゴルギアス』の中で軽蔑しているペリクレスは、美を愛し知恵を愛すること（ピオカルーオメンピィロソプーメノン）が市民生活（ポリテウエイン）の生き生きとした要素であり、それに外部から美（カロン）や知（ソポン）としてその尺度を押しつけてはならぬと考えている。[3] **人間が**万物の尺度であるわけでもなければ、神が人間的な事柄の尺度であるわけでもなく、事物が人間の尺度であるわけでもない。人間を制約するものは複数性という事実そのものであるが、——これは、マルクスの

「社会化した人類」のように人間が相互に制約するという意味ではない。「社会化した人類」はまさに複数性による限定の倒錯である。しかしそれによって、ハイデガーの場合のように、尺度一般の「越権」は抜け落ちてしまう。

（1）両論（デュオ・ロゴイ）をブルクハルトは「賛否両論」と訳している。ソフィストを説明して彼はこう書いている、「無論、彼ら［ソフィスト］は、何ものもそれ自体において善や悪であるわけではなく、すべては意見と合意（ドクセー・カイ・ノモー）によって善や悪であり、万物には賛否両論（デュオ・ロゴイ）があるという説を広めることによって、また、宗教的関係でも単に懐疑論者であるだけでなく、まさしく否定する者であったため、アテナイ人をありとあらゆる誤りへ導いたと言われる」(Burckhardt, *Griechische Kulturgeschichte*, Bd. 3, S. 300)。次の示唆はカール・バイヤーによる。「そこで言われているのは――紀元前四〇〇年頃のソフィスト論である――『両論（デュオ・ロゴイ）』のことだと思われるが、これは、どういう主張にも正反対の主張を提示することができ、どういう見解にも正反対の見解を持ち出すことができるという、プロタゴラスの相対論を反駁しようとするものである。アリストテレスが挙げているクレオン―アンティゴネのような実例も［ノート17［18］を見よ］、アリストテレスが弁論術の分析に近づく「ソフィスト的論証」と同じようにそのことを示している」。

（2）ペイトー。ギリシアの多くは恋における説得の女神、アフロディテの侍女。

（3）アーレントが引き合いに出しているのは、トゥキュディデスが *Der Peloponnesische Krieg*, Buch 2, Kap. 40 で描いている「ペリクレスの葬送演説」である。ノート18［20］とその注（8）を見られたい。

［21］

アリストテレスが人間をロゴスをもつ動物（ゾーン・ロゴーン・エコーン）とポリスの動物（ゾーン・ポリティコーン）とよんだとき、彼は人間について二つの定義を与えるつもりはなかった。それが忘れられていることが少なくない。人間の自由な＝自発的な共同生活だからこそ人間的である市民（ポリテウエイン）として生きるということは、アリストテレスにとっては、本質的に語ることであり、話し合うことであった。――そして、野蛮な相互理解や発言ではなく「理性的な」相互理解や発言である真実の会話が存在しうるのは、ポリスという条件のもとにおいてであった。
　何か**について**政治的に話し合うこと――あるいは、詳しく言えば、何かについて何かを語ること（レゲイン・ティ・カタ・ティノス）――から初めて、哲学的な対話（ディアレゲイン）、すなわち、ある事柄を自己自身と（アウトス・ハウトー）、あるいは他者と徹底的に話し合うことが発展する。これは多数性が排除されているから、非政治的なものである。レゲインとディアレゲインとの中間にあるのが、ひとりが多数へ向かうプラトン的な教訓的なロゴスである。それに対立するのが弁論術的な説得（ペイテイン）である。教授（ディダスケイン）は対話（ディアレゲイン）において見いだされたものを展開して、それを大多数の人々に近づけるものにする。説得は**何かについて**語ること（レゲイン・ティ・カタ・ティノス）、である。それは、独特の「について」を伴う語ることとして発言された多くの人々から孤立して、多数の人々と対立し、自分や自分の味方を説得の目的のために述べるものである。

[22]

懐疑について。近代哲学**ならびに**近代科学の始まりは、懐疑ではなく**不信**である。懐疑は、人間存在の複数性を忘れまいとするあらゆる真正な思考の自己分裂である。懐疑ではいつも**別の**側面、他者の側面が開かれたままになっている。懐疑は孤独において、孤独においてのみ、他者の絶対に必要な代理である。懐疑は独白と化した自己自身であり、「自分」も他者であるほかはないから、自己自身との対話である。
　哲学全体の指導原理としての「すべて疑うべし」は、この懐疑的な、対話的な、自己分裂した思考とは全く関係がなく、認識一般の可能性への**不信**にもとづいている。デカルト的な「懐疑」の決定的な表現は、神の摂理ではなく悪魔がわれわれをだましているのではないかという推測である。感覚知覚の真理への不信と密接に結びつくとともに、感覚を介することなく与えられたものの認識可能性への不信とも結びついているこの不信は、神への信仰の正反対である。神への信仰は「信仰（faith）！」であって「信念（belief）」ではない。

ノート17

一九五三年七月―一九五三年八月

一九五三年七月

［1］

ギリシア人を野蛮人から区別していたものは、その共同が話し合いという形でなされ、服従においてでは**なかった**ことである。市民であるということ（ポリテウエイン）は、話し合い（ロゴン・エコン）であらゆる問題を解決することを意味する。ポリスに属すること（ポリティコン）と話し合うということ（ロゴン・エコン）は同じことなのである。これがギリシア人の自由である。自由は本質的にポリスの事柄なのである。ギリシア内部の戦争はプラトンによると内乱であって、本来は起こるはずのないものであった。政治は暴力が「物を言う」場合には**終わる**のであって、そこで始まるわけではない。それゆえ政治は内政的には、これも暴力にもとづく奴隷支配によって限界づけられている。ギリシア人の自由は、それを支え、不可欠なもの（アナンカイア）への隷従の代役を果たす奴隷の服従（ドウウレイア）と、周辺野蛮人の服従（ドウウレイア）との間で保たれていた——「奔流と岩壁の間にある一筋の豊かな土地」[1]なのだ。政治に対するプラトンの軽蔑は、彼が**話し合い**を軽蔑し、行為を「のための（フー・ヘネカ）」活動で自立的でない二次的なものとみなしたことから生まれている。

奴隷状態は言葉を欠いた（アネウ・ログー）生活にまず現れるものであって、支配への屈服や服従そのものに現れるものではない。それはプラトンの奴隷医者の記述に明らかである。自由人も医者には従わねばならないが、それは医者が彼らと話をした後のことである。つまり、自由（エレウテリア）は、服従せねばならない状態＝命令から自由であることでも（プラトンの考える）自律でもなくて、話し合うという仕方での生活なのである。必要によって強制される者は自由人（エレウテロス）であることを止めるのでは**ない**。したがって、専制支配も多くのギリシア人にとっては、われわれにとってのものとは異なる。ギリシア人が奴隷にするやり方は、オリエントの専制政治と同じではない。

（1）リルケ『ドゥイノの悲歌』の「第二の悲歌」の末尾。「われわれも奔流と岩壁の間に、清らかな慎ましい僅かな人間の住めるような土地を、一筋の実り豊かな土地を見いだすことができれば……」。Rainer Maria Rilke, *Sämtliche Werke*, hrsg. vom Rilke-Archiv in Verbindung mit Ruth Sieber-Rilke, besorgt durch Ernst Zinn, Frankfurt am Main : Insel, Bd. 1 (1955), S. 692.〔アーレントの引用では「奔流 (Strom)」が「砂 (Sand)」となっているが、これは編者のミスであろう――訳者〕

[2]

ゲーテ「芸術以上に世界から確実に逃避する道はないが、芸術以上に世界と確実に結びつく道もない[1]」。

（専制政治＝孤立と「人間の所産 (human artifice)」）。

（1）Johann Wolfgang von Goethe, *Maximen und Reflexionen*, Nr. 737, in : *Goethes Werke : Hamburger Ausgabe*, Bd. 12 (1960), S. 469.

[3]

地獄説が政治的な起源を有する十分な証拠は、プラトンとキリスト教のどちらの場合も、本来の説と決定的に対立し矛盾していることである。プラトンでは、洞窟の比喩や、肉体の可死性の説、霊魂不死の説と矛盾し、キリスト教の場合は、死と罪からの救済をもたらすというキリストの福音と矛盾している。いずれの場合にも、大衆は自分が真実だと思っているものの正反対を信じるように要求される。世俗化とは、政治的には、そういうことはもう不可能であることを意味する。

パーレンヴィルにて(A)

［4］

話し合いの四形態

1．自分の名前を名乗ることで起こる自己開示。自分が誰であるかを**言う**。自分が誰であるかは**言うこと**でのみ明らかになる。しかし名前が分かるのは、まず他の人々がひとりを一義的なものにし、名前を確認し、間違いないことを確かめる。自分が誰であるかを言うたびに、繰り返して一義的に明確にするのである。自分に引きこもるたびに、孤独の多義性に陥ってしまう。つまり自分の名前を失うのだ。

2．命令。神の言葉。光あれと神が言うと、光が現れる。十戒。十の言葉＝掟。生成**させる**ことという意味での行為の始まりとしての語ること。他のものに何かをさせるのだ。

3．この二種類は結局、人々の**間に**共通のものがあり、行為しながら**それについて**話し合うことにもとづいている。神を命令するものとして、人間を服従するものとして考えなければ、このほうが根源的なのである。行為しつつ話し合うことが、「宗教」によって命令と服従に変えられてしまったのだ。行為を与えられた命令の遂行だと理解すれば、話すことと行為することの間に、命令者と服従者の間の裂け目と同じ深い裂け目ができる。

4．共通の〈間の領域〉は各人各様に現れる。私に思われる（ドケイ・モイ）＝意見（ドクサ）。話すことにおいて（のみ）私の**意見**（ドクサ）は**示される**。それは私の部分的世界であるとともに、私の立場から世界全体が見える仕方でもある。

聞くことによって、私は世界を経験する。すなわち、他の立場から世界がどのように見えるかを経験する。どういうドクサのうちにも世界が現れているのだ。ドクサは単に意見（Meinung）ではない。そして世界はドクサにおいてのみ示されるのである。

ドクサを示すだけでなく、それが唯一可能なものだと考えるように他者に強制する試みは、専制支配であり暴力によってしか実現しない。

ドクサは常に、**一致する**こともあれば**異なる**場合もある。ある人が他の人々とそういう関係になり、ある民族が他の民族とそういう関係になることもある。

（A）ノート10［1］注（1）を見よ。

［5］

歴史について。歴史をキリスト教的・ユダヤ教的な伝統から理解するのは偏見である。そういう偏見は歴史を人々の行為(プラグマタ)の記録と異なる**出来事**だとする解釈から生まれ、またそういう解釈を強化するものでもある。「行為に関する」歴史はホメロスとともに始まる。それは賞賛や賛美であり、名声(クレオス)を保持することである。その女神は名声(クレオス)を褒め称える(クレイオー)クリーオーである。行為の名声を褒め称えることが必要だったのは、行為そのものが煙のように消え失せるからであった。行為には人間の記憶以外、地上に留まる場所がない。行為は最も脆いもの、最も無常なものであって、人間そのもの以上に無常なものである。ホメロスは人間の行為を歌うが、それ自体で意味があったりなかったりする**出来事**を歌うことはない。

同様にピンダロスもオリンピアの競技の優勝者の行為を讃える。そういう根源的に詩による賞賛によって、とにかく歴史叙述は、**叙述**として必ず救済し正当化するように取り決められていたのである。そのことから、名声と賞賛が歴史叙述の根源であることが明らかである。

野蛮人という**概念**、つまりはギリシア的なものという概念をもっているヘロドトスにおいて初めて、行為から民族が生成する。ギリシア民族を創設したのはポリスではなく――つまりポリスの創設という出来事ではなくて、もともとは子孫が記憶している限りで、子孫が自分たちを他の民族から区別した**行為**（プラグマタ）なのである。それとともに名声は確かなもの、無常ではないもの、明白なものとなる。すなわち、いわゆる歴史的現実が、個人の名声のための人間的な場所として発生するのだ。それが民族にほかならない。

この裏には次のような事情がある。ギリシア人にとっては、作ること（ポイエイン）と受けること（パテイン）は切り離すことができない。何かをすれば、常に何かを受けるものが存在する。両者は一体をなしている。したがって、人間の行為（プラグマタ）には最初から行為（プラグマタ）と作品（ポイエーマタ）が含まれており、オデュッセウスの行為と苦難が含まれている。人間の名声の本質は行為の仕方と苦しむ仕方にある。そのいずれも人間の行為（プラーグマ）なのである。人間についての歴史はその行為を取り扱うのである。

ヘロドトスとトゥキュディデスでは、歴史は、民族の「出来事」の物語なり賞賛する記憶となる――記憶そのものがすでに賞賛であり、重要でなく名声もないものは記憶に値しない、――その「出来事」においてホメロスが語ったそういう行為も苦難も起こりうるのであり、さらに記憶されていくのである。

ユダヤ人では、民族は英雄の行為ではなく**世代**の継起と神の創造の業から生まれる。すなわち、世代の継起は最後には神の創造の業に帰着する。ここには最初から出来事が存在している。神の戒律に示され、行為が服従か不服従かに分けられるとき、人間にとっておよそ「起こる」のは神の行為である。しかし行為や苦難それ自体は、名声に値するものでも賞賛すべきものでもなく、歴史ではない。歴史は神の行為と人間の応答である。キリスト教的世界においても歴史はそういうものである。ユダヤ教徒もキリスト教徒も、純粋に世俗的な、神抜きの行為には意味は認められないという点は共通している。

近代的歴史観では、すべてが入り乱れている。一方では人間が欲することは「世界内部的」だが「意味」がなく、人間の行為や苦難そのものがその背後に働いている要因を必要とする。しかしユダヤ教徒やキリスト教徒は、世俗的歴史の解釈にほとんど煩わされない理由がよく分かっている。彼らが望み、かつ知っている出来事はそういう解釈ではどうしても読み取ることができなかったのだ。歴史の行為に関する事柄はこの意味では全く意味がない。そこには**照らし出す力**があるだけだ。オデュセウス、アキレウス、オイディプス、アンティゴネ、ペリクレスのような、ひとりの人間の行為や苦悩は世界を**変える**ものではなく、世界を意味に満ちたものとするものである。それは世界を明るく照らし出すだけだ。今日もわれわれは彼らの名声の光の中に立っている。

［6］

ブルクハルトをひどく不安にさせた謎、すなわちポリスには専制政治的な特徴があり、私的な事柄が無視されていたにもかかわらず、非凡な個人が異常なほど数多くなぜ輩出したかという謎は、ドクサ、つまり「私に思われる（ドケイ・モイ）」を正しく理解して、それを闘争（アゴーン）と結びつければ容易に解ける。ギリシア人の自由は、自分に思われるものを特定の視野で明確に語って、討議にかけようという、ドクサに対するポリスの強制であった（ソロンが発した、意見不一致の際にはいずれの側にもつかない振る舞いは許されないという禁令(1)を参照）。このドクサ、自分が現実の特殊性において示されるこの特定の視野は、すべての他の人々と比較し結び合わせて、伝達し、理解され、他者と対決することによってのみ展開されうるものだ。こういうことは、アゴーンや優劣を競う（アリステウエイン）という仕方で起こる。つまりそれは個人をまさに「個人」として当人の位置にもたらすと**同時に**、彼を最高の能力まで高め、最も優れた者（アリストス）にするのだ。まさに特定の者であり個人である私には、自分の地位を獲得するために他の人々が要るのである。

（1） Jacob Burckhardt, *Griechische Kulturgeschichte*, Bd. 1, S. 203 参照。ブルクハルトは「市民権剝奪（アティーミアー）という処罰をくだす場合、市民が一致しない場合には、いずれの側にもつかないことは許されない、いわゆるソロンの法」について述べている。

［7］

「ハイデガーは狐だと人々は言う」、とハイデガーは実に誇らしげに語っている。以下に述べるのが、ハイデガー狐の本当の物語である。

昔々、一匹の狐がいました。この狐は狡猾ではなかったので、いつも罠にかかるばかりか、罠と罠でないものが区別できませんでした。この狐にはもう一つ欠陥がありました。毛皮がどこか具合が悪くて、狐の生活の厳しさから守ってくれる自然の力が全く欠けていたのです。この狐は青春時代に、ほかのものたちの罠の回りをほっつき歩いて、毛皮はいわば無傷のところはもう残っていなかったので、狐の世界から完全に退こうと決心して、自分の巣を作りました。この狐は罠と罠でないものが見分けられず、信じられないほど何度も罠に落ちたので、狐の間では聞いたことのない全く新しい考えにたどり着きました。狐は自分の巣を罠にして、その中に入って、それを普通の巣にみせかけたのです。（それは狡猾だからではなくて、もういつもほかの狐の罠をみな狐の巣だと思っていたからです）。この狐は、自分なりに狡猾になって、自分のために作った、自分にしか合わない巣を、他の狐たちの罠に仕立てました。そこにも罠というものについての無知が示されていました。罠の中に狐が座っていますから、その罠には他の狐は入れなかったからです。この狐はいらいらしてきました。何と言っても、狐は狡猾でも時にはみな罠にかかることは分かっているからです。狐の罠が、それもあらゆる狐のうちでも罠について経験豊かな狐の作った罠が、人間や猟師の作った罠にひけを取るのはなぜでしょうか。それは明らかなことです。その罠が罠だとはっきり分からないからです。そこでこの狐は、罠をこの上もなく美しく飾り立てて、「みんな来いよ。ここに罠がある。世界一素晴らしい罠だ」とはっきり分かる標識を至るところに立てることを思いつきました。そうすれば、その罠に狐がうっかりかかることはないのは明らかでした。ところが狐がいっぱいやってきたのです。というのも、その罠は私たちの狐の巣だったからです。狐が巣の中で落ち着いているところを訪ねようとすると、その罠に入るほかはなかったからです。もちろんその狐以外だったらどの狐も罠を出ることができました。この罠は寸分違わずその狐の体に合わせて作られていたからです。しかしその罠に住んでいるこの狐は誇らしげにこう言いました。「こんなに多くの狐が私の罠に来てくれるので、私は狐のうちでも最高の狐になったのだ」。そこにもいくらかの真実はありました。一生ずっと罠の中にいる狐以上に、罠というものをよく知っているものはいないからです。(1)

（1）自分は「フライブルクで罠に入った」というアーレントのノート11［18］とその注（1）参照。――「ハイデガー狐の本当の物語」は最初、（ロバート・キンバーとリタ・キンバーが訳した）英語で H. A., *Essays in Understanding*, S. 361–362 に発表された。*Arendt-Heidegger-Briefe*, S. 382–383 にはドイツ語で掲載されている。

[8]

ドクサ。「君にはそう思えるだろうが、私にはこう思える」(Athenaeus IX, 4 aus Euenos. Pausan. IX, 16, 4.)。Burckhardt, I, 340 : »alter Spruch« による(1)。

(1) Jacob Burckhardt, *Griechische Kulturgeschichte*, Bd. 2, S. 45. アーレントが引用したのは Burckhardt, *Griechische Kulturgeschichte* nach der bei Kröner erschienenen, von Rudolf Marx zusammengefaßt herausgegebenen Taschenbuchausgabe (Bd. 1, o. J. [1929]) からである。

[9]

ブルクハルト(I, 355-6)は、ギリシアの神々は召使いを必要としていなかったことに注意を促している(1)。奴隷を必要とするのは人間だけである。神々は運命に従っていたが、地上の必要からは解放されていた。その自由は神々が不死であることと関係があったのだろうか。いずれにしても、ギリシアの神々の特徴は「苦労のない」生活であって、彼らの生活には**労苦がない**。

(1) Jacob Burckhardt, *Griechische Kulturgeschichte*, Bd. 2, S. 61参照。「苦労のない生活をしている大いなる神々は……ホメロスでは、ごく僅かの召使いしか必要としていない」。アーレントが挙げている頁数は[8]注(1)に示したクレーナー版と同じである。

[10]

ケンブリッジにて(A)

キリスト教的自由は政治**からの自由**である。これが「カエサルのものはカエサルに与えよ」の意味である。テルトゥリアヌスとアウグスティヌスはそのことを十分心得ていた(1)。このために、古代には存在していなかった新しい自由が世界にもたらされたが、それは共同存在の外部に始まり、人間はその関係の外部にいるところにその本質がある自由である。そこから初めて、自由は本質的に「……からの自由」という消極的なものとなった。それはすべて世界内部的な自由概念なのである。アウグスティヌスの「始まり(initium)」は古代的自由概念の最後の最高の表現であって、「意志の自由(liberum arbitrium [voluntatis])」ではない(2)。

自由(エレウテリア)をわれわれは隷属**からの自由**だと解釈している。ギリシア人は、奴隷であることではなく**市民(ポリテース)であることだ**と肯定的に考えていた。「からの自由」は、***ἀλυπία***(3)(苦しみのないこと)のように、否定を表すαで示される。それが「苦しみからの自由(freedom from pain)」と訳されるのである。

(A) ケンブリッジ

(ハーバード大学での会議に参加)

アメリカ合衆国マサチューセッツ州のケンブリッジで一九五三年七月二〇日から二二日まで、ハーバード大学で「自由世界と共産主義との争いは基本的に宗教的なものか」というテーマで(マール・フェインソッドが企画した)サマースクールが開催され、それにアーレントは参加した。彼女が行った講演は後に »Religion and Politics«, in: *Confluence*, 2. Jg., 1953, Heft 3, S. 105–126 として発表された(ドイツ語版は編者が訳した »Religion und Politik«, in: H. A., *Zwischen Vergangenheit und Zukunft*, S. 305–324)。――*Arendt-Jaspers-Briefwechsel*, S. 257 に収められている一九五三年七月一三日のヤスパース宛の手紙も見られたい。――この会議のための準備作業はこの『思索日記』(ノート15以降)に見られる。

(1) テルトゥリアヌスの「政治に対する態度」について、すでにアーレントはさらに「公事ほどわれわれにとって異質なものはない（nobis nulla magis res aliena quam publica）」と書き留めていた（ノート3［12］および［18］参照）。この後のほうの箇所ではアウグスティヌスの「地の国（terrena civitas）」にも触れている。

（2）アウグスティヌスの意志自由論と始まり（initium）としての人間論のアーレントによる解釈については、*Das Wollen*, S. 82–107 のアウグスティヌスの章を見よ。

（3）»freedom from pain or grief« は Liddell-Scott, *A Greek-English Dictionary* で *ἀλυπία* に与えられている訳語である。

［11］

ギリシア人が驚きながら考えていたように、意味（Sinn）は感覚的なもの（Sinnliches）のうちに直接に示される――その最高の証拠は彫刻の世界だ――と考えれば、主観的歴史叙述か客観的歴史叙述かという問題、あるいは意味は事実に押し込まれたものだと言われる事実と意味をめぐる滑稽な問題はすべてなくなってしまう。そうなると、選択の問題も消滅する。なぜなら、そもそも「選び抜かれたもの」すなわち「有意義なもの（what makes sense）」しか伝えられていないからである。これがトゥキュディデスの歴史の叙述である。それは「客観的」であるが、明らかに多くの事実を無視している。なぜなら、こういう問題は全く議論の対象にもならなかったからである。事実は歴史ではないし、「意味付与」が歴史であるわけでもない。すべてがその意味を根源的に顕わにする出来事の連関が粉砕される場合に初めて、現代の「歴史問題」が生まれるのである。それと並んで、人間に起こること、人間のなすことにはおそらく意味はないという嘆きが存在しているし、常に存在していた。「空の空なるもの（vanitas vanitatum）」は消滅するの[1]だ（vanishes）。

（1）»Vanitas vanitatum« vanishes――これは語呂合わせである。空なるものは言葉の示す通り消滅する（ラテン語では

evanescit)。「空の空なるもの」については旧約聖書「コヘレトの言葉」一章二節と一二章八節を見よ。

[12]　**パーレンヴィルにて**(A)

ドクサ＝ドケイ・モイ＝私にはそう思われる＝これは世界が自分に**独特の形**で立ち現れたものである＝意見。プラトンはソクラテスから、自分に思われるもの(ドケイ・モイ)から意見(ドクサ)を作った者は、決して「真の意見」をもっているわけではないことを学んだ。そのことは、その人が自分の意見を言っても、その「根拠を述べる」こと、すなわちその根拠を突き止めることができないところに示されていた。ソクラテスは「意見(Meinungen)」＝自分の見方(Mein-ungen)をその意見をもっている者よりもよく理解した。哲学者は「自分の見方」、独特の「世界に関する見方」の一種の専門家で、各人独特の形で各人固有の**真実**を見いだすことができた。そのために、意見と真理が対立させられることになった。そこからプラトンは非常に早い時期に、哲学者だけが真理を見ることができ、**しかも**真理は意見の多様性と異なり**一なるもの**であると推定した。彼がこの後半の結論に達したのは、人々が自分の意見を述べる一見恣意的で矛盾した話の中に独自の真実を見いだすソクラテスの能力もなければ、独自のものへのソクラテスの愛着もなかったからである。(多様で独自のものへの「政治的」(1)愛着が真理への情熱と結びついたのは、哲学史全体でも一度しかなかったように思われる。ハインリヒ)。こうしてプラトンは、無論自分の意見が真理である根拠を示すことができたわけだが、真理を絶対的なもの、すべてにとって拘束力を有するものにした。さらに、そういう拘束力を有するものだけが形式的で「超越的」な尺度でありうることを見いだした。

ソクラテスの産婆術は、他の人を当人固有の意見から解き放つこと、あるいは自覚(グノーティ・サウトン)させることであった。(2)

(A) ノート10［1］注（1）を見よ。

(1) ここでアーレントが引いているのは、彼女の夫ハインリヒ・ブリュッヒャーのソクラテス解釈である。彼は一九五二年以来、ニューヨーク州アナンデール・オン・ハドソンのバード大学で哲学を教えていた。ブリュッヒャーは大学で一般教養の講義である「コモン・コース」を担当していた（一九五二年七月二六日のアーレント宛の彼の手紙を見られたい。*Arendt-Blücher-Briefe*, S. 317）。講義で彼が重視したのはソクラテスの思考を教えることであった。一九六七年に行われた彼の最終講義は録音テープで発表されている。ロッテ・ケーラーはそれをドイツ語に翻訳し、それが *Arendt-Blücher-Briefe*, S. 567–579 に収められている。

(2) グノーティ・サウトン――自分自身を知れ――は、デルフォイのアポロン神殿の入口の壁に掲げられ、人間に対する神の命令として理解されていた神託である。プラトンのソクラテスによって（*Alkibiades* I, 124a sq.）、その神託は特殊な解釈を与えられている。*Historisches Wörterbuch der Philosophie*, Bd. 9 (1995), Sp. 406–440, Sp. 406 を見られたい。――アーレントは（［19］に）自分の見方にとって重要な解釈を記している。

［13］

プラクシスと話すことについて。悲劇では役者はほとんど動くことができず、何よりも**話をする**が、これは近代演劇よりはるかに多くの示唆を与えることだ。アリストテレスは悲劇を**行為**の再現（ミメーシス・プラクセオース）と定義している（*Poetica* 6, 1）。「外面的行動」は「隠される」(Burckhardt, II, 289)(1)。もっとも、苦難は舞台で示され、恐ろしいものも躊躇なく示される。「外面的行動」の代わりに登場するのが物語、特に使者の物語である。それは**報告**こそ間違いなくプラクシスであるかのようだ。出来事にこういう変化が最初に起こったのは『オデュッセイア』においてであった。パイアケス人が最初にオデュッセウスの生活を聞いて、涙を流した後で、オデュッセウスはパイアケス人に自分の人生を報告する。そのように涙を流すことによって、パイアケス人は出来事をオデュッセウスの**人生**（ビオス）として認めるのである。

（1） アーレントの引用箇所は、Burckhadt, *Griechische Kulturgeschichte*, dtv-Ausgabe, Bd. 3, S. 208 である（文献目録を見よ）。

[14]

歴史について。アリストテレスによると、文学もプラクシスと関係がある（*Poetica* 4, 1448b25）。悲劇は「人間を再現するのではなく、……行為と人生を再現する。幸福も不幸も行為にもとづく……したがって、出来事（プラグマタ）と物語（ミュートス）が悲劇の目的である」（*Poetica* 6, 1450a16–22）。〔原文・ギリシア語〕

[15]

マルクスでは**労働**が「合理的」になるが、それは労働過程の合理化によるのではない。単に主観的で不安定な「使用価値」や「交換価値」とは異なり、労働があらゆる価値の（労働時間によって測られる）「客観的」尺度となるからである。

[16]

アリストテレス『弁論術』第一巻冒頭の文章。「弁論術は問答法に対応するものである(1)（Public speaking is the counterpart of philosophical speech）」。（『ゴルギアス』参照）。両者とも「それを認識することは**特殊な学問だけでなく**すべての人々に……**共通であるもの**(2)」に関わっている。

つまり政治と哲学は二重の仕方で対立している。第一に、いずれも特殊なもの限定されたものではなくて、普遍的なものを扱い、無限定であるためにすべての領域を包括することができるからである。「すべて［の弁論（ロゴイ）］が何らかの仕方で両者に関わっている」(3)。――第二に、政治と哲学はいずれも対立し、対応する弁論――集会的弁論（デーメーゴリカ）と法廷的弁論（ディカニカ）という二種類の弁論――を展開するからである。より優れていて、より政治的（ポリティコーテラ）であるのは前者である。なぜなら、それは私的な事柄ではなく、共通の事柄（コイノテロン）に関わるものだからである（1354b23 sq.）。さらに、法廷弁論では他の人々の問題について**判定し**（クリネイ）、民会弁論では自分自身の問題について判定する(4)。

弁論術は立証（ピスティス）に関するものであるが……立証は一種の論証（アポデイクシス）である(5)。その方法は三段論法であり、問答法の一部である弁論術的推論（エンチューメーマ）である(6)。上述参照。弁論術は問答法の反対（アンティストロポス）ではなくその不可欠の一部なのである！　問答法は真実に関わりがあり、弁論術は真実に似たものと関わりがある。「**というのは、真実のものと真実に似たものを見ることは同じ能力の仕事だからである**」(7)。それゆえ、哲学の優位が確保される。プラトンの場合のように、弁論術の必要が起こるのは、あらゆる大衆に（プロス・トゥース・ポルース）向かって教えることはできないが、学問的議論（ホ・カタ・テーン・エピステーメーン・ロゴス）は必然的に教えられる（ディダスカリコス）からである。したがって、われわれ自身が論破できるためには、正反対のことも説得できなければならない（1355a31–32）(8)。これは問答法もやることである。

（ロゴンを有すること（ロゴン・エコーン）について。「ロゴスは人間特有のものである」ということ。1355b1）。

（プラトンに対する批判が一貫している。常に『ゴルギアス』に対してだが、最も明確なのは 1355a39, 1354b2 である。つまり、医者は治せないときも助けなければならないわけだ、1355b12–13）。

弁論術は「それぞれの対象について可能な説得法を認識する能力」と定義される。われわれが観察するどういうものにも、説得に対応するものが存在する。したがって、どういうものにとっても、**教えること**（ディダスカリケー）と**説得すること**（ペイスティケー）という二つのテクネーがある！（1355b28）(9)。しかし、何よりもこの能力は、厳密さ（アクリベス）がなく疑わしい（アンピドクセイン）場合に適している。的確に当てはまるのとは異なり、おおよその意見しかない場合だ。それに対応するのが先入観（プロデドクサスタイ）である。（1356a8, a10）。

弁論術の仕事は、われわれが**熟慮する**（ブーレウオメタ）事柄に関わりがあり、そういう事柄はこのように見えもすれば別のようにも見えるものである。「われわれが熟慮するのは、どちらでもありうるように見えるものについてである」[10]。こういうものには**審判者**（クリテース）が必要である。というのは、審判（クリセイス）者や判定（スケプセイス）者がいる多くの事柄は、「別様でもありうる種類のものである。……人間の行為は、一般にこの種のもので、……何一つ必然から生じたものではない（1357a23–27）[11]。これは決定的なことである。1．判断や決定は必然的でないものだけを対象とする。2．あらゆる行為や行動はそういうものに属する。3．しかし、**判断**や**決定**に関わるのでなく必然的な認識に関わる「哲学」はそれには属さない。プラトンと異なるのは、すべてが必然的にあるとは限らないことを認めているところだが、必然的なものが「より優れたもの」であることは自明のこととされている。

説得（ペイテイン）は（真実（アレーテス）と異なる）**真実らしいもの**（エイコス）に関わる——別様でもありうる蓋然的なもの、もっともらしいものに関わる。（1357a34–36）。

（イデアについて。「個々の類に関する特有の命題を種とよび、あらゆる類に同様に共通である命題は共通なトポスとよぶ」［1358a31–32］[12]。したがって、トポスとイデアを混同したプラトンは非難される）。

弁論術には三種類がある。すなわち「語り手、語られる対象、語りかける相手」にもとづく。目標はプロス・オンすなわち聞き手である。（1358a36–1358b1）[13]。

さらに、弁論術は1．忠告（シュンブーレウエスタイ）のために必要であり、そのとき目的とされるのは有益（シュンペロン）なものや有害なものである。それらはすべて本来は政治的なもの、「活動的なもの」、身近な真実である。それは私的な事柄に関わるものではないからである（1359b7, 31）。2．判決のために必要であり、正（ディカイオン）と不正（アディコン）を目的としている。3．賞賛や非難に必要であり、名誉や不名誉（カロン・カイ・アイスクロン）を目的としている。（後で述べられるように）この最後のものは、何かを歌う詩や歴史叙述に属する（1258b8, 21–28）。

勧告（シュンブーレウエイン）は、**生じたり**生じなかったりするもののすべてにとって（1359a 30–32）、しかも「**出来事の始まりがわれわれにある**」ときに必要である（a 39）。

忠告（シュンブーレウエスタイ）の五つの対象。経済、対外政策、軍隊、輸出入、**立法**！（1359b 21–23）。最も重要なのは**立法**である。「ポリスの安全は法律にもとづくからである」（1360a 19–20）[14]。最善の国家体制を除けば、すべての国家体制は固有の原因によって（ヒュポ・オイケイオーン）滅ぶ（a 23）。

（労働について。「**考え方が卑しくない勤勉**」と節度［ソープロシュネー］は素晴らしい［1361a 8］[15]。そうでなければ、幸福のさまざまな形態—1360b15 sq.—に**自由**が劣ることになる。——しかしこれは述べられてい**ない！**）。

（富について。「豊かであることは所有よりも**使用**にもとづく。というのはその種の事物の現実活動、すなわち使用こそ富を左右するものだからである［1361a 23–24］[16]」）。

（妬みは何よりも幸運（テュケー）に関わりがある［1362a6］）。

忠告（シュンブーレウエスタイ）。忠告は有用（シュンペロン）なものに関わりがある。なぜなら、忠告は**目標**や、**他者のために**なされるものや、自分自身のためになされるものではなく、手段についてのみ存在するからである（1362a18 sq.）。手段についてのみ忠告がなされる場合には、それは**政治的なもの**である。目的を設定するのは哲学なのである。

（注）このメモと［18］［26］のメモでは、アリストテレスの『弁論術』をW・D・ロス編のオックスフォード版から引用する。アーレントのいくつかの引用箇所はこの版によって修正した。

（1）Aristoteles, *Rhetorica*, 1354a1. ——アーレントがプラトンの『ゴルギアス』を指示しているのはおそらく、その対話篇で、有名な弁論家であるゴルギアスに問いかけることによって、弁論術の本質の究明がなされているからであろうが、また、彼女がアリストテレスの『弁論術』のうちに『ゴルギアス』への批判が「一貫して」認められると考えているからであろう（このメモの以下の部分を見られたい）。

（2）Aristoteles, *Rhetorica*, 1354a2–3. 両者とも「その認識が**特殊な学問だけでなく**すべての人々にある仕方で共通であるような種類の対象に」関わっている。

（3）Aristoteles, *Rhetorica*, 1354a4.

（4）Aristoteles, *Rhetorica*, 1354b29–1355a1.「というのは、ここでは［集会弁論においては——編者］、判定者は自分自身の問題について判定し、忠告者が言う通りに行っていることを示すこと以外には何も必要はない。それに対して、法廷弁論ではそれだけでは不十分であって、聞き手を味方につけることが必要である。というのは、聞き手は他人の問題について決定するのであって、そのため聞き手は自分自身の利益を重んじて、自分の気に入ることに耳を傾け、係争者の意に添おうとするが、本当には判定しないからである」。

（5）Aristoteles, *Rhetorica*, 1355a4–5.

（6）「エンテュメーマ」、口に出さない考え（心の奥底で考えるべきこと）、戦術。ジーヴェケはこの概念に彼の翻訳でかなり詳しい注をつけている。F. G. Sieveke, Aristoteles, *Rhetorik*, S. 228 ff. を見よ。この概念の多義性については、Artikel »Enthmem« in : *Historisches Wörterbuch der Philosophie*, Bd. 2（1972), Sp. 528 ff. を参照されたい。

（7）Aristoteles, *Rhetorica*, 1355a14–15.

（8）Aristoteles, *Rhetorica*, 1355a29–33.「論理的推論（三段論法）の場合と同じように、**正反対のことも説得できなければならない**が、それは——悪いことを説得してはならないから——その両方を説得するためではなく、問題の実態がどうであるかを見逃すことなく、他人が不正な仕方で言論を使えば、**われわれ自身が論破できるためである**」。——太字の部分がアーレントがギリシア語で引用している部分。

（9）Aristoteles, *Rhetorica*, 1355b25–28「弁論術は**それぞれの対象について可能な説得法を認識する能力**だとしよう。というのは、これは他の理論の仕事ではないからである。すなわち、他のどういう理論もそれに対応する対象については、**教えることも説得することも**しようとする」——太字の部分がアーレントがギリシア語で引いている部分。

(10) Aristoteles, *Rhetorica*, 1357a4–5.

(11) Aristoteles, *Rhetorica*, 1357a23–27.「……判定がくだされ考察がなされる大半の場合は、**別様でもありうる種類のものである。**すなわち、熟慮や考察の対象である**人間の行為は**、**一般にこの種のもので、いわば何一つ必然から生じたものではない**」。——太字の部分をアーレントはギリシア語で引用し、欄外にこの文章全体に線を引いている。

(12) Aristoteles, *Rhetorica*, 1358a31–32「個々の類に関する特有の命題を概念［アーレントのテクストではイデア——編者］とよび、あらゆる類に同様に共通である命題は共通なトポスとよぶ」。

(13) Aristoteles, *Rhetorica*, 1358a36–1358b4.「弁論術には三種類がある。これは三種類の聞き手に対応している。すなわち、弁論は、**語り手**、**語られる対象**、**語りかける相手**という三つのものにもとづいており、弁論の目標は私の言う聞き手に向けられている。聞き手は必ず見物人か判定する者かのいずれかだが、判定者は起こったことか起こることについて判定する者である」。——太字の部分がアーレントがギリシア語で引用している部分。

(14) Aristoteles, *Rhetorica*, 1360a19–20.

(15) Aristoteles, *Rhetorica*, 1361a7–8. 魂の卓越は「**考え方が卑しくない勤勉**と節度」にある。

(16) Aristoteles, *Rhetorica*, 1361a23–24.

一九五三年八月

[17]

歴史は本質的に二種類ある。第一に根源的に、活動と受難の記憶と報告である。これは活動も受難も極めて無常なものだから、人に知られ不滅の名声を得ることだけをめざしている。第二に、学問という意味での歴史は終末において、終末から発端へ探っていくものであって、この歴史にとっては終末が、意味をみいだすためには重要なカテゴリーであり、歴史ではなくて歴史の**過程**に関わる歴史である。こういう歴史は、近代が**終末**として自覚し、発端へ遡ろうと思ってから、初めて存在するようになったものである（ヘルダーとヘーゲル）。

［18］

［アリストテレス］『弁論術』（つづき）(1)。

所有されるものはすべて**知られること**、現れることによってさらによいものになる。すなわち、「隠されずに存在するものは隠されているものにまさる。そこには〈真実〉へ向かう動きがあるから」（1365b14-15）。

説得と立派な忠告をすることは密接な関係がある（1365b 23）。あらゆる人々は有用なもの（シュンペロン）によって「説得」される。「有用なものが国家体制（ポリテイア）を保持するものである」。この有用なもの（シュンペロン）は**権力あるもの**（キュリオン）である。国家体制（ポリテイア）が存在するだけ多くの権力あるものが存在する。それには**四つ**ある。民主制、寡頭制、貴族制、君主制である。(2)（僭主制が国家体制、つまり**ギリシア人の**自由を侵さない非野蛮な形態とみなされているのは特徴的である。［*Politica*, 1279a28 sq. 参照］。ここでは民主制は**くじ**による支配と規定され、寡頭制は**財産**によって、貴族制は**教養**（パイデイア）によって、君主制は**一者が権力を有する**（キュリオス）場合と規定されている。君主制には二つがある。秩序（カタ・タクシン）によって存在する王国（バシレイア）と、制限のない僭主制（アオリストス・テュラニス）である。民主制の目的（テロス）は**自由**（エレウテリア）であり、寡頭制の目的は**富**（プルートス）であり、貴族制の目的は**教養**（パイデイア）と**法**（ノミマ）であり、僭主制の目的は軍事―**守備**（ピュラケー）である。これらの目的はすべてよいものであり正しいものとみなされている。僭主制については特に1359b22参照。そこでは**国土防衛**（ピュラケー・テース・コーラース）が、政治の五つの主要領域の一つとされている（1365b 25–1366a6）。

罪を犯す（アディケイン）ことは、意図的に法に反して誰かを傷つけることである。**法**（ノモス）には特定の法と普遍的な法との二**種類**がある。特定の法とは、書かれているもので、その規定に従ってポリスが支配されるものであり［つまり、政治はまず立法の後で起こることだ？――アーレント注］、普遍的な法は、書かれたものではないが、あらゆる人間において承認されるように思われるもののことである。――あらゆる人間に受け入れられ、したがってポリスのために特別に規定されたのでない法のことである（1368b6–9）[3]。こういう法は「**本性にもとづく**（カタ・ピュシン）」とも言われている（1373b6）。

あらゆる行為の根底には、次のような七つの原因（アイティア）がある。偶然（テュケー）―本性（ピュシス）―強制力（ビアー）―習慣（エトス）―熟慮（ロギスモス）―憤激（テュモス）―欲望（エピテュミア）。（1369a6–7）[4] ロギスモスだけが利益（シュンペレイン）になるものに従って働く（1369b8）。強制力は**本性に反して**（パラ・ピュシン）いる。なぜなら、強制力は他のすべてと異なり必然と結びついている（プロス・アナンケーン）からである。（1370a9–16）。

（驚き（タウマゼイン）について。驚きは理解（マンタネイン）と一体をなす。いずれも**快いもの**（ヘーデュ）である。驚きには**学習の欲望**（ト・エピテュメイン・マテイン）がある。[1371a31–32!]）[5]。

あらゆる行為に必要であるように、罪を犯す（アディケイン）ためにも、――意図の――選択（プロアイレシス）が必要である。「というのは、不正は……意図のうちにあるのだから」（1374a11）[6]。

第一五章[7]。**両論**（デュオ・ロゴイ）の詳しい実例（1375a22 sq.）。

契約論について。「契約は（ポリスの法と同じように）特殊な法律であり、**そして一般的に、法律そのものが一種の契約なのである**」。（1376b6–10）[8]。

（1）引用されるアリストテレス『弁論術』の版については［16］を見られたい。

（2）Aristoteles, *Rhetorica*, 1365b24-29.「……あらゆる人々は有用なものによって説得される。**有用なものが国家体制を保持するものである**。さらに決定的に重要なのは、最高権力が宣言することである。最高権力は種々の体制によって区別される。体制が存在するだけ多くの権力が存在するからである。民主制、寡頭制、貴族制、君主制という四つの体制が存在する」。——太字の部分がアーレントがギリシア語で引いている部分である。

（3）Aristoteles, *Rhetorica*, 1368b6-9.「罪を犯すとは自発的に法に反して誰かを傷つけることだとしよう。法には特定のものと普遍的なものがある。**特定の法とは、書かれているもので、その規定に従ってポリスが支配されるものであり、普遍的な法は、書かれたものではないが、あらゆる人間において承認されるように思われるもののことである**。」——太字の部分がアーレントがギリシア語で引いている部分である。

（4）Aristoteles, *Rhetorica*, 1369a5-7. 彼らの行うことは「すべて必然的に七つの原因にもとづいている。偶然、本性の強制、暴力の介入、習慣、熟慮、憤激、欲望がそれである」。

（5）Aristoteles, *Rhetorica*, 1371a31-33.「学習や驚きはたいていの場合、**快い**。驚きのうちには**学習への欲望**が潜んでいるからである」。——太字の部分をアーレントはギリシア語で引いている。

（6）Aristoteles, *Rhetorica*, 1374a11-15.「悪や**不正は意図のうちにあり**、そういう暴行や窃盗のような呼び方に意図が示されている。すなわち、殴っただけでは、あらゆる場合に暴行したことにはならず、意図をもって暴行した場合にのみそうなるのである」——太字の部分がアーレントがギリシア語で引いている部分。

（7）アリストテレス『弁論術』第一巻第一五章では、「法廷弁論」に属する「いわゆる非技巧的な立証手段」が問題とされる。そこでは法律、証人、契約、拷問、誓約の五つが区別される。——ソフィストに遡る両論（デュオ・ロゴイ）という考え方については、ノート16［20］とその注を見られたい。

（8）Aristoteles, *Rhetorica*, 1376b4-10.「契約の署名者や保管者の性質に応じて、契約そのものも信頼に値するものとなる。契約が認められ、しかもわれわれのためになる場合には、契約は強化されねばならない。というのは、**契約は個人的で特殊なものだ**からである。契約が法律を有効なものとすることはないが、法律は法律に従って結ばれた契約を有効にする。**一般的に言って、法律そのものが一種の契約なのである**」。——太字の部分をアーレントはギリシア語で引用している。

〔19〕

ソクラテスの「自分自身を知れ（グノーティ・サウトン）」には二つの意味がある。第一に、自分はひとりであり、独自の認識しかもちえないことを認識し、自分は人間であって神ではないことを知れ、という意味である。第二に、この独自のものに専念して、そのものの真実と自分の真実を見いだせ、という意味である。――この二つのことを同時に持ち続ければ、真実を、人間的な真実を有することになるが、それを他の人々に強制することはないだろう。

〔20〕

ソクラテスが問いかけたのは、人々を窮地に追い込もうとしたのではなく、彼らに「思われる（ドケイ）」ものの拠り所を獲得しようとしたのである。人々に示される真実は、彼ら自身の**意見**（ドクサ）の中にしかありえなかったからだ。――ソクラテスの方法は矛盾を指摘して、人々が**自分自身との矛盾**に陥らないようにするに任せるというやり方であった。

〔21〕

プラトンとアリストテレスとの違いは、アウグスティヌスとトマスとの違いのうちに依然として生きている。その伝統の恐るべき強さ！

すべての**政治哲学**にとって決定的なことは、それがポリスの没落と政治的なものの堕落に対するプラトンの反動とともに始まったことである。アリストテレスはその反動を鎮めようとしただけだ。プラトンの百年前なら、政治の哲学はどうなっていただろう！

[22]

傭兵。ギリシア世界の末期でもローマの末期でも、仕事と無縁の純粋の暴力の勝利や恐ろしい**戦争**によって**闘争**は否定される。戦いにおけるアゴーンの原理が――故郷を守る者としてのヘクトルや**勇士**としてのアキレウスのように――戦う者が自分の本領を発揮することを可能にしていた。戦争にかかわらず、戦争する者を全滅させてしまう。戦争はすでに完全な暴力過程である。戦死こそ完全な消滅である。闘争における死は、**生きたこと**、そして記憶されることに対する対価である。

[23]

自然科学的な考え方の支配によって**歴史**に生じた災いは、その概念ではなく**過程という考え方**に原因がある。根源的に与えられたものの展開である発展は、歴史的現実に対する自然科学の一つの譲歩なのだ。発展によって、自然過程が歴史化され（ダーウィン）、歴史が自然化される。

この**自然化**の重要な結果は、活動（プラグマタ）も「**受難**（パテーマタ）(endurance)」も消滅するということである。（フォークナーが「受難」の意味を把握したとき、当然のように、小説に存在していなかった**パッション**を小説に導入したのはこのためである。）

さらに、**運命**（テュケー）が問題にならなくなって、偶然に格下げされる――しかも、活動の成果や「受難の内容」に関する偶然ではなくて、発展が妨げられた過程に関する偶然にだ。

［24］

貴族制(アリストクラティー)。もともとは間違いなく常に最善の者(アリステウエイン)であることに由来するが、これがすでにアゴーンの原理の倒錯である。アゴーンの原理では、優劣が重要なのではなくて、他者とともに「本領を発揮すること（to come into one's own）」[(1)]が重要なのである。優劣は、絶対的な尺度のないアゴーンの限りない寛容においては、勝敗を意味するにすぎない。しかし、そのためアゴーンの原理がまず想像を絶する冷酷なものとなり、次には優れた者であることを証明した者たちには、「階級(クラティー)」となって敗北者から身を守る絶対的な必要が生まれる。これはおそらく冷酷な支配形態ともなりえただろう。すでに**劣悪な者**と決めつけられていたデモス（民衆）が、支配権を握ろうとするばかりか、すべてを絶滅する恐れは常にあったからである。こういう状況では劣悪者の支配以外の何ものでもありえないのが、民主制の恐るべき一面である。貴族制に属する悪習は**羨望**である。羨望が民主制を可能にするのだ。

（1）To come into one's own は所有や財産に関わる意味を有する英語の言い回しである。ドイツ語の事典では、「正当な所有権を要求する」、「自分のものを獲得する」、「通用する」というような訳が与えられている。アーレントはこの言い回しを文字通りに、広い意味で個性的に「本領を発揮する」と訳している。ノート20［7］を参照されたい。そこで彼女は英語は挙げずに、「人が自分の〈姿〉を現す、あるいは自分の〈人柄〉を発揮する」と説明している。さらに、ノート15［33］も参照されたい。

［25］

もしもプラトンやアリストテレスが四世紀でなく五世紀に生きていたとすれば、ヘーゲルは「哲学は夕暮れになってようやく飛び立つ」[(1)]などと言っただろうか。とにかくこの箇所は決定的なものだ。ヘーゲル

43

Ob wohl Hegel je gemeint hätte, dass die Philosophie erst am Abend ihren Flug wage, wenn Plato u. Aristoteles im 5. statt im 4. Jahrhundert gelebt hätten? Jedenfalls ist diese Stelle entlarvend: Hegel ist nicht nur faktisch der erste "Historiker" unter den Philosophen, insofern er aus der Geschichte seine Erfahrungen bezieht, sondern auch insofern die Geschichte für ihn so global ist wie für Heraklit der Logos. Er ist wirklich der Meinung, dass alles Geschehen sich in seinem Sinne erst dem nachträglich gewandten Propheten erschliesst, dass es solange es geschieht das "Grenzlose Ungefähr" entgegenstrebender und sich gegenlagernder Privat-Willen ist, der jeder für sich innerhalb ist und dass erst das Ende den Sinn bezeugt. Dass er dann des Abschlusses sich aus sich selbst von einem Anfänglichen

は、歴史から自分の経験を受け取っている限り、実は哲学者中の最初の「歴史家」であるだけでなく、ヘラクレイトスにとってロゴスがそうであったように、彼にとって歴史が中心的なものである限り、最初の「歴史家」なのである。あらゆる出来事はいわゆる逆向きの予言者にまず明らかになり、起こった以上、出来事は（個別的には重要でない）争い痛めつけ合う個人意志が生み出す「絶望的な偶然の出来事」[2]であって、意味を与えるのは**目的**だけだ、とヘーゲルは本気で考えている。彼が絶対者を始源からそれ自体で展開させるのは、大きなペテンである。ハイデガーやハインリヒ［ブリュッヒャー］が言うように、キリスト教の伝統によると、イエスは古代ユダヤ教的な歴史の一種の**終わり**であると同時に、新しい歴史の始まりであったが、その限りでヘーゲルは神学者である。しかしこれはすでに非常に近代的、歴史的な考え方であって、そのことは、イエスの誕生を（そこから未来と過去へ無限に延びていく）転換点とする西暦紀元がごく新しい出来事であることから明らかである。

ヘーゲルはもともと哲学者でなく、歴史家であったため、哲学を終わりだと考え、歴史家の職業病を免れていない。それに対してマルクスは実に一貫して、「終わり」を片づけてしまうような始まりを打ち立てようとしている。

（1）ヘーゲルではこれを『法の哲学』序文の終わりに次のように述べている。「哲学が灰色を塗り重ねるとき、生の姿は年老いたものとなっている、いくら灰色を塗り重ねても若返らせることはできず、認識されるだけだ。ミネルヴァの梟は黄昏にようやく飛び立つ」。Hegel, *Werke* (*Suhrkamp*), Bd. 7, S. 28.

（2）Immanuel Kant, »Ideen zu einer allgemeinen Geschichte in weltbürgerlicher Absicht« (1784), in : Kant, *Werke* (*Weischedel*), S. 33-50, S. 35 を見よ。

［26］

アリストテレス『弁論術』（つづき）[1] 第二巻。

（判断である**ともに**決定である）**判定**(クリシス)のために、弁論術は存在する。というのは、忠告(シュンブーレー)も裁判(ディケー)も判定(クリシス)だからである（1377b21）[1]。

弁論(レゲイン)について。われわれは常に「**あらかじめ弁論によって懲らしめて**おかねばならない」（1380b19–20）、というのは**奴隷**さえその場合には処罰によってあまり苦しまないからである！

地獄について。故人のことを悪し様に罵ることはない。彼らには最悪のこと(ヘカストン)がすでに起こっていて、彼らはそれ以上苦しむ(アルゲイン)ことができないからである（1280b25–27）。

（「他人に依存して生きること」に対して！［1381a22–24］。農夫や**働いて**生きる人々（アウトゥールゴイ）さえ正しい人々(ディカイオイ)と賞賛される？　参照）[2]。

国民的悪習である**羨望**について。第一〇章「偉業を成し遂げる人々や、幸せな人々は妬み深い［!］。……そして**名声を求める者**(ピロティモイ)は、**名声を求めない人々**(アピロティモイ)より妬み深い」[3]。

「説得しようとする弁論は判定をめざして用いられる（**知られているものや判定されたものについては弁論は全く必要がない**。……というのは、説得すべき相手は……公共の問題における争点についての……判定者だからである）。説得的な弁論が使われるのは判定のためである。**知られているものや判定されたものは**、**もはや弁論を必要としない**からだ[4]。ここに沈黙（行為と一緒になるときには暴力）が始まるのである。これは政治における学問と狂熱（決定済みでもう手の加えようがない状態）の危険である。

三つの**よいもの**(アガタ)がある[5]。すなわち、有用なもの(シュンペロン)—見事なもの(カロン)—正しいもの(ディカイオン)である。これらは弁論の目的(テレー)と言っていいものである。（それぞれに助言、賞賛、裁定が対応する）。

意図（意向、考え方）が明らかに示されている限りで、弁論には品性(エートス)がある。[6]
『弁論術』第三巻。弁論術は「完全にドクサに関わっている」(1414a1)。

(1) 引用されているアリストテレス『弁論術』の版については［16］を見よ。
(2)「参照」とあるが、アーレントは参照先を示していない。
(3) Aristoteles, *Rhetorica*, 1387b28—32.
(4) Aristoteles, *Rhetorica*, 1391b7–17.
(5) Aristoteles, *Rhetorica*, 1393a9–16「しかし物事の大小や価値の多少、一般的に言えば大きさや小ささについては、先に述べたところから明らかである。忠告する弁論について述べたとき善いものの大きさとともに、一般的に大小というカテゴリーについても述べたからである。ところで、弁論を行う者が抱いている目的の三種類のどれにも、**有用なもの**、**見事なもの**、**正しいもの**といった、**よいもの**があるから、それらによってどの弁論者も拡大充実が図られねばならないのは明らかである」。——太字の部分をアーレントはギリシア語で引いている。
(6) Aristoteles, *Rhetorica*, 1395b14–15. ノート25［40］も参照されたい。

［27］

パーレンヴィル

長閑(のどか)に広がる重畳たる丘の彼方に
遠くのものが浮かび出る、夜の月のように
　　輝きながら[1]

（1）これは二行詩の第三稿だが、それ以前の原稿は原文では抹消されている。

[28]

ローマ。ローマ人が明らかに非常に早くトロヤからの血統を想定したとき、彼らはそれによって自分たちをそれ以後、ギリシアと切り離せないほど結びつけることになる絆を摑んだだけではなくて、不気味な正確さで、両者の政治的経験をも把握していた。その経験は、ギリシア人自身は説明せず、ホメロスでは示唆にとどまっていた。最初の決定的なことは、植民という事実である。それはギリシア人にとっては普通の経験であったが、ローマ人になって初めて、始まりを作ることとして**創設**に高められ、そこからローマが、「創建されたローマ（Roma condita）」が、西暦紀元から「世界観」まですべてを規定することができた。第二番目は、独りで事業をなしとげて不滅の栄誉を得たアキレウスに対して、**ヘクトル**の姿、すなわち本来の「愛国者」、「家の祭壇（家族や子供）のために」戦う者が重要になりえたことである。ヘクトルは実はすでにローマ的な英雄であり、ローマの英雄たちはヘクトルに似ている。

[29]

世界史はギリシア人と彼らの理解の天分、すなわち自分の意見と異なる意見をもつ（ドケイモイ）人々の世界を間接的に理解する能力のおかげである。そこから生まれるのは、まだ**世界の出来事**ではなく、世界中の民族の業績にすぎない。ローマ人がその遺産を相続して、意識的にギリシア精神とともに世界に浸透し、彼ら自身も（ディアドコイ〔＝アレクサンドロスの後継者たち〕の諸国を支配するためには）ギリシア精神の理解に学ばねばならなくなったとき、それが世界史となり、**ポリビオス**（1）が書き始めることができる。

(1) メガロポリスのポリビオス（紀元前二〇〇―一二〇年頃）は、著作の大部分（*Historiai* とよばれる著作のうち四〇巻）が残っている唯一のギリシアの歴史家である。三巻から二九巻までが強大国へのローマの興隆の叙述であり、それによって世界史的過程の最初の叙述が伝えられている。

[30]

私的―公的。私的生活（Privatleben）とは、本来「奪われた生活（deprived life）」である。それは思われるもの（ドケイ・モイ）でなく**意見**（ドクサ）が奪われ、さまざまな意見（ドクサイ）のうちの意見（ドクサ）として世界に占める場が奪われている生活である。したがって、私的生活はギリシア人ではポリスなき状態(1)、「国家なき状態」であった。その際、特定の真理（すなわち多くの者における真理）の可能性も、真理は本質的に特定のもの**である**という意識、すなわち真理とは隠すところなく自分に示されるものだという意識も消え失せてしまった。つまり、真理の専門家となる哲学者にとっての――みせかけの――「幸福」は、必ず大衆にとっての不幸である。大衆は真理への道を一切拒まれている。なぜなら、大衆は、思われるもの（ドケイ・モイ）から、一緒に意見（ドクサ）しか展開することができないからである。哲学者を満足させるのは「表象」である。

(1) 「ポリスなき状態（A-politie）」という概念はおそらくヤコブ・ブルクハルトからの借用であろう。Burckhardt, *Griechische Kulturgeschichte*, Bd. 3, S. 362 のプラトンの »Apolitie« に関する言葉を見よ。

ノート18

一九五三年八月―一九五三年九月

一九五三年八月

［1］

一九五三年八月、パーレンヴィル(A)にて

プラトンとアリストテレスは、ポリスが衰退する状況でのギリシア哲学の終焉を表している。彼らの政治哲学のみならず、彼らの——イデア論や「観想的生活」の哲学を含む——哲学全体はそういうものとしか考えようがない。その基本的な問いは、人間はポリスなしにいかにして生きることができるか、あるいはポリスにおいてポリスの外部にいかにして生きることができるように、いかにしてポリスを改造できるかである。これがすべての政治哲学の基本姿勢となったのだ。

(A) ノート10［1］注(1)を見よ。

［2］

根源(アルケー)や「始源(initium)」と異なる創造について。ギリシア人は世界の創造者を知らなかったからこそ、アルケイン(「開始する」そして「支配する」)と言うことができた。このことはいずれにせよ、始めが既定の(永遠的な?)世界の内部においてのみ可能であり、そこに据えられていることを示している。アウグスティヌスの言葉(1)は**ギリシア的**であって、ヘブライ的だとは考えられない。人間は始まりとして世界に現れる。創造は人間とは独立の始まりを前提としている。アリストテレスの不動の起動者も、不動のものを動かすデミウルゴスにすぎない。それはまさに創造を回避する逃げ道なのである。

（1） 言われているのは「始まりをもたらすために、人間は創られた」というアウグスティヌスの言葉である。ノート3［17］注（1）を見よ。

［3］

密度を高めて邪欲から
詩は核心を守る。
殻が砕けて核がのぞくと
世界の内奥が垣間見える。

［4］

価値について。価値は完全に社会的な概念であって、経済学的な概念では**ない**。経済学的には価格というものがあるだけであって、社会が初めて価値を確定し、**あらゆるもの**を価値にしてしまうのだ。

［5］

伝統について。ブルクハルトは『ギリシア文化史』でこう言っている。「地上のすべての知識の題材と並んで、絶えず繰り返して鳴り響く**原和音**(1)のように、古代世界の歴史、すなわちその生活が現代の生活に帰着している諸民族の歴史が持続している」。

（1） この文章はルドルフ・マルクスがJacob Burkhardt, *Griechische Kulturgesichte, Dritter Band : Der griechische*

Mensch, Stuttgart : Kröner, 1941, S. 516 の「あとがき」に引いているものである。マルクスはこれはブルクハルトの『歴史的断片』のある箇所に関するものだと述べている。

［6］

支配と労働。支配がもともと奴隷支配で経験された限り、支配にはすでに「全体主義的な」起源がある。それだけに支配はまさに政治とかけ離れたものであるため、政治＝統治すること(ポリテウエイン)を可能にしなければならなかった。紀元前四世紀というポリスなき状態(1)であった時代に、ポリテウエインはピロソペインとなる。そうなったとき政治は支配と同一視され、低級な生き方におとしめられ、もともとは生命の要求を満たすだけの生き方とされることになった。それ以後、政治は「唯物的」なものとなったのである。

労働階級の解放とは**本質的には**大衆支配ではなくて、**労働**が公的・政治的なものとみなされることを意味する。労働は私的な活動でなく**公的な**活動になったのだ。このことの意味は次の二通りである。第一に、必然性が政治的行為に導入され、あるいは行為が不可欠なもの(アナンカイア)に結びつけられた。第二に、純粋に生物学的生命という**本質的には**私的であるものを、すなわち**消費**にもとづき――自然との物質代謝である――労働なしには人間にはありえない生物学的なものの燃焼過程を公的なものにした。

(1)「ポリスなき状態」という概念についてはノート17［30］注(1)を見よ。

［7］

奴隷と**職人**との違いは次の点にある。奴隷は必然的なものに隷属し、職人はすでに労働に類似した苦労(ポノス)

を通じて自らを滅ぼすのだ。（あらゆる活動には労働＝苦労が含まれる。職人でない画家や羊飼いと彫刻家や農夫を比較してもらいたい。）職人は支配に屈しているのではないが、市民でもありえない。彼らは否定的な意味で自由なのだ。つまり、何者も彼らを支配していないが、積極的な意味で自由な**存在**でもない。専制とは職人に対する支配である。すべてのいわゆる……からの自由としての自由は職人的自由、価値あるものからの自由であり、つまりは仕事なのだ。本質的意味での自由とは**言葉を有すること**（ロゴン・エコーン）である。

職人に対する先入見が貴族制の本来の特徴である。特殊化が常に自分を際立たせること（アエイ・アリステウエイン）を妨げる。すなわち、常にすべてにおいて最も優れたものであることを妨げる。特殊化が教養（パイデイア）の正反対の原理であるのはこのためである。

しかし労働に対する「偏見」はそのこととは無関係である。これはもっと根源的なものであり、そこには一種の恐怖がある。労働には出産と同じような自然必然性がある。似たような**言葉**で語られることが多いのはそのためである。

［8］

混合政体についてはキケロ参照[1]。すでにトゥキュディデスが寡頭制と民主制との適度の混合を最善だとしている（VIII, 97）[2]。

（1） Cicero, *De re publica*, I, 45. ノート11［2］注（15）も見よ。

（2） Thukydides, *Der Peloponnesische Krieg*, VIII, 97.

［9］

古代末期がヨーロッパの宗教に残した重要な遺産は、アレクサンドリアのヘレニズムだが、それは一つはその古典主義的な完成という概念であり、精通していなければならぬ特定の作者の選集、つまり古典主義の一形態にすぎぬ**模範文集**である。もう一つは、すでに**プラトン的真理**というドグマ、つまりドグマ化したドクサを生み出していた、哲学者の学派を支配していたファナティズムである。

［10］

労働する動物が対応しているのは理性的動物であって、言葉をもつ動物（ゾーン・ロゴン・エコン）ではない。言葉は直接に世界の中にあり、世界に向けられるものであって、われわれだけに関係づけられれば破滅するのに対して、理性（ratio）はわれわれの内部にある労働する**力**にくっついたものである。思考さえも孤独裡の対話を必要とし、内部で分裂している。労働も理性も全く個人的なものなのだ。——その**個人化**は至るところで確認することができるが、最も明白なのは、言葉が理性となり、人々**の間の**限界である法が**内的な**法則になる場合である。その内面化において、人間の政治からの逃亡が起こるのであって、そうなると〈間の領域〉は内面に対する敵、**本来的な**人間に対する敵としか思われない。それは**公的なもの**に対する「私的なもの」の勝利である。

［11］

愛の**対格的性格**が〈間の領域〉を破壊するのと同じように、暴力の対格的性格は〈間の領域〉を破滅させ焼き滅ぼして、他者を無防備にし、自分自身から保護を奪ってしまう。語ったり話しかけることの**与格**

9

Der Absolutismus der Gewalt wie der der Liebe zerstört das Zwischen, vernichtet oder verbrennt es, macht den Anderen schutzlos, beraubt sich selbst des Menschen. Dagegen entsteht der Dialog des Sagens und Sprechens der das Zwischen beschäftigt, im Zwischen sich bewegt. Dann gibt es noch den Absolutismus des singenden Gedichts, das des Besonnenen ohne irgend etwas zu beschädigen aus dem Zwischen in seine Relationen löst und erlöst. Wenige Die Dichtung, und nicht die Philosophie, vielleicht, ist Rettung da.

=

Wir verstehen einander gewöhnlich nur in einem Zwischen, durch die Welt und um der Welt willen. Wenn wir einander direkt, unvermittelt, ohne Bezug auf ein zwischen uns Liegendes Gemeinsames verstehen, lieben wir.

的性格はそれとは反対で、〈間の領域〉を証明し、〈間の領域〉で働くものである。さらには歌う詩の対格的性格がある。歌われているものは何かを証明することなく、〈間の領域〉とその諸関係から解放し救済するものである。哲学ではなくて詩が絶対化される場合には救いがある。

[12]

普通われわれは〈間の領域〉でしか互いに理解しないし、世界によって、また世界のために理解する。われわれが直接に、無媒介に、われわれの間にある共同のものに関係なく理解するのは、われわれが愛しているときだ。

[13]

近代社会は労働を楽なものにし、出産を苦痛のないものにした。しかしそれとともに、人間生活における〈間の領域〉も取り除かれたのではなく、その「兆候」、つまり明白で誰の目にも明らかにそれを指し示すものだけが除かれたにすぎない。それ以来、われわれは強制と自由を区別できなくなっている。なぜなら、強制はもはや労苦や苦痛として現れることがないからである。このためわれわれは強制されているのに、決してそれに気づかなくなっている。

[14]

公の場に現れ（δοκεῖν）
名声を得て立ち去るにまさる幸せを

誰が、どういう者が
得たろうか(1)
1.「幸せ（エウダイモニア）」と「名声（ドクサ）」は緊密に結びついている。
2. δοκεῖν は［「幻想する」というような］主観的な意味では**ない**。それが主観的な意味だとすると、名声を得た者が主観的に「立ち去る（ἀποκλῖναι）」ということになって理解できなくなるからである。

（1）Sophokles, *König Oidipus*, 1189–1192. ノート27［63］も見られたい。
〔編者が掲げているドイツ語訳はアーレントの解釈と合わないので訳文も出典も省略して、アーレントが引いているギリシア語原文を掲げておく。――訳者〕

τίς γάρ, τίς ἀνὴρ πλέον
τᾶς εὐδαιμονίας φέρει
ἢ τοσοῦτον ὅσον δοκεῖν
καὶ δόξαντ᾽ ἀποκλῖναι;

［15］

政治と詩との関係。ギリシア人はもともとすべての行為をその無常さにおいて経験していたため、まさにその種のすばらしさを「永遠化」せずにおれなかったからこそ、ギリシアの詩が古典的なものになったのである。行為を無常な企てとか冒険という意味では捉えず、都市の永続的な**基礎**とか都市の**維持**として捉えていたローマ人には、詩は必要ではなかった。彼らが後世に残した記念碑は永遠のために創られた都市であった。ローマそのものがローマ人のホメロスなのである。

ウェルフリートにて(1)

[16]

殺人を完全な罪としたのはユダヤ・キリスト教的伝統だけである。そうすることができたのは、そこでは人間は神の似姿として創られた限りにおいて、殺人は一種の神殺しだったからである。こういう考え方は古代世界には全く欠けている。「殺すなかれ」が彼らの法律の基礎となってもいないのはこのためである。

（1）アーレントは一九五三年夏に、「二軒の魔法の家があるお伽の国」であるマサチューセッツ州のウェルフリートの、メアリー・マッカーシーとバウデン・ブロードウォーター夫妻の家で数日を過ごした。アーレントは八月一九日に「仕事をし、キケロを読んでいます」と夫に書き送っている。*Arend-Blücher-Briefe*, S. 327 f. を見よ。

一九五三年九月

[17]

一九五三年九月、ニューヨークにて

プラトン『テアイテトス』。ドクサと異なる認識（エピステーメー）とは何か（一四六）。

産婆術（テクネー・マイエウティケー）。**一五〇―一**。ソクラテスは「生み出す者」が出来損ないや偽物を生み出すか、それとも立派で正しいものを生み出すかを区別できる。しかし、「神が私に出産を助けることを強制し、私には産むことを禁じた」限り、彼自身は——アテナイの産婆たちと同じように——知恵を生み出す者ではない(1)。

一五一。認識（エピステーメー）が感覚（アイステーシス）と同一視される。これは**プロタゴラス**が、一五二「存在するものについては存在することについて、存在しないものについては存在しないことについて、人間が万**物**の尺度である」［『法律』「神がわれわれにとっては万物の尺度である」参照］(2)と言い表していた事柄だ。それにはこういう解釈が続く。「それぞれのものが私に現れるとき、それは私にとってはそういうものとして存在し、それが君に現れるときには、君にとってもそれはそのようなものとして存在するということだ。**そして人間というのは君や私であるわけだ**(3)」。

一五五。「なぜなら、実にその**驚き**こそ知恵を求める者の状態だからである。哲学の始まりはそれ以外にはない……(4)」。

一六一。「ある者に現れるもの（ドクサ）は、**存在もする**」ということについて争われる。その結果、「各人にとって自分自身の知恵が尺度である」ということにはならない。

「**産婆術**」＝「**学問的な問答の仕事全体**(5)」。

対話は「認識と感覚は同じものであるのか、それとも異なるものか」という問題へ移る（一六三a(6)）。

一七二。哲学者たちは公的生活では嗤われるのではないかという不安。

一八七。**認識**（エピステーメー）。われわれは認識を**感覚**のうちに求めるべきではなく、「存在するものについて魂そのものが**自分だけに関わっているときに**有するもの」のうちに求めるべきである。それはふつう意見（ドクサゼイン）とよばれ（これは本来は驚き（タウマゼイン）である）、「認識は真なる意見である」。——それに対するソフィストの問いは、意見はいかにして虚偽（プセウデー）のものになりうるかである。

（一八八。知識（エイデナイ）と意見（ドクサゼイン）が対立させられている）。

ここで再び対話は変わる。問題とされるのは、知と無知（ト・エイデナイ・カイ・メー・エイデナイ）であって、存在と非存在（ト・エイナイ・カイ・メー）ではないのではないか。

（注）以下においては、Platon, *Werke in acht Bänden*, Bd. 6（文献目録を見よ）所収のプラトン『テアイテトス』のギリシア語・ドイツ語対訳版（フリードリヒ・シュライヤマッハー訳）を底本としている。

（1）Plato, *Theaitetos*, 150 b 9–c 8.「われわれの技術の最も優れているところは、若者の**魂が出来損ないや偽物**を生み出そうとしているか、それとも**立派で正しいもの**を生み出すかを調べられることである。確かにこの点でも、私には産婆と同じ事情がある。つまり私は**何一つ知恵を産み出さず**、多くの人々が、私は他の人々に質問はするが、自分では何も賢明なことを答えることができないから、何事かについて何一つ答えたことがないと非難したが、それは間違いではない。それには実はこういう事情がある。**神は私に出産を助けることを強制し、私には産むことを禁じたのだ**」。――太字の部分がアーレントがギリシア語で引いている部分。

（2）Plato, *Theaitetos*, 152 a 2–4. ノート13［23］注（1）も参照されたい。――アーレントが指示しているプラトン『法律』の箇所は見つからない。こういう文章がこの著作に本当にあるかどうか疑問である。

（3）Plato, *Theaitetos*, 152 a 7–9.

（4）Plato, *Theaitetos*, 155 d 2–3.

（5）Plato, *Theaitetos*, 161 e 4–7.「私や私の産婆術について、私たちが嗤われがちだったことは言いますまい。しかしこれでは、**学問的な問答の仕事全体**が同じようなことになると思います」。――アーレントがギリシア語で引いているのは太字の部分。

（6）Plato, *Theaitetos*, 163 a 8–9.

［18］

これ［プラトン『テアイテトス』］については、**アリストテレス『形而上学』**冒頭——九八〇a二一—二六。「人間はすべて本性的に知を求める」[1]。（つまり『テアイテトス』のテーマを単刀直入に哲学の重要なテーマとして取り上げている）。「その明らかな証拠は感覚への好みである」[2]。（知(エピステーメー)と感覚(アイステーシス)との関係も取り上げているが、アリストテレスはそれを積極的なものに逆転させる）。「というのは、感覚は効用を抜きにそれ自体で好まれ、あらゆるもののうちで特に目による感覚がそうだからである」[3]。（観想的生活(ビオス・テオレーティコス)はこの視覚への好みにふさわしい生活である。視覚への好みだけが知識欲とどこか関係があるとは言われていないが、そのことはアリストテレスによって前提となっている。プラトンにおいては、知る(エイデナイ)ことは見誤らないことを意味する。エピステーメーが学問になるのはアリストテレスになってからだ）。「というのは、行為するためだけでなく、行為しようとしていない場合でも、見ることを——他のすべての感覚以上に……われわれは好むからである」[4]。（決定的なことは、行為のために利用するわけでも必要とするわけでもないのに、われわれが「見ること」を好むことである。すでに目的連関において見た場合には、このため自己目的だとされていた。それに対して）、九八二b一二—一三。「というのは、人々は今と同じように最初も、驚くことによって哲学を始めたからである」[5]。（『テアイテトス』［一五五d二］からの原文通りの引用だが、この「驚くこと(タウマゼイン)」は決して知ることではない。驚きにおいて魂は「自分自身との関係において」自分に直面するために、存在するものとともに実践の連関から引き離されて、孤独裡の思考——驚きという形の応答——のうちにあることだけは間違いがない。しかしアリストテレスはこう続けている）、九八二b一七—一八。「疑いを抱き驚きを感じる者は自分は無知だと思う」[6]。（もっとも、驚きの対象が必ずしも知識によっては克服されないことは確かなことだと考えられている。アリストテレスはこう結論する）、b一九—二一。「無知から抜け出そうとして哲学したのだから、彼らが理解しようとしたのは、利益のためではなく知るためであったことは明らかである」[7]。(そして、「非実践的な」学問の開祖となるが、この学問は結局、異常に実践的で重大な結果を招くことになった。無知から抜け出すために研究し、哲学することが始められることになる。しかし抜け出せない無知、――哲学的で孤独裡の――驚き(タウマゼイン)に示される無知は、政治的、実践的な意見(ドケイン)に示されるものと同じものである。そういう哲学と政治との関係、驚きと意見との関係を代表しているのは、おそらくソクラテスである。――アリストテレスは学としての哲学の「非実践性」を基礎づけるために、こう続けている) b二二―二四。「われわれがこれ[知恵]を求めるのは他の利益のためでないことは明らかである。……この学問もそれ自身のために求められる」――不可欠なものが克服されて初めて、知恵を求め始めることができた。(というのは[b二四―二八)「それは、他の者のためにではなく自分自身のために生きているいわゆる自由人と同じことであるが、この学問も唯一他のすべてから自由であり、それ自身のために求められる」からである。……九八三a一〇―一三。「……もちろん他のすべての学問がこの学問以上に必要であるが、これ以上に優れたものはない。……あらゆる人が驚きとともに始める……九八三a一八―一九。「しかしそれは……逆の状態に、よりよい状態にされなければならない[8]」。(学問は驚きから始まるが、最後には逆のもっとよい状態にすべきものである。無知から抜け出す学問は知識に終わり、驚きを取り去る。哲学はそれ自身を廃棄する)。

(注) アリストテレス『形而上学』のどの版をアーレントが使ったかは不明。ここではオックスフォード大学出版部のヴェルナー・イェーガーのギリシア語版によることにした。アーレントのギリシア語の引用文と引用箇所の指示はこの版と照合し、場合によっては無断で修正した。なお、このメモはアーレントの明瞭だが首尾一貫している

とは言い難い意図に合うように編集した。アリストテレス読解に続く彼女自身の注解は、丸括弧でくくっている。〔アリストテレスからの引用はすべてギリシア語〕

（1） Aristoteles, *Metaphysik*, 980a21.

（2） Aristoteles, *Metaphysik*, 980a21–22.

（3） Aristoteles, *Metaphysik*, 980a22–24.

（4） Aristoteles, *Metaphysik*, 980a24–26.

（5） Aristoteles, *Metaphysik*, 982b12–13.

（6） Aristoteles, *Metaphysik*, 982b17–18.

（7） Aristoteles, *Metaphysik*, 982b19–21.

（8） アーレントが抜粋しているのは、Aristoteles, *Metaphysik*, 982b24–983a19 の次のような部分からである。「われわれがこれ［知恵］を求めるのは他の利益のためでないことは明らかである。それは、他の者のためにではなく自分自身のために生きているいわゆる自由人と同じことであるが、この学問も唯一他のすべてから自由であり、それ自身のために求められる（982b24–28）。……もちろん他のすべての学問がこの学問以上に必要であるが、これ以上に優れたものはない。……先に言ったように、あらゆる人が驚きとともに始める……（983a10–13）。しかしそれは……逆のもっとよい状態にされなければならない（983 a 18–19）」。

［19］

ヘロドトス。歴史について。冒頭の文章「本書はハリカルナッソス出のヘロドトスが、人間界の出来事が時の経過とともに忘れられ、ギリシア人や異民族の果たした偉大な驚くべき事績が知られないままにならないために書き記したものである……[(1)]」。1．歴史は(a)探索されるものであり、(b)人間に起源があるものであり、(c)発生したものとともに再び消え去らないものであり、(d)偉大なものであって、知られないままではないものである。［2.］ホメロスより新しいところは、名声に対応する偉大さだけが基準ではなくて、単純な出来事も忘れ去られるべきでないとされていることである。さらに——しかしホメロスと完全に一致しているが——、ホメロスがヘクトルやアキレウスを褒め称えるように、自分の民族と独立している！ 歴史の始まりは「国民の」歴史とは全く別物である。それは反対に、至るところに偉大さを見いだし、理解し、**他の人々の**運命に好奇心を抱く能力である。ソフィストの両論を参照せよ。

それに対して、トゥキュディデスは理由として次のように挙げている。1.（一・一）ペロポネソス戦争が最も語るに値するのは偉大だからである。2. 最初から彼はそれを語ろうと思っていたから、昔の時代より優れた資料をもっている。したがって3.（一・二二）今後起こることは過去に起こったことを「人間本性に従って」繰り返すにちがいないから、「過去について明確な認識を求めるとともに将来についても認識を求め」ようとする者は学ぶことができるだろう。(2)——これはヘロドトスやホメロスとは決定的に異なる。彼らは、起こったことが失われて、呼び戻せなくなるのを恐れていたからである。

（1） Herodot, *Historien*, I, 1.

（2） Thukydides, *Der Peloponnesische Krieg* I, 22.「しかし**過去について明確な認識を求めるとともに将来についても認識を求め**ようとする者は、今後起こることは過去に起こったことを**人間本性に従って**繰り返すにちがいないから、私の著作を有益だと思うだろうし、そうなれば私は満足である」。——アーレントがギリシア語で引いているのは太字の部分。

［20］

ヘロドトス。国家形態［について］。三・八〇—八二。三つの形態。民主制、寡頭制＝貴族制、独裁制＝僭主制。

八〇。オタネス(A)は独裁制を攻撃する。「ひとりが独裁者となることはもう決してあってはならない(1)」、なぜなら、独裁制は傲慢と嫉妬によって駆り立てられ、嫉妬は人間には最初から生まれつきのもので、嫉妬には傲慢と結びつく特徴があるからだ。オタネスは**民衆による支配**（プレートス・アルコン）を勧めるが、それは、**平等**（イソノミア）という最高の名前を有し、抽選で統治し、**責任を果たすもの**（ヒュペウテュノン）であるからだ。それに対して独裁者は無責任（アネウテュノス）で、――やりたい放題である。平等な体制（＝民主制）ではすべての協議が公的なもの（ト・コイノン）をめざして行われる。

八一。メガビュゾス(B)は民主制を攻撃する。民主制は僭主制の結果であるが、もっと悪質である。なぜなら、僭主は「自分の行うことを少なくとも知っている(2)」が、民衆の場合はそうではありえないからである。彼は寡頭制を提案する。寡頭制では最も優れた者たち（アリストイ）が選ばれうるし、選挙によって「われわれ自身がその現場に居合わせる」からである。

八二。最後にダレイオス(C)が登場して、寡頭制を攻撃する。寡頭制においては、各人が指導者であること（コリュパイオス・エイナイ）――古い指導者であること――を望む。その際、公的なもの（コイノン）と私的なもの（イディア）との分裂が**私的なもの**のために起こる。ダレイオスは独裁制（ムーナルキア）を最高の貴族制として提案する。「最も優れた者ひとりによる統治以上に善いものは明らかに存在しない(3)」。

八三。その結果、王国［そして王］を採ることに決定され、王は直ちにバシレウスと名づけられ、一種の抽選で任命される。それについて、唯一の民主制擁護者であるオタネスは、「私は支配も服従も望まない(4)」と言う。ヘロドトスの意見では、こうしてオタネスの家はペルシアで唯一自由（エレウテレー）**である**家となった。「ただし、ペルシア人の法を犯してはならない(5)」。

これについては、**ペリクレス**の葬送演説での民主制についての**トゥキュディデス**の言葉を参照。二・三七。アテナイは、「少数者によってではなく多数者によって治められているから」民主制(デーモクラティア)とよばれる。(6) それはヘロドトスの意味での平等な体制(イソノミア)である。なぜなら「すべての者が法に従って平等に自分の意見を述べることができる」からである。

四〇。「われわれは節度(エウテレイア)をもって美を愛し、弱々しさ(マラキア)を捨てて哲学する」(7)。

労働について。労働によって貧困を克服すること！(8)――さらに、「**議論が行動を妨げる**」と考えるのではなく……、「行動に移る前にまず議論を尽くさないこと」が妨げになると考えている。したがって、アテナイ人は「勇気(トルマ)」と「熟慮(エクロギスタイ)」を兼ね備えている点で傑出している。(9)

（A）ヘロドトスが民主制の立場を代表させているペルシアの貴族。

（B）クセルクセスの有名な最高指揮官。

（C）ペルシア王ダレイオス一世（前五二二―四八六）。

（1）Herodot, *Historien*, III, 80, 2.

（2）Herodot, *Historien*, III, 81, 2.

（3）Herodot, *Historien*, III, 82, 2.

（4）Herodot, *Historien*, III, 83, 2.

（5）Herodot, *Historien*, III, 83, 3.

（6）Thukydides, *Der Peloponnesische Krieg*, II, 37, 1.

（7）Thukydides, *Der Peloponnesische Krieg*, II, 40.「ペリクレスの葬送演説」からの引用。アーレントは彼女の論文 »Kultur und Politik« の中で、この箇所を「全く翻訳不可能」と言っている。だが英語版では翻訳を試みている。「ペリクレスが述べているのはほぼこういうことである。われわれは政治的判断によって適度に美を愛し、柔弱という野蛮な悪徳を捨てて哲学する」。H. A., »Kultur und Politik«, in : *Zwischen Vergangenheit und Zukunft*, S. 286

und 419（Anm. 7 und 8）および »The Crisis in Culture : Its Social and Its Political Significance«, in : H. A., *Between Past and Future : Eight Exercises in Political Thought*, revised edition including two additional essays, New York : Viking, 1968, S. 197-226, S. 214 を見られたい。

（8） Thukydides, *Der Peloponnesische Krieg*, II, 40, 1.（ペリクレスの葬送演説）。「……そして自分の**貧困**を認めることを恥とは考えず、**労働によって貧困を克服**しようとしないことを深い恥だとみなす」。――太字の部分をアーレントはギリシア語で引いている。

（9） Thukydides, *Der Peloponnesische Krieg*, II, 40, 2.（ペリクレスの葬送演説）。

［21］

ケンタウロス

人の背中が
馬の脚と一つになるまで
地の果てめざして
大地を駆けるのだ

すべてが支配を打ち倒す
人と馬の大地を
気分を抑えて飛び回るのだ

全身をすっくと伸ばし
飛ぶように走って
人馬一体だった
あの統一を蘇らせるのだ

［22］
社会――起源は疑いもなく分業にある。「賃仕事（job）」あるいは機能が不可欠なものになるにつれて、「機能を担う者」は容易に入れ替えできるようになる。これは機能を果たすことの法則**そのもの**である。どういう社会も本質的に機能社会であり、そこで人々は機能の疲れをいやし、**諸関係**のうちに姿を消すのだ。

［23］
ローマと伝統。ローマ人にとって祖先が当然「**開祖**（maiores）」であり、都市と法律を定めた人々であるのは本質的なことである。歴史が進む中で、行為が創始や遂行（アルケイン／プラッテイン）という意味を失い、もともと**活動的である**、仕事に従事している、確立したものを維持するという意味の「**活動**（agere）」となったのはこのためである。

［24］
良心――基本的なものは神の命令でも人間による命令でもなく、ソクラテス的な「自分自身との一致」

である。そこから生まれたのが、論理学では矛盾律であり、倫理学では性格という概念である。そこでは思考は孤独な「一にして二であるもの」の**活動**だと考えられている。これがソクラテスのいわゆる「合理主義」である。

[25]

余暇（otium）と閑暇（σχολή）。いずれも政治の仕事を離れたゆとりの時間だが、——ギリシア人にとっては、すべての政治を可能にするはずのものであり、ローマ人にとっては、政治を逃れて赴くところであり、「**活動**（agere）」が不可能な場合に受け入れてくれるもの、残されているものである。

[26]

政治に関するわれわれの用語はすべてギリシア語に**由来**し、**社会に関する**用語はすべてラテン語に**由来**する。**societas** とは同盟である。「国家（civitas）」や「友人関係（amicitia）」や「家族（familia）」とは異なる。

[27]

トーマス・ペイン『コモン・センス』——「社会はわれわれの要求によって作り出され、政府はわれわれの邪悪さによって作り出される。前者は積極的にわれわれの好みを集めてわれわれの幸福を促進し、後者は消極的にわれわれの悪徳を制限することによって促進する。……どういう状態においても社会は祝福であるが、最善の状態にあっても政府は必要悪にすぎない(1)」〔原文・英語〕。

（1） Thomas Paine, *Common Sense* (1776), in : *Political Writings*, ed. by B. Kuklick, Cambridge University Press, 1989, p. 3.

［28］

キケロ『義務について』。哲学において重要なのは「日常生活（usus vitae）」のための「**規則**（praecepta）」である（第一巻七）。この書の主題は「共同生活の制度についての規則[1]」である。

共通の絆（societas）。「全く同様に、自然は理性の力によって人間と人間を［結びつけ］、言語についても生活についても共通の絆を創り出す」（第一巻一二）[2]。人間特有のものは、人間が「必要な仕事や気苦労から**解放される**」とき初めて現れるもの、すなわち、(1)「真理を発見しようとする欲望」、(2)何者にも服従すまいという願望」、(3)「偉大な精神」＝「人事への軽蔑」である（第一巻一三）[3]。

キケロがいかに哲学を評価していないかは、徳である「知恵」が、「徳がそこで練習する〈関わり専念する〉」「いわば素材として……真理に服従させられている[4]」と言うときに明らかにされている（第一巻一六）。それにもかかわらず、「真理の認識（cognitio veri）」が人間本性の最高のものとされている（第一巻一八）。

しかし、そのために「**現実生活**（res gerendae）」から遊離することはもはや徳ではない。「なぜなら、徳のあらゆる功績は行動にあるからだ」（第一巻一九）[5]。（『国家について』参照）。

「**人間**相互の**結びつき**と**いわば生活共同体**」［第一巻二〇］、すなわち、人間相互の結びつきと生活共同体＝共同してこの世に生きること＝一つの世界を共有すること。しかし、われわれが相互に結びついていることと、**何か**を共有することとは区別しなければならない。結びつき＝互いを必要とし、**かつ他人から**（アパレーローン）必要とされていること。「生活共同体」＝そこから成立する「人間の所産（human artifice）」。両者とも「正義（iustitia）」と「博愛（beneficentia）」にもとづく（第一巻二〇）。両者とも「自然法（lege naturae）」である（以下を見よ）。

私的なものはそうでは**ない**。私有財産は「昔からの占有か……勝利か法律かによって[6]」発生する。（労働は全く考えられていない！　キケロでは私有財産が極めて重視されているにもかかわらず、そうなのだ）。その原理は「誰でも自分の手に入ったものは自分のものにすべきである。しかし、それ以外のものを独占しようとすれば、人間共同体の法を犯すことになる」というものである（第一巻二一[7]）。

正義の基礎は「誠実（fides）」である（第一巻二三）。

哲学と「真理の探究」がそれ自身で正義を生み出すという**プラトン**に対する批判。「なぜなら、知識の探求に没頭するあまり、守るべきものを捨て去っているからである」（第一巻二八[8]）。あるいは、彼ら「哲学者たち」は、不正を許容しているのである！　「彼らは関心や努力や能力を……向けない」――彼らは仕事においても能力においても、「人間の所産（human artifice）に何一つ貢献しないのである。

戦争（**暴力**）と政治。「**国家においては戦時国際法を厳守しなければならない**[9]」。つまり戦時国際法は決して対外政策の問題ではないのである！　というのは、二種類の「決定」の一つは「**交渉**による（per disceptationem）」ものであり、もう一つは「暴力による（per vim）」ものである。前者は「人間特有のもの（proprium hominis）」であり、後者は「動物特有のもの（beluarum）！」であり単なる逃げ場である（第一巻三四）。しかし暴力のあるところには「国家」は存在しない（第一巻三五）。したがって、「戦時国際法（iura belli）」が（動物的な）暴力における人間の残余である――したがって、それにすべてがかかっているのだ。

社会（societas）。「**社会を結ぶ絆は理性と言葉である**」（第一巻五〇[10]）。

「社会の段階（gradus societatis）」。1．「結婚（coniugium）（生殖衝動（libido procreandi）」、2．子供、3．家と**日常の仕事**（dies）（それゆえ「結婚」ではない！）が、「都市共同体の起源、いわば国家の苗床」である（第一巻五四）[11]。

ローマ的なもの。「なぜなら、**祖先**の同じ記念物を有すること、同じ**神殿**を利用すること、共同の**墓**を有することは、重要なことだからである」。いずれもそれを掲げて行動するものばかりである（第一巻五五）[12]。

ドクサと大衆について。「名声（gloria）でなく**事実**（factum）において――道徳的に正しいこと」が重要であり、「第一人者と**思われること**（videri）ではなく、第一人者で**あること**（esse）が重要である（第一巻六五）。「見られること」＝「無経験な**大衆**の誤解によって」見られること。**思われること**＝「**見られること**」。（つまり、孤独裡の思索においては、誰も見ておらず、**見られる**こともないから、思われることがない。共同して存在するところに、「名声」や欺瞞としての、見られているという仮象が生まれる）。

（ドクサ＝意見であると**ともに**名声で**も**あり、また仮象で**も**ある。ドクサが他の人々によって聞かれる場合には、どういう真理も意見や仮象となるのだ）。

「**閑暇**（otium）」＝「公的な仕事からの隠遁」。「優れた**哲学者たち**はそこに逃げ場を見いだした（「逃げ込んだ」のだ）。なぜなら、彼らは民衆や「支配者」の「**やり方**（mores）」が我慢ならなかったからである。彼らは王と同じように、何一つ節約しようとせず、誰にも従わず、自由を享受して、「好き勝手な生き方をしている（vivere ut velis）。つまり「**権力の亡者**（potentiae cupidi）」と「**隠遁者**（otiosi）」には共通したところがある（第一巻六九―七〇）。

（「**権力**欲」と「**名誉**欲（cupiditas gloriae）」との違い。一方［＝権力欲］は王を人から引き離すが、もう一方［名誉欲］は人々へ向かわせる。なぜなら「名誉（gloria）」は「見られること（videri）」に依存するが権力はそうではないからである。常に権力のほうがまともなもののように思われるのはそのためである。キケロが引用している（第一巻八四）エンニウス[A]は、（個人の）名声と（国家の）「安全（salus）」とを対比させ、名声を「**単なる噂**（rumores）」とよんで、死後の名声――「**名誉**（gloria）」と対立させることができる。

「国家（res publica）」は「家族（res familiaris）」の反対である（第一巻九二）。ギリシア人とローマ人との根本的な違い。「感覚的快楽（voluptas）」と「徳（virtus）」との岐路に立って、熟考し疑うヘラクレスの物語が述べられるが、そういうことはわれわれには起こらない。われわれは――両親や多くの人々を――模倣する！（これが**社会**へ導くとともに**伝統**へ導くのだ！）第一巻一一八（第一巻一二〇。職業＝「生活様式（genus vitae）」）。特に「**祖先は模倣すべきである**」――両親は祖先を代表し、祖先の系列の代表する者なのである（第一巻一二一）[13]。

私的なものについて。「同胞と平等で公平な関係において[14]」生きる私人を、彼らは「**善良な市民**」とよぶ。私的なものの権利はローマで初めて認められたのだ（第一巻一二四）。

「**慣習**」について。「慣習に従って行われることには、……規則を作る必要はない」（第一巻一四八[15]）。

「芸術的制作と利益獲得について」。第一巻一五〇。俗悪さの段階。最低なのは収税吏や高利貸しだが、それは彼らが「人々の反感」を買うからである。その次は、自分の「**技術**（ars）」を売るのではなく、自分の「**労苦**（operare）」、労働を売る者である。というのは、彼らの場合、報酬は「**隷従に対する雇用者**の賃金」だからである。その次が小売業と「**あらゆる軽蔑すべき職業**に従事する者」――あらゆる職人である。彼らには何一つ「自由なところ（ingenuum）」がないからである。料理人、漁師、魚屋などはその最たるものである。——一五一。建築師や医者は優れている。大規模な商業は、金銭を大きな田舎の領地に投資するのであれば、さほど非難すべきものではない！　しかし利益を獲得するすべてのもののうちで最も善いものは「農業（agri cultura）」である。

最高のものは「**理論的認識**に由来する（ex cognitione）」義務ではなく、「共同体に由来する義務（officia quae ex communitate）」である（第一巻一五三）。というのは、どんなに閑暇に恵まれても「孤独（solitudo）」になるだけで、「誰にも会わなければ、おそらく死んでしまう！」からである。……「自然の認識や考察（cognitio et contemplatio naturae）」には、「行動による実現（actio rerum）」が伴わなければならない。これが「**人類の幸福**（utilitas hominum）」である。[16]それゆえ「**弁論**の力を欠く思索よりも」弁論のほうが優れている。「なぜなら、思索は自分の対象だけに限られているが、弁論はわれわれが共同体において結ばれている人々に向けられているからである」。ここでは弁論はすでにコミュニケーションなのである（第一巻一五六）[17]。——プラトンやアリストテレスは、不可欠なもの（アナンカイア）、「生活必需品（necessitas vitae）」が「社会（socie-tas）」へ強制すると言うとき、間違っている（『国家』第二巻三六九B、『政治学』第一巻一二五三a）。いずれにせよ、われわれには「活動の仲間（socius studii）」が必要なのだ（第一巻一五八）。

第二巻三、四。「何もやれなく」なって初めて、彼は自分の「苦しみ（molestiae）」を免れるには、**哲学**に撤退する以上にすばらしいやり方はないと考えた！（プラトンのほとんど正反対である。政治は哲学のためにあるのではなくて、哲学は政治からの「逃げ場（refugium）」なのだ！）。これは「精神の愉楽（oblectatio animi）」であり「**配慮を停止すること**（requies curarum）」だ！

テーマ。「効用（utile）」と「道徳的正義（honestum）」を結合させること。これを切り離してはならない（第二巻九）——

第二巻一一。存在者の分類。無生物—生物。「理性」を有するもの—「理性」なきもの。「理性」を有するもの。神々と人間。両者の違いは、人間と動物の違いより**小さい**。これが、ユダヤ人も含めて古代**全体**の確信であった。それに対して、被造物たることを強調したのは、キリスト教徒とアッシジのフランチェスコが最初であった。

労働について。常套句・「手の働きで（labore et manu）」、たとえば第二巻一三。

法律について。「**常に同一の声で**語る法律が発明された[18]」。（伝統は法律のうちに定められている。創始、創設は直ちに法律に反映される）。

ソクラテス（［クセノポン］『ソクラテスの思い出』第二巻六・三九）。「**自分が見られたいと思う者になることだ**[19]」。

「市民法の知識と解釈」に最高の名誉が与えられるべきだ（第二巻六五）。（解釈とは本来は法律の**解釈**だったのではないか、すなわち、実例への適用ではなかったか）。（法廷での）「**雄弁**（eloquentia）」が最高の「職業」だったのはこのためである（第二巻六六）。

第二巻六九。「慣習（mores）」＝「運命（fortuna）」。性格（エートス）にとっては「慣習」（?）、状況にとっては「運命」。「**慣習**」——「**各人の在り方**」！（第二巻七二）。

第二巻七三。「**各人が自分のものを**確保するための」私有財産の神聖性。財産の平等は最大のペストである。というのは「**私有財産が守られるために、国家や市民共同体は創設された**[20]」からである。（しかしそれでは、「国家の安全（salus rei publicae）」がどうして個人の幸福より優先されるのか）。

第二巻七四。「国家」を導く者はすべて、「［生活に］**不可欠なもの**が豊富にあるように[21]」配慮しなければならない！　これは自明のことで説明は要らない。

第二巻七八。「公正（aequitas）」とは、各人が自分の私有財産を**有する**ように配慮することであって、各人に各人の私有財産を与えることではない！

（注）以下、ハインツ・グーナーマンのドイツ語訳によるキケロ『義務について』のラテン語・ドイツ語対訳版によって引用する。

（A）クィントゥス・エンニウス（前二三九―一六九）、詩人。アエネアス到着後のローマの歴史に関する叙事詩『歴史』が主な作品。

（1）Cicero, *De officiis*, I, 7.

（2）Cicero, *De officiis*, I, 12.

（3）Cicero, *De officiis*, I, 13.

（4）Cicero, *De officiis*, I, 16.

（5）Cicero, *De officiis*, I, 19.

（6）Cicero, *De officiis*, I, 21.

（7）Cicero, *De officiis*, I, 21.

（8）Cicero, *De officiis*, I, 28.

（9）Cicero, *De officiis*, I, 34.

（10）Cicero, *De officiis*, I, 50.

（11）Cicero, *De officiis*, I, 54.「**生殖衝動**を有することが生物にとって本性的に共通しているから、最初の社会的結合は結婚そのものにもとづき、次には子供にもとづき、その次には家の共有とすべての財産の共有にもとづいている。これが**都市共同体の起源であり**、**いわば国家の苗床である**」。――太字の部分をアーレントはラテン語で引用している。

（12）Cicero, *De officiis*, I, 55.

(13) Cicero, *De officiis*, I, 118.「というのは、……ヘラクレスが、各人が人生行路を選ぶために自然によって与えられた時期である青年時代に達したとき、彼は誰もいないところに出かけていって、**感覚的快楽**の道と**徳**の道という二つの道が見えたとき、ひとり腰を下ろして、長い間、どの道を進んだがいいかを熟考した、――これは、「ゼウスの息子」であるヘラクレスには起こりえたことだが、模倣すべきだと思われる人々を**そのつど模倣し**、その人々の目標や努力に従うわれわれには起こらない。多くの場合、われわれは両親の教えに従い、そのしきたりや習慣によって導かれている」。第一巻一二一。「つい先ほど言ったことだが、**祖先は模倣すべきである……**」。――太字の部分をアーレントはラテン語で引用している。

(14) Cicero, *De officiis*, I, 124.

(15) Cicero, *De officiis*, I, 148.

(16) Cicero, *De officiis*, I, 153.「それゆえ、**理論的認識に由来する義務**よりも、**共同体に由来する義務**のほうが自然に密接に結びついているように思われる。……賢者が……知るに値するすべてを落ち着いて熟考し考察できるような境遇に置かれたとしても、**誰にも会わないほど孤独であれば**、彼はおそらく死んでしまうだろう。……**自然の認識や考察**は、**行動による実現が伴わなければ**、いわば断片的で未完成である」。これは「**人類の幸福のため**」である（第一巻一五六）。太字の部分をアーレントはラテン語で引用している。

(17) Cicero, *De officiis*, I, 156.「それゆえ、**弁論の力を欠く**思索よりも弁論のほうが優れている。なぜなら、**思索は自分の対象だけに限られているが、弁論はわれわれが共同体において結ばれている人々に向けられているからである**」。――太字の部分をアーレントはラテン語で引用している。

(18) Cicero, *De officiis*, II, 42. アーレントは欄外に二重に線を引いている。

(19) Cicero, *De officiis*, II, 43. キケロが引き合いに出しているのは、Xenophon, *Memorabilia*, II, 6, 39 である。Xenophon, *Erinnerungen an Sokrates*, griechisch und deutsch, hrsg. von Peter Jaerisch, Düsseldorf-Zürich : Artemis & Winkler, [4]1987, S. 139.

(20) Cicero, *De officiis*, II, 73.「第一に、国家を治める者は、**各人が**自分の財産を保持し、国家によって私人の財産が侵されないように心がけねばならない。……というのは、**私有財産が守られるために、国家や市民共同体は創設**

されたからである」。——太字の部分をアーレントはラテン語で引用している。

(21) Cicero, *De officiis*, II, 74.

[29]

孤独抜きに良心がありえないのは、自己自身との一致が、孤独の二重性と対立において初めて実現するからである。しかしそのために、孤独そのものが、良心が依拠すべき基準となる必要など全くない！ そういう基準は哲学者たちの偏見である。孤独の中には名誉もなければ勇気も存在しない。名誉や良心が最大関心事となるのは、良心すなわち非キリスト教的な良心にとってである。

そういう良心を世界から追放した力は、何よりも宗教であったが、それは宗教の独断的・暴君的な基準によって起こったことではない。現実の「宗教的人間(homo religiosus)」が孤独と無縁だからである。「宗教的人間」はひとりになっても神とともにある。自分だけになるわけではない。その共同において神の声を聴くとき、宗教的人間がひとりである在り方は、他のあらゆる「交わり」の場合と変わりがない。彼は、良心に「従う」ようにではなく、他の人々や天使などの他者に従うように、神に従うのである。

[30]

支配(アルケイン)と行為(プラッテイン)。ある人が(あるいは数人の人々が)始め(アルケイン)たり、他の人々が始めることを成し遂げる(プラッテイン)ことを助けたりするという根源的な意味が失われた後は、アルケインは命令することになり、プラッテインは命令の遂行ということになった。それとともに当然、プラクシスの「価値」は低下して、それは技術的なものとなり、行為者は服従する者となり、命令者の手先になった。プラクシスはさらには行政に関する事柄となってしまった。

［31］

マルクスが国家は死滅すると言ったとき、彼は間違っていたとは必ずしも言えない。本来の国家的・政治的なものである決定を下し行為するということが、ますます純粋に行政に関する事柄によって抑え込まれてしまっているからである。「社会化された人類」に必要なのは行政だけなのだ。決定や行為は大いに自動化されて、実際にはもう見られなくなっている。決定に代わって登場しているのが適用という原理だ。

［32］

キケロ［『義務について』］（つづき）第三巻。

一。彼は権力（vi）に強制されて初めて公的生活を去り［そして］「**余暇を楽しむ**（otium persequi）ことになったと説明されている。そしてカトーの（『国家について』参照）、「彼は活動していないときほど活動していたことはなく、ひとりでいるときほど孤独でなかったことはない」という言葉を引用している。そしてこれをこう解釈している。(1)「閑暇においても公的な仕事のことで頭がいっぱいで、ひとりのときも自分自身と語り合っているため……他者を必要としないのだ①」。――

(2)四「閑暇において生まれた著作も孤独の所産も残されていない。この事実から、彼が……彼が決して暇でも孤独でもなかったことは明らかである②」。これは最高の賞賛だ！　彼は「公共の仕事（negotia rei publicae）」も「人類の共同体（humani generis societas）」も捨てたわけではないからである。ここには哲学の真の逆転がある。二五「同様に、この上もない労苦や面倒を引き受けるほうが……孤立して生きるよりはるかに自然に即している」[3]。

二三。法律について。(1)「自然に（natura）」あるもの＝「国際法（iure gentium）」。法律は「市民の統合（civium coniunctionem）」に留意する（vesere）。(2)「自然のうちなる**理性**は……神的なものだが人間的でもある」。（大地が神々と人間に共通の住処であることが前提とされている）。二六。関心＝道徳。最も広大な関心＝最高の道徳。政治の理想「それゆえ、**各個人の利益と共同体全体の利益を一致させる**ということこそ、すべての者の主要目的であるべきだ。個人が共通の善に捧げられるべきものを利己的な目的のために私物化すれば、人間の共同体全体が崩壊してしまうからである」[4]。

こうしてキケロが政治におけるすべての立派な実務家のハンドブックになった。――もっとも、伝統は逆の道を辿ることになった。そこでは「道徳的正義（honestum）」と「効用（utile）」との対立さえ捨てられてしまっている。

所有について。正義に抵触しないものである限り（quae vacent iustitia）、身体や精神（ipsius animi）に対するどういう不正行為よりも、何かを奪うことのほうが「自然に反する（contra naturam）」――**二八**。（つまり、1．人間社会は正義にもとづくと同じように所有にもとづいている。所有はそもそも所有によってのみ、すなわち各人が自分のものと言うものによってのみ測られうるものであり、2．こういう社会の要求は必ず個人の要求に先立っている！　つまり、ローマ人の「**私的な事柄**」は私的**生活**では**なく**て、私有財産なのであり、私有財産の総体が国家を構成している。その結果、共和国は真剣に家族の問題として捉えられる。そのためローマには「**私有財産**（res privatae）」についてアテナイ以上にはるかに有効な保護が存在するが、（ギリシア的な）私的**生活**の可能性はない。**強いられる**閑暇としての「余暇（otium）」においてもそうである）。

専制政治について。三二「われわれには専制君主との共通点は全くない(5)」。彼［専制君主］は人間の姿をした獣であり、人類から根絶すべきである。

四六「良心と確信（religio et fides）」。責任（?）と信頼。

六九「というのは**友情の絆**があって……その適用範囲は極めて広く、あらゆる人々を互いに結びつけるからである(6)」。「**友情の絆**（societas）」も「**共同**（patnership）」も常に「仲間（socius）」に由来する。

法律について。六九／七〇。「しかし、われわれは**真の法律**や純粋な真実の正義の具体的な実物通りの**イメージをもたず**、**影や影像**を使っているにすぎない(7)」。**プラトン**の奇妙な逆転である。影の領域だけが残っていて、別の領域には手が届かない。それにもかかわらず、一つの二分法が提起される。しかし、イデアの経験はもはや可能とは考えられないから、それは「独断的」である。この「影や影像」が「本性や真理の最高の模範」［である］と**独断的に**規定される。——ここには、神によって直接に世界に告げられるヘブライ的な法との対立が極めて顕著である。キケロが語るのは、もちろんすでにプラトンによって述べられた経験、つまり実定法は決して正しいものではありえないという経験である。このためプラトンはノモスを二流のものとして格下げした。キケロはそういうことは全く考えない。

というのは、彼はこう確信しているからである。七二。「**自然が法の源である**（iuris natura fons）」。これが「**道徳的正義**（honestum）」と「**効用**（utile）」との同一性の根拠である。一〇一。「効用と道徳的正義を切り離すのは、自然の根本原理を覆すことである(8)」。

哲学について。七七。「農夫さえ疑わない道徳的問題について、哲学者が疑いを抱くのは恥ではないだろうか(9)」。**したがって**、「農夫」が疑わないものを疑ったこと以外に、哲学者はいったい何をしたか。

（「支配（dominium）」という意味での）「統治（imperium）」について。八八。「名声と**同盟国**の忠誠を基礎とせねばならない」。これ以上に、ギリシアの**ポリス**の思想から縁遠いものはありえない！　ここに帝国の支配の基礎が置かれたのだ。他の「諸国（civitates）」のローマ共和国との**同盟**ないし併合。（アメリカ憲法、法とみなされた契約）。

一〇四。**誓約**。「誓約は宗教的尊厳を背景とする断言である」。（宗教はここに現れるだけで、よそには現れない！　なぜだろうか。誓約の拘束力によるのだろうか）。誓約を破る者は、カトーによると至高最善のユピテルのすぐそばにいる（信義の女神）**フィデース**を傷つけることになる（「**信仰**（fides）」という宗教的概念の根源はここにあるのだろうか？）。誓約の「約束（フィデース）」は戦争を超えて守らねばならない。それは「**敵に対しても守るべきもの**」である（一〇七）。一一一。というのは誓約として「約束」すること以上に固い結束はないからである。「なぜなら、われわれの祖先は、どんな絆でも、誓約ほど**約束を保証する**力のあるものはないと考えていたからである」[10]。つまり「約束」のための誓約であって、逆ではない。それゆえ最大の罪は違約である。

一一**九以下**。「**道徳的正義**（honestas）」と「**効用**（utilitas）」は本来分離してはならないから、「欲望（voluptas）」と「**道徳的正義**」ないし「**効用**」との間の結合も存在しない。「道徳的正義」と「効用」は人間的だが、「欲望」は**動物的**なものであるからその両者とは無縁である。

（注）

（1）引用されている版については［28］を参照されたい。

（2）Cicero, *De officiis*, III, 1.「彼の精神の記念碑たる著作は残されていない［考えられているのはキケロにとっては支配者の模範であった大アフリカヌス、P・スキピオのことである］。**余暇において生まれた著作も彼の孤独の**

所産も残されていない。この事実から、**彼が……決して暇でも孤独でもなかった**のは明らかである」。太字の部分がアーレントがラテン語で引用している箇所である。

(3) Cicero, *De officiis*, III, 25.

(4) Cicero, *De officiis*, III, 26.

(5) Cicero, *De officiis*, III, 32.

(6) Cicero, *De officiis*, III, 69.「というのは——これまでにも度々言ったことだが、再三繰り返して言わねばならない——友情の絆があって、その適用範囲は極めて広く、あらゆる人々を互いに結びつけるからである」。

(7) Cicero, *De officiis*, III, 69.

(8) Cicero, *De officiis*, III, 101.〔原文に72とあるのは誤り——訳者〕

(9) Cicero, *De officiis*, III, 77.

(10) Cicero, *De officiis*, III, 111.

《叢書・ウニベルシタス　841》
思索日記Ⅰ　1950-1953

2006年3月10日　初版第1刷発行
2017年5月18日　新装版第1刷発行

ハンナ・アーレント
ウルズラ・ルッツ／インゲボルク・ノルトマン編
青木隆嘉 訳
発行所　一般財団法人　法政大学出版局
〒102-0071 東京都千代田区富士見 2-17-1
電話03(5214)5540 振替00160-6-95814
製版，印刷：三和印刷　製本：誠製本
© 2006

Printed in Japan

ISBN978-4-588-14042-6

著　者

ハンナ・アーレント（Hannah Arendt）

1906–1975。ドイツ系ユダヤ人の哲学者・政治思想家。マールブルク大学、ハイデルベルク大学に学び、1941年、アメリカに亡命。シカゴ大学、ニュー・スクール・フォー・ソーシャル・リサーチ等で教鞭をとる一方、ナチズムや全体主義をめぐる論争に積極的にかかわり、活発な言論活動を展開した。主著に、『全体主義の起源』（1951）、『エルサレムのアイヒマン』（1963）、『革命について』（1963）、『暴力について』（1969）などがある。

編　者

ウルズラ・ルッツ（Ursula Ludz）

1936年生まれ。ベルリン自由大学で社会学を学んだ後、フリーの翻訳者・編集者として活躍。著書に『アメリカ合衆国の政治理論』（共著・1990）がある。アーレントの遺稿や書簡に取り組み、『アーレント＝マッカーシー往復書簡』（1995）を翻訳、『暗い時代の人々』（1989）、『政治とは何か』（1993）、『過去と未来の間』（1994）、『アーレント＝ハイデガー往復書簡：1925–1975』（1998）などを編集している。

インゲボルク・ノルトマン（Ingeborg Nordmann）

1944年生まれ。ベルリン自由大学で文芸学、政治学、哲学を研究後、フランクフルト・アム・マインのプロテスタント・アカデミーでジャーナリスト兼研究指導者として活躍。ドレスデンのハンナ・アーレント全体主義研究所で共同研究を行う。著書に『ハンナ・アーレント思想入門』（1994）があるほか、『アーレント＝ブルーメンフェルト往復書簡集』などを編集している。

訳　者

青木隆嘉（あおき・たかよし）

1932–2016。京都大学大学院文学研究科博士課程単位取得退学（哲学専攻）。大阪女子大学名誉教授。著書：『ニーチェと政治』ほか。訳書：アンダース『核の脅威』、『時代おくれの人間』上・下、ヴィラ『アレントとハイデガー』、エーベリング『マルティン・ハイデガー』（以上、法政大学出版局）、クリステヴァ『ハンナ・アーレント講義：新しい世界のために』（論創社）ほか。本書の翻訳により2007年レッシング・ドイツ連邦共和国翻訳賞受賞。